明治維新
勝者のなかの敗者
堀内誠之進と明治初年の尊攘派

遠矢浩規

山川出版社

はじめに

堀内誠之進とは何者か

「堀内誠之進《ほりうちせいのしん》」という幕末維新の志士がいる。

今日、その名はまったくといっていいほど知られていない。しかし、寺石正路『続土佐偉人伝』（一九二三年）には、「誠之進三度謀反の企《くわだて》にあづかり三度失敗して遂に獄中に憤死す其行《そのおこない》、中道にあらずと雖《いえど》も倔強《くっきょう》の奇男子なりといふべし」と紹介されている。

三度の謀反計画とは何か。それは、次のものである。

①明治三年（一八七〇）、山口藩の諸隊脱隊騒動（通称「奇兵隊の反乱」）に呼応して西南各地で兵を挙げ攘夷親征を実現しようと、古松簡二《ふるまつかんじ》、岡崎恭輔《きょうすけ》、河上彦斎《げんさい》らと策した計画。

②明治四年（一八七一）、攘夷派公家の愛宕通旭《おたぎみちてる》・外山光輔《とやまみつすけ》らを盟主として、政府要人襲撃・京都還都・征韓を図った東京・京都同時クーデター計画（二卿《にきょう》事件）。連累者は三百名を超え、安政の大獄以来の大疑獄となった。

③終身禁獄囚として鹿児島にあった明治十年（一八七七）、西南戦争が勃発するや、薩軍桐野利秋《きりのとしあき》の

使者として土佐に潜入し、立志社及び古勤王党《こきんのう》に西郷隆盛に応じる挙兵を促した一件。

いずれの企ても、攘夷主義を捨てて開国和親の欧化主義に転じた明治政府を転覆し、または封建的武士階級の特権を奪っていった藩閥政治家と開明派官僚からなる有司専制を打倒し、自分たちの理念に沿った国家を建設せんとするものであった。

堀内誠之進は、これらの計画の首謀者のひとりとして、または影のオーガナイザーとして暗躍した。周旋・工作の活動範囲は東京、京阪、中四国、九州の各地に及んだ。兵部大輔《ひょうぶたいふ》大村益次郎《ますじろう》暗殺事件にも関与し、参議広沢真臣《さねおみ》暗殺犯の嫌疑で捕縛され、内務卿大久保利通《としみち》暗殺犯の一味と報道されたこともある。西南戦争では実際に薩軍に身を投じて戦った（西郷軍に従軍したおそらく唯一の土佐人であろう）。謀反、捕縛、逃亡を繰り返し、明治初期の数々の政府転覆運動の中心に常に居ながらも、その経歴・事績は現代に伝わらず忘れられた存在となった。

堀内誠之進の生涯には、徳川幕府を倒し新政府の樹立に功ありながらも維新後切り捨てられ、弾圧されていった幾多の「草莽《そうもう》の志士」や「不平士族」たちの失望、憤激、悲劇が凝縮されているのである。

今なぜ堀内誠之進か

「明治維新」の変革には二つの面があった。

ひとつは、欧米列強の外圧・植民地主義に対抗できる新国家の建設という対外的な改革の側面である。そして、いまひとつは、藩や封建的身分制度を解体し中央集権化を進めるという対内的な改革の側面である。

そして、第一の変革にも第二の変革にも、その方向性や実現方法をめぐり様々な思想と運動が存在し、せめぎあった。

例えば、対外的な側面についていえば、鎖国攘夷主義、開国主義（文明開化による富国強兵）、征韓論（対外膨張の覇権主義）などがあった。一方、対内的な側面においても、官僚制国家主義、士族軍事独裁制（身分制度の解体そのものに否定的）、自由民権思想などが生まれた。

明治新政府は、結局、「対外面」における開国洋化主義と「対内面」における官僚制国家の組み合わせの針路を進んでいくこととなった。しかし、そこに至るまでの旧体制（徳川幕府）打倒の過程では、尊王攘夷主義を信奉する下級藩士、脱藩浪士、庄屋、豪農商といった層に依存せざるを得なかった。動員された尊攘派が夢見たのは、王政復古によって神武天皇創業の姿にもどり、攘夷が実行される天皇親政国家であった。

だが、尊攘派志士の期待は当然に裏切られた。

明治政府は発足後直ちに開国和親を布告し、徳川時代に締結された条約の遵守を諸外国に誓約し、夷狄《いてき》だったはずの外国公使は京の御所で天皇謁見を許された。尊攘派志士の多くは戊辰戦争の論功行賞にあずかることもなく帰藩を強要され、帰藩しない・できない志士たちは「脱籍浮浪」の徒として、遺棄されるか粛清された。「天皇親政」の実態は間もなく薩長藩閥の開明派政治家たちの「有司専制」に変容していった。

維新後の尊攘派志士たちは、いわば「勝者のなかの敗者」となったのである。

明治初年、こうした層から、政府転覆の陰謀や、政府高官暗殺、外国人襲撃といった謀叛的活動が噴出した。

今日からみれば、維新後にも攘夷主義の旗印を掲げ続けた行動は、時代錯誤の復古主義と映じるであろう。しかし、リアルタイムで生きた者たちにとっては、攘夷も開化主義もそれぞれに「正義」であった。むしろ攘夷派が、数的にはマジョリティであったとすらいえよう。

暗殺や政府転覆といった過激な行動は現代の価値観では到底容認できるものではないが、ほかならぬ明治政府が数々のテロや軍事行動の累積のうえに樹立された存在であった。志士たちは維新後も幕末と同じ行動規範で動いたにすぎない。過激ではあったかもしれないが、異端であったわけではない。

堀内誠之進は、明治新政府によっては決して体現されることのなかった、そのような「もうひとつの正義」の実現に生涯を賭けた人物である。誠之進の本質は尊王攘夷主義者ではあるが、初期征韓論にも共鳴し、士族軍事独裁制を断行した西郷隆盛の私学校党に加担し、自由民権運動の立志社にも接近した。関わった「正義」の幅の広さにおいて他に類をみない稀有な存在である。

それゆえ、堀内誠之進の行跡を掘り起こしたどることで、我々は明治維新が持ち得たであろう様々な歴史のベクトルを、百五十年前の目線と感覚で知ることができる。そのような問題意識から、一片の書簡も日記も残されていないこの謎の人物の生涯を、本書では、可能なかぎり解き明かしてみたい。

※引用した史料・文献中のカタカナはひらがなに改め、適宜、句読点や濁点を補った。引用文中の［　］は筆者による補足である。旧字の一部は新字に改めたがそのまま残したものもある。写真・図はクレジットのないものは筆者が撮影または作成した。

明治維新　勝者のなかの敗者——目次

第II部 不平士族篇

第Ⅰ部

脱藩草莽篇

第1章　生い立ち

柿木山の大庄屋に生まれる

堀内誠之進は天保《てんぽう》十三年（一八四二）十月、土佐藩（高知藩。便宜上、以下、高知藩に統一）の郷士《ごうし》で大庄屋《おおじょうや》を務めた堀内六蔵の二男として生まれた。出身地（育った場所）は高岡郡仁井田《にいだ》郷柿木山《かきのきやま》村（現高知県高岡郡四万十《しまんと》町仁井田）であるが、出生地はこれと異なる（後述）。幼名は堅助。初め島村安範《やすのり》と称し、名を安春といった。満二十五歳で明治維新（一八六八年）を迎えている。

誠之進の人となりを寺石正路『続土佐偉人伝』（一九二三年）は、「沈黙寡言にして頗《すこぶ》る胆略に富む」と評している。その風貌については、「丈《たけ》は常並にて痩せたる方、色は黒き方、眼は凹《くぼみ》みたる方、頬はよけたる方、足は躄《いざり》なり」（三浦則優口供書、一八七七年）と当時の証言がある。躄とは、足が不自由なことを意味する。「勤王者調《きんのうしゃしらべ》」（一八九三年。高知県がまとめた贈位・叙位遺漏者の調査書類）にも、「疾病に罹り遂に片脚麻痺し行歩に難あり」と記されている。

江戸時代の「柿木山」の地名は既にないが（明治九年［一八七六］に仁井田村になった）、宝永年間（一八世紀初め）に書かれた「土佐州郡誌」は、柿木山村の東西南北の境界につき「東限山、西限大路、

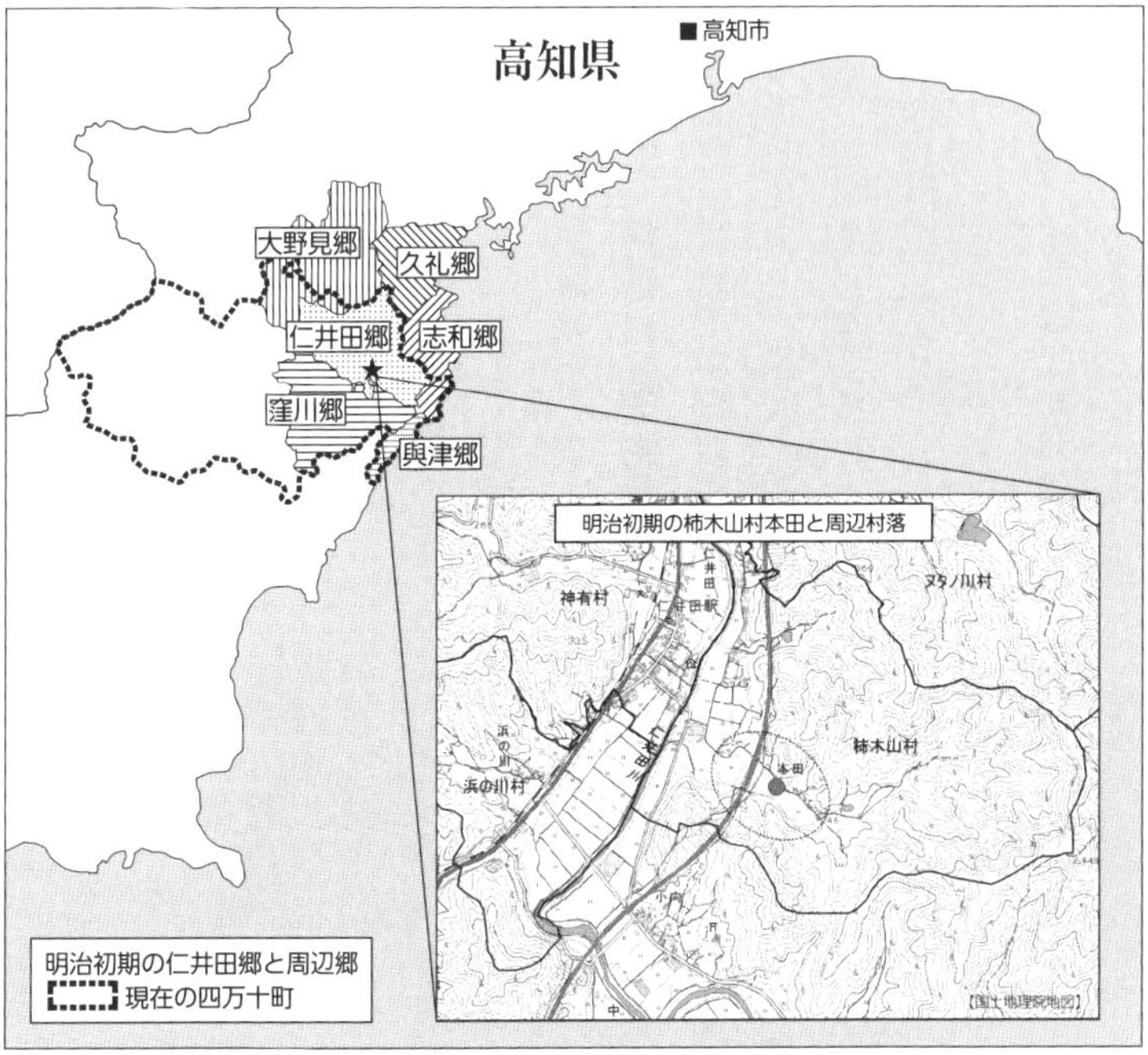

仁井田郷と柿木山村の現在位置。味元伸二郎氏作成。

現在の「柿木山」。写真中央部の人家のあたりが庄屋屋敷跡と推定される場所。

南限小向村新田、北限小松角山、縦十町横三町」と記している。現在のＪＲ土讃《どさん》線・仁井田駅の南側の本田《ほんでん》を囲む一帯と思われる（前ページ地図参照）。

本田は江戸時代、庄屋屋敷が置かれた場所といわれる。旧窪川《くぼかわ》町（現在の四万十町の一部）仁井田の中心部にあたる。地元の年配者は今でも一帯を「柿木山」と呼んでいる。

土佐の庄屋の思想的潮流

堀内誠之進の幼少年期の様子は史料がなく、わからない。が、庄屋の家に生まれたことは誠之進の思想形成に少なからず影響を与えたものと思われる。

高知藩の民政は町・郡・浦を単位としており、それぞれを、馬廻《うままわり》（上士《じょうし》格のひとつ）から任命された町奉行・郡奉行・浦奉行が管掌していた（浦奉行は幕末に廃止）。

しかし、民政の実務は奉行の下に置かれた庄屋、年寄、組頭の村方三役が担っていた。庄屋は村方三役の長であり、徴税や訴訟を裁定する権限を持つ地域の実質的統治者であった。庄屋は村単位に置かれ、数村からなる郷に大庄屋が置かれた。堀内家は、高岡郡奉行配下の仁井田郷の大庄屋であった。「仁井田郷」は現在の「仁井田」よりはるかに広大なエリアであった点に注意したい（前ページ地図参照）。

庄屋は、江戸時代初期には郷士をその支配下に置いていた。しかし、江戸時代後期になると庄屋の地位と権力は徐々に削がれ、郷士の列次が庄屋の上座とみられるようになった。庄屋は職制であり、郷士は身分（下士《かし》と呼ばれる軽格のひとつ）であるから、本来、庄屋と郷士の間の上下関係は曖昧であったが、それ故にかえってセンシティブで譲れない問題となった。庄屋職はほぼ世襲のため身分に近いものと意識されていたのである。

天保十二年（一八四一）、庄屋の席次が町役人の下に扱われた事件が契機となって、庄屋層の憤激はピークに達した。庄屋たちは地位保全のために結束し、「天保庄屋同盟」を結成した。

五十二箇条に及ぶ盟約の第一条には、庄屋職は古代以来の天皇直属の身分であり、「神勅《しんちょく》正統の職掌」であると謳われた。

南学《なんがく》（土佐の朱子学、海南学派）や国学の復古思想が庄屋層へ浸透したことを背景として、日本国の惣主は天皇であり（王土王民）、庄屋は天皇から土地百姓を直接預かるものだというアイデンティティが生まれたのである。この思想はのちに土佐勤王党に受け継がれ、吉村虎太郎、中岡慎太郎ら庄屋層の勤王派志士の王政復古思想や倒幕運動の源流となった。

天保庄屋同盟は秘密結社であったため堀内家が直接関係したかどうか、わからない。しかし、天保庄屋同盟の指導者細木瑞枝《ほそぎみずえ》（庵常《いおつね》）は、堀内誠之進の曽祖父市之進（後述）と親交があったことが確認されている（内田八朗『細木庵常の生涯』）。堀内誠之進の兄弟全員（後述）が尊王攘夷主義や天皇中心の国権主義に基づく政治行動をとったことを併せ考えると、堀内誠之進が当時の庄屋層を取り巻いた思想的環境とまったく無縁であったとは考えにくい。堀内誠之進が生まれたのは天保庄屋同盟結成の翌年であった。

先祖のあゆみ

堀内氏の系譜をたどっておこう。

堀内氏は、応仁の乱を避けて京都から幡多荘《はたのしょう》に下向・土着した一条家に仕えた九郎右衛門なる人物が、天文二十二年（一五五三）に武勇をもって苗字を賜ったのを始めとする。一条家は五摂家《ごせっけ》に数えられた公卿で、土佐一条家はその分家にあたる。堀内氏の先祖は山城国（現京都府中南部）の堀之内村（旧紀伊郡堀内村か）出身であったが、一条家に供奉《ぐぶ》して土佐に渡ったとされる。

長宗我部《ちょうそかべ》氏が台頭し一条家が滅亡すると、堀内氏は長宗我部氏に従った。二代九郎左衛門が永禄二年（一五五九）に長宗我部元親《もとちか》より知行を賜り、三代菊右衛門保秀も長宗我部元親・盛親《もりちか》父子に仕えた。こうして堀内氏はいわゆる一領具足《いちりょうぐそく》（半農半兵）の地侍《じざむらい》となった。ただし、堀内家では、土豪《どごう》出身の長宗我部の臣というより、もとは公卿一条家の臣であったという意識が継承されたという。

長宗我部氏は大坂の陣に敗北し断絶するが、山内氏の入国によって高知藩が誕生すると、長宗我部遺臣だった堀内氏は、山内氏随従の旧臣（上士）より下の身分の郷士とされた。六代堀内傳助《でんすけ》（安定）が、吾川郡東諸木《もろぎ》村（現高知市春野町東諸木）の庄屋職を仰せ付けられるに至るのは、それからおよそ一世紀後の享保十二年（一七二七）のことであった。

堀内氏は、天正十七年（一五八九）の頃から横浜村（現高知市横浜）に居を構えていた。そのため、同所には現在も堀内姓が多く、「堀内谷」と呼ばれる地や堀内氏の「社」がある。一方、傳助の任地となった東諸木村にある石崎山（諸木山とも）は、じつは初代堀内九郎右衛門、二代堀内九郎左衛門

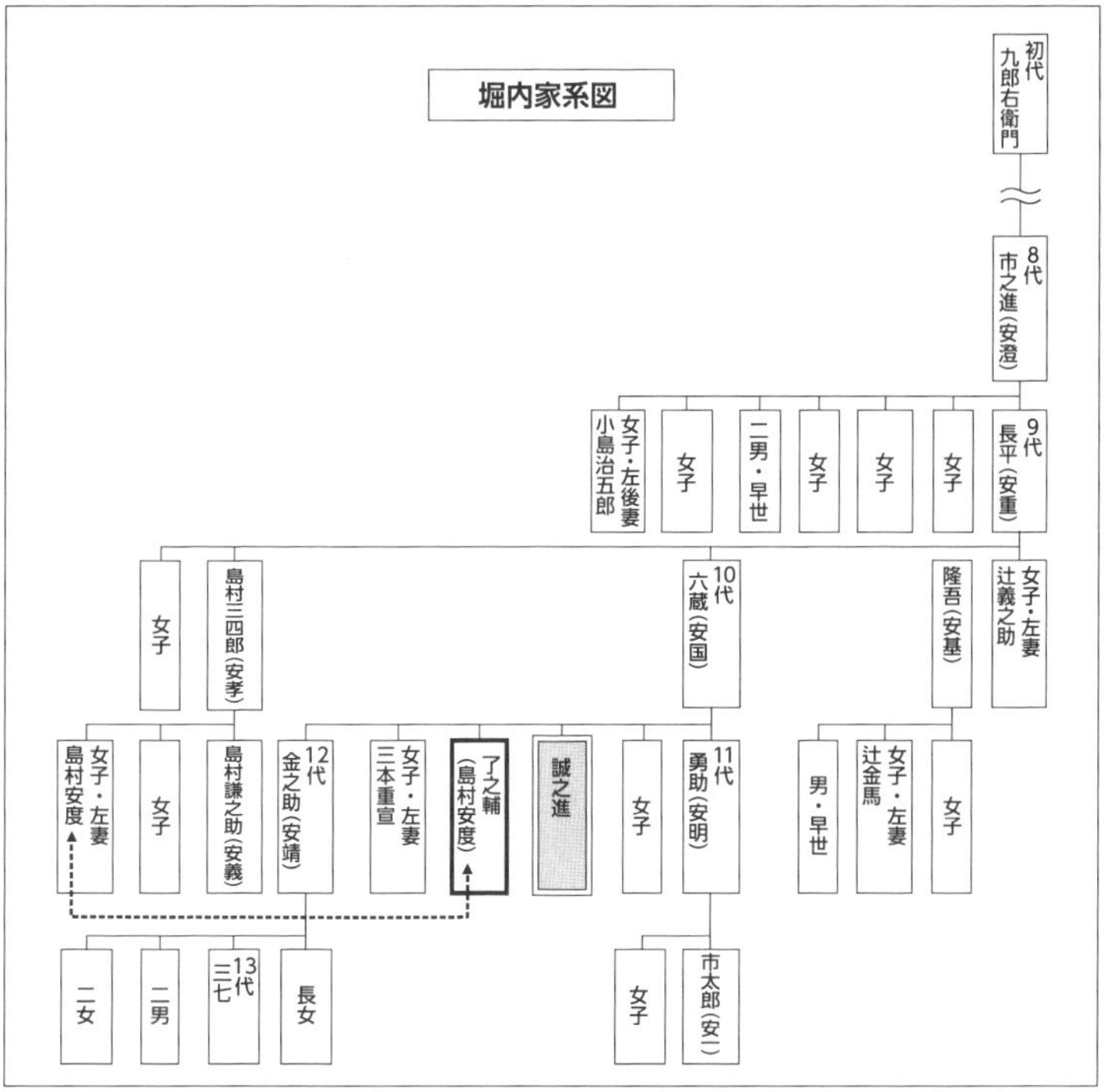

堀内氏の系図。「堀之内氏系図」及び「堀之内氏過去帖」から味元伸二郎氏作成。

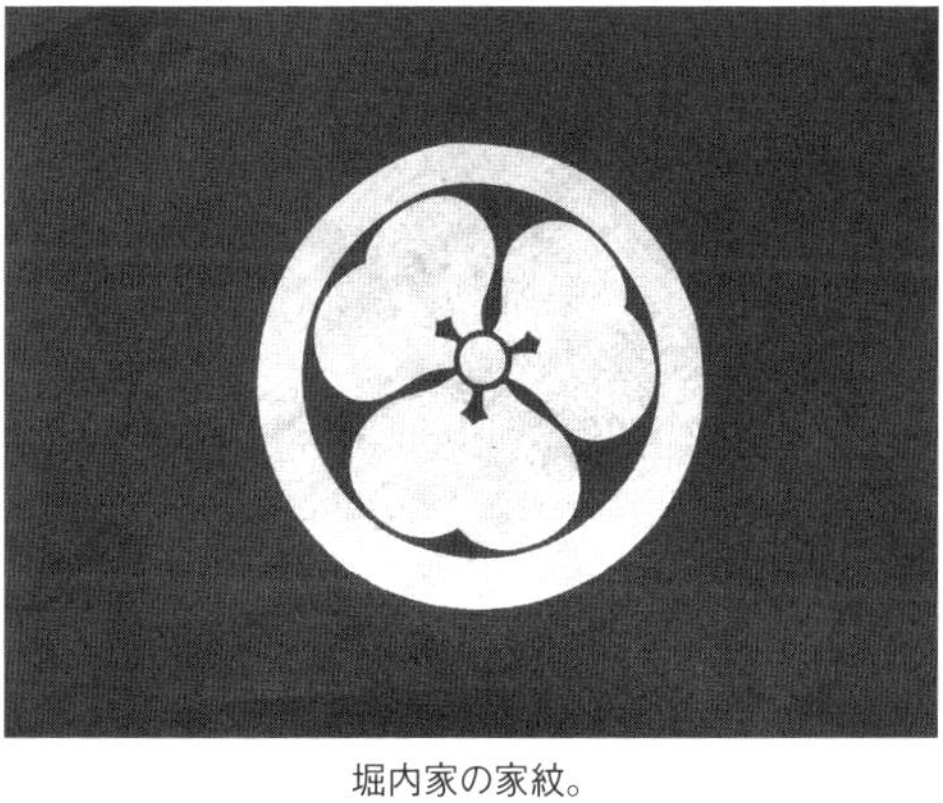

堀内家の家紋。

（上右）「堀内谷」（高知市横浜中《なか》の谷《たに》）にある堀内氏の社。昭和末期に擁壁工事のため、わずかに横に移動した。味元伸二郎氏撮影。

（上左）社は今も地元の堀内姓の人々が守り続けている。味元伸二郎氏撮影。

（左）旧東諸木村の石崎山。味元伸二郎氏撮影。

の居城跡であった。堀内家は始祖の地に庄屋として戻ってきたわけである。

八代堀内市之進（安澄《やすずみ》）は高知藩三農書のひとつとされる「治生録《じしょうろく》」（一七九〇年）を著した人物として、高知の経済・産業史に名を残している。米麦二毛作のノウハウを記録し、養蚕技術を紹介するなど、農業の商品経済化に寄与したとされる。ただし、「治生録」は、市之進がひとりで著したものではなく、祖父傳助の代から書きつづられてきたものを市之進が備忘録的にまとめたものとする研究もある（田村安興「土佐藩農書『農業之覚』」）。

ところが、庄屋代役を勤めた市之進の子の長平（安重）に何らかの「過失之義」があり、文政五年（一八二二）、市之進は庄屋役を罷免され苗字帯刀も没収されてしまった（「道番庄屋根居」）。この時、長平は横浜村近くの土佐郡潮江《うしおえ》村（現高知市潮江）に追放されたが、市之進は追放を免れ堀内家は東諸木に残ることができた。

堀内市之進のこの失脚中に東諸木村の庄屋となったのが、天保庄屋同盟の指導者細木瑞枝であった。細木は前庄屋の市之進を尊敬し、市之進も細木の転出の際に歌を贈るなど、二人は深い信頼関係にあったという（前掲『細木庵常の生涯』）。

幸い、市之進の孫（長平二男）の十代堀内六蔵（安洌《やすくに》または安國。文化六年［一八〇九］四月八日生、明治十四年［一八八一］九月十六日没）が、天保四年に香美《かみ》郡岩積《いわずみ》村（現香美市土佐山田町）の老（庄屋のひとつ下の役職。年寄と同じ）として地下《じげ》役に復活した。

堀内六蔵は天保十四年に帯刀を許され、弘化三年（一八四六）に高岡郡蓮池村（現土佐市蓮池）の庄屋に返り咲いた。そして、安政二年（一八五五）、所替《ところがえ》によって仁井田郷の大庄屋に昇格した。元治元年（一八六四）には、痩せた土地で人参《にんじん》の栽培に成功した功績を認められて、苗字御免も回復した。

堀内市之進「治生録」。高知城歴史博物館蔵。直筆か写本かは不明。

この六蔵の子に四人の男子と二人の女子（ひとりは早世）がいた。四兄弟の二男が堀内誠之進である。誠之進は岩積村で生まれ、十二歳で柿木山に移り住んだ。

二つの墓地

堀内家代々の墓は、①傳助以前の先祖が住んだ横浜と、②傳助や市之進が庄屋を勤めた東諸木の石崎山の二カ所に

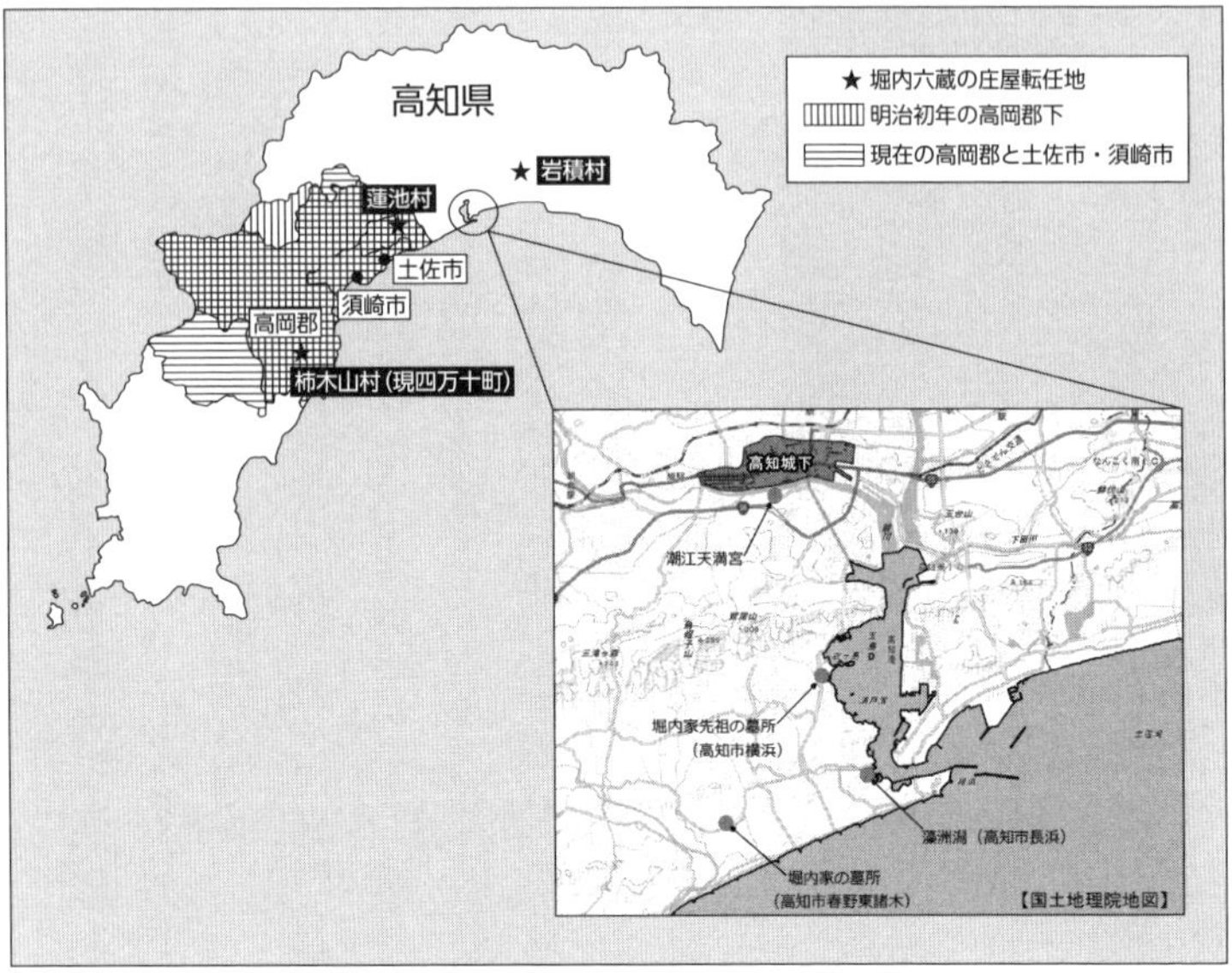

堀内氏関係地図。味元伸二郎氏作成。

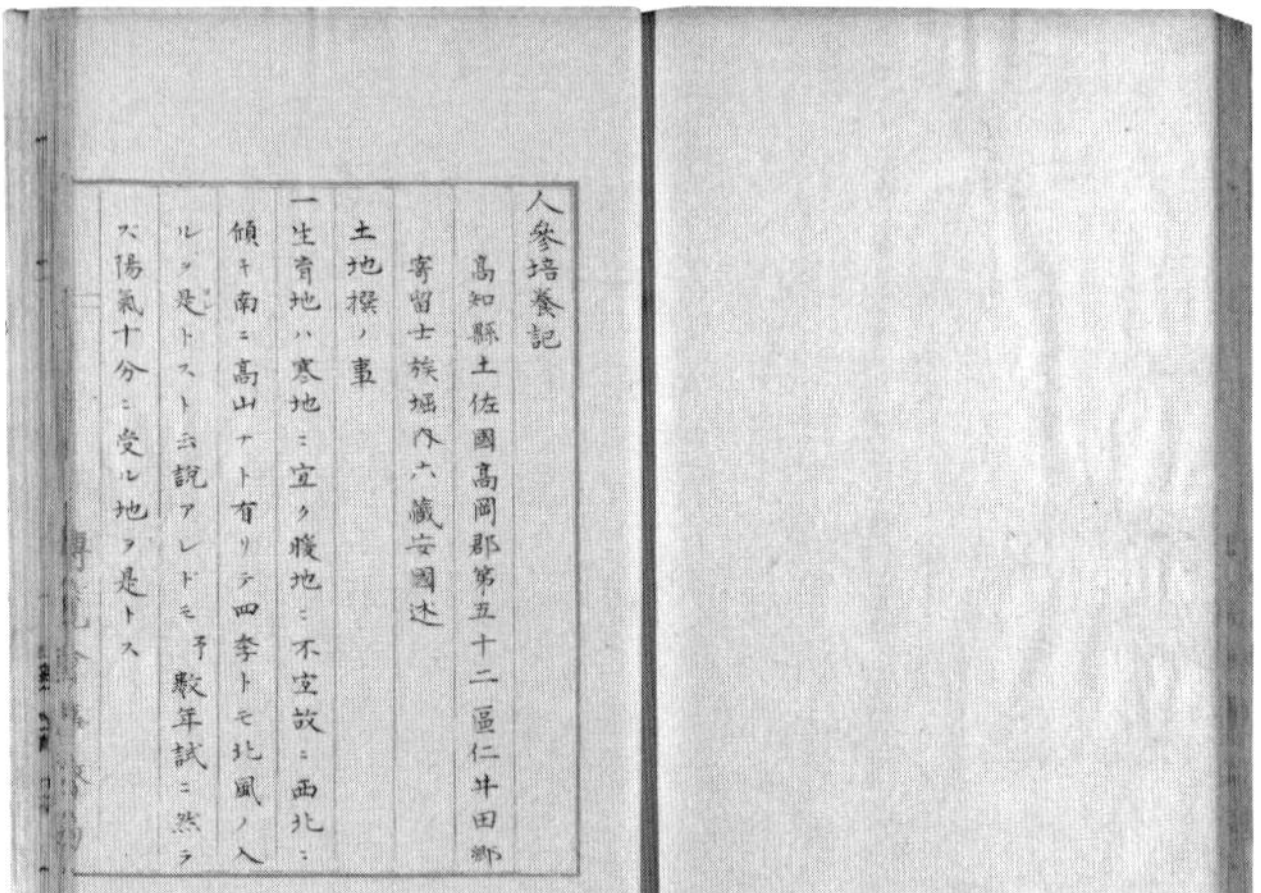
人参培養記
高知縣土佐國高岡郡第五十二區仁井田郷
寄留士族堀内六藏安國述
土地撰ノ事
一生育地ハ寒地ニ宜ク暖地ニ不宜故ニ西北ニ
傾キ南ニ高山ナト有リテ四季トモ北風ノ入
ルヲ是トスト云説アレトモ予數年試ニ然ラ
ス陽氣十分ニ受ル地ヲ是トス

堀内六蔵述「人参培養記」（明治五年）。ウィーン万国博覧会（明治六年）に向けて各地の産物を調査した「殖産略説」に収録。国立国会図書館蔵。

ある。横浜の墓地は海南学派谷時中《たにじちゅう》の墓所の向かいの丘陵にあり、初代から五代市衛門安信までの墓が並んでいる。堀内家は神道である。

一方、東諸木石崎山の墓は、八幡宮の上方の中腹とほぼ頂上のあたりにある。この墓地は堀内家では東谷山《ひがしたにやま》古来《こらい》墓地と呼ばれている。中腹部分に六代傳助から八代市之進までの墓があり、頂上付近に九代長平以降の墓がある。

堀内誠之進の父と兄弟の墓が柿木山ではなく東諸木にあることから、横浜村と東諸木村は、六蔵が蓮池村や仁井田郷の庄屋・大庄屋となった後も、堀内家の実家のような地だったのではないかと思われる。滋賀で収監中に没した堀内誠之進の墓はここにはないが（第13章参照）、六蔵の墓石の背面の碑文には「安春通称誠之進」の名が刻まれている。

明治七年に堀内六蔵が柿木山の白皇神社に寄進した御幣。

浦戸湾のつながり？

ところで、堀内家系図を見ると、九代堀内長平の妹が小島治五郎なる人物の後妻になっている。小島治五郎とは、文化十一年（一八一四）に浦戸湾の藻州潟《もずかた》（前ページ地図参照）を干拓した小島治五郎と思われる。というのも、堀内誠之進の「勤王者調」に「親族今井純正」という記載があるからである。小島治五郎の兄小島丈次郎の外孫が今井純正である。今

（上）高知市横浜の堀内家墓地。

（中右）堀内家六代から八代の墓。

（中左）堀内家九代以降の墓。手前一番左は六蔵、同右から二番目は安明、奥の列右から二番目は安靖。いずれも背面。

（左）堀内六蔵墓の背面。「安春通称誠之進」の文字が読める。

井純正とは、のちの海援隊文司にして大政奉還建白起草者のひとり長岡謙吉である。堀内誠之進と長岡謙吉は遠戚ということになる。

　小島治五郎とその妻の墓が藻州潟山の山頂の住吉神社裏手にある。妻の墓は「小島治五郎妻」とだけ刻まれ、堀内家から嫁いだと思われる「後妻」かどうか、わからない。山の下の潟のほとりには小島治五郎の頌徳碑も建っている（一八一四年建立）。

　ちなみに藻州潟は、元治元年（一八六四）頃、同地の提供を受けた画人河田小龍《かわだしょうりょう》（坂本龍馬に航海通商策を説いた人物。漂流民中浜万次郎を取り調べた「漂巽紀畧《ひょうそんきりゃく》」の著者）が、坂本龍馬の資金斡旋で製塩業を試みた場所である（現在は工場の敷地となっている）。

小島治五郎（右）と妻（中央）の墓。

　坂本龍馬は長岡謙吉と親戚であり、長岡は河田小龍の門人という関係であった。小島治五郎の甥小島亀次郎は少年期の坂本龍馬と長岡謙吉を可愛がり、長岡は小島家によく遊びに来ていたという（山田一郎『海援隊遺文』）。浦戸湾周辺には堀内家・小島家のほかに大《おお》廻《まわり》御船頭《おふながしら》の中城《なかじょう》家（坂本龍馬が慶応三年［一八六七］秘かに帰藩した折に潜伏した家）もあった。

　このエリアの家々は地縁・血縁で親交が深く歌会を催すなど一種の文化的コミュニティを形成していたといわれるが、堀内家もこのコミュニティの一員だったのかどうかは、史料がなくわからない

（「中城文庫」には、堀内誠之進・兄安明《やすあき》・弟島村安度《やすのり》の名をメモした手帳があるのみ）。

河田小龍自画像。霊山歴史館蔵。

堀内四兄弟

①長兄・堀内安明

堀内誠之進の兄弟たちは、幕末維新のなかで、庄屋層＝地域のリーダーとして周囲から期待され、戦争と県内外の政争のなかで選択を迫られた様々な役割を、それぞれに担って働いた。

誠之進の兄勇助（のち勇吉）は天保九年（一八三八）三月十八日生まれ。六蔵の跡を継いで十一代堀内安明《やすあき》となった。明治元年（一八六八）十二月に「高岡郡第三中隊差引並《ならびに》砲術取立役」（墓石碑文）を任じられ、明治三年に大庄屋の後身である郷正（郷長）となった。格式は士族である。明治四年の時点で「家産米三石七斗」と「道番庄屋根居」にある。明治九年に第十四大区第三小区副区長（兼仁井田村戸長）となり、明治十六年に高知県会議員（帝政派）に補欠当選している。明治十九年に須崎郵便局長に就いた（郵便局長は地域の名士や大地主が務めた）。

堀内安明は維新後、高岡郡古勤王《こきんのう》党の党員であったとされるが、西南戦争の時には挙兵反対の高《こう》陵《りょう》郡盟約に加わり、弟の誠之進とは立場を異にした。明治十四年には、高岡郡須崎で結成された帝政派の政治団体・進修社に加盟している。大正四年（一九一五）八月十四日没、七十八歳。

②弟（三男）・堀内了之輔（島村安度）

堀内四兄弟の三男堀内了之輔《りょうのすけ》（了之助、良之助とも）は、嘉永元年（一八四八）五月生まれ。戊辰戦争の松山征討従事者にその名があり（松岡司「明治元年の松山道進軍関係史料」）、会津戦争における戦利品「短刀二本　金八両二歩」の分捕者としてもその名が記録されているので（『土佐藩戊辰戦争資料集成』）、戊辰戦争に従軍したと思われる。ただし同姓同名の可能性も否定はできない。

維新後は弾正台《だんじょうだい》少巡察となったが、兄誠之進とともに反政府活動を行ったため禁獄一年となった。その顚末は後述するが、堀内了之輔は後年、父六蔵の実弟である彫刻家・御扶持《ふち》人大工の島村三四郎（安孝）の養子となり、島村安度《やすのり》と名を改めた。

島村三四郎は、高知城門の欄間《らんま》や潮江天満宮楼門（高知市天神町）の鳳凰を手がけた名匠として知られる。三四郎には子の島村謙之助（はじめ源六、亀之助。のち安義。土佐勤王党血盟八十番）がいたが、戊辰戦争で板垣退助率いる迅衝隊《じんしょうたい》の一番隊に属し会津で戦死した。そのため甥の了之輔を養子に迎えることにしたのであろう。島村三四郎の墓は高知市皿ヶ峯にあったとされるが、現在は確認できない。

堀内了之輔あらため島村安度は、明治八年に上京し、当時、明治政府の開化政策を批判していた左《さ》大臣《だいじん》島津久光《ひさみつ》や不平派の華族（旧公卿・藩主）を支持する建白を在京同志と連名で提出した。同年、江華島《こうかとう》事件（日本と朝鮮の武力衝突事件）が勃発すると、朝鮮への先鋒志願に名を借りて同志を大挙上

島村三四郎の写真が掲載されている寺石正路『土佐菅公外伝』。高知市立市民図書館蔵。馬場家資料。

堀内了之輔（島村安度）。『高知県高岡郡史』より。

潮江天満宮の鳳凰。味元伸二郎氏撮影。

京させ要人暗殺と政体改革を断行する計画を立てたが、翌九年二月に捕縛された。明治十年五月に懲役三年の判決を受け、病のため償役できないまま刑期を経過し、明治十三年四月に特典放免となった。

帰郷した島村安度は、明治十四年に高岡郡長、明治十六年に土佐郡長に就いた。帝政派の島村安度は土佐郡長時代に小学奨励試験紛議で自由党系の民権派教員と激しく対立し、これが原因で就任同年に更迭されている（三等属衛生課長に左遷）。明治十七年から同二十三年まで内務省警《けい》保《ほ》局《きょく》に務めた。在職中の明治十八〜十九年に、同僚とともに『警務指令録』全三巻を出版している。

なお、養父島村三四郎は河田小龍と親交があり、明治二十三年に、当時広島に寓していた小龍のもとを島村安度とともに訪ねている。島村安度は当時、広島県典獄《てんごく》を奉職中だった。島村安度はその翌年の二月二十一日に四十二歳で没した。「晩年は宮内省に出仕して平和な生涯を送った」と平尾道雄『土佐百年史話』に記されているが、宮内省に出仕したという記録はない。墓所は不明。

島村安度ら編著『警務指令録』の表紙。国立国会図書館蔵。

③末弟・堀内安靖

四男の堀内金之助（安靖《やすはる》）は、安政五年（一八五八）三月十日生まれ。鹿児島で終身禁獄中だった堀内誠之進のもとに親族面会と称して往来し、鹿児島県士族の動向を土佐に伝える役割を果たした。征韓論で下野した西郷隆盛が鹿児島で私学校を設立するとこれに入学した。

西南戦争が勃発すると兄の堀内誠之進は薩軍に身を投じたが、堀内安靖は西郷に諭され土佐に帰郷した。堀内誠之進が薩軍桐野利秋《きりのとしあき》の命で立志社と古勤王党に決起を促す目的で秘かに帰県した際には、その活動をサポートした。しかし、その直後、長兄安明と同じく挙兵反対の高陵郡盟約に参加した。明治十五年に大阪で近畿立憲帝政党に入党していたことが確認される（立憲帝政党の関西支部的な政党）。明治十七年、同十九年に高知県会議員（帝政派）に当選している（墓石には明治十五年県会議員とある）。

明治二十年から五年間、東京郵便局（のち東京郵便電信局）に奉職したが、長兄安明の嗣子（市太郎、のち安一）が明治十八年の米国留学後、在学中に行方不明となったため、明治三十年、堀内安明の養子となり堀内家十二代を継いだ（系図では明治三十年だが、失踪宣告は明治三十六年で墓石にも明治三十六年とある）。

晩年は堀内安明と同様に、須崎郵便電信局長を務めた（須崎郵便局は明治二十三年に須崎郵便電信局に改称）。明治四十四年一月七日没、五十二歳。現在の堀内家は安靖の直系にあたる。

このほかに堀内誠之進には、了之輔と安靖の間に挟まれた妹の亀尾がいた。亀尾は仁井田郷の隣りの窪川郷の大庄屋である三本重宣に嫁いだ。

四兄弟のうち明治初年の反乱計画に関与したのは、二男と三男にあたる堀内誠之進・了之輔の二兄弟だった。その背景として、長男の安明は父六蔵が取り戻した庄屋職を守らなければならない立場にあったこと、末弟安靖が維新直後はまだ十代初めにすぎなかったことが考えられる。ただし、明治初年の安明・安靖の政治信条を確認できる史料はなく、兄弟間の関係について詳しいことはわからない。

第2章 幕末

「物産局」に勤務

幕末の堀内誠之進の活動についても、わずかな情報と史料しかない。誰のもとで、どのような学問修行をしたのかも、わからない。

弟の了之輔《りょうのすけ》については、幕末、「江ノ口村壽番屋敷」(現高知駅あたりか)に住み、「才芸に名を馳せ、軽格中の学識ある者」として知られたとする文献があるが、塾名や師の名前は明らかでない(福島成行「新政府の廓清に犠牲となりたる郷土の先輩」)。また、堀内誠之進・了之輔の兄弟と岡崎恭輔《きょうすけ》(のち堀内誠之進と大村益次郎《ますじろう》襲撃事件、奇兵隊恢復計画、二卿《にきょう》事件で行動をともにする)は、「刎頸《ふんけい》ならずとも膠漆《こうしつ》の友」だったというが、その根拠となる史料は示されていない。岡崎恭輔は当時、河田小龍《かわだしょうりょう》の門下生であったから、堀内兄弟と岡崎が幼馴染であるなら、堀内兄弟が河田小龍門下だった可能性も考えられるが、それを示す史料は今のところない。

堀内誠之進の幕末の経歴ではっきりしているのは、慶応元年頃(「丑年以前」)から三年(「卯年中」)までの間(一八六五〜六七)、高知藩の「物産局」に勤めていたことである。これは堀内誠之進本人の供述がある（堀内誠之進口供書、一八七一年三月・同九月。二卿事件で捕縛された際のもの）。ただし、当時の高知藩に物産局という名称の部署はない。

「物産局」とは、あるいは、後藤象二郎《しょうじろう》の主導で創設された開成館の勧業局（樟脳《しょうのう》・茶など土佐特産物の開発担当）または貨殖局《かしょくきょく》（土佐特産物の藩外・海外への貿易担当）のことであろうか。堀内誠之進の身内には、「治生録《じしょうろく》」を著した曽祖父堀内市之進や、人参《にんじん》栽培の普及に尽力した父堀内六蔵など、商品生産的な農業の発展に貢献した人物がいたことは前章で触れた通りである。したがって、堀内誠之進が藩の「物産」に関わる任務にあたったとしても不思議ではない。ただし、開成館のオープンは慶応二年である。供述とは一年の誤差がある。供述が記憶違いなのか、そもそも開成館ではないのか、今のところわからない。

開成館跡（現東《ひがし》九反田《くたんだ》公園。高知市九反田）。

山県有朋の扇と三条実美の書

幕末の堀内誠之進の「政治活動」について記した史料は、「勤王《きんのう》者調《しゃしらべ》」が唯一といってよい。それによれば、堀内誠之進は、幕末の政治情勢のなかで、庄屋出身の若者らしく、勤王活動に目覚めていったということになる。

ただし、「勤王者調」は、幕末から三十年経った明治二十六年（一八九三）に、高知県が贈位・叙位遺漏者の事績を調査して纏《まと》めたものである。ベースとなった情報も遺族（堀内安明《やすあき》・安靖《やすはる》か？）が提供している。したがって、情報提供者による情報の過誤や操作の可能性も否定できない。とはいえ、唯一の史料であるから、まずはこれを手掛かりとするほかない。

「勤王者調」は、堀内誠之進の幕末の経歴について、次の三点を挙げている。

①山県有朋《やまがたありとも》が長州（山口）藩の使者として土佐を訪れた際、堀内家に止宿《ししゅく》した。この時、堀内誠之進・了之輔が山県に応接し、天下の形勢を聞いた。山県は七言絶句を扇に書いて堀内兄弟に与えた。

②四方を周遊して志士と交わり、阿蘇惟治《これはる》、池原香棹《かわか》、田中河内介《かわちのすけ》と親交を深めた。

③「親族今井純正」（海援隊の長岡謙吉）を頼って長崎に行き、坂本龍馬らと行動をともにしようとした。しかし、「時機未《いま》だ至らざるを以て」帰郷した。

いずれも年月や根拠が示されていないため、当初これらは造り話にすぎないと思われた。ところが、平成二十九年（二〇一七）になって、事情が変わった。四万十町教育委員会の調査によって堀内誠之進の子孫の所在が判明し、その堀内家（兵庫県加古川市）から①の「七言絶句の扇」が発見されたからである。「勤王者調」から一世紀以上を経て扇の存在が確認されたのである。堀内家では「勤王者調」のことは知らずに「山県有朋から授けられたもの」として代々伝えられていた。

七言絶句は次の通りである（読み下し協力：高知城歴史博物館）。

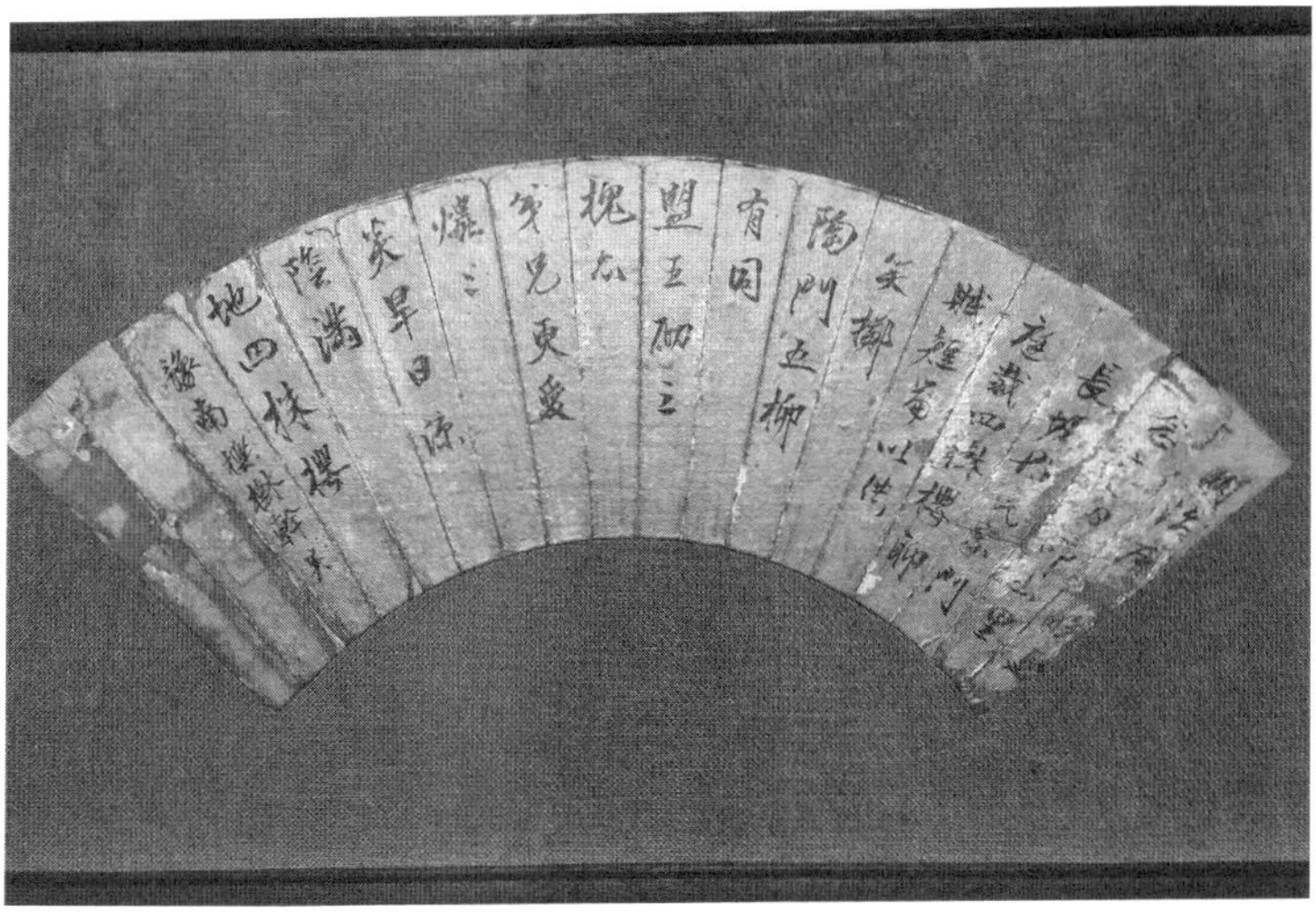

山県有朋書と伝わる七言絶句の扇。

陶門五柳有同盟　（陶門五柳　同盟有り）
玉砌三槐知弟兄　（玉砌三槐　弟兄の知るところなり）
更愛爔々炎早日　（更に爔々炎早日を愛し）
涼陰満地四株桜　（涼陰地を満つる　四株の桜）

もっとも、山県有朋が幕末に土佐を訪れたとする記録は見当たらない。扇にも山県の署名があるわけではない。そして、扇には「明治庚□晩夏念六」と記されているように読める（庚午＝明治三年か。「晩夏念六」は旧暦六月二十六日）。後から書き足したのでなければ、扇は幕末のものではないことになる。

堀内誠之進が土佐にいたのは明治二年一月までであるから、「庚□」が「庚午」なら、誠之進は扇を受け取れない。山県有朋も明治二年六月から明治三年八月まで欧州にいるから扇を渡せない。七言絶句はいつ、誰が書いたものなのか。堀内家に山県有朋の書として伝わる意味は何なのか。どれもわからない。

なお、扇には、七言絶句が「堀内氏家門庭」の桜の前で賦《ふ》されたと明記されている。直接関連はしないが、ひとつ気になる史料がある。それは、長岡謙吉、島村謙之助、島本仲道《なかみち》（後述）の師であった陽明学者奥宮慥斎《おくのみやぞうさい》（大逆事件で処刑された奥宮健之の父）の日記である。

奥宮慥斎は明治三年三月九日から四月十七日まで、「大教宣布《たいきょうせんぷ》の詔《みことのり》」を宣教する諭俗司《ゆぞくし》として、高知藩西部地方を巡回した。その道中日記「西巡紀程」の明治三年三月十四日の条に、沿道の桜を詠んだ和歌などに続き、「午飯柿木山堀内某。欲問龍《ママ》之輔兄弟之事」と、堀内家で昼食をとった記載がある。

「龍之輔」はほぼ間違いなく「了之輔」と思われ（龍は「りょう」と読む）、奥宮慥斎は龍之輔兄弟すなわち堀内誠之進・了之輔の消息を尋ねようとした様子である。この時、兄弟は二人とも諸国逃亡中であった（了之輔捕縛は明治三年秋、誠之進捕縛は翌四年三月）。「晩夏念六」ではないが、明治三年、桜といった共通点がひっかかる。奥宮慥斎が堀内家の当主の名は知らなくても堀内了之輔を知っていた点も見逃せない。

余談ながら、この奥宮日記の直前のセンテンスは「低一村落。曰六反地。植人参。然多荒蕪。」である。六反地（旧窪川町）とは柿木山《かきのきやま》の隣りの地のことである。奥宮日記は、図らずも堀内六蔵が仁《に》井田《いだ》郷で人参の栽培に奮闘したことの証左となっている。

三条実美の書。退色しているが「実美書」の下に落款がある。

ところで、四万十町教育委員会の堀内家調査では、同時に三条実美《さねとみ》の書も発見された。「死衛国家」（死して国家を衛《まも》る）と書かれている。山県の扇と異なり、こちらにははっきりと三条実美の署名があり落款も押されている。じつは、まったく同じ書体、レイアウトのものが他所でも見つかっているので、これはサイン色紙のようにして三条が拝謁者に下賜したものなのではないかと推測される。

しかし、これが堀内家に伝わった経緯はわからない。「勤王者調」には記載がない。三条実美といえば、七卿《しちきょう》落ちした三田尻《みたじり》や大宰府で、数多くの高知藩尊攘派志士に面謁を許し警護させたことが知られるが、三条に近侍した高知藩士土方久元《ひじかたひさもと》の『回天實記《かいてんじっき》』に堀内兄弟の名前は誰ひとり出てこない。明治九年九月に島村安度《やすのり》（堀内了之輔）は、当時太政大臣《だじょうだいじん》の三条実美に建白のため面謁したが、その時のものなのだろうか（第9章参照）。

勤王派の国学者・儒学者と交流？

話を「勤王者調」にもどす。「勤王者調」に書かれていた「七言絶句の扇」（山県有朋によるものかは疑問だが）、「長岡謙吉との親族関係」、「堀内誠之進の歩行障害」がいずれも一次史料（現物、系図、口供書）で確認されたことから、上記②（志士との交わり）と③（長崎行き）の情報も無視することができなくなった。順に見ていきたい。

②に登場する阿蘇惟治は熊本の阿蘇神社大宮司の国学者である。明治二年（一八六九）に開化政策を推進する新政府参与横井小楠《しょうなん》が暗殺された際、攘夷主義者の牙城であった弾正台《だんじょうだい》京都支台が犯人の助命を図って、横井を廃帝論者と決めつけるプロパガンダを展開した。阿蘇惟治はそれに協力した人物である（第3章参照）。

池原香樟は長崎出身の国学者である。幕末、有栖川宮熾仁《ありすがわのみやたるひと》親王のもとで尊王運動に奔走し、維新後は宮内省文学御用掛《ごようがかり》となり明治天皇に万葉集などを進講した。

田中河内介は但馬《たじま》出身の儒学者であるが、何より、公卿中山忠能《ただやす》（明治天皇外祖父）に召されて諸《しょ》大夫《だいぶ》となり、忠能の子中山忠光《ただみつ》（天誅組盟主）と幼少時の明治天皇（祐宮《さちのみや》）を教育したことで知られる。田中河内介は文久二年（一八六二）の寺田屋騒動の現場で鹿児島藩に捕らわれ護送中に謀殺されているので、もし②が真実なら、堀内誠之進は文久年間には既に志士活動を行っていたことになる。年齢にして二十歳前後である。

堀内誠之進の「物産局」勤務は慶応年間であるから、そちらは四方周遊の後という順序になる。「勤王者調」に「[幕末の勤王活動の最中]疾病に罹り遂に片脚麻痺し行歩に難あり、明治維新の後、（略）病漸く軽快に赴くを以て[明治]二年上坂、次て京師《けいし》に出て」云々とあるのは、脚の病のため諸国周遊をいったん控え、その間、物産局に勤務したが、維新後、病状が快方に向かったので活動を再開した、と解せば一応辻褄は合う。しかし、阿蘇惟治、池原香樟、田中河内介と堀内誠之進に交流があったことを示す一次史料は、今のところない。その三人との関係を示す史料がないだけでなく、そもそも堀内誠之進の名前は、幕末の一次史料に筆者の知るかぎりではまったく登場しない。②の可能性はかなり低いのではないかと思われる。

ただ、②には簡単に捨てきれない要素もある。「話を盛る」のであれば、わざわざ阿蘇惟治、池原香樟といった、決して知名度の高くない人物をもってくる必要がないからある。維新以後の記述にもいえることだが、「勤王者調」には、中村恕助《じょすけ》をはじめとして、インサイダーでなければ知り得ない知名度の低い人物が多数登場するのである。

そこで、あらためて阿蘇惟治、池原香樟の経歴を確認すると、阿蘇惟治を横井暗殺犯減刑運動に引き入れた弾正台大巡察古賀十郎は堀内了之輔の上司であり、古賀は堀内誠之進とは二卿事件の同志である。池原香樟は奇兵隊脱隊騒動の首魁《しゅかい》と目された大楽源太郎《だいらくげんたろう》の同志として、明治三年に捕縛され明治六年まで投獄されている。二人とも維新後の（幕末の、ではなく）堀内誠之進・了之輔の反政府活動の人脈に近い位置にいるのである。幕末に亡くなっている田中河内介は置くとして、阿蘇惟治及び池原香樟との交流の有無については、さらに調査が必要である。

長岡謙吉と坂本龍馬

三点目の堀内誠之進の長崎行きは、どうだろうか。長岡謙吉との遠戚関係を前提とすれば、あり得ない話ではないかもしれない。ただし、これも証拠となる史料がほかにない。堀内家によれば、堀内誠之進には紛失した九州日記があり（第13章参照）、そこには長崎または鹿児島に行ったという記載があったらしいが、現存せず確認できない。繰り返すが、現代の堀内家は「勤王者調」のことは知らない。

開成館貨殖局は長崎に出張所「土佐商会」を設置して海援隊の貿易部門を事実上担当していたから、開成館勤務だったかどうかは別として、「物産局」の堀内誠之進なら、長崎を訪れて長岡謙吉や坂本龍馬と顔を合わせる機会はあったかもしれない。が、史料がない現状では、仮説の域を出ない。また、長崎行きが事実だったとしても、開国主義の坂本龍馬・長岡謙吉と尊攘派の堀内誠之進が思想的に相容れるとは考えにくい。「時機未だ至らざるを以て」帰郷したとは、同志になり得なかったという意味なのであろうか。わからない。

ちなみに、長岡謙吉は天保五年（一八三四）、郷士株《ごうしかぶ》を他譲した医家に生まれた。河田小龍に漢籍を、奥宮慥斎に陽明学や国学を学んだのち、大坂（大阪）で春日簡平《かすがかんぺい》から漢方医を学び、さらに長崎でシーボルトから西洋医学（蘭学）を習得したという知識人である。和漢洋に及ぶ博識とオランダ語・英語にも通じた能力を坂本龍馬や後藤象二郎に評価されて、海援隊文司（書記）として働き、大政奉還建白書の起草に関わったことで知られる。長岡謙吉といえば、かつては坂本龍馬「船中八策」を成文化した人物として語られるのが常であったが、「船中八策」は後世のフィクションであったことが明らかとなっているので（知野文哉『「坂本龍馬」の誕生』）、当然、長岡は「成文化」などしていない。

戊辰戦争には従軍せず

戊辰戦争に堀内誠之進は従軍していない。口供書に維新前は「父手許に罷在候」とあり、「勤王者調」にも従軍の記載はない。いずれも理由に言及していないが、歩行に障害があったためであろうか。迅衝隊《じんしょうたい》二番隊に「堀内賢之進　直正」（土佐勤王党血盟百五十五番）という堀内誠之進とよく似た名の人物がいるが、同一人物ではない（堀内賢之進は、弘化元年［一八四四］土佐郡小高坂大膳町生まれ。岡田以蔵《いぞう》とともに「天誅」に関わった人物。のち堀内式具。維新後は司法官）。松岡司の論文「土佐勤王党連判者の身分階層」は、「勤王者調」を典拠に挙げて、堀内賢之進を高岡郡仁井田郷の庄屋としているが、松岡は堀内賢之進を堀内誠之進と勘違いしている。

弟の了之輔が会津戦争で戦功を挙げたらしいこと、そして、土佐勤王党の従兄島村謙之助が会津で戦死したことは、前章で触れた。同世代・同階層の人々や親族が出陣したなか、尊王攘夷のために戦えなかった、という意識は堀内誠之進の維新後の活動のモチベーションに作用したように思えるが、本人は何も言葉を残していない。

西軍墓地（東明寺。福島県会津若松市）にある島村謙之助の墓。高知県立高知城歴史博物館『明治元年の日本と土佐─戊辰戦争それぞれの信義』より。

ここで、戦死した七歳年上の島村謙之助に触れておきたい。島村謙之助は、迅衝隊一番隊の嚮導《きょうどう》を務めていたが、明治元年（一八六八）八月二十九日、会津若松城攻防の激戦で銃弾を肩から頸《くび》に受け、九月三日に没した。三十二歳だった。

「戊辰軍功録」には、「最も学を好み、よく親に事《つか》ふ、官その至孝を褒《ほう》して金若干を賜ふ、又時態に因《より》て報国の志を励まし勉《つとめ》て銃技を学ぶ」と紹介されている。従軍前に形見のつもりであろうか、家に写真を送った。そこには、「尋常講学将如何誠心報レ国是此時」と決意が書かれていた。戦死した時、懐中には「国《くに》廼《の》為《ため》尽《つく》須《す》心《こころ》波《は》也《や》我《が》天《て》其《その》天《あま》津《つ》御神《みかみ》乃《の》魁《さきがけ》爾《に》之《し》氐《て》」の万葉仮名の辞世があった。父の島村三四郎は息子の戦死によって留守居組（上士《じょうし》格）に取り立てられている（『土佐藩戊辰戦争資料集成』）。

なお、天保庄屋同盟の基礎史料「盲人節末路」に収録されている連判状に「島村亀之助」の名を見出すことができる（『土佐國群書類従拾遺　第四巻』）。堀内家系図には「島村亀之助後　草名　謙之助」とある。連判状の人物が謙之助と同一人物か断定できないが、堀内家と天保庄屋同盟に接点があった可能性を示すものとして付言しておきたい。

以上見てきた通り堀内誠之進の幕末の経歴で確実視できるのは、「物産局」に勤務していたことの一点のみである。戊辰戦争が始まり明治維新を迎えてからも、丸一年間、堀内誠之進は土佐から出ていない。「片脚麻痺」が「漸く軽快に」なった堀内誠之進が藩外の活動を開始するのは、明治二年一月のことであった。

第3章 維新後の攘夷派

藩用で大阪へ

会津落城後、戊辰戦争に従軍した高知藩兵は、明治元年（一八六八）十月から十一月にかけて、順次、土佐に凱旋した。翌二年一月には、薩摩・長州・土佐・肥前の四藩主が連署して土地・人民を朝廷に返還する版籍奉還《はんせきほうかん》の上表が提出された。他の藩もこれに続いた。箱館（函館）にはまだ榎本武揚《たけあき》率いる旧幕府軍が割拠していたが、新政府による中央集権化が開始されようとしていた。

版籍奉還の上表があった明治二年一月、堀内誠之進は物産局の「用向」で土佐から大阪へ上った（堀内誠之進口供書）。藩用の詳細はわからない。前年、神戸・大阪が開港して貿易の中心が長崎から同地に移ったため、高知藩は長崎の土佐商会を閉鎖し、大阪の藩邸（蔵屋敷）に貨殖局《かしょくきょく》大阪出張所を設置して事業を移転させた。土佐商会主任の岩崎弥太郎《やたろう》が長崎から大阪に赴任したのが、同じ一月である。岩崎は土佐の物産二十二種目の専売制実施に着手した。

堀内誠之進の大阪行はこうした動向と関連していたのであろうか。ちなみに、当時の大阪府知事は開成館生みの親の後藤象二郎《しょうじろう》であった。後藤は知事を辞める二月まで、高知藩の大阪事務も万事指

高知藩蔵屋敷跡（大阪市西区）には、同屋敷内にあった土佐稲荷神社が現在も残る（配置は異なる）。

揮していた。

藩用は支障なく済んだらしく、直後に堀内誠之進は「学問修業」を願い出て許され、京都へ移った（同口供書）。誰のもとで何を学んだのかは、わからない。

京都で長岡謙吉と再会

堀内誠之進は、四条下《さが》ル船頭町（現京都市下京区西木屋町通四条下ル船頭町）に住んでいた弟了之輔《りょうのすけ》及び高知藩士坂野治郎のもとに同居した（同口供書）。船頭町の位置は、鴨川のすぐ西を平行して流れる高瀬川が四条通と交差する位置からやや南のあたりである（66ページ地図のA地点）。このあたりは当時も今も旅宿や料亭が軒を連ねる。

堀内了之輔は弾正台《だんじょうだい》京都支台の少巡察になっていた。巡察とは、政府や府藩県の官吏の職務執行状況を視察する職である。了之輔がいつ京都に来たのか不明だが、弾正台（東京本台）は明治二年（一八六九）五月、その京都支台は同年七月に設置されている。ということは、堀内誠之進が大阪から京都に転居したのは明治二年の夏であろうか。もしそうなら、大阪には半年いたことになる。だが、堀内了之輔が弾正台出仕前に京都に来ていた可能性もある。

「勤王者調《きんのうしゃしらべ》」によると、ある日、京都で堀内誠之進は長岡謙吉に再会した。二人は何事かに「奔走」したという。しかし、いったい何に「奔走」したのか、「勤王者調」は具体的なことはいっさい書い

高瀬川にかかる於石橋の西側（写真奥）が船頭町。

現在の船頭町にも料亭・旅館が並ぶ。

長岡謙吉と海援隊士。左から二番目が長岡といわれていたが、最近の研究では一番左が長岡とされる。左から三番目は坂本龍馬。『雋傑坂本龍馬』より。

ていないので、わからない。

この頃の長岡は半ば失業状態にあった。前年一月～二月、坂本龍馬が暗殺された後の海援隊を率いて、塩飽《しわく》諸島・小豆島《しょうどしま》など備讃《びさん》瀬戸の天領を鎮撫した。これにより、同年四月に海援隊長に任命された。ここまではよかった。

ところが、長岡らは現地で民兵（梅花隊《ばいかたい》）を徴用し、松尾寺金光院《まつおじこんこういん》（現金刀比羅宮）に千両の軍用金を融通させて武器を調達し、京都藩邸の徴税方針を無視して年貢半減令を施行した。藩の統制から逸脱し、独立草莽隊《そうもうたい》の様相を呈していった。

高知藩はこれを警戒したのか、閏四月に海援隊に解散を命じ、五月、長岡以外の主だった隊士を倉敷県に配置転換した。六月には長岡も三河県知事へ転出となった。長岡はこの人事に不満だったのか、同月中に免官となった。

新政府は既に一月、民衆慰撫のために旧幕領（天領）に布告していた年貢半減令をわずか半月で禁止する方針に転じていた。長岡は九月に大津県出仕の閑職に就いたが、翌二年二月に辞めている。その後、経緯はわからないが、華頂宮《かちょうのみや》博経《ひろつね》親王の侍《じ》講《こう》になった。

堀内誠之進が長岡謙吉と再会したのはこのようなタイミングであった。したがって、堀内誠之進が目にしたのは、大政奉還の功労者でありながら新政府の栄達のレールから完全に外された姿の長岡だったことになる。長岡がこの時期、京都にいたのは確かであるから「勤王者調」に矛盾はない。長岡はこの後、堀内誠之進が関与する事件に絡んで別の史料に登場するが、それは次章で触れたい。

明治二年の京都情勢①　横井小楠暗殺犯減刑嘆願運動

京都に住み始めてからの堀内誠之進の政治観が口供書に述べられている。

「私儀《わたくしぎ》、御維新以来、御政令の不被為届候御場合より人心折合不申、所々に一揆等蜂起致し候儀を相憂ひ、右御政体の儀に付、尽力致し候者も有之候はば、倶々《ともども》力を戮《あわ》せ申度存居候」

口供書にある通り、明治元年（一八六八）から二年にかけて、全国で大規模な世直し一揆とうちこわしが数十件発生した。当初、一揆は主に奥羽越の旧幕藩領で起きたが、やがて関東以西に拡がった。その要求は年貢軽減、太政官札《だじょうかんさつ》の強制通用に対する反対、庄屋など村役人の不正追及であった。「御政令の不被為届候」つまり新政府の失政に起因する民衆の怒りの矛先が、堀内誠之進の出身階層（庄屋）にまで向けられる事態になっていた。堀内誠之進は「御政体」への不満から、同志を探し求めるようになった。

とはいえ、民衆蜂起に対する懸念だけで堀内誠之進の入京後の反政府活動の動機を説明するのは難しい。一揆と打ちこわしは前年から起きている。京都に入った途端にテロと反乱計画に傾倒するにいたった背景を理解するためには、堀内誠之進を取り囲んだ「明治二年の京都」の状況を知る必要があろう。なぜなら、明治二年の京都は「尊攘的気風の志士の蝟集《いしゅう》」がみられ、政府の欧化主義、東京遷都、草莽弾圧等に対する不満と批判が渦巻き、来た者は「この京都の尊攘的風土と政府批判の風潮の洗礼を受けた」（佐々木克『志士と官僚』）からである。

当時、京都の尊攘派の間で沸騰した「政府批判」のイッシューが二つあった。

そのひとつは、弟の堀内了之輔が出仕する弾正台が関与した、新政府参与《さんよ》横井小楠《しょうなん》暗殺犯の減刑嘆願問題である。弾正台は「非違糾弾《ひいきゅうだん》」を行う検察のような機関であったが、京都支台の官員には尊攘派が多く採用されたため、政府の開明政策や洋化主義を攻撃する守旧派の巣窟《そうくつ》のようになっていた。そして堀内誠之進が京都に来た頃には、横井小楠暗殺犯に対する減刑請願運動の拠点となっていた。

肥後藩（熊本）出身の開明派として知られた横井小楠は、明治二年正月五日、御所参朝の帰途、攘

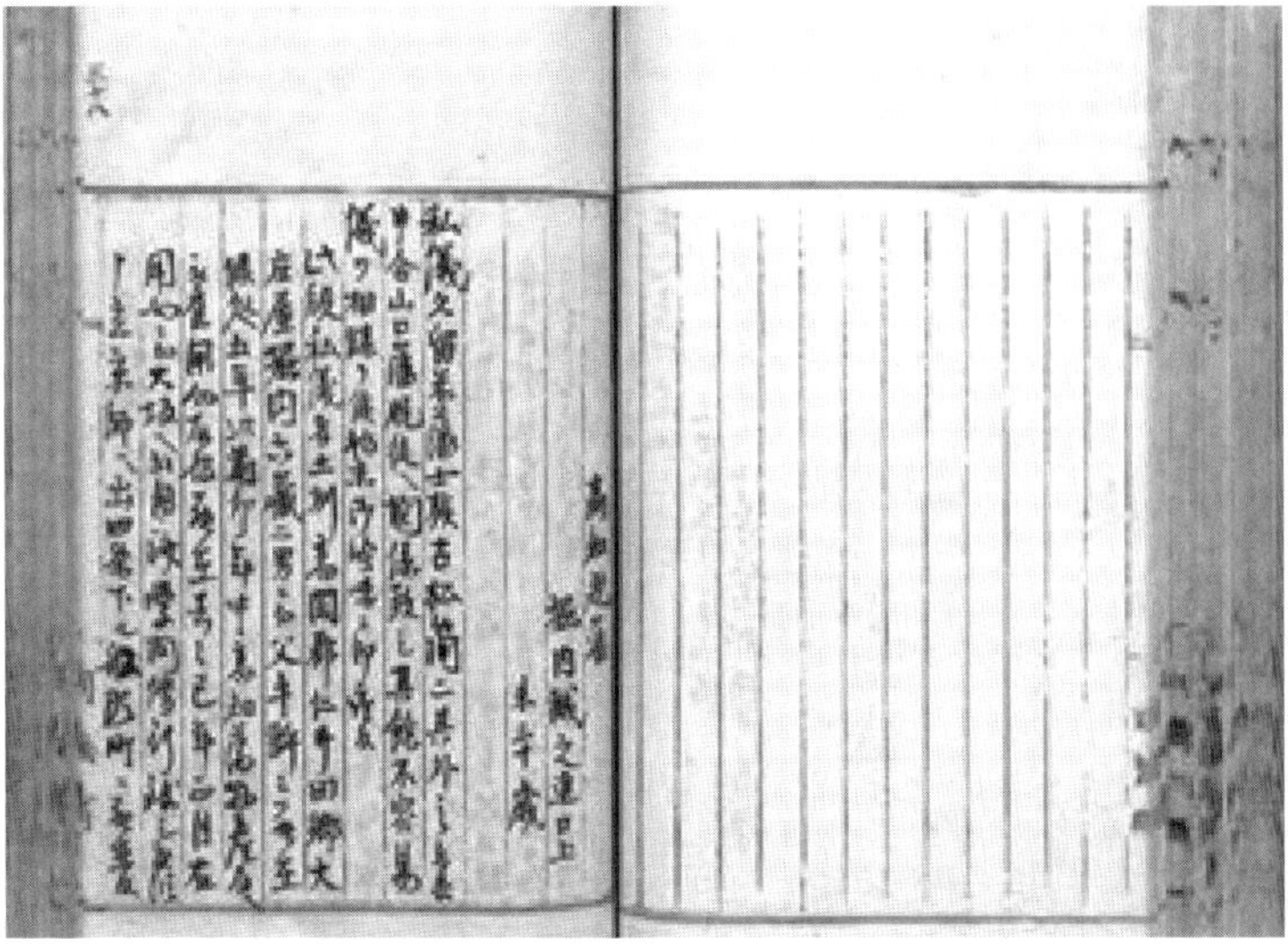

堀内誠之進の口供書（供述書）。明治四年九月。国立公文書館蔵。

夷派の十《と》津《つ》川《かわ》郷《ごう》士《し》・御親兵・浪士ら六名に暗殺された。「参与」とは、太政官では議定《ぎじょう》（三条実美《さねとみ》、岩倉具視《ともみ》ら）に次ぐナンバー2のポストであり、大久保利通《としみち》、木戸孝允《たかよし》ら明治政府の実質的指導者層がこの職にあった。のちの参議に相当する。事件は維新後初の政府高官暗殺となった。

横井小楠がテロの標的とされたのは、新政府の開国和親政策が横井の影響力によるものとみられたからであった。キリスト教流入の元凶ともみなされた。また、横井はアメリカの共和制を高く評価したため、「廃帝」論者、すなわち万世一系の皇統を軽んじる天皇否定論者だと噂された。

そのため、政府高官の暗殺だったにもかかわらず、刺客を称賛し横井を糾弾する声が政府内部からもあがった。そして犯人に対する減刑・寛典《かんてん》を求める嘆願が相次いだ。その中心が弾正台京都支台だったのである。相次ぐ減刑嘆願で処刑は先送りを続け、漸《ようや》く梟首刑《きょうしゅけい》が執行されたのは明治三年十月であった。

ところで、弾正台京都支台でとりわけ犯人助命に奔走したのは、柳川《やながわ》藩士の大巡察古賀十郎という人物だった。古賀は「横井を暗殺せるは当然なり。（略）彼れを誅するは義人なりとの論」の持ち主であった（佐佐木高行『保古飛呂比　四』）。古賀十郎は、明治二年九月、横井小楠廃帝論者説の証拠探しのために熊本に派遣された。古賀は、阿蘇神社の大宮司から、天朝を誹謗し共和制を主張する「天道覚明論」なる横井の書（定説では偽書）を手交され、これを証拠として弾正台に持ち帰った。この大宮司が、堀内誠之進と幕末に親交があったと「勤王者調」に書かれた阿蘇惟治《これはる》である。

明治二年の京都情勢②　天皇再幸

京都の尊攘派にとってもうひとつ大きなイッシューだったのは、明治天皇の「再幸《さいこう》」であった。再幸とは二度目の東京への行幸《ぎょうこう》を意味する。

天皇の東京再幸と「御滞輦中《ごたいれん》」（天皇の東京滞在中）の太政官の東京移転が布告されたのは明治二年（一八六九）二月だった（実行は三月七日。なお、前年七月に江戸は東京に改称）。これは京都では、事実上の遷都と受け取られた（実際、天皇は還幸《かんこう》しなかった）。

新政府の意図は、数百年続いた朝廷や公家の因習・弊習・旧慣から脱却するとともに、旧江戸を遷都の地とすることで天皇親政をアピールすることにあった。しかし、再幸の決定と実行は、置き去りにされる公家層、草莽・尊攘派志士、平田派国学者らの激しい怒りを買い、猛烈な反対運動を引き起こすこととなった。京都は「万世不遷の都」であり、「天皇による祭政一致国家は京都でしか樹立できない」というのが彼らの信念だったのである（阪本是丸『明治維新と国学者』）。

再幸が目前となった三月一日、草莽・尊攘派の七人が連名で「再幸抑留」の建白書を三条実美・岩倉具視に提出した（牧原憲夫『明治七年の大論争』）。七人とは古松簡二《ふるまつかんじ》（久留米藩）、吉岡弘毅《こうき》（美作出身、公卿壬生基修《みぶもとなが》家来）、高橋竹之助（北山信。越後出身、公卿澤家家扶《かふ》、方義隊《ほうぎたい》［のち居之隊《きょしたい》］創設者）、福田秀一（尾張出身、筑波山《つくばさん》挙兵）、依岡《よりおか》城雄（高知藩士）、里見鋼之助（下野《しもつけ》出身、軍曹）、伊藤源助（白河藩脱藩士、軍曹）であった。

その二日後には、建白者のひとり吉岡弘毅と前述の古賀十郎（弾正台大巡察となる前で、当時軍務官書記）が三条実美に面会し、「切腹する覚悟にて」再幸中止を要求して座り込む騒動を起こした（吉岡愛『父を語る　吉岡弘毅傳』）。扱いに窮した政府は吉岡・古賀を東幸御用にして東京へ随従させたが、古賀は今度は東京で「汝等［各国公使のこと］の首を切て以て万国へ示すへく思へり」（『明治建白書集成』第一巻）などと過激な建白をして待詔院《たいしょういん》（建白受理機関）に差し止められる事件を起こした。

だが当然、「再幸抑留」の建白は採用されなかった。建白者たちは政府が唱える名ばかりの言路洞開《げんろどうかい》に見切りをつけ、奸臣抹殺や政府転覆の路線に転換していった。伊藤源助と依岡城雄は大村益次郎《ますじろう》襲撃事件を、古松簡二は諸隊脱隊騒動（奇兵隊反乱）呼応計画を、高橋竹之助と古賀十郎（及び古松簡二も）は二卿《にきょう》事件を企てることになる。そして堀内誠之進はそのすべてに引き込まれていくことになるのである。

十津川騒動

反政府運動に身を投じる少し前、京都にいた堀内誠之進は十津川騒動の鎮圧に動員されたという。「勤王者調」には、高知藩士島本仲道《なかみち》（審次郎）とともに「大和に到り土兵の紛紜《ふんうん》を鎮撫し」たと記されている。しかし、それ以上の詳細はわからない。口供書にも出てこないので、信憑性にはやや疑問がある。だが、一般的にはほとんど知られていなかったはずの騒動を、二十数年後に「勤王者調」が記載している点がやはり不思議である。そして記載されている以上、無視はできない。

十津川騒動とは、大和国の十津川郷（現奈良県吉野郡十津川村）で起きた天皇再幸をめぐる一連の騒動である。

十津川は神武東征伝承ゆかりの朝廷直轄地であったことから、勤王の志に篤い土地だった。十津川郷士は幕末、志願して禁裏御守衛《きんりごしゅえい》を務め、天誅組《てんちゅうぐみ》の変、高野山《こうやさん》挙兵にも千人超の参加者を出した。北越戦争に従軍し、戦後は朝廷直属の御親兵《ごしんぺい》となった。

そのような十津川郷士にとって、天皇再幸は天皇・朝廷との関係を引き裂かれるものでしかなかった。明治二年（一八六九）三月五日、再幸反対を上願する御親兵の十津川郷士約百八十名が「若《も》し聴容を蒙《こうむ》らざるときは止むを得ず同志一同泣て御輦に供奉《ぐぶ》せんとまで歎願」し、京都伏見の屯所から脱走し水口《みなくち》の行在所《あんざいしょ》に押し寄せた（『十津川記事　中』）。これが騒動の発端である。

脱走兵は連れ戻されて謹慎を命じられたが、この処置を受けて、郷中では大挙上洛の勢いとなった。これは鎮撫使の説得で沈静化したものの、四月、供奉強願を主張する復古派が開明派を拷問する事件が郷中で起きた。復古派は、五月、拷問事件を糺《ただ》す政府軍防局の喚問に応じず、郷の境を封鎖した。政府側は、「兵隊出立直ちに十津郷へ踏込十分に着手相成候都合」（明治二年六月一日付槇村正直宛木戸孝允書簡）と手筈を整え、武力で鎮圧した。

十津川騒動にはこの通りいくつかの局面があり、「勤王者調」のいう「鎮撫」とは、どの局面を指しているのかはっきりしない。また、六月が最終局面であるから、動員が真実なら、堀内誠之進は弾正台京都支台が置かれる前に既に大阪から京都に移っていたことになる。ともに十津川に派遣されたという島本仲道は当時兵部権少丞《ひょうぶごんのしょうじょう》で、鷲尾《わしのお》隆聚《たかつむ》陸軍少将の部下だった。島本が十津川騒動鎮圧に関わったのは事実のようだが、島本仲道周辺の史料に堀内誠之進の名前は出てこない。十津川郷に六月出動を命じられたのは第二親兵隊であるが、脚に不安のあったはずの堀内誠之進が軍事行動に加われたのかも疑問が残る。ちなみに、島本仲道は幕末、土佐勤王党の獄で東諸木《もろぎ》村に謫居《たっきょ》させられたことがある。

もし堀内誠之進が十津川騒動鎮圧に本当に動員されたのであれば、誠之進はそこで勤王派の挫折の形態のひとつを目撃したはずである。

第4章 大村益次郎暗殺

暗殺謀議に加わる

「勤王者調《きんのうしゃしらべ》」によれば、十津川《とつかわ》騒動後、京都にもどった堀内誠之進は、福田秀一・清川源五郎・長谷川鉄之進といった草莽《そうもう》の士と交わるようになったという。一方、口供書によれば、同じ頃、堀内誠之進は伊藤源助と交わるようになっている。伊藤源助と福田秀一はともに再幸《さいこう》抑留建白を行った同志である。このあたりから「勤王者調」と「口供書」は交錯し始める。長谷川鉄之進（越後国庄屋、居之《きょし》隊《たい》幹部）は、脱藩浪士を集めた幕末山口藩の忠勇隊や大楽源太郎《だいらくげんたろう》の忠憤隊《ちゅうふんたい》の幹部として働き、その後、幕府挑発のため江戸を攪乱《かくらん》した薩摩藩邸浪士隊の大監察を務めた人物である。

なお、福田秀一は明治三年（一八七〇）七月に病死している（「京都府史料」一六及び「故福田秀一外二名贈位ノ件」）。天狗党の乱にも加わったという人物だが、「勤王者調」が纏《まと》められた明治二十年代に一般人が知るような名前ではなかろう。「清川源五郎」にいたっては何者なのかもわからない。これも「勤王者調」がインサイダー情報に基づいていると推量する根拠のひとつである。

明治二年八月中旬、堀内誠之進は伊藤源助と「互に時勢見込の趣屡《しばしば》議論」するようになっていた（堀内誠之進口供書、以下同）。ある時、伊藤が「朝［＝朝廷］に被立候重官の内を相斃《たお》し可申、左候得ば随《したがい》て御政体の変革致候」（高官を斃せばおのずと「御政体」も変革される）と、政府高官暗殺の話を振ってきた。

肝心の高官の名を伊藤はその時出さなかったが、伊藤には既に「見込」があるらしかった。しかし、追ってまた話そうと伊藤はあえてその場は深入りしなかった。伊藤はじつは大村益次郎《ますじろう》暗殺計画グループの同志勧誘役だった。

伊藤源助は白河藩出身の脱藩浪士で、幕末は陸援隊《りくえんたい》に加わり高野山《こうやさん》挙兵に参加した人物である。高野山挙兵とは、王政復古政変の前日、親藩《しんぱん》紀州藩を牽制するため、侍従鷲尾隆聚《わしのおたかつむ》が陸援隊と十津川郷士《ごうし》を糾合して高野山に拠ったものである。伊藤はそこで「抜群之働き」を見せ、鷲尾侍従から感状と褒美を賜った（「高野山出張概畧」）。

伊藤源助は維新後、第二親兵隊《しんぺいたい》に編入され、その軍曹に任ぜられた。奥羽戦争に参謀として従軍している。第二親兵隊に所属した伊藤は十津川騒動に出動した可能性があるが、この点は不明である。伊藤は再幸随行の任を病気を口実に拒否し、京都に留まっていた。

伊藤源助と別れて二週間ほど経った八月下旬、堀内誠之進は伊藤から京都二条の料亭に招かれた。行くと山口藩の神代直人《こうじろなおと》（高須庄作）と太田光太郎（瑞穂）が同席していた。神代直人は大村暗殺計画の首謀者だった。酒宴となり、神代が本題に入った。

神代曰く「西京に居合候大村兵部大輔《ひょうぶたいふ》殿は全体洋癖の奸物《かんぶつ》にて、畢竟《ひっきょう》、御維新前後、朝廷の御処置反復致し候は悉《ことごとく》皆同人の奸策に出候儀に付、御同人を斬戮《ざんりく》致し候へは、自ら一洗の道も相立可申、尤《もっとも》右手配の儀は夫々《それぞれ》人数も相揃居候へとも、後に相発候條令も有之儀に付、猶《なお》同志を募り尽力致し呉候」。すなわち、〈御維新後、朝廷の方針が攘夷から開国和親に転じたのは、ことごとく「洋癖の奸物」である兵部大輔大村益次郎の「奸策」の仕業であるから、大村を「斬戮」すれば政治を「一洗」できるはずだ〉と、神代直人は語った。

もっとも大村刺客団は既に陣容が整っていた。そこで、神代直人は、大村暗殺を成し遂げた後のことにつき同志を集めて尽力してほしい、と堀内誠之進に依頼した。

堀内誠之進は「病体の事故《ことゆえ》」（足の障害のことであろう）十分な活躍はできないかもしれないと述べつつも、「合力」したいと神代直人に約した。堀内誠之進が反政府の側に舵を切った瞬間であった。

大村益次郎

大村益次郎とはいかなる人物か。

大村は山口藩の村医者出身の洋式兵学家で、上野彰義隊掃討など戊辰戦争での近代的・合理的な戦略で名をあげた。兵部大輔のポストは、軍政を担う兵部省（現在の防衛省のようなもの）におけるナンバー2で、実質は長官に相当した。

発足間もない明治政府の課題のひとつに、兵権統一、すなわち朝廷直属の常備軍を創設することがあった。大村益次郎は徴兵制（国民皆兵）でそれを実現しようと考えていた。また、当面の直属軍隊である御親兵にフランス式兵制を導入し、「廃刀」を主張していた。

だが「庶民」や「農民」から常備軍を編制しようという大村の構想は、藩兵＝封建武士団で常備軍を編制すべしと考える士族を激怒させた。御親兵たちも、「被髪脱刀《ひはつだっとう》」の洋式兵制は彼らを「一兵卒」扱いするものとして憎悪した。大村がもともと武士階級の出身でないことが嫌悪感を増幅させた。

大村は十津川騒動の鎮圧を指示した人物でもあった。また大村は明治二年（一八六九）六月、戊辰戦争の論功行賞において筆頭の西郷隆盛の二千石に次ぐ賞典録千五百石を賜った。御親兵の勤王浪士らは、わずかに六十四人が四〜十人扶持《ぶち》の軍曹・軍曹試補に任命されたのみで（伊藤源助はそのひとり）、大半は戊辰戦後、帰藩・帰農を命ぜられた。大村益次郎は守旧派士族・尊攘派草莽の怨嗟と嫉妬を一身に集めていたのである。

大村益次郎肖像。『近世名士写真　其2』より。

暗殺盟約

大村暗殺計画の発案者は山口藩の神代直人（元御楯隊《みたてたい》隊士）と団伸二郎（山口藩陪臣《ばいしん》）だった。

神代直人は当時、京都の矢野玄道《はるみち》の塾で学んでいた。矢野玄道は平田派国学者きっての碩学《せきがく》で、遷都反対派のイデオローグ的存在であった。その矢野塾に入塾するつもりで、同郷の太田光太郎（山口藩陪臣）が団仲二郎とともに明治二年（一八六九）七月十日脱藩し、同二十三日頃京都にやって来た。神代・団・太田の三人は長州過激尊攘派の指導者大楽源太郎の同門であった。

神代直人は「外夷《がいい》の侮り日々増長し乍恐《おそれながら》皇威不相立《あいたたず》」と慨嘆していた。そして、大村益次郎が開港説を主張しているのが「今日の形勢」の根本原因であるから、大村を「速《すみやか》に殺害」しなければ「王政御一新の御目的不相立《あいたたず》」と考えるようになった。神代は、幕末、四国連合艦隊下関砲撃事件で欧米と講和交渉にあたった高杉晋作を殺害しようとした過去を持つ行動派であった。

団仲二郎も神代同様に新政府の「西洋風」に憤激していた。その中心となっているのが同藩出身の大村益次郎であることが「国辱」（藩の恥）であると怒りを爆発させていた。大村は「西洋学に沈み、終《つい》には皇国の皇国たる所以《ゆえん》を不知《しらず》、万事外国に模擬し彼《かの》風を慕ふの余り、身に洋服を著し、（略）皇国の第一たる刀剣を廃するの説を唱ふる等」、罪は枚挙に暇がない。よって「私一人にても（略）兵部大輔殿と対論の上刺違へ度《たく》」と激昂していた。

憤懣やるかたない神代・団の耳に、八月十三日、大村益次郎が京都に到着したとの報が入った。標的が俄《にわか》に射程内に入った。

神代直人と団仲二郎は大村暗殺の決意を固めた。これを神代が太田光太郎に告げた。太田は、高官暗殺は朝憲を犯すことになるからまずは建言をしてみるべきではないかと慎重だった。しかし神代は強硬に暗殺を主張した。太田は「憂国の志は素より」と同意した。

一方、団仲二郎も、戊辰戦争以来の知己で近頃「一酌」するうちに意気投合した五十嵐伊織《いおり》（越後国出身、郷士・庄屋養子、居之隊幹部）に計画を打ち明けた。五十嵐は「伸二郎論談愉快」と直ちに快諾した。

その五十嵐伊織が、かつて奥羽戦争をともに戦った金輪《かなわ》五郎（久保田［秋田］藩陪臣、薩摩浪士隊）を誘った。金輪は「小勢にては無覚束《おぼつかなく》候付猶同志可誘引」と提案した。そこで五十嵐は旧知の宮和田《みやわだ》進（旧三河藩士）を勧誘し、金輪も関島金一郎《せきじまきんいちろう》（信州伊那郷士）を同志に加えた。

宮和田進は国学者宮和田光胤《みつたね》の養子で、公卿中山忠能《ただやす》の家来をしていた（足利三代木像梟首《きょうしゅ》事件の犯人のひとり宮和田勇太郎の義弟）。余談ながら宮和田は再幸抑留建白の伊藤源助、古松簡二《ふるまつかんじ》、里見鋼之助の三人の媒酌で婚姻し、宮和田の討死後、その妻の面倒を長谷川鉄之進と福田秀一が見た（「大日本維新史料稿本　四千拾八ノ二」の中御門家記録）。再幸抑留建白・大村襲撃・奇兵隊呼応計画が同一の人的ネットワーク内で行われたことが知れよう。

関島金一郎は遊学のため七月上旬京都に来て、元商法司判事斎藤謙助（科野《しなの》東一郎）家来となっていた。金輪・斎藤・関島は年貢半減令を施行し「偽官軍」として幹部が処刑された赤報隊《せきほうたい》の残党であった（金輪・斎藤は薩摩浪士隊にも参加）。金輪五郎は頻繁に斎藤のもとに来ており、自然、関島と意気投合していた。

さらに、神代直人は七月頃から、山城国愛宕郡上岡崎村（現京都市左京区岡崎）で療養中だった伊藤源助のもとを訪れるようになっていた。八月中旬、神代が伊藤に暗殺計画を打診すると、軍曹の伊藤は、兵部省の大村には「世話相成《あいなり》候義理も御座候」と一瞬ためらったが、「皇国の正気恢復《かいふく》」のた

奥宮慥斎（先考慥斎先生肖像画）。親交のあった河田小龍が描いたもの。高知市立市民図書館奥宮文庫蔵。

めにはと盟約した。

陸援隊出身で再幸抑留建白者の伊藤源助には「草莽にも知己多く」であった。そこで神代直人は同志拡大を伊藤に依頼した。伊藤が堀内誠之進に接近したのはこの流れからであった。堀内誠之進の同志とされる長谷川鉄之進は五十嵐伊織とは居之隊、金輪五郎とは薩摩浪士隊で一緒であったから、勧誘は自然の成り行きでもあったろう。

堀内誠之進から同居人の弟了之輔《りょうのすけ》・坂野治郎に輪が広がった。了之輔がいた弾正台《だんじょうだい》京都支台は、翌月、弾正大忠海江田《かいえだ(かえだ)》信義《のぶよし》（有村俊斎《しゅんさい》）ほか二十九人が連名で中宮行啓《ぎょうけい》（皇后の東京行き、十月五日）に反対する建言をする。その二十九名中に「堀内少巡察」とあるのが大村事件前後の了之輔と思われる。

伊藤源助は堀内誠之進以外にも依岡《よりおか》城雄と岡崎恭輔《きょうすけ》の二人の土佐人に接触した。

伊藤と依岡城雄は再幸抑留建白の同志であった。依岡は奥宮慥斎《おくのみやぞうさい》の門人で、維新後、倉敷県軍務局に出仕していた。明治元年十一月に京都、二年三月に東京出張となり、同じく倉敷県刑法局から出張していた岡崎恭輔や居之隊の幹部と交わっていた。ところが七月倉敷県を免官となり（次項参照）、八月京都にもどってきていた。

この依岡城雄は、奥宮慥斎門人・倉敷県罷免の経歴及び年齢（口供書によると明治三年に数えで二十

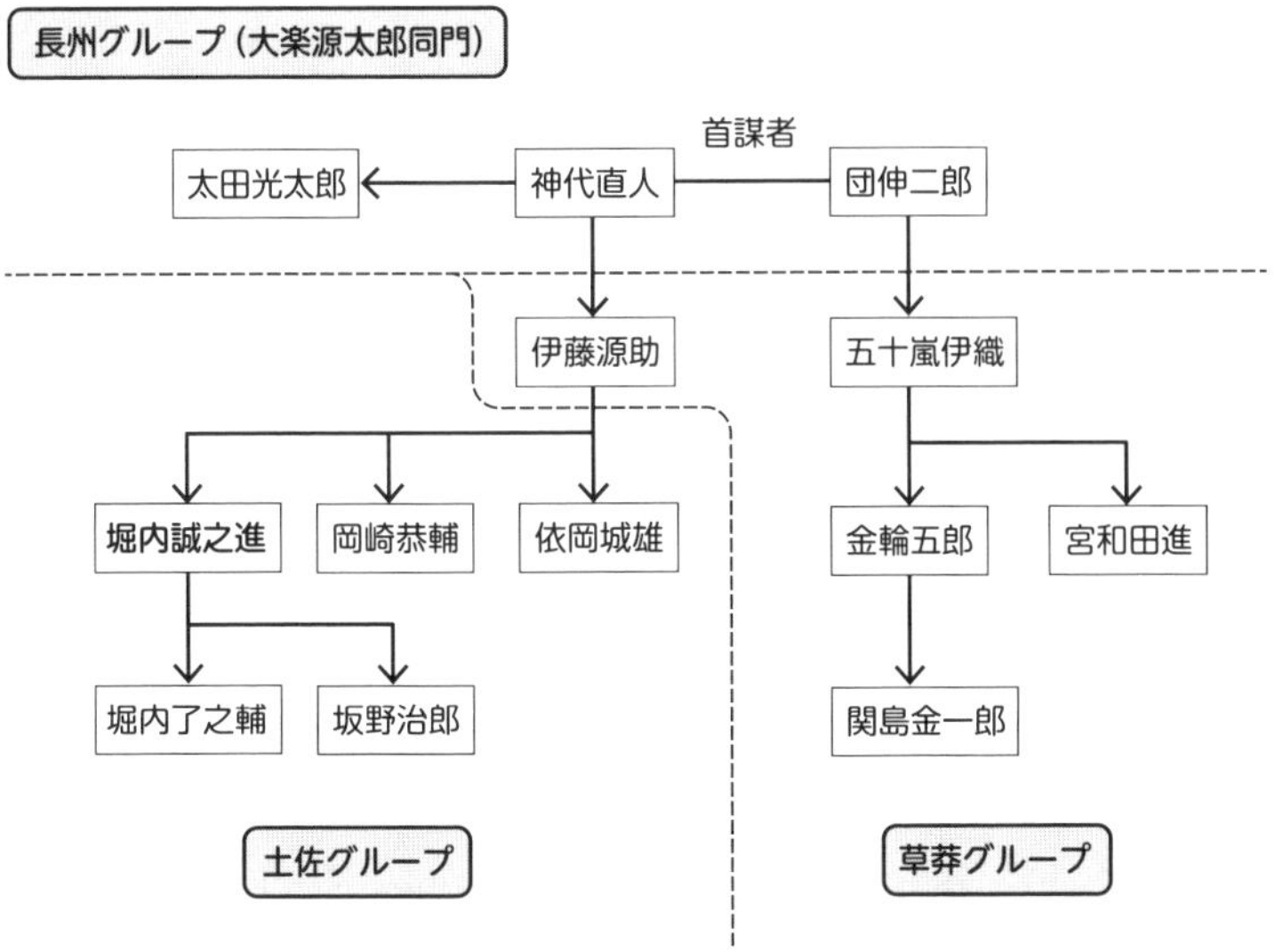

大村暗殺盟約勧誘の流れ

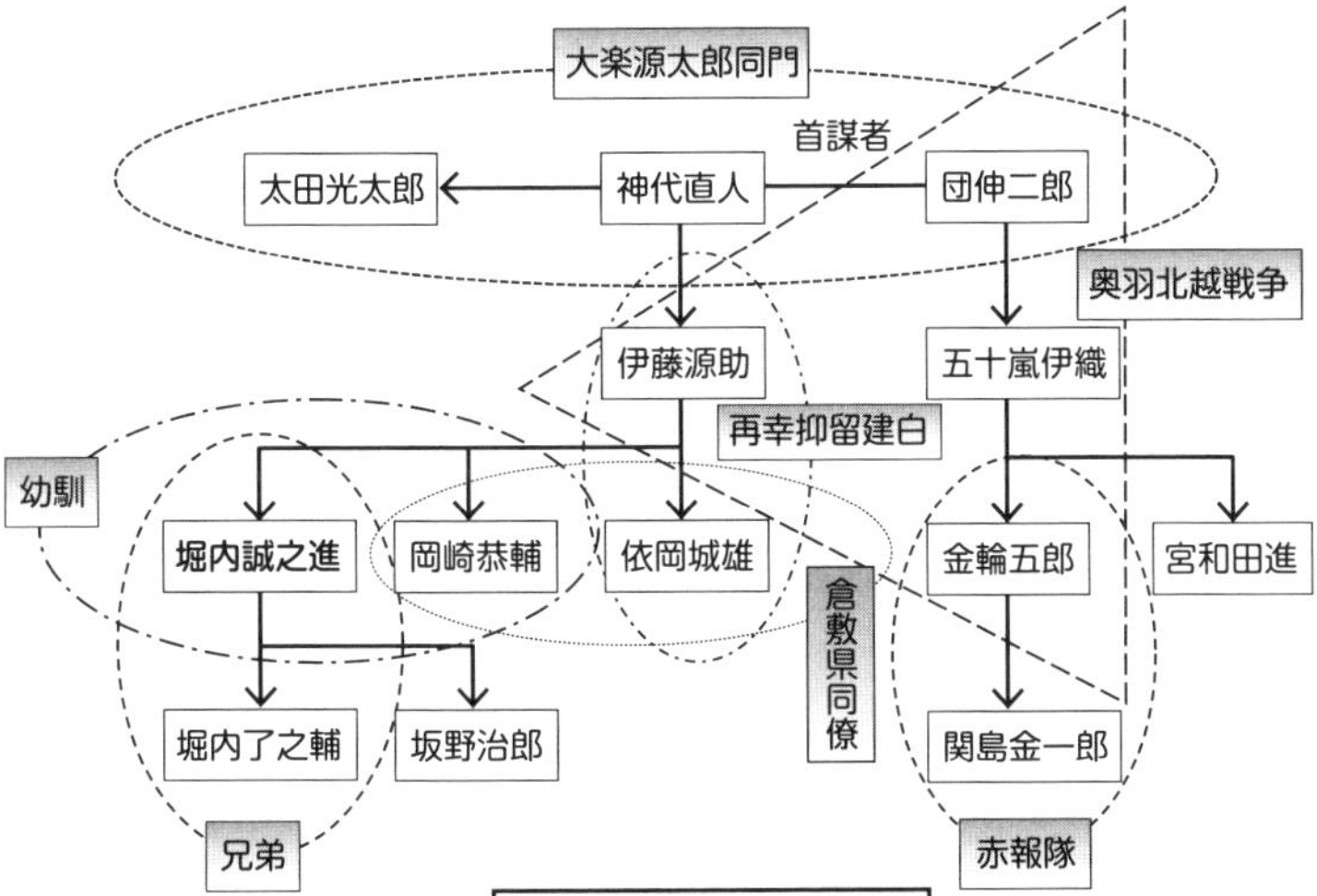

大村暗殺盟約勧誘の相関図

九歳）の合致から、土佐勤王党血盟三十一番の依岡権吉《ごんきち》（珍麿《うずまろ》）と同一人物と思われる。依岡珍麿の晩年の談話（「懐舊談（上）」、一九一九年）とも符合する（大村事件については触れていないが）。安政の大獄で暗躍した長野主膳《しゅぜん》の妾村山加寿江《かずえ》を生き晒《さら》しにし、その子多田帯刀《たてわき》に天誅を加えた人物である。

伊藤源助が接したもうひとりの土佐人岡崎恭輔は「異論」を唱えたと伊藤は供述している。しかし、この先みる史実からそれが偽証であったことは明白である。伊藤は、堀内誠之進を含め土佐グループを庇《かば》う供述をしている（伊藤と岡崎の接触の経緯ははっきりしない）。

のちに、大村襲撃事件と諸隊反乱教唆《きょうさ》の嫌疑をかけられ逃亡した大楽源太郎は、大村の腹心山田顕義《あきよし》に宛てて、「［大村襲撃は神代直人らが］土藩某生と大議論を起し、其より之事とも承り及候」（明治三年十一月十一日付）と書き送っている。弁解もあろうが、土佐グループの関与の深さを示す証言と受け取れる。神代らが「大議論」を交わした「土藩某生」とは堀内誠之進を置いてほかにあるまい。

そして岡崎恭輔は「異論」どころか、東京でおそらく神代直人・団伸二郎らの計画とは別個に大村暗殺の決意を固めたうえで京都にやって来た（次項参照）。

（以上、引用は神代直人、団伸二郎、太田光太郎、五十嵐伊織、金輪五郎、関島金一郎、伊藤源助、依岡城雄の各口供書より。）

岡崎恭輔と土佐グループ

岡崎恭輔（姓は波多・羽田《はだ》、名は恭助・強介とも。変名・松並深蔵《まつなみしんぞう》または松浪信蔵など）は大村事件を契機として、堀内誠之進と二人三脚の活躍をすることになる。岡崎は、山内右近家来岡崎弾蔵の二男として、天保十二年（一八四一）土佐郡潮江村《うしおえ》（現高知市潮江）に生まれたとも、同十四年九月十五日に帯屋町（現高知市帯屋町）に生まれたともいわれる。生年が前者なら堀内誠之進よりひとつ年上で、後者ならひとつ年下であるが、いずれにせよ誠之進とは幼馴染であったとされる。

岡崎恭輔は慶応四年（一八六八）一月、京都で脱藩し、兄の岡崎山三郎（参三郎、波多彦太郎とも。土佐勤王党血盟七十四番）とともに坂本龍馬亡き後の海援隊に入隊した。同月、海援隊の長岡謙吉、兄山三郎とともに、川之江滞陣中だった迅衝隊《じんしょうたい》に高松・松山追討令を伝える役割を果たした。長岡と岡崎兄弟の三人は河田小龍《かわだしょうりょう》同門であった。

高松開城後、岡崎恭輔は長岡謙吉・兄山三郎ほか海援隊士十数名とともに、備讃《びさん》瀬戸に浮かぶ天領の塩飽《しわく》諸島や小豆島《しょうどしま》を鎮撫した。塩飽本島《ほんじま》では小坂《こさか》騒動（自治権を認められた村役人層＝人名《にんみょう》と、そうでない漁民＝毛頭《もうと》の階級闘争）に介入して漁民から感謝され、岡崎は小坂浦の重三《とさ》神社（大山神社境内）に他の隊士とともに現在も「神」として祀られている。

塩飽本島の重三神社。境内に岡崎恭輔の名が刻まれた碑もある。

しかし、実効支配中の島々で年貢半減令を施行したことなどが問題視された海援隊は、長岡謙吉の京都藩邸での釈明もむなしく、閏四月、解散を命ぜられた（第3章参照）。五月、倉敷県が設置されると岡崎兄弟らは同県へ配属となった。倉敷県官吏は土佐派が独占したが、「土州人なれは、（略）都《すべ》て疎暴、政事上甚《はなはだ》激烈に渉り」との不可解な理由で翌年八月前後に全員が免官となった（『倉敷市史（第十一冊）』）。岡崎恭輔と依岡城雄はともに七月、東京出張中に免官を仰せつけられた。

岡崎恭輔は東京出張中の慶応四年五月頃から武田保輔《やすすけ》（備讃瀬戸海援隊、倉敷県罷免）、土居《どい》策太郎（土居幾馬《いくま》。岡崎とは河田小龍同門の幼馴染）、坂本速之助（変名・南条真九郎。元公卿壬生基修《みぶもとなが》食客）とともに尊攘派土佐グループを形成していた（次ページ表参照）。

岡崎恭輔ら土佐グループ四人は五月二十五日、久保田藩公議人初岡敬治《はつおかけいじ》に面会し、以後、頻繁に初岡と「密話」や「論談」を繰り返した。六月二十日には、土佐グループと吉岡弘毅《こうき》（再幸抑留建白のひとり）が、初岡のいる久保田藩下屋敷に集まり、「時勢に付品〻討論、至誠を以て要路之人え申立候事に決候」と結束している（初岡敬治日記、以下同）。初岡は土佐グループに「酒・昼飯馳走」や「餞別」を度々行い、岡崎恭輔の倉敷県罷免後には住居の面倒まで見ている。初岡敬治は土佐グループのパトロンであった。

ここに古賀十郎も加わった。古賀は前章で触れた通り、吉岡弘毅とともに「東幸御用」を命じられ東京に来ていた。初岡敬治は古賀を「是迄数百人に会す雖《ママいえど》も、此仁は第一之人物也」と絶賛していた（六月十二日）。

		主な経歴
堀内誠之進	京都で集結	島村安春。大村益次郎襲撃連累。諸隊脱隊騒動呼応計画。広沢真臣暗殺容疑。二卿事件で各派提携促進（終身禁獄）。西南戦争で立志社と古勤王党の提携画策。獄死。
堀内了之輔		島村安度。弾正台少巡察。大村益次郎襲撃連累。諸隊脱隊騒動呼応計画（禁獄１年）。木戸孝允・大久保利通暗殺謀議（禁獄２年208日）。出獄後、帝政派。
坂野治郎		大村益次郎襲撃連累。前後の経歴不明。
依岡城雄	京都・東京	土佐勤王党依岡権吉（珍麿）か。奥宮慥斎門人。倉敷県罷免。再幸抑留建白に署名。大村益次郎襲撃連累（謹慎100日）。
岡崎恭輔	東京で集結（初岡敬治と連携）	羽田恭輔。河田小龍門人。海援隊備讃瀬戸グループ。倉敷県罷免。大村益次郎襲撃連累。諸隊脱隊騒動呼応計画。征韓計画。二卿事件（終身禁獄）。特典放免後、「大東日報」社長。
土居策太郎		土居幾馬。河田小龍門人。東京放火要人暗殺計画・公卿澤宣嘉グループ。消息不明（獄死？）。
坂本速之助		南条真九郎。公卿壬生基修食客。東京放火要人暗殺計画・公卿澤宣嘉グループ（禁獄10年）。
武田保輔		海援隊備讃瀬戸グループ。倉敷県罷免。外務省使掌（丸山作楽グループか）。一等巡査。

□は大村益次郎襲撃連累者

尊攘派土佐グループ（明治二〜四年）

七月二十九日、土佐グループの四人と、弾正台任官が決まったばかりの古賀十郎が、初岡敬治のもとに集まり「色々相談」をした。その場で、土佐グループは「岡崎［恭輔］以下之四人云々之決にて」何事かを決定した。そして、岡崎恭輔と土居策太郎は八月五日、京都へ向けて旅立った。

この時、初岡は二人に「路用」として十七両を与えている。京都までの旅費は二両半程度と思われるので（谷釜尋徳「近世後期における江戸庶民の旅の費用」）、二人分とは言え相当な額である。古賀十郎も四日か五日に出立した（岡崎・土居と同道か）。古賀はこのあと弾正台で横井小楠《しょうなん》暗殺犯の減刑運動を展開することになる（第3章参照）。坂本速之助は十一日、居之隊と連絡するため越後方面へ向かった。初岡は坂本にも路銀三両を渡した。

初岡敬治の影

初岡敬治は公議所（公議与論のため政府が設置した議事機関）の公議人として久保田藩を代表する人物であったが、攘夷主義の激烈な言動で明治政府からマークされていた。

初岡敬治肖像。『初岡敬治先生傳』より。

初岡の名は招魂社旗奉納事件で世に知れ渡った。明治二年（一八六九）七月、九段に設立された招魂社（現在の靖国神社）の大祭に、「耶蘇《やそ》」（キリスト教徒）を踏みつける武者の絵を描いた大旗を献納したところ、外国交際に差し障りあるとして軍務局から却下された。初岡は当時軍務官副知事だった大村益次郎に抗議の面会を申し入れたが拒絶され対立した。

初岡は大村の去就に関心があったのか、兵部大輔となった大村が京都に向け出発した同月二十七日の日記冒頭に、「今朝大村出立に付…」と記している。初岡と古賀十郎、土佐グループ四人が「色々相談」したのは、その二日後であった。

大村益次郎は九月四日に京都で襲撃されるが、初岡は同月上旬、山口藩と久保田藩の宴席で、大村暗殺を予言するかのように「奸可斬《かんきるべし》、夷可払《いはらうべし》」と歌いつつ剣舞したため、山口藩が抗議する大騒動となった（剣舞事件）。初岡は岡崎恭輔が京都で大村襲撃に関与することを知っていたのではないか。

そして「初岡敬治日記」八月十九日の条には意外な名前が登場する。「知恩院宮様之御家頼《けらい》長岡謙吉と申仁参、途中岡崎恭助と逢候由、暫《しばら》く咄候て［小野崎］信蔵方へ参候」。長岡謙吉が、岡崎恭輔の道中の消息をわざわざ伝えに来ているのである。「知恩院宮様」は華頂《かちょうのみや》宮博経《ひろつね》親王であり、前章で触れた通り長岡はその侍講《じこう》になっていた。

長岡謙吉の名は翌日、翌々日の初岡日記にも登場する。長岡は正義派の公家が三十六人いると情報をもたらし、また「陽春丸之事色々相談」している。陽春丸は久保田藩が持っていた砲艦で、新政府軍が借りて榎本艦隊の追撃に使用していたが、八月十日に藩に返還されたばかりであった。長岡謙吉は大村襲撃事件の直後にも不審な動きをする。

大村益次郎を襲撃

堀内誠之進ら土佐グループ京都組が、西京入りした岡崎恭輔・土居策太郎の二人と、どのような経緯で合流したのか定かでないが、岡崎・土居は依岡城雄とともに高瀬四条上《あが》ル町山庄方（現京都市中京区高瀬川筋四条上ル紙屋町あたりか。次ページ地図のB地点）に同居したことがわかっている。堀内誠之進の居所（同地図のA地点）から二〇〇メートルほどの距離であろうか。土佐グループは全員がほぼ同一エリアに潜んでいたことになる。このエリアを含む河原町三条・四条界隈は幕末から高知藩士が多く居住する区域だった（中村武生「幕末期政治的主要人物の京都居所考」）。土居策太郎は間もなく東京に帰った。その理由はわからない。

決行二日前の明治二年（一八六九）九月二日、大村襲撃の刺客団は、潜伏先のひとつ東川端四条上

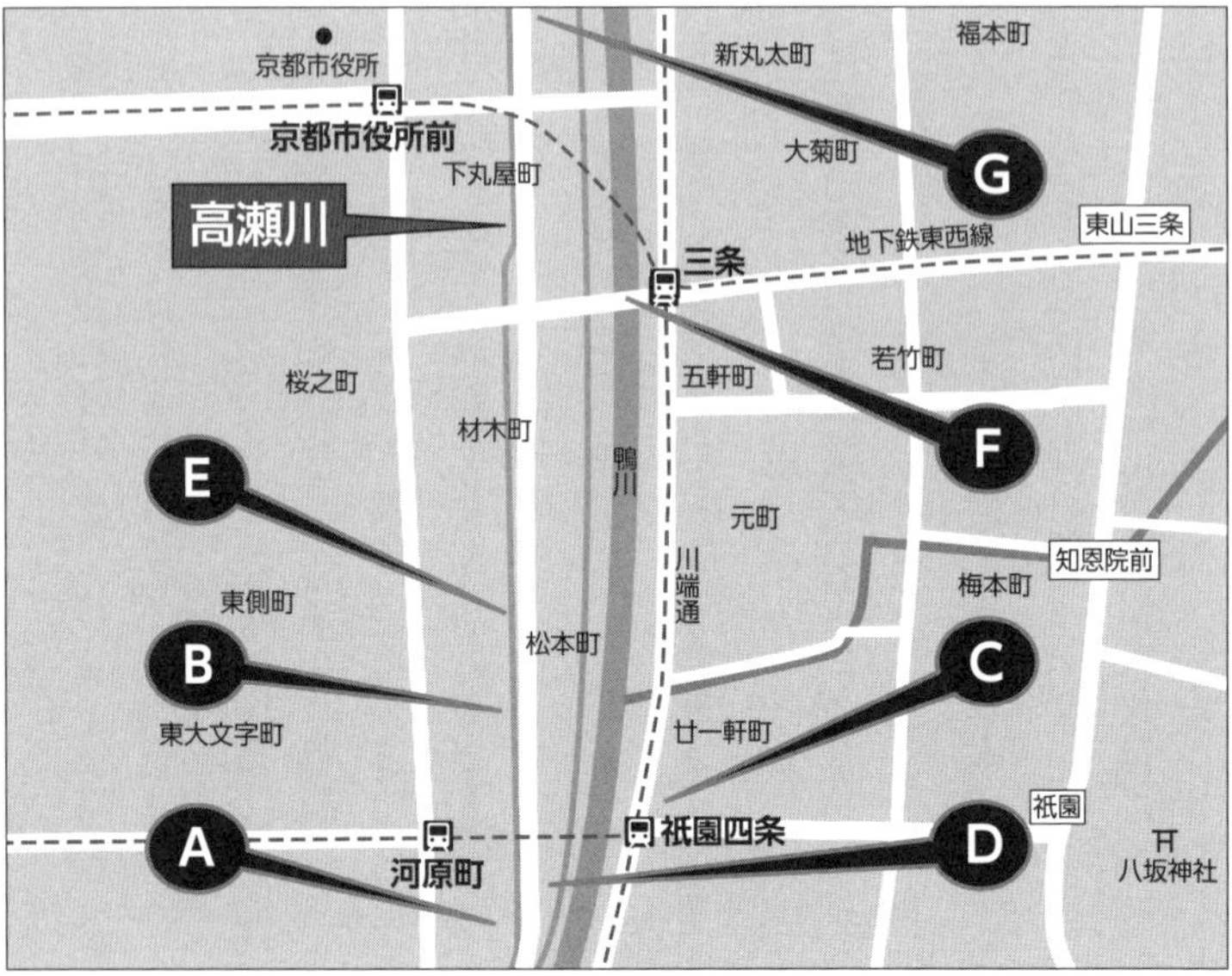

大村益次郎襲撃事件関係地図。

ルの八百屋忠兵衛方（現京都市東山区川端四条上ル川端町あたりか。地図のC地点）に集合した。ここで大村益次郎の罪状を記した斬奸状《ざんかんじょう》を作成した。岡崎恭輔も同席した。堀内誠之進がいたかはわからない。誠之進が住む船頭町はここから徒歩数分の距離である。

翌三日朝、刺客団は大村益次郎の後を追って船で大阪へ向かった。そして大村が既に京都にもどっており行き違いになったことを知った。同夜のうちに急ぎ乗船し、四日、伏見へ引き返した。

その勢いを駆って同日中に決行しようということになった。刺客団は西石垣四条下ル（現京都市下京区西石垣通四条下ル。地図のD地点）の「浮れ亭」（読みはウカレテイか）に集結した。堀内誠之進の居所は目と鼻の先である。刺客団はそこで「支度」をしながらタイミングを見計

現在の紙屋町。飲食店が軒を連ねる。

高瀬川と紙屋町周辺。

らった。大村益次郎はそこから一キロほど北の木屋町二条下ル二番路次にある山口藩の控屋敷（旅宿）に投宿していた（現京都市中京区木屋町通二条下ルあたり。地図のG地点。ただし住所は諸説ある）。地図上のA、B、C、Dを結ぶ徒歩数分圏が襲撃グループのアジトだったとみていいだろう。ちなみにE地点には高知藩邸があった。土佐グループの動線（A、D、B、E、G）はきれいに高瀬川（または木屋町通《きやまちどおり》）のラインと重なる。

　太田光太郎が探索に出て大村益次郎が帰宿していることを確認し、夕刻決行と決定した。刺客団は「浮れ亭」を出て、いったん解散し、薄暮前に三条橋（地図のF地点）の上で待ちあわせた。そこから二手に分かれて大村の宿へ向かった。

　この日、堀内誠之進は「浮れ亭」に待機していた。誠之進は、凶行に向かう刺客団を最後に見送る人物となった。刺客団は状況次第でいつ「浮れ亭」を出立することになるかしれなかったため、誠之進は刺客団が出払ったあとの「浮れ亭」の支払いなどをすることになっていた。また、誠之進、堀内了之輔《りょうのすけ》、坂野治郎の三人は、刺客団退出後に彼らを尋ねてくる者がいた場合には「外にて酒宴いたし徹夜相成

襲撃グループが当日集結した「浮れ亭」のあった西石垣通四条下ル。現在も料亭（と風俗店）が密集する。

中央のビルから向こうの一画が川端町。

候」と偽って答えるよう口裏を合わせていた（「大村兵部大輔刺客山口藩団伸二郎以下処断附其顛末・其二」)。

大村益次郎はその時、来客二人と二階の座敷で酒宴をしながら会談中だった。団伸二郎と金輪五郎が旅宿の表から入り、偽名で大村に面会取次を申し込んだ。応対した若党山田善次郎が面会は明日にするよう大村の返事を伝えた。山田が背を向け大村の座敷に入ろうとした時、団が一刀のもとに斬り伏せた。団はさらに押し入って大村の正面を斬りつけた。襖ごと倒れた大村はその下敷きとなり、燈火が消えた。金輪が続いて乱入した。闇のなか、大村の来客も加わり乱闘になった。

旅宿の裏手の鴨川の河原には神代直人、五十嵐伊織、関島金一郎が待ち伏せていた。来客のひとり英学教授安達幸之助が「賊だ」と叫び窓から河原に飛び降りた。刺客団はこれを大村と思い違いした。団伸二郎も追って飛び降りた。神代・五十嵐は飛び降りた安達に斬りつけ、神代が止めを刺した。

来客のもうひとり山口藩大隊司令静間《しずま》彦《ひこ》太郎《たろう》も河原に飛び降りた。金輪五郎がこれを追った。裏手組の五十嵐伊織が静間を斬り倒した。

大村益次郎襲撃の旅宿跡といわれる地の碑。

刺客団が待ち合わせた三条大橋。

暗殺計画参加を「悔悟」していたという関島金一郎は最後まで抜刀しなかった（関島金一郎口供書）。

斬り込み第二組の伊藤源助、太田光太郎、宮和田進は少し遅れて座敷に突入した。伊藤と太田は大村を討ったとの声を耳にして河原に駆けつけた。宮和田は別室で休息していた大村の随行者で兵部省作事取締の吉富音之助と斬り合いになり深手を負った。宮和田は逃走の途中、五十嵐伊織に介錯を頼み二条河原で死んだ。

大村益次郎は混乱する暗闇のなか、階下へ転げ落ちていた。幸い、その先に浴室があった。大村は這い上がり風呂桶の湯のなかに身を潜めた。一命をとりとめたが、浴槽の菌が傷口から入った。それが敗血症となり十一月五日に没した（以上、事件経過の細部については史料・文献に異同がある）。

全国に指名手配

大村益次郎襲撃の成り行きは岡崎恭輔が現場で見届けていた。

犯行直後、岡崎はその場で伊藤源助から着ていた袴を形見として託された。袴は奥羽戦争で降伏した仙台藩から伊藤へ贈られたものとい

高知（土佐）藩邸跡の碑。背後の高瀬川の向こうに藩邸があった。

われ、「比類稀なる地質に織立《おりた》て」た立派なものだった。伊藤源助は「常に之を穿《うが》つて、人に誇つて居たとのことでありしに、京都祇園町の芸妓が、寄つてたかつて、之を懇望し、帯にして一度締めて見度いと言ふ艶話をも具した袴」であったという。その袴を久留米にいる同志古松簡二へ贈ってほしいと伊藤は岡崎に頼んだ（川島澄之助『明治四年　久留米藩難記』）。

伊藤源助は自慢話が多い人物だったらしく、この性癖が結果的に堀内誠之進ら土佐グループに累を及ぼすことになった。

大村襲撃事件前の伊藤源助はなぜか「金廻りがよく京都の祇園町に入りびたり」で、「名刀」を所持し「平素一杯機嫌で之を抜いて誇るの風が」あった（『史談会速記録』第356号の旗野如水談話、以下同）。事件後も伊藤は実行犯中ただひとり不思議と京都を脱しなかった。ところが、大村事件後、その「名刀」の剣先が毀《こわ》れていたことから大村襲撃犯の容疑者として浮上した。「剣柔二道の達人」であった伊藤を捕縛するため、京都兵部省は大金を芸者に与えて買収し、同衾中を「屈強の捕手」十人で急襲した（明治二年［一八六九］九月十一日）。「爾来《じらい》詮議を重ね、彼伊藤も糺問《きゅうもん》の苦痛に堪へず遂に白状」した。この伊藤の自白によって土佐グループの関与が政府に知られるところとなったのである。

口供書によると堀内誠之進は事件後、何気ない体《てい》を装っていたが、いずれ嫌疑がかかるだろうと覚悟していた。すると予期した通り、伊藤源助の自白によって、九月二十四日、捕吏が差し向けられた。藩邸の公用人（公議人補佐人。政府と自藩の連絡を職務とする）がそれを漏らした。誠之進は同日、「脱走」（脱藩）して姿を消した（脱藩日を二十日とする史料もある）。弟の堀内了之輔、岡崎恭輔、依岡城雄、坂野治郎も同様に脱藩して逃亡した。

九月二十八日、太政官は逃亡者の探索につき各府藩県に次の通り達した。

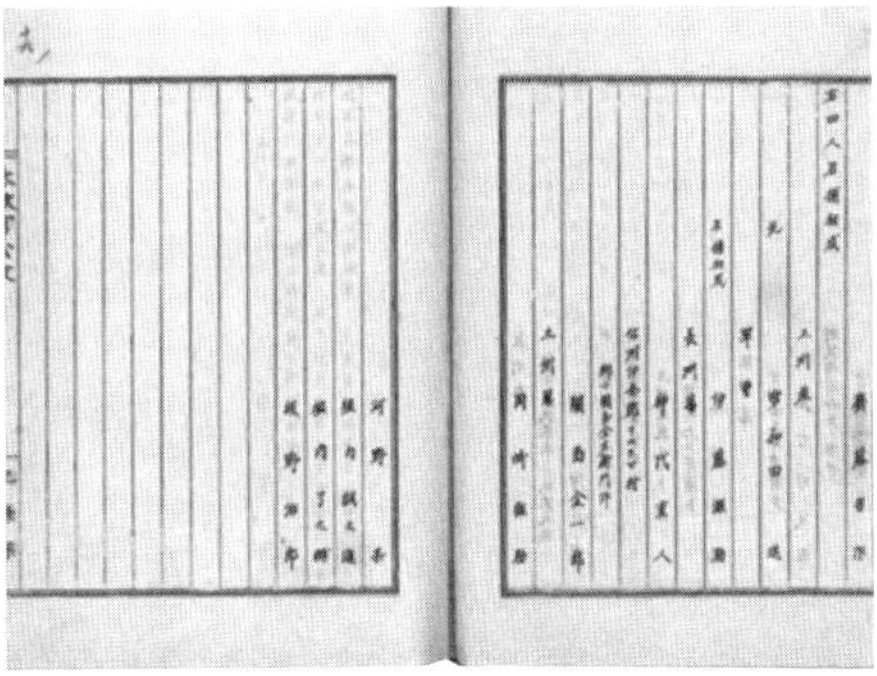
堀内誠之進らを指名手配した太政官の通達。国立公文書館蔵。

「去る四日、京都に於て大邨《ママ》兵部大輔旅宿へ別紙名前の者共及乱暴候段、不憚《はばからず》朝憲所業不届至極の事に候。賊党追々御召捕相成候へ共、逃去り候者共何れへ潜伏も難計に付、府藩県に於て管轄中厳密探索を遂げ、見當《みあた》り次第召捕可申出候事」（「粟田口止刑始末（一）」）

そして「別紙名前の者共」には「土州藩」の者として岡崎恭輔、河野某（依岡城雄のこと）、堀内誠之進、堀内了之輔、坂野治郎が挙げられた。堀内誠之進ら土佐グループの五名は、全国に指名手配されたのである。十月十二日にも京都の留守官（天皇の東京滞《たい》輦《れん》中に「留守」となっている太政官《だじょうかん》を代理する機関）から同趣旨の厳達が出された。

長岡謙吉の疑惑

大村益次郎の最大の理解者であり後ろ盾であったのは木戸孝允《たかよし》であった。木戸が大村襲撃の報を受けたのは、事件から六日後の明治二年（一八六九）九月十日である。箱根木賀《きが》温泉で湯治《とうじ》中だった。『木戸孝允日記』には「大村数所の大瘡を受ると雖も性命無恙《つつがなし》由報知、余、一旦大驚愕、性命の無恙を見、先一安堵《ひとまず》せり」と記されている。

ところが、その前後に意外な記載がある（以下、『木戸孝允日記（一）』による）。

九月六日、木賀温泉にいる木戸孝允のもとに、「長岡謙吉尋て来る、小酌閑談」とある。半月前に長州閥《ばつ》と犬猿の仲だった初岡敬治と数次面談し岡崎恭輔の動向を伝えたばかりの長岡謙吉が、今度はわざわざ箱根山中まで足を伸ばし長州閥リーダーの木戸孝允に会いに来ているのである。七日、九日も長岡は木賀温泉に同行している。九日の晩の木戸は、長岡に漢詩を贈り、「酒を傾け世事を閑話す」とたいそう機嫌が良い。翌日の大村事件の第一報の衝撃と対照的である。長岡は十二日にも顔を出し、木戸とともに大村事件を嘆いている。

木戸孝允は、維新の元勲《げんくん》のなかでは比較的温和なキャラクターと思われがちだが、明治二～四年の木戸は、攘夷派華士族・草莽層やそれに同調する政府官員・諸藩上層部に対して、「異常なまでの敵意・危機感・執念を抱いて、その徹底的取締り・弾圧・掃討・処分の中心的役割を果たした」人物であった（佐藤誠朗『近代天皇制形成期の研究』）。その木戸が当面の最大の敵のひとりとして挙げたのが、「初岡敬治と申もの巨魁にて、頻に同類を募り、（略）必其罰は不被免と相考」（九月十日付け広沢真臣《さねおみ》宛書簡）とある通り、初岡敬治にほかならない。

長岡謙吉は、親族堀内誠之進とかつての部下岡崎恭輔が大村益次郎襲撃に関与していたことを知らなかったのであろうか。なぜ長岡はこのタイミングで箱根まで木戸孝允を追いかけたのであろうか。どれもわかっていない。

第5章 奇兵隊反乱

岡崎恭輔と熊本で再会

脱藩逃亡した土佐グループは、分かれて中国・九州を目指した。

堀内誠之進は「中国辺或は九州辺所々遊歴」したのち、明治二年（一八六九）十二月二十九日、肥《ひ》後《ご》国熊本の藤崎八旛宮《ふじさきはちまんぐう》の神官鬼丸競《おにまるきそう》（壱岐）方で岡崎恭輔《きょうすけ》と再会した（堀内誠之進口供書）。その岡崎は大阪から（船で？）九州に潜入していた。この間三カ月の誠之進の具体的足取りはわからない。堀内了之輔《りょうのすけ》の行程も不明である。依岡《よりおか》城雄は中国路を通って下関から九州小倉へ渡り、中津《なかつ》、秋月、博多、福岡などを転々としたが、京都に戻ったところを十二月九日に捕縛された。

実行犯では神代直人《こうじろなおと》が中国方面に逃亡したが、十月上旬、周防《すおう》国小郡《おごおり》で捕らえられた（同下旬山口で斬首）。他の実行犯は北陸越前（団伸二郎、太田光太郎、金輪《かなわ》五郎、五十嵐伊織《いおり》）、京都（伊藤源助）、信州飯田（関島金一郎《せきじまきんいちろう》）で九月中に捕縛されていた（十二月二十九日京都で梟首《きょうしゅ》）。当面逃げ切ったのは堀内兄弟と岡崎恭輔だけだった（坂野治郎の消息は不明。また、堀内了之輔は一度拘束されたが解放され九州に向かったとする説がある）。

脱藩して「浮浪」となった堀内誠之進らがこれほど長距離・長期間の逃走資金をどうやって工面したのか、わからない。岡崎恭輔が初岡敬治《はつおかけいじ》から受け取った十七両が使用されたのであろうか。

堀内誠之進と岡崎恭輔に再会の場を提供した藤崎八旛宮の鬼丸競は、七年後の明治九年十月、神風《しんぷう》連《れん》（敬神党《けいしんとう》）の乱で事破れ自刃することになる人物である。藤崎八旛宮は明治三年秋の肥後勤王党挙兵未遂や神風連の乱の蹶起《けっき》の舞台となる場所でもある。堀内誠之進が熊本で肥後勤王党・敬神党系の人脈に庇護された可能性がうかがえるが、口供書に氏名が登場するのは鬼丸だけである。また、再会場所が藤崎八旛宮境内だったのか鬼丸の私邸だったのか、口供書の表現からはわからない。ちなみに、当時の藤崎八旛宮は、現在の場所とは異なり、熊本城の鎮守社として城の西にあった（西南戦争で焼失）。現在の藤崎台県営野球場の全域がその境内跡である。

藤崎台県営野球場。旧藤崎八旛宮跡地。

最初の反乱計画

合流を果たした堀内誠之進と岡崎恭輔は、追われる逃亡者から攻める反乱計画のオーガナイザーへと変貌する、あるひとつの決断をした。

山口藩の奇兵隊など「諸隊」の反乱を支援し、その機に乗じて「攘夷を可期《きすべし》」というのがそれである（堀内誠之進口供書）。

堀内誠之進が「中国辺」に潜行していた頃、山口では異変が起きていた。

幕末山口藩において内訌《ないこう》戦（藩内の「俗論派」打倒）や戊辰戦争の主力として活躍したのは藩の正規軍ではなかった。それは奇兵隊、遊撃隊、整武隊、鋭武隊、振武隊、健武隊など、陪臣《ばいしん》（藩士の家臣）・軽卒藩士・農商民等で構成された有志の軍隊（これらを「諸隊」と呼んだ）であった。

ところが戊辰戦争後、凱旋した諸隊兵士約五千はたちまち余剰戦闘員として藩の財政を圧迫した。そこで山口藩は、明治二年（一八六九）十一月、諸隊を整理解体し、そのなかから二千名ほどを「精選」して常備軍に再編成したうえで、それをさらに政府に御親兵《ごしんぺい》として献兵する請願を行い了承された。朝廷の直属軍隊になれば山口藩の経費負担はなくなる。

しかし、論功行賞も行われないうちに「精選」から漏れる隊士たちは当然これに猛反発した。「精選」は、中央集権化・絶対主義化を志向する新政府内のグループ（木戸孝允《たかよし》ら）にとっても、封建的武士団を解体する「廃藩のモデルコース」（石井孝『明治維新と自由民権』）として期待された。農民の二男以下は帰農しても行き場はなく、武士的メンタリティと昇格志向を身につけた彼らに帰農の意志はなかった。陪臣の兵士も、版籍奉還《はんせきほうかん》にともない主家の録が一律カットされたため（千石以上は十分の一、百石以上千石未満は一律百石）、除隊後の生活の保障はなかった（大村益次郎《ますじろう》襲撃犯の太田光太郎と団伸二郎はこの陪臣層に属する）。

このような失業の危機に、隊幹部の不正や乱脈への不満、尊攘的体質（被髪脱刀《ひはつだっとう》への嫌悪）が重なった。十二月一日、精選に漏れた諸隊兵約二千がついに山口を脱走して宮市《みやいち》（現山口県防府市宮市町）

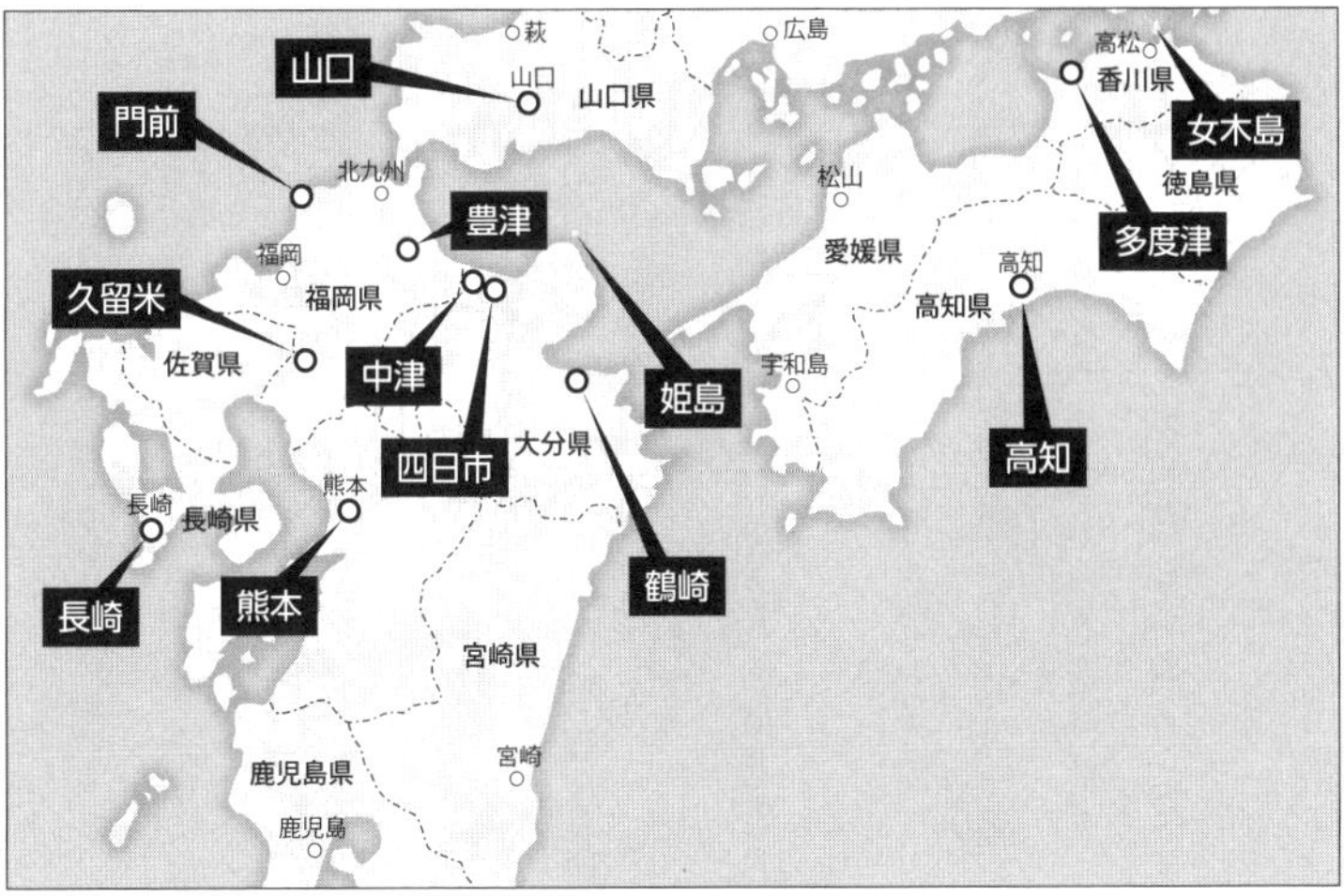

奇兵隊反乱等関係地図。

に集結し、数十の砲台を築いて関門を占拠するにいたった。

脱隊騒動には、尊攘派士族の反乱的要素と生活保障を求める人民一揆的な要素とが混在していた。堀内誠之進らは、騒動の本質が何であれ、これを「攘夷恢復」の好機と捉えたのである。

しかし、奇兵隊を支援するための工作が熊本で進展する可能性は低かった。

肥後（熊本）藩は幕末から、実権を握る学校党（旧藩体制維持の保守派）、実学《じつがく》党（横井小楠《しょうなん》系の開明派、藩政改革派）、勤王党（尊王攘夷派）が対立していた。維新直後は学校党が実権を維持しつつも勤王党の影響力が増大した。だが、誠之進が熊本に潜行した頃には、肥後勤王党は既に分裂に向かっていた。肥後勤王党は、①新政府の官吏となる現実路線派、②反政府攘夷派、③思想的指導者林《はやし》櫻園《おうえん》の教えに従い秘儀的な信仰結社と化したグループ（のちの神風連）に分かれ、そこに学校党・実学党との権力争いや提携も絡んで、奇兵隊どころではなかった。堀内誠之進らが頼ろうとしたのは②の反政府攘夷派だろうが、その活動拠点は藩外飛び地の鶴崎《つるさき》に移っていた（後述）。堀内誠之進と岡崎恭輔は既に熊本に見切りをつけていたのか、再会した翌日の十二月三十日、ともに久留米（現福岡県久留米市。前ページ地図参照）に向けて旅立った。そこには、かつて京都で再幸《さいこう》反対運動を組織した古松簡二《ふるまつかんじ》がいるはずだった。

古松簡二の草莽崛起策

堀内誠之進と岡崎恭輔が久留米の大石村（現福岡県久留米市大石町）の古松簡二宅を訪れた時の様子が、門弟の寺崎三矢吉《てらさきみやきち》に目撃されている。年が明けて明治三年（一八七〇）正月四日のことであった（日付は綿貫哲雄「維新前後の國事犯（一）」に引用された岡崎恭輔口供書［原本焼失］による）。

「余が古松宅に在りしとき雨中黄昏《たそがれ》時に表戸を排し入り来るものあり。余出でゝ見たるに手に竹皮笠を持ち、身には油紙を纏《まと》ひ腰には荒縄を締め太刀を横たへ居れり、僕は岡崎恭助ぢや之は堀内誠之進ぢや、先生居るかと余の取次を待たず、先生其聲《こえ》を聞き出て来り、やあ来たなと客間に招じ、酒杯を傾け時事談をなし数日後に帰れり。」（寺崎三矢吉『明治勤王党事蹟』）

雨のなか、二人は竹皮笠を頭に被り、雨よけの油紙を纏っていたことが知れる。出迎えた古松簡二

（上）古松簡二邸があったあたり。ここで堀内誠之進、岡崎恭輔、古松簡二、河上彦斎が政府転覆を謀議した。

（右）古松簡二獄中自画像。明治十一年。『久留米藩　幕末維新史料集（下）』より。

の、驚くでもなく「やあ来たな」の一言に、何かシナリオ通りの気配が漂っている。

古松簡二は京都で再幸反対運動の先頭に立っていた人物で、大村益次郎を襲撃した伊藤源助や土佐グループの依岡城雄らと明治二年三月に再幸抑留建白をしたことは前に述べた。建白後、帰藩して藩校明善堂《めいぜんどう》（現福岡県立明善高等学校のルーツ）の学監《がっかん》となり藩内尊攘派を指導していた。

前章で触れた通り、岡崎恭輔は伊藤源助から古松簡二への形見として自慢の袴を託されており、堀内誠之進も神代直人から「同志を募り尽力」するよう頼まれていた。これらのことから、二人が古松のもとに走るのは既定の路線だったと思われる。古松もそれを事前に承知していたかのように寺崎三矢吉の記述は読めるが、断定はできない。

古松簡二の邸は、「大石神社の南の方裏手に当《あた》り、人家離れの一軒家である、至極閑静な別荘であつた」（川島澄之助『久留米藩難記』)。大石神社は現在のJR久留米駅から南西五〇〇メートルほどの地点に現存する（現福岡県久留米市大石町一三二）。神社を正面に見て右側が「南の方」にあたる。その先の道路よりやや高くなった辺りに古松邸があったはずである（前ページ写真参照）。

古松簡二は、年齢の点でも経歴の点でも、堀内誠之進と岡崎恭輔からみれば尊攘派の大先輩という存在であった。

古松簡二は天保六年（一八三五）、医家の末男として生まれた。幕末、脱藩して天朝組（文献により慷慨組《こうがいぐみ》）の赤城山《あかぎやま》挙兵計画や水戸天狗党《てんぐとう》の筑波山《つくばさん》挙兵に参加し、敗走・捕縛・投獄の末、維新により出獄し京都で軍務局出仕となった。赤城山・筑波山の計画はどちらも各地呼応して草莽崛起《そうもうくっき》することを図ったものだったが、古松にとってはすべて挫折経験となった。古松は維新後も草莽崛起に固執することになる。

王政復古直後の久留米藩では佐幕開国派の参政《さんせい》不破《ふわ》美作《みまさか》が尊攘派の小河《おがわ（おごう）》真文《まさぶみ》らに暗殺され、尊攘派重鎮水野正名《まさな》を大参事に、水野の実弟吉田博文を少参事、小河真文を参政兼軍務参謀とする体制が確立した。薩長土の旧尊攘派指導者が開国和親に脱皮していたのとは対照的に、久留米藩は維新後ようやく尊攘派の天下となった。この流れのなかで古松簡二の抜擢（藩士登用）となり、古松は京都から呼び戻されたのである。

水野正名ら藩首脳は奇兵隊に倣った身分混交の応変隊《おうへんたい》（五百人）を編成し、古松簡二も小河真文とともに私設の七生《しちせい》隊（百三十人）を組織していた。一介の草莽だった古松に生涯初といえる権力と兵力が備わった。そこに堀内誠之進と岡崎恭輔が山口藩の騒動の話を持ってきた。古松簡二は二人が説く奇兵隊支援に直ちに同意した。しかし、奇兵隊を動かすだけで攘夷を実現しようとは考えなかった。古松の構想は大きく膨らんだ。

古松が言うには、奇兵隊ほか諸隊は尊攘主義のために「家を忘れ身を擲《なげう》ち」て戦ったにもかかわらず、維新後、新政府は攘夷主義を捨てた。反乱の要因はその点にあるのだから正義は奇兵隊にある。とはいえ、「徒《いたず》らに騎《ママ》兵隊而已《のみ》相助け候ては」攘夷実現は図り難い。そこで、肥後藩の勤王党の領袖《りょうしゅう》河上彦斎《げんさい》（この頃は高田源兵《こうだげんべい》と名乗っていた）を呼び寄せて仲間に加えよう、というのが古松簡二の戦略だった（堀内誠之進口供書）。山口藩、久留米藩、肥後藩の同志及び諸隊を巻き込んでの草莽崛起である。堀内誠之進と岡崎恭輔に異論はなかった。

河上彦斎登場

河上彦斎は、幕末、公武合体派の開国論者として知られた洋学者佐久間象山《しょうざん》を暗殺した「人斬り彦斎」として今日も小説などで語り継がれる人物である。

しかし実際には、河上彦斎は、岡田以蔵《いぞう》（土佐）や田中新兵衛（薩摩）のようなテロ要員ではなかった。河上は宮部鼎蔵《みやべていぞう》、轟武兵衛《とどろきぶへえ》らと並ぶ肥後勤王党の中心人物であった。どちらかといえば、岡田以蔵よりも武市半平太に近いポジションである。文久三年（一八六三）、京都で攘夷親征（大和行幸《ぎょうこう》）を図り活動したが、八月十八日政変で長州に移り、七卿落ちした三条実美《さねとみ》の護衛や、禁門の変への従軍など、長州尊攘派と行動の多くをともにした。

宮部鼎蔵が幕末に池田屋事変で討死し、轟武兵衛が弾正台《だんじょうだい》出仕（弾正大忠）となった今、河上彦斎は名実ともに肥後勤王党の首領格であった。天保五年（一八三四）生まれ。古松簡二よりひとつ年上である。河上も古松と同様に新政府を薩長による裏切りと憤り、政府からの登用召命を拒否して京都から肥後藩に帰郷していた。

しかし、維新後の藩政中枢は学校党が握ったままで、河上彦斎は豊後《ぶんご》にある肥後藩飛び地の鶴崎（現大分県大分市鶴崎。77ページ地図参照）に、自身の建議で設置された兵学校「有終館《ゆうしゅうかん》」の館長（兵隊長）として都合よく左遷されていた。とはいえ、有終館は実質二百人（一説に千人超とも）の兵団であり、鶴崎は瀬戸内海から上方《かみがた》に直接繋がる戦略上の要衝であった。

そんな河上彦斎を諸国の尊攘派草莽が放っておくはずがなかった。河上の蹶起に期待が集まった。後年、征韓論政変で下野《げや》後の「西郷隆盛と私学校」に生じるのと似た状況が、この時、「河上彦斎と有終館」の周囲に生まれていた。

例えば、山口藩の諸隊暴発寸前の明治二年（一八六九）十一月には、ひそかに奇兵隊士三名が河上彦斎を訪れ、「総轄の任」（反乱のリーダー）となることを請うている（高田源兵口供書）。河上にはかつて高杉晋作に共鳴して長州で奇兵隊の司令を勤めた経歴があった。奇兵隊士たちは、兵制改革を断行した大村益次郎や被髪脱刀への不満、神代直人を梟首したことへの怒りを訴えた。しかし、河上は動かなかった。

その鶴崎へ今度は古松簡二と岡崎恭輔が説得のため向かった。堀内誠之進は久留米に残った。誠之進が残った理由は不明だが、歩行障害で時間をロスすると判断されたからであろうか。

ところが河上彦斎は明治三年一月十日に藩用で長崎へ出張しており留守であった。古松簡二はひとまず久留米に帰り、岡崎恭輔がひとり長崎まで行って河上を久留米に無事連れてきた。一月下旬頃であろう。河上彦斎曰く「［岡崎］恭助同道［古松］簡二方へ罷越候処、高知脱藩堀内誠之進等待請居、右奇兵隊沸騰《ふっとう》の可否倶々《ともども》談合致候」（高田源兵口供書。傍線筆者）。

役者は揃った。奇兵隊の旧司令にして肥後勤王党リーダー、大村益次郎暗殺グループ残党、草莽崛起論者がタッグを組んだ。こうして、大石村の古松簡二邸で四人の密議が始まった。

この頃、脱隊兵は山口に移動し、一月二十四日に藩知事の公館（藩庁）を包囲、数十名が館内に乱入し、騒動は明白に「反乱」となった。脱隊兵の一部は、兵制改革の元凶は大村益次郎であるとして、鋳銭司《すぜんじ》村にある大村の墓を掘り起こそうとした。山口の状況は日に日にアナーキー化しつつあった。

しかし意外なことに、河上彦斎の意見は古松簡二と衝突した。古松は長州諸隊、応変隊、七生隊、鶴崎兵団の軍事力を後ろ盾とした全国草莽崛起による攘夷実行を構想した。

これに対し、河上彦斎は、「草莽不良徒の集合輩のみにては成功覚束《おぼつか》無きにより、到底本藩［肥後藩］の力を仮り」て、政府内に分裂が生じる時を待って、「徹頭徹尾大藩の力を以て政府を改革し」と主張した（古荘《ふるしょう》嘉門《かもん》及び木村弦雄《つるお》口供書）。草莽崛起ではなく藩権力による政体改革である。河上は肥後藩を中心に豊後七藩の連合策を画策している最中でもあった。

諸隊の騒動への対応についても、河上彦斎は、肥後藩の兵力を山口藩の境に繰り出し、その圧力をもってして、脱隊兵と山口藩庁の双方の曲直を糺《ただ》すべきだと主張した。

河上彦斎は単純な攘夷主義を脱していたのである。河上曰く、「攘夷は従来之素論に候得共、方今《ほうこん》之御運《はこび》にては攘夷抔《など》は存懸も無之」、急務は金穀を投じ朝廷に十分な兵力を貯えることと、人材を養成すること（有終館はそのためにある）であった（高田源兵口供書）。河上は堀内誠之進・岡崎恭輔のごとき脱藩草莽ではなく、藩正規の兵学校を預り、豊後七藩連合を推進し、学校党政権との協調・妥協を模索する政治家になっていた。

しかし、河上彦斎は「万に一つの［古松］簡次論之通運可申哉《か》も難計と存、先《ま》つ同意いたし」（高田源兵口供書）と折れた。政治家高田源兵は幕末の志士河上彦斎に一瞬戻った。

結局、古松簡二の策と河上彦斎の策が折衷された。堀内誠之進の口供書によれば、肥後藩の兵隊長である河上彦斎が先ず藩の使者として山口藩に赴き、脱隊兵らと山口藩常備兵の間を調停し「両立」（休戦）させる（ここまで河上プラン）。しかし、これは時間稼ぎであって、そのすきに手分けして諸藩を鼓舞し、「双方互角の勢を張らしめ」、大いに兵力を振るい、東京に押し出し天皇のもと攘夷親征を実現する（ここは古松プラン）、と決した。

この策の実現を目指して四人は役割を決めた。河上彦斎は、いったん熊本に回って藩を説得し同志を募ってから山口藩へ使者として赴くこととなった。岡崎恭輔は先に鶴崎に入って河上を待ち、河上と合流後、諸藩を手分けして鼓舞することとなった。応変隊・七生隊を握る古松簡二は久留米に残った。そして、堀内誠之進は四国へ向かった。

土佐帰郷

河上彦斎と岡崎恭輔が久留米を出立したのはおそらく明治三年（一八七〇）の二月初頭と思われる。その直後の二月八日、山口藩の脱隊兵は、制圧の強固な意志をもって帰郷した木戸孝允率いる討伐軍と戦端を開いてしまった。四日後の十二日にほぼ鎮圧され、脱隊兵らが「互角の勢」で正規軍と「両立」する可能性は消えた。調停を偽装し諸藩を鼓舞する余裕など現実にはなかったのである。三月にはあっという間に主謀格の脱退兵三十余名が処刑された。

堀内誠之進の出立は河上彦斎・岡崎恭輔よりやや遅く、脱隊兵と討伐軍がちょうど戦闘を開始した頃だった。二月十日に門前《もんぜん》（現福岡県宗像市上八。77ページ地図参照）から船で四国を目指した。門前は久留米の北七〇キロであるから、久留米を離れたのは七日か八日頃だろうか。誠之進の供述には「既に山口表戦争に相成候故其策施し難く候に付、

「河上彦斎先生碑」の背後にあるのが河上彦斎の墓。墓は品川の東海寺から東海道線の拡張にともない移葬された。池上本門寺（東京都大田区）。

同月十日門前出立四国へ渡り」とあるが、山口の情勢は一日で久留米には伝わらないだろう。開戦は門前で知ったものだろうか。ただし、日付の記憶が正確とは限らない。

いずれにせよ、諸隊開戦を知った堀内誠之進は古松邸で約した計画が時機を逸したことを悟りつつ、「四国」へ情勢探索に向かった。「勤王者調《きんのうしゃしらべ》」には、「多度津《たどつ》に於て三好賜《たもう》に邂逅し、秋田藩の吉田精一郎、中村恕助《じょすけ》、小森某等と土佐国に帰り、小笠原忠五郎等の諸士を訪《とぶら》ひ、又九刕《きゅうしゅう》に遊ふ」とある。滞在日数は不明だが、誠之進は明治三年二月から三月頃に、多度津（現香川県仲多度郡多度津町。77ページ地図参照）から四国に入り、故郷高知に同志を伴って帰った。

ここで思い出されるのが奥宮慥斎《おくのみやぞうさい》の柿木山《かきのきやま》（堀内家）訪問である（第2章参照）。奥宮が堀内誠之進の里を訪れたのは明治三年三月十四日であった。奥宮日記の「午飯柿木山堀内某。欲問龍《ママ》之輔兄弟之事」とは、堀内誠之進（了之輔も？）が土佐に潜入したことを聞きつけてのことだったのだろうか。それともただの偶然であろうか。

堀内誠之進と高知に同道した吉田精一郎と中村恕助は、初岡敬治率いる久保田藩反政府グループの中心人物だった（小森某は詳細不明）。どこで合流したのかわからない。彼らと会った小笠原忠五郎（保馬、和平）とは、武市半平太が切腹した際に介錯をした土佐勤王党血盟八番の志士で、明治七年に保守派郷士《ごうし》層の「古勤王《こきんのう》党」を結成する人物である（第9章参照）。さすれば、古松邸で割り振られた堀内誠之進の役割は、秋田グループと連携しながら土佐の尊攘派に蹶起を促す、というものだったと思われる。

高知入り前に多度津で邂逅した三好賜とは、幕末の坂本清次郎《せいじろう》である。すなわち、坂本権平《ごんぺい》（坂本龍馬の兄）の娘春猪《はるい》の夫（婿養子）である。幕末、脱藩して海援隊に入隊するも坂本龍馬から「何もをもわく《思惑》なき人にて（略）今一二年もくろふ《苦労》致し候得ばすこしはやく《役》にたち可申か」（慶應三年六月二十四日付乙女・おやべ宛の坂本龍馬書簡）と散々な評価を下されたことがある。明治十五年創刊の帝政派系新聞『高陽新報』の仮編集長を務めた。三好が多度津で何をしていたのかはわからない。

「多度津」といえば、じつは、堀内誠之進と同じタイミングで（二月中旬）多度津に上陸して、土佐に向かったお尋ね者がもうひとりいた。大楽源太郎《だいらくげんたろう》と並ぶ脱隊騒動の黒幕とされ、行方をくらました富永有隣《ゆうりん》である。

富永有隣は口供書によると、脱隊兵敗走後ただちに山口を脱し、厳島《いつくしま》（宮島）から能美島《のうみしま》（いずれも現広島市）を経て多度津に上陸し、多度津から金毘羅《こんぴら》（琴平《ことひら》）そして川之江《かわのえ》（いずれも現香川県）に行き、北山《きたやま》越えで土佐に入った。途中、琴平では「四国会」（別名：琴陵《きんりょう》会議または金陵会議）に身を寄せ意気投合している。

四国会とは高知藩主導で結成された四国内十三藩の連絡組織で、薩長に対抗する有事の同盟を想定していた。大楽源太郎も「四国十三藩の会議所えも可参志と相見候」と注視していた会議である（明治三年二月某日の毛利空桑《もうりくうそう》宛書簡）。この頃、九州では豊後七藩連合、四国では四国会と、薩長中心の新政府を牽制せんとする地域的連携の動きが大きなムーブメントになっていたのである。

四国会に富永有隣が立ち寄ったことを堀内誠之進が知っていたかは定かでないが、反乱計画の同志獲得を謀って琴平の入り口にあたる多度津まで来た誠之進が、はたして四国会をスルーするものなのかという疑問が生じる。多度津における三好賜との邂逅は、四国会と何か関係あるのであろうか。四国会の河原塚茂太郎《かわらづかもたろう》の手記には、明治三年二月二十二日、臨時会議を開き「浮浪［脱藩浪士のこと］応接の事を議するなり」（「金陵日誌抄」）と気になる記載があるが、これが具体的に誰を指しているのかはわからない（同手記には富永有隣は実名で登場するので、富永のことではない）。

堀内誠之進は富永有隣や四国会に物理的に「接近」する場にいたはずだが、「接触」したことを示す史料は今のところ見当たらない。本当にスルーしたのかもしれない。

豊津で静野派と交わる

土佐に帰郷した堀内誠之進だったが、四国で挙兵に応じる同志を見出すことはできなかった。「逸々《いちいち》形勢を目撃」（堀内誠之進口供書）した後、誠之進は九州にもどった。次に向かったのは豊前の豊津《とよつ》（現福岡県京都《みやこ》郡。77ページ地図参照）だった。豊津では寺院にひと月ほど逗留しながら同地の尊攘派と交わり、その後、鶴崎へ回った。

その頃、久留米では脱隊兵敗走を知った古松簡二が、「脱人の内には、是と云ふべき人物は、一人も居らぬ、又仕事の出来さうな者も無い」（川島澄之助『久留米藩難記』）と、河上彦斎が初めから見抜いていた現実を認めざるを得なくなっていた。それでも草莽崛起の夢は捨てられなかった。

河上彦斎が有終館の兵団を率いて立ちあがりさえすれば、諸隊敗残兵と久留米・豊津の同志で「山口の回復も屹度《きっと》出来る」（川島右同書）と、古松簡二は河上彦斎のリーダーシップにむしろ一層期待し始めた。古松は門弟川島澄之助らを豊津と鶴崎に派遣し、河上彦斎の指揮下に団結せよと両地の同志に訴えさせた。堀内誠之進の豊津・鶴崎行きも、古松のこの意向に沿ったものであろうか。

しかし、豊津の不平派領袖の河井（川合）小藤太は川島澄之助らに対し、「両人［古松簡二と河上彦斎のこと］が彌々決心するならば」（同）と蜂起に前提条件を付けた。つまり、この時点で、古松簡二・堀内誠之進・岡崎恭輔・脱隊兵は河上彦斎に期待し、河上は脱退兵の持久力に期待し、豊津の同志は古松と河上に期待するという「他力依存の連環」に陥ってしまった（田中時彦「広沢真臣暗殺事件の政治的背景（二）」）。

とはいえ、豊津行きが堀内誠之進に何も収穫をもたらさなかったわけではない。誠之進は豊津藩の小島琢三《たくぞう》、佃庄二、二澤一夫、木村路雄など「静野《しずの》派」と呼ばれる反政府グループ（大参事静野［志津野］拙三《せつぞう》を中心とする一派。小倉派とも）と知り合った。佃庄二・木村路雄はのちに京都で外山光輔《とやまみつすけ》陰謀事件に関わり、小島琢三・二澤一夫は東京で丸山作楽《さくら》・岡崎恭輔・古松簡二らの征韓計画に加わる（小島は愛宕通旭《おたぎみちてる》陰謀事件にも関与）。のちの二卿《にきょう》事件（第6～7章参照）に発展するネットワークの一端が豊津で形成されたようである。

ところで、堀内誠之進が豊津の「寺院」（名称不明）に一カ月の長期にわたって滞在したことに注意したい。

当時、神仏分離と廃仏毀釈《はいぶつきしゃく》による寺院・僧侶の衰退は顕著で、豊前の田川郡、上毛《こうげ》郡、仲津郡などにおいては、僧侶の不満が潜伏中の山口藩脱隊兵士の再挙の企てと結びついた。これはのちに日田《ひた》県庁襲撃計画（明治三年［一八七〇］十一月十四日）となった（「日田騒擾」とも呼ばれる）。

堀内誠之進の弟了之輔はその日田騒擾があった「秋」に、豊前中津《なかつ》（現大分県中津市。77ページ地図参照）で「脱隊卒の者同道罷居候」ところを捕縛されている（「粟田口止刑始末　三」）。大村益次郎襲撃事件以降の堀内了之輔の足取りは誠之進以上に謎だが、捕縛の状況を考えると、了之輔は豊前で山口藩脱隊兵士・僧侶らと活動していたのではないかと思われる。しかし、堀内誠之進がひと月も「寺院」に滞在したことが、こうした不穏な情勢とリンクしたものだったかどうかは史料がなくわからない。

鶴崎有終館

古松簡二や堀内誠之進が頼りにした河上彦斎は、結局、熊本で学校党政権を動かすことができなかった。河上は、古松邸合意の前段部分（肥後藩による調停）のみ伝え後段部分（草莽崛起）は隠し、かつ山口には「重役一人を使者となし源兵を其附属として差遣し」（木村弦雄口供書）と合意を歪曲して説得に努めたが駄目だった。同意を得られないうちに諸隊開戦の事態を迎えてしまった。

草莽崛起・即時攘夷に本来消極的であった河上彦斎は内心安堵するところがあったかもしれない。しかし、明治三年（一八七〇）二月下旬、鶴崎に戻った河上を待ち受けていたのは、草莽崛起・即時攘夷を河上に求める諸隊敗残兵の群れであった（次項参照）。岡崎恭輔は河上を待ちきれず既に鶴崎を去り、豊津を経由して（堀内誠之進と会ったのか？）、諸藩同志の鼓舞のため大阪そして東京へ向かっていた。

岡崎恭輔と入れ替わるようにして堀内誠之進が豊津から鶴崎に到着したのは、遅くとも四月末である（五月初旬には鶴崎からいなくなる古荘［古庄とも］嘉門に会っているので、それ以前ということになる）。誠之進は木村弦雄、中村六蔵（当時の名は澤春三）、吉海《よしうみ（よしがい）》良作（順助）、古荘嘉門に会い「時勢の儀」を論じた（堀内誠之進口供書）。四人とも河上彦斎を補佐し、有終館の核となっていた人々である。木村弦雄（のち済々黌《せいせいこう》［現熊本県立済々黌高等学校］三代校長）と古荘嘉門（のち一高校長、熊本国権党創立、衆議院議員）は学校党系、吉海良作は敬神党員（のち神風連の乱で戦死）であった。中村六蔵は後で触れたい。

しかし、河上彦斎は川島澄之助や堀内誠之進から伝えられたであろう古松簡二の挙兵要請に応じなかった。草莽だけの挙兵には加担しないという河上のポリシーは一貫していた。

なお、鶴崎を訪れた堀内誠之進は、毛利空桑（到《いたる》）の邸に案内されたものと思われる。「他藩の者か有終館に来ることあれは、（略）大概先つ毛利到の宅に到り其来由を告け」る手順となっていた（古荘嘉門口供書）。毛利邸は二階のはしごが取り外しが可能で、同志・来客を匿《かくま》い防戦できる構造になっていた。

毛利空桑とは鶴崎の碩学《せきがく》（儒学者）で、当時七十三歳であった。有終館における河上彦斎の顧問的な存在であった。幕末から大楽源太郎、阿蘇惟治《これはる》と深く親交した。大楽は門弟の団伸二郎（大村益次

有終館跡。

毛利空桑。毛利空桑記念館蔵。

毛利空桑邸。

毛利空桑邸の内部。

郎襲撃犯）を空桑の私塾知来館《ちらいかん》に入塾させている。知来館は有終館から徒歩十分の距離にあり、有終館と知来館の教育は不可分の関係にあったという。毛利邸はその知来館の真横にあった。毛利空桑邸と知来館は現在も当時と同じ場所に保存公開されている。

そして、この毛利空桑邸で堀内誠之進は思わぬ人物に遭遇した可能性がある。大楽源太郎である。

大楽源太郎の奇兵隊恢復

山口藩諸隊の反乱が鎮圧されると、再起を図り海を越えて四国・九州へ逃亡する脱隊兵らがいた。鶴崎にも続々と敗残兵が集まった。そのなかに大楽源太郎の姿があった。

大楽源太郎は河上彦斎と同じ天保五年（一八三四）生まれ。長州の尊攘派としては最も早く幕末の京都で活躍し、梅田雲浜《うんぴん》や西郷隆盛と交わった。脱藩して大老《たいろう》井伊直弼《なおすけ》暗殺計画にも関与した人物である。高杉晋作の功山寺《こうざんじ》挙兵に同志長谷川鉄之進らと忠憤隊《ちゅうふんたい》を組織して呼応し、藩内の俗論派掃討に貢献した。

しかし、周防《すおう》国の陪臣だった大楽は、萩中心の討幕派主流から次第にはずれた。維新後は活躍の場もなく郷里大道《だいどう》村で私塾西山書屋《せいざんしょや》を開き、後期水戸学（尊攘主義の国体論）を講じていた。この塾から大村益次郎襲撃犯（神代直人、団仲二郎、太田光太郎）が出た。大楽は教唆《きょうさ》を疑われ幽閉された。

脱隊騒動や大村益次郎墳墓損壊未遂にも大楽源太郎の門人が参加していた。幽閉中の大楽はいずれにも参加していないが、背後で操る首魁《しゅかい》と目された。

大楽源太郎が本当に蜂起を扇動したかはわかっていない。しかし、諸隊が開戦した明治二年（一八六九）二月、大楽は毛利空桑に秘かに「四海を感動」させる「檄文」の起草を依頼していた（『毛利空桑書簡集　上』、『肥後藩国事史料　巻十』）。堀内誠之進らと同様、大楽も諸隊反乱を攘夷実現の好機とみたのである。

だが脱隊兵はあっけなく鎮圧された。三月五日、大楽源太郎は山口から召喚され、出頭途中、弟山県源吾・門人二名とともに逃亡した。その大楽一行が、豊後姫島《ひめしま》（77ページ地図参照）での潜伏を経て、鶴崎に渡って来たのである。三月下旬であった。一行は十数人前後（数十人とも）に増えていた。毛利空桑が自邸にこれを匿った。その後、光福寺など鶴崎近在の寺院に数名ずつ庇護された。

大楽源太郎は、河上彦斎から有終館の兵と武器弾薬を借り九州の同志と再挙すること（奇兵隊恢復と呼ばれた）を目論んでいた。大楽と河上は幕末、長州藩で諸隊を率いた旧知の仲であった。河上は「私怨」を晴らすためには貸せぬと断ったが、「官庫より勝手に取出《とりだし》」するなら止めはしないと黙認した（高田源兵口供書）。

大楽源太郎の鶴崎潜入は堀内誠之進のそれと時期が重なった。誠之進は鶴崎に「三日程」しかいなかったと供述しているが（堀内誠之進口供書）、これは偽証で、実際には二カ月以上滞在していた（第6章参照）。神代直人から後事を託され、諸隊反乱呼応を画策した堀内誠之進が、反乱「首魁」の大楽源太郎と同地にいながら会わなかったとは考えにくい。河上彦斎の指示で「［大楽］源太郎を（略）或寺院へ潜匿《せんとく》せしめ、以て挙兵の機会を俟《ま》たしめた」（「中村六蔵水雲事蹟」）のは木村弦雄と中村六蔵であり、鶴崎で誠之進が「時勢の儀」を論じた四人のうちの二人である。「時勢の儀」とは奇兵隊恢復であろう。今のところ二人の邂逅を証する史料はなく推測でしかないが、鶴崎で堀内誠之進が大楽源太郎と接触した可能性は非常に高いと思われる。

だが、山口藩の大楽探索はやがて鶴崎に及んだ。山口藩庁は肥後藩に大楽源太郎らの引き渡しを迫った。大楽らの一党は六月二日、数十人ずつ二手に分かれて鶴崎を脱出した。奇兵隊恢復の夢はここで事実上破れた。大楽は岡藩竹田（現大分県竹田市）の同志赤座弥太郎《あかざやたろう》に身を寄せた。ここも危うくなり、久留米に潜行し古松簡二を頼った。古松と大楽は、かつて上州（現群馬県）で赤城山挙兵計画に加担した同志であった。

大楽源太郎が久留米に潜入した時期について、小河真文は「十月中（略）寺崎三矢吉方へ潜伏いたし候」（小河真文口供書）という。その寺崎三矢吉は「大楽源太郎が久留米に来りしは、明治三年の春頃と思ふ」（『明治勤王党事蹟』）という。ただし、これは六十四年後の回想である。古松簡二は「九月中旬、岡藩内（略）寺院におひて」（古松簡二口供書）赤座弥太郎同席で面会したという。古松は十月初旬、東京に上京している。大楽の久留米潜入は九月中〜下旬とみていいだろう。

土佐グループを追った密偵の悲劇

指名手配された堀内誠之進らを高知藩は見逃してくれたわけではない。明治三年（一八七〇）一月、高知藩は密偵を九州へ派遣し誠之進らの行方を追っていた。

ここで澤田衛守《えいしゅ》という人物が登場する。

土佐郡布師田村《ぬのしだ》（現高知県高知市布師田）の神官出身で、嘉永元年（一八四八）八月十八日生まれ。堀内誠之進より六つ下だが、堀内了之輔と同じ年である。奥宮慥斎門人の秀才で、堀内兄弟・岡崎恭輔とは同志であり友であったという。戊辰の役では迅衝《じんしょうたい》隊第八小隊に属し、奥羽北越を転戦した。

澤田衛守は明治二年三月、神道修行のため東京に上京したが、鍛冶橋《かじばし》藩邸（現東京国際フォーラムあたり）の邸内に設けられた学校で英語を学ぶうち、「皇紀の不振を憂ひ有志の輩と議論相会し以て国威を海外に揮《ふる》ん事を誓ひ」（「贈位内申書」）、洋行を志すようになった。そのため同年十二月にいったん帰郷の途次、京都藩邸に立ち寄った。これが澤田の人生を狂わすこととなった。

京都藩邸で澤田は副公用人の淡中新作（奥宮慥斎同門《おくのみやぞうさい》）から、大村益次郎襲撃事件で堀内誠之進らが指名手配されていることを初めて知った。澤田には何か心当たりがあったらしく、澤田は淡中に堀内了之輔が「必す九州に居可」と語った（「旧高知藩士故沢田衛守藩命ヲ受ケ故大村兵部大輔暗殺ノ兇徒探偵ノ節横死ニ付祭粢料下賜」）。高知藩は急遽、藩命で澤田に探偵御用を申し付け「表向は私用の姿にて」（明治十一年十一月七日付け澤田誠一宛淡中新作書簡）九州に派遣した。

しかし、その後、澤田衛守からの連絡は途絶えた。澤田が明治三年三月十三日に豊前国宇佐郡熊村（現大分県宇佐市の一部）で殺害されたことを藩邸が知ったのは、しばらく後のことであった。

澤田衛守は二月末、森藩（豊後国の小藩のひとつ）からの紹介状を持って吉井小太郎の偽名を使い鶴崎の毛利空桑邸を訪れていた。岡崎恭輔は既に鶴崎を後にしており、堀内誠之進はまだ鶴崎に到着していない。これも澤田に災いした。

毛利空桑は澤田衛守をすっかり同志と信用し、一夜酒を酌み交わしながら有終館の内情を吐露してしまった。翌朝、澤田の姿は消えていた。

狼狽した毛利空桑は河上彦斎に打ち明け、河上は配下の中村六蔵に澤田の暗殺を命じた。中村六蔵は、戊辰戦争の際に奥羽越列藩同盟の反薩摩運動をした米沢藩士雲井龍雄《くもいたつお》の同志で、肥後に帰り有終館に来てからは豊後七藩会議の実現に奔走していた。中村六蔵は澤田衛守の顔を知らなかったので、澤田と面識のある矢田宏（別府出身）と山本与一（村尾敬助。安芸出身）が中村につけられた。矢田と山本はともに慶應四年（一八六八）の御許山《おもとやま》騒動を起こした花山院《かざんいん》隊の残党で、この頃、豊後に潜行し有終館に出入りしていた（矢田宏は毛利空桑旧門人で、中村六蔵とは幕末から旧知）。

森藩の城下にいた澤田衛守を矢田宏が呼び返そうと飛脚を飛ばしたが、澤田は動かなかった。澤田が岡崎恭輔に会いたがっているとわかり、岡崎は豊前香春《かわら》（現福岡県田川郡香春町）に潜んでいると捏造した手紙を山本与一が澤田に届け、別府の旅館に澤田を同道させた。澤田は鶴崎で堀内兄弟を見つけられなかったが、岡崎恭輔がタッチの差で鶴崎を去ったことを知っていたのであろう。

香春に岡崎恭輔がいると信じる澤田は翌朝（明治三年三月十一日）、山本与一とともに別府を出立し、これを中村六蔵が追尾した。三月十三日、中村は豊前四日市（現大分県宇佐市。77ページ地図参照）で偶然を装って澤田・山本に合流し時機をうかがった。

午後二時頃、茶屋で食事をした後、三人は休憩のため近傍の小丘に登った。澤田が「石塔に腰をかけ」、山本与一と「詩杯吟し花を詠」むなどしていた時、中村六蔵がいきなり抜刀し斬りつけた（中村六蔵口供書）。澤田は長刀を抜けず短刀で応じようとしたが、「それを抜く時はもう頭を斬り破つて血がパッと垂れ」（中村六蔵「明治初年自歴談」）、中村がさらに二度三度斬ると澤田は斃《たお》れた（以上、日程・行路等については史料により異同がある）。

おそらく、澤田衛守は鶴崎で堀内誠之進か岡崎恭輔に会うことができていれば、命を落とさずに済んだであろう。中村六蔵は「［澤田］衛守をして［岡崎］恭助に面接せしめ衛守の彌奸物たるや否を明かにして而して決行するも敢て遅きにあらす」（中村六蔵口供書）と暗殺を躊躇していたという。中村六蔵はじつは岡崎恭輔がまだ豊津にいることを知っていた。

事件からひと月ほどして堀内誠之進は鶴崎で中村六蔵に出会うが、中村や河上彦斎が澤田衛守殺害のことを誠之進に語ったかどうかわからない。

それにしても、堀内誠之進の周囲に、長岡謙吉・島村謙之助・島本仲道《なかみち》・依岡城雄・澤田衛守と、奥宮慥斎門弟が多いことは、いったい何を意味するのであろうか。

第6章 同時多発クーデター計画

女木島に潜伏

鶴崎《つるさき》を離れた堀内誠之進を東京で匿《かくま》ったとして、のちに禁獄七十日・同三十日の刑に処せられる岩堀源吾・田口政五郎という二人の久保田（秋田）藩尊攘派がいる。その判決文には「森宗次郎事《こと》堀内誠之進（略）止宿為致候始末不束に付」とある（「秋田藩辛未文書」）。これにより堀内誠之進が東京で「森宗次郎」の変名を用いて活動していたことがわかる。

ところがその「森宗次郎」が、岩堀・田口に出会う前に、意表を突いた場所に登場する。しかも、堀内誠之進の自供を信ずるならば、絶対にあり得ないはずのタイミングにである。

久留米藩応変隊に鹿毛松次という人物がいた。古松簡二《ふるまつかんじ》・小河真文《おがわ（おごう）まさぶみ》の部下として働いた人物である。明治三年（一八七〇）四月末、還幸《かんこう》実現の義挙のため脱藩して諸藩の動向を探ることになった。出立の際、景気づけに奸商を暗殺せんと同志吉田藤太・笠林太郎とともに商家を襲撃し、間違って手代を殺害してしまった。以後、「鹿島猛」と名を変じた。

鹿毛松次は鶴崎に逃亡して河上彦斎《げんさい》に匿われたのち、五月末、笠林太郎ほか一名とともに船で多度津《たどつ》・丸亀へ向かった。吉田藤太と再合流し大阪に向かう手筈だった。しかし、十日ほど待っても吉田は現れなかった。

じつは同年五月に故横井小楠《しょうなん》系の実学《じつがく》党政権が熊本に誕生し、六月、河上彦斎に追及の手が伸びつつあった。鶴崎に潜伏を続けていた吉田藤太はそれを古松簡二に急報するため、七月初旬、久留米に帰藩していたのである（吉田藤太口供書）。

そうとは知らない鹿毛松次・笠林太郎らは、なぜか備讃《びさん》瀬戸に浮かぶ女木島《めぎじま》（現香川県高松市女木町。高松市の沖合約四キロ）へ向かった。

瀬戸内海に浮かぶ女木島（香川県高松市）。写真提供：フォトライブラリー。

そして女木島で鹿毛たちは二人の人物に出会った。ひとりは同島農夫の西尾傳次郎、もうひとりが「土州人の内、森宗次郎」であった（「京都府史料　一六」の鹿島猛口供書）。堀内誠之進は女木島に潜んでいた。

鹿毛松次は、西尾傳次郎と森宗次郎（すなわち堀内誠之進）から「［吉田］藤太に鶴崎にて面会候處、致帰国候」（同）と知らされた。したがって、堀内誠之進は七月初旬、まだ鶴崎にいたことになる。「三日程」しか鶴崎に滞在しなかったという堀内誠之進の口供は偽証だった。偽証の動機は不明だが、おそらく大楽源太郎《だいらくげんたろう》（六月まで久留米にいた）一件への関与を否定するためではないだろうか。ともかく、実際には、少なくとも二カ月半は鶴崎に滞在していたのである。

鹿毛松次は西尾傳次郎と堀内誠之進がいることを知って女木島へ渡ったのか、偶然なのか、わからない。そもそも堀内誠之進が女木島に潜伏するにいたった経緯と目的も不明である。女木島といえば、かつて戊辰戦争の最中に長岡謙吉、岡崎恭輔《きょうすけ》ら海援隊備讃瀬戸グループが年貢半減令の善政を布いた島のひとつである。年貢半減令はその後、倉敷県によって取り消される事態となった（村民の懇請により復活する）。当時、女木島からは西尾侑太郎（のち小豆島の初代土庄《とのしょう》町長）が海援隊備讃瀬戸グループに入隊していた。西尾傳次郎はその縁者であろうか（「西尾」は女木島の庄屋の姓）。

一方、鶴崎では有終館が七月十七日についに廃止されてしまった。鶴崎は尊攘派の安住の地ではなくなった。山口藩諸隊の敗残兵らはいっせいに久留米に落ち延びた。堀内誠之進が鶴崎を離れたのもその前後と思われる。

鹿毛松次は、いったん大阪に上ったが、なぜかすぐに女木島に引き返してきた。そして、笠林太郎、堀内誠之進、西尾傳次郎を伴って女木島を離れ、再び大阪を目指した。明治三年の七月中～下旬頃であろう。

大阪で還幸の謀議

堀内誠之進たちは、大阪の日本橋《にっぽんばし》（現大阪市中央区・浪速区）の北にある豊前中津《ぶぜんなかつ》出身の村上徳蔵

道頓堀川に架かる大阪の日本橋。左手が北詰。

の寓居に集合した。豊津藩の佃庄二、久留米藩の中村彦次（前田鶴彦）、兵庫出身の佐野十蔵も合流した。

議論の末、堀内誠之進らは、東京、京都、大阪の奸臣を斃《たお》し「其勢を以還幸を促し可申旨申候」と決した（鹿島猛口供書）。村上徳蔵と佃庄二が「商法に事寄」せて金策を行い、その資金で神戸で船を購入し、「八九月の中には何れも義挙に及度旨等申聞」というところまで計画は膨らんだ（同）。明治三年（一八七〇）七月下旬、鹿毛松次は大阪を発って備前の田淵敬二《たぶちけいじ》、作州の立石正介《たていししょうすけ》（正助）に説き、同志の輪を広げた（備前・作州は現岡山県）。鹿毛は「浪華に於て土州森宗十郎《ママ》［堀内誠之進］佃庄司《ママ》（略）諸有志相集り評決相成」と語った（立石正介口供書）。

しかし、計画は金策で躓《つまず》いた。八月、鹿毛松次が大阪にもどり堀内誠之進に会うと、誠之進は「［金策が］存外不相運《あいはこばず》、其為に村上［徳蔵］佃［庄二］上京罷在候付、帰阪候はゝ模様も可相分」と鹿毛に状況を説明した。間もなく佃が帰ってきたが、金策の不首尾に加え佃が因循《いんじゅん》な返答をしたため、鹿毛は大阪同志との連携を断念した。

こうしたことがあって、鹿毛松次・立石正介・田淵敬二は、久留米の応変隊を主力とする計画に軸足を移していった。同時に京都の攘夷派華族外山光輔《とやまみつすけ》（従四位）に接近し盟主と仰ぐ策に傾倒していった。外山光輔はかつて再幸を阻止するために十津川郷士《とつかわごうし》を京都に上洛させ再幸《さいこう》反対の建白をさせた経歴のある人物である（これが十津川騒動の伏線となった）。堀内誠之進はこの外山グループには加わらず、後述する別の道を選択することになった。堀内誠之進の口供書には鶴崎の後に半年の空白期間があるが、それは、やがて外山光輔グループに発展していく人脈との関係を隠し通した結果だったと思われる。

再び京都へ

明治三年（一八七〇）十一月、堀内誠之進の姿は京都にあった。大胆にも、大村益次郎《ますじろう》襲撃事件で指名手配され脱出した京都に、一年二カ月ぶりに舞い戻ってきた。

再び京都に来たのはなぜか。

山口藩諸隊は敗れたものの、攘夷派草莽《そうもう》・脱籍浮浪たちの政府転覆の計略は既に中国・九州だけのものではなくなっていた。京都、東京、秋田に不穏な動きがあった。

とりわけ再幸後の京都には、その衰微と旧堂上《とうしょう》（清涼殿に昇殿を許された上級公家。公卿になれる家柄）の凋落を嘆き、政府の洋風化・開明策に憤る二人の若い攘夷派の旧公卿がいた（「公卿」の身分は明治二年六月に廃され旧諸侯とともに「華族」になっていた）。

そのひとりが先述の外山光輔である。そして、もうひとりは愛宕通旭《おたぎみちてる》だった。外山・愛宕の二人は、天皇・朝廷の権威を分有する盟主として攘夷派草莽・脱籍浮浪たちの期待を集めていた。堀内誠之進はそのひとり愛宕通旭のグループに合流したのである。

愛宕通旭従四位は弘化三年（一八四六）生まれ。堀内誠之進より四歳若かった。幕末には、尊攘派公家の朝廷復帰を要求する廷臣《ていしん》二十二卿列参事件に名を連ねた血気盛んな青年公家であった。新政府に登用され、慶応四年（一八六八）二月に参与兼軍防事務局親兵掛《しんぺいがかり》、明治元年（一八六八。九月に明治と改元）十月に神祇官《じんぎかん》判事となった。親兵掛は草莽諸隊に、神祇官は平田派国学に近いポストである。

しかし、翌二年五月、公家の大半が官員ポストから排除された折、愛宕通旭も免職となり京都へ帰った。愛宕は再び東京に出て「輦轂《れんこく》の下に於て国事に尽力いたし度」（愛宕通旭口供書）と、リベンジの機会をうかがっていた。

その愛宕通旭を四人のブレーンが「謀叛」へと衝き動かした。筆頭は愛宕家の家扶《かふ》・侍医にして通旭の国学の師である比喜多源二《ひきたげんじ》（姓は比企田、疋田とも。名は源次とも）であった。比喜多は当時三十四歳。九歳から愛宕家に仕えていた。

日頃から比喜多源二は愛宕通旭に「御維新の折柄華族の御身分は何れも廟堂《びょうどう》に御立に相成専ら政権を可被為取筈の処、却て御非役に相成御登用も無之、右は畢竟《ひっきょう》華族の御方は柔弱遊惰に流れ居申候よりの事に可有之候」と「噴発」を促していた（比喜多源二口供書）。愛宕家令で比喜多門人の安木劉太郎も愛宕を鼓舞した。

京都に再潜入した堀内誠之進は、その比喜多源二方に身を寄せた。比喜多とは以前京都にいた時か

現在の上立売通。通りの右手が大文字屋があった「上立売上ル」。

ら親交があったという。比喜多源二の実家は「京都新町上立売上ル町《かみだちうり》」の呉服屋「大文字屋《だいもんじや》」である（現京都市上京区上立売町。同志社大学の西約二〇〇メートル）。大文字屋比喜多家は勤王歌人野村望東尼《もとに》の親戚であり、源二の父・比喜多五三郎は、文久元年（一八六一）に上洛した野村を迎え入れた豪商として知られる。源二もまた野村望東尼と親交があった。

明治初年の比喜多源二本人の住まいが大文字屋だったのか口供では曖昧だが、比喜多の幕末の住所は「小川頭報恩寺前町」である（馬場文英『七卿西竄始末』）。報恩寺（現京都市上京区小川町寺之内下射場）は比喜多家の菩提寺のひとつで、大文字屋と同じ「上立売上ル」（＝上立売通《かみだちうりどおり》の北）にある。ということは、堀内誠之進が寓したのはやはり大文字屋であろうか。それとも比喜多は愛宕邸にいたのであろうか。

比喜多源二は幕末、医師海野《うんの》貞吉の養子となり海野貞造（貞三、貞蔵とも）と称していたが、養父貞吉が愛宕家未勤の家来（給禄のない家臣）となり、国事に関わるようになったため、嫌疑を避けて比喜多姓に復した。やがて比喜多源二自身が尊攘派志士と交わるようになった。八・一八政変後、七卿落ちした三条実美《さねとみ》を三田尻招賢閣《しょうけんかく》に何度か訪れ京都の情勢を伝えている。禁門の変では長州勢のひとりとして戦った（開戦直前は大楽源太郎、神代直人《こうじろなおと》らとともに山口藩京都藩邸にいた）。横井小楠暗殺事件ののち、巣《すの》内式部《うちしきぶ》（元赤報隊。のち大村益次郎襲撃犯の首級埋葬を願い出て謹慎処分）、三輪田《みわだ》綱一郎（元綱《もとつな》。足利三代木像梟首《きょうしゅ》事件）、丸山作楽《さくら》（後述）ら平田派国学者と連名で犯人減刑の建言をしている。大村益次郎襲撃事件後も落合直言《なおこと》（後述）らとともに犯人の助命を請願した。

比喜多源二は京都の「大学校代」（廃止された皇学所に代わる臨時の機関）で国学を講じていた。しかし、東京遷都の影響で公家の子弟が集まらず、大学校代も明治三年七月に廃校となり、比喜多は失職した。王政復古によって指導的立場に立つはずだった国学者の凋落を象徴するような存在だった。

そして、堀内誠之進が比喜多源二方に逗留した頃、比喜多のもとには愛宕のブレーンである、さらに二人の草莽が既に出入りしていた。古賀十郎と中村恕助《じょすけ》であった。

愛宕通旭の陰謀

古賀十郎が土佐グループの同志として西京入りしたことは第4章に書いた通りである。古賀は柳川《やながわ》藩士だが生まれと育ちは京都で、「京都に縁故深きを以て大に帝都を遷することを好まず」（『旧柳川藩志』）だったという。弾正台《だんじょうだい》大巡察となった古賀は明治二年（一八六九）十二月二十日、京都粟田《あわた》口《ぐち》刑場の現場で大村益次郎襲撃実行犯の死刑執行を、手続上の瑕疵《かし》を理由に停止させる騒動を起こした（粟田口止刑《しけい》事件）。当日の古賀の様相について止刑の決定を下した弾正大忠海江田《かいえだ（かえだ）》信義《のぶよし》は「少巡《ママ》察古賀十郎は、身小膽大《たんだい》奇節の士なるが、是時眼を睜《みは》らし肩を聳《そびや》かし、一座を睥睨《へいげい》せる其状、最も勇猛壮烈に見へたり」と述懐している（『維新前後實歴史傳』）。

刑は結局九日後に執行されたものの、古賀十郎はこの一件で翌三年一月、東京本台に召喚され尋問を受け、六月下旬に免官となった。その頃から病となり京都田畑《たばた》町（現京都市上京区田畑町）に籠っていたが、八、九月頃に旧知の比喜多源二と時勢を論じるようになった（田畑町は大文字屋から徒歩十五分くらい。古賀は田畑町すぐ北の紫野《むらさきの》で私塾を開いていたとする説もある）。ともに官職を失ったばかりであった。

十月、愛宕通旭が「賀茂辺へ遊歩」した際、古賀十郎は比喜多源二の計らいで同道を許され愛宕に面謁した。愛宕から国事に力を貸してほしいと直接依頼された古賀は「不肖の身に取格別肺肝《はいかん》に銘し、士は己れを知る者の為めに死するとも承り候故、此御方の為めには身命を擲《なげう》ち可申と決心致し」た（古賀十郎口供書。愛宕通旭口供書では面会は九月初旬）。

その古賀十郎を通じて中村恕助が比喜田源二と繋がった。中村は明治三年春に秋田藩外交方を命じられ中国・九州等を歴遊した後、京都に来ていた。西京入り前に堀内誠之進とともに、高知へ渡ったことは前述の通りである。中村は、古賀が尊攘主義の過激な建白で待詔院《たいしょういん》に差し止められた頃（明治二年四月）に、東京で古賀と知り合ったという。中村は初岡敬治《はつおかけいじ》の同志・部下であるから、東京で古賀と中村が出会ったのは自然であったろう。

古賀十郎と中村恕助が愛宕グループに加わる以前、比喜多源二と安木劉太郎が愛宕に進言した計画は比較的穏便なものだった。その概略とは、まず愛宕通旭が東京に出て尊王攘夷を国家政策の基礎とするよう建言を行い、建言が採用されなければ兵力をもって天皇を京都に連れ帰り、そのうえで政府

中村恕助肖像。『初岡敬治先生傳』より。

古賀十郎と大弓平助像。右が古賀。薄田俊介氏蔵。柳川古文書館提供。

の「弊風を除き御政体を一変可致」（愛宕通旭口供書）というものであった。還幸・還都に兵力を用いる想定ではあるものの、基本は公卿の威光による政体改革といった趣である。

もっとも比喜多・安木の真意は既に、建言が採用されない時には、「同志の諸藩を鼓舞致し兵威を仮《ママ》り闕下《けっか》に迫り要路の奸臣を掃ひ御政体を一変致し度」（比喜多源二口供書）と、要人暗殺を含んでいた。

そこに古賀十郎・中村恕助が参入したことで計画はいっそう過激になった。「挙兵」の色彩が強くなった。計画では「東京を焼」き「御郭内へ放火」し、その混乱に乗じて天皇を奉じて大阪へ「立籠る」手筈であった（「秋田藩辛未文書」所載の「在京秋田藩士某書簡」）。

古賀・中村らはこれを「四条縄手《ママ》の戦」と呼んだ（堀内誠之進口供書）。四条畷《しじょうなわて》の戦いとは、南北朝時代、南朝方の楠木正行《まさつら》が足利方に仕かけたゲリラ戦

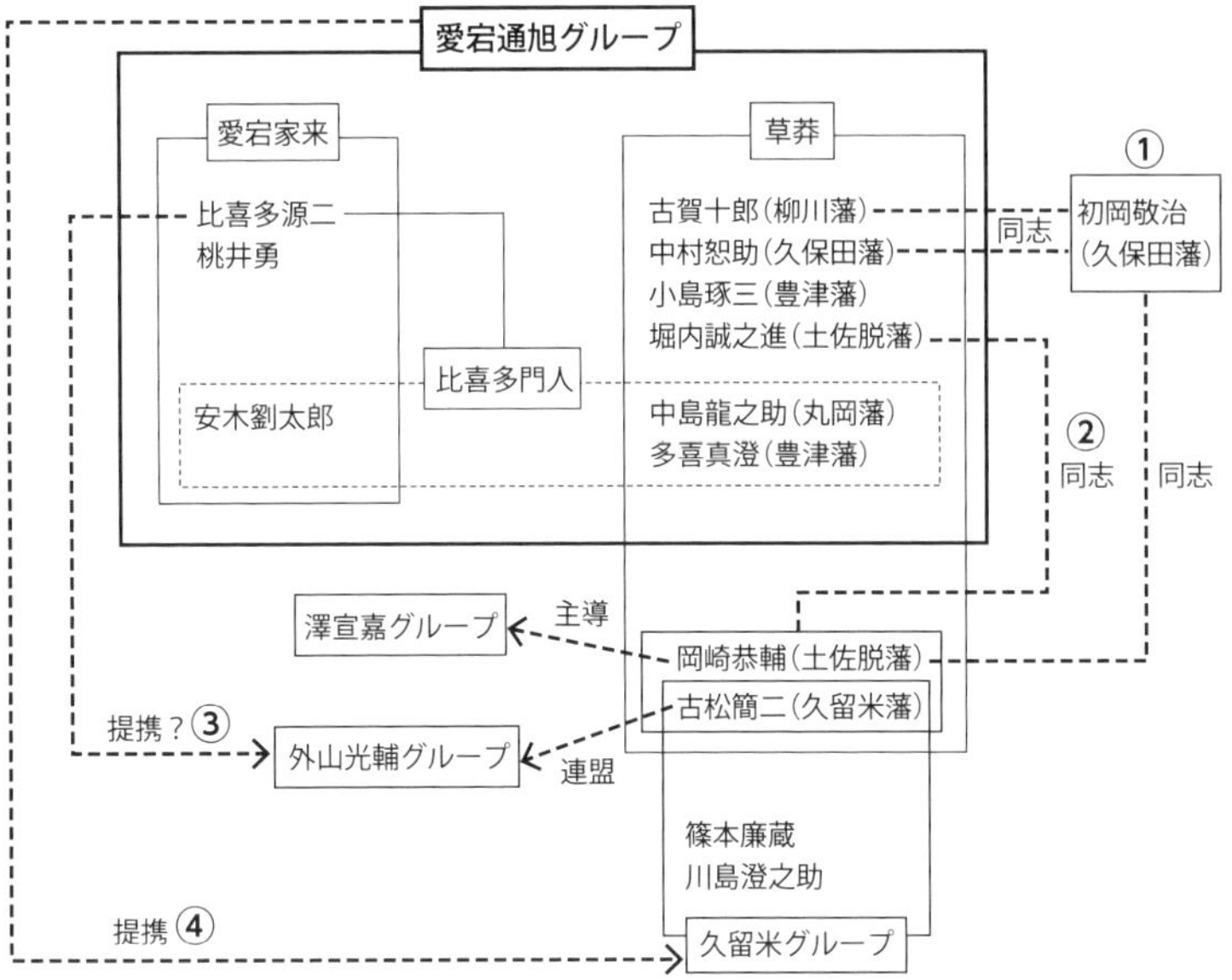

愛宕通旭グループの構成と他派との関係。

のことである。旧公卿を盟主にして、東京にあるもうひとつの朝廷を潰す、という意気込みだったのであろう。ちなみに古賀は、「議論口を突いて出で来り、能弁の聞へ有つた人で、其議論は次から次に湧き出で」という人物であったから（川島澄之助『久留米藩難記』）、大いに愛宕通旭を煽ったものと推量される。

計画通り愛宕通旭は、東京上京の口実とする学問修業を願い出て認められた（勤学願提出は明治三年十一月三十日）。

しかし、公卿出身の愛宕には、配下の「兵」というものが存在しなかった。

そこで中村恕助が久保田（秋田）藩に帰藩して初岡敬治を説くことになった（図の①参照）。中村は愛宕通旭に「藩論を一定いたし精兵を撰《えら》み東上」することを約した（愛宕通旭口供書）。かつて岡崎恭輔のパトロンだった初岡敬治はトラブル続きの東京を離れて明治三年三月に帰藩し、その頃は権大参事（藩政の実質ナンバー2）となっていた。中村は、初岡敬治とは「水魚の交り」である古賀十郎の書状を携えて翌四年一月、秋田へ向かった（古賀十郎口供書）。古賀はその書状で「三春［三月］中位に御出張被下候はゝ実に大幸無限候」（初岡敬治宛古賀十郎明治四年一月十三日付書簡）と初岡の上京を促した。

当初、古賀十郎本人は愛宕・比喜多らとともに東京へ上り、挙兵の準備をするはずだった。だが、古賀の病は全快せず、出立の目途がたたなかった。古賀がいなければ、伝手《つて》のない愛宕と比喜多が東京で周旋活動を行うのは困難である。計画は頓挫したかにみえた。

東京へ

堀内誠之進が愛宕グループに加わったのは、この時であった。大阪で鹿毛松次らと企てた計画が崩れたため、京都にいる旧知の同志グループに自然と合流したものであろう。

堀内誠之進が愛宕通旭の陰謀の立案段階にどれだけコミットしていたのか、本人がいっさい供述していないため、わからない。しかし、誠之進は久留米滞在中に応変隊・七生隊《しちせいたい》の人脈と繋がっており、中村恕助ら秋田グループに顔が利き、同志岡崎恭輔は既に東京でオルグ活動を展開しているはずだった。東京を震源にクーデターを目論む愛宕グループにとって、必要なコネクションを持つ人材であったことは間違いない。

堀内誠之進は愛宕・比喜多に先だち、明治三年（一九七〇）十一月十二日、京都を発し東京に向かった。比喜多源二方で懇意になった新発田《しばた》藩士安藤致之進《むねのしん》（新発田藩は現新潟県新発田市ほか）とともに神戸から船に乗った。十八日横浜、十九日に東京へ着いた。

堀内誠之進は安藤致之進と同居し、「新発田藩庁の印鑑を借受」けて新発田藩士を装い（堀内誠之進口供書）、首都東京で活動を開始した。誠之進は「新発田藩士森宗次郎」となった。

東京に潜行した堀内誠之進は、安藤致之進のほかにも、久保田藩士の岩堀源吾・田口政五郎や、笹山藩士畑経世《はたつねよ》（後述する丸山作楽の征韓計画の主要人物）のもとに身を寄せた。畑経世の住まいは築地《つきじ》本願寺（本願寺築地別院）地中《じちゅう》の浄立寺《じょうりゅうじ》であった（現東京都中央区築地四丁目のライオンズマンション東銀座。地中とは大寺院の境内や周辺にある小寺の意。現浄立寺は世田谷区に移転済み）。誠之進はこれらの住処を「代る々々《かわるがわる》止宿」したという（堀内誠之進口供書）。

堀内誠之進が潜伏した浄立寺の跡地（中央のビル）。右隣りは圓正寺。当時は左隣りにも寺中があったが現在は晴海通りになっている。左奥に築地本願寺が見える。

堀内誠之進・岡崎恭輔・古松簡二の再会

ところでその頃、東京赤羽橋《あかばねばし》の久留米藩上屋敷（現港区三田一丁目）の二階に吉富復軒（亀次郎）という人物が住んでいた。吉富は幕末、大村益次郎や大楽源太郎が学んだ日田《ひた》の広瀬淡窓《たんそう》塾の塾頭を務めたほどの儒学者であった。自らも数百人の門人を抱えていたが、明治三年（一八七〇）、安井息《そっ》

久留米藩上屋敷跡。現在は三田国際ビル（写真左のビル）、三田高校、赤羽小学校、東京都済生会中央病院（写真右のビル）などが収まる広大なエリア。

軒《けん》の塾に遊学するため上京していた。

十一月、遊学を終えた吉富は帰郷の挨拶に上屋敷に立ち寄った。吉富は、自分よりひとつ年長で安井門下の先輩にあたる男に出くわした。男の勧めで吉富は帰郷を延期し上屋敷の二階に住むようになった。その男は上屋敷の一階に住んでいた。古松簡二であった。

それ以後、同じ藩邸内に住む吉富と古松は、邸内でしばしば「酒茶抔《など》」をともにし「雑話」するようになった（吉富亀次郎口供書、以下同）。そして、二人の席にはやがて「諸方より追々罷越候人」が「五六輩」居合わせるようになった。

ところが、不思議なことに、彼らは名前を互いに口にすることがなかった。全員が「応答之節姓名抔一字歟《か》一言にて符牒の様に相唱候」、すなわち暗号で互いを呼び合っていた。

吉富復軒は面倒なことになることを警戒して、敢えて彼らの名を知ろうとはしなかった。ただ、古松とは格別に「懇意之様子にて頻《しき》りに罷越」者がいた。吉富もその人物とは自然と「互に黙礼抔致し候位に」なった。その男は吉富に「松波《(並)》新《(深)》蔵」と名のった。変名の岡崎恭輔であった。

吉富復軒は、松並深蔵（＝岡崎恭輔）と古松簡二以外の人物については、最後まで名前を知ることはなかった。しかし、吉富はのちに彼らとの関係を疑われて取り調べを受けることになった。取り調べの席で吉富は、「高知県脱人堀内誠之進へ毎々致面会、御政体上を議論」したことを糺《ただ》された。その時初めて吉富は、ともに酒や茶を飲んだ「五六輩」のひとりが「堀内誠之進」であったことを知った。堀内誠之進（変名・森宗次郎）、岡崎恭輔（変名・松並深蔵）、古松簡二（変名・小島半六）の三人は、奇兵隊呼応を約して久留米で別れて以来九カ月ぶりに、東京赤羽橋の久留米藩邸で秘かに再集結を果たしていたのである。

堀内誠之進は岡崎恭輔との再会について次のように供述している。

「松浪信蔵《ママママ》も先般より東京へ罷越居申候に付、面会致し、九州表一別後の次第、且《かつ》、兎角《とかく》人心不居合にて御一新の御効しも無之故、何卒、国威の内外に輝き候様致し度儀、倶々《ともども》語合居申候処、同人申聞候は、此頃征韓の儀相企居候に付、戮力可致追々船も調可申候間乗込呉様申候に付、兼々《かねがね》相望居候事故、速に同意仕、其後毎々集合仕、前同様時勢の談に及ひ居申候」

顔を合わせた三人は、これまでの経緯、上方《かみがた》や東京の情勢、関与している計画などを互いに語り、共有したことであろう。岡崎恭輔と古松簡二の二人が堀内誠之進に語った「九州表一別後の次第」とは、次のような話だったはずである――。

澤宣嘉。『幕末明治文化変遷史』より。

岡崎恭輔と澤宣嘉グループ

岡崎恭輔は鶴崎を離れて明治三年（一八七〇）四月上旬、東京に上京していた。大村益次郎襲撃事件前に行動をともにしていた土佐派の土居《どい》策太郎（幾馬《いくま》）と坂本速之助（南条真九郎）に再び合流した（岡崎恭輔口供書、坂本速之助口供書）。

その頃、土居策太郎と坂本速之助は、澤宣嘉《さわのぶよし》外務卿（従三位）の家臣・高橋竹之助（北山信。再幸抑留建白のひとり）を通じて、築地の澤邸に出入りするようになっていた。澤は七卿落ちのひとりで、文久三年（一八六三）、平野国臣《くにおみ》らの生野義挙《いくのぎきょ》の盟主となって三田尻を脱走した人物である。その行動派攘夷主義の旧公卿を明治政府はなぜか外務卿にしていた。

土居・坂本・高橋の三人は岡崎恭輔上京前の三月、府下放火・洋癖官員暗殺・還幸《かんこう》実現のため、澤宣嘉を盟主に仰いでのクーデターを計画した。彼ら及びその同志は草莽間では「還幸党」と呼ばれていた（二階堂保則「風後餘草」）。

しかし、生野義挙で破陣し四国・長州で長い逃亡潜伏を強いられた苦い経験がある澤は、土居たちの計画を聞くと、自らの失敗を引き合いに出して、わずかな人数で大事など決することはできないと叱責した。そのため計画は中止となった（北山信口供書）。ただ、澤は政府の高官でありながら、この

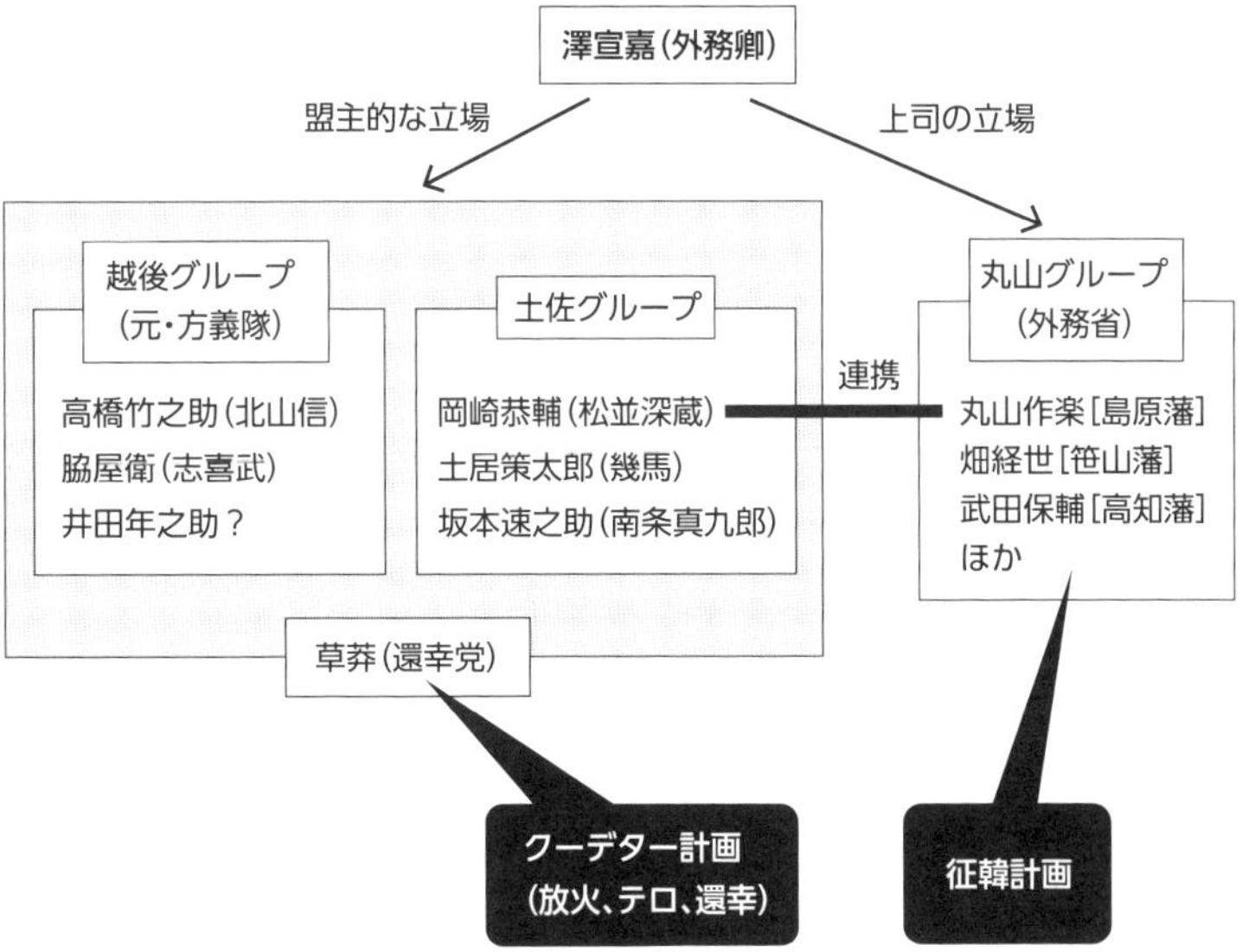

澤宣嘉グループの構成。

ことを政府にまったく通報していない。

　上京した岡崎恭輔は、なんとその澤宣嘉邸の長屋に住み始めた（夏吉《なつよし》利雄口供書、「中村六蔵水雲事蹟」）。指名手配中の身でありながら、外務卿の邸内に匿われたのである。澤はこれも政府に知らせておらず、政府と草莽に二股をかけていたとしか考えられない。

　当時、築地の澤邸は「一家男世帯各室、乱髪蓬頭《ほうとう》、剽悍《ひょうかん》なる面魂の浪士輩が、峯丸火鉢を擁して、高論四壁を驚かして居る光景は、宛《さなが》ら水滸伝中の梁山泊《りょうざんぱく》其儘だつた」といわれ、草莽派・還幸党の巣窟の様相を呈していた。また、「家士の中に、愛宕通旭陰謀事件に連座したものがあつ」たという（澤宣一・望月茂『生野義挙と其同志』）。

　土居策太郎たちから還幸党の頓挫した計画を聞いた岡崎恭輔は、これを再燃させた（岡崎恭輔口供書）。明治三年六月、岡崎の発意で澤邸の長屋に岡崎、土居、坂本速之助、高橋竹之助、脇屋衛《まもる》（脇屋志喜武、澤家家扶、越後出身）、井田年之助（越後出身、政府の密偵説あり）、中島武洲（久留米藩士）、夏吉利雄（豊津藩士）、二澤一夫（豊津藩士）、星村彦九郎（山口藩脱籍）が集まり、クーデターの可否を議論した。還幸党は三月の計画の際には兵力として高橋・脇屋・井田の古巣である居之隊《きょしたい》（親兵隊［第三遊軍隊］に組み込まれ府下警備をしていた）の協力を得るつもりだったが、居之隊幹部に拒絶されていた。そこで岡崎恭輔は中島武洲が引率する久留米藩兵の一中隊に目をつけた。久留米藩兵は藩命で東京市中取り締まりの任にあたっていた。岡崎の打診に隊中の多くが前向きな姿勢を示した。

岡崎恭輔は同月（下旬か）、高橋竹之助、中島武洲、夏吉利雄とともに澤宣嘉に拝謁し指揮を仰いだ。しかし、澤は今回も叱責し、計画の詳細を聞かずにこれを中止させた。久留米藩兵は秋には帰藩してしまう。還幸党に打つ手はなくなった。しかし、澤はこの一件も政府には通報しなかった。

征韓計画

澤宣嘉を説得できなかった岡崎恭輔だったが、これをきっかけに、澤外務卿の腹心である外務大丞丸山作楽（島原藩士、従五位）と意気投合するようになった。

丸山作楽は明治二年（一八六九）九月、ロシアの南下政策（ロシア兵による兵営陣地構築、波止場築港、漁業場略奪など）を制するべく、澤外務卿から全権を委任されて配下四十七名の外務官員とともにサハリン（樺太《からふと》）に派遣され、対露交渉に当たった（土佐派の武田保輔《やすすけ》も外務省使掌《ししょう》として出張）。翌三年四月に帰着した丸山は、樺太開拓と鎮北府設置（事実上の出兵論）を建議したが、開戦を恐れた政府はこれを容《い》れなかった。しかも、五月、樺太よりも北海道開拓を優先する薩摩の黒田清隆《きよたか》が樺太専務の開拓次官に就任した。七月、丸山は外務省を欠勤し丸山派部下三十七人もいっせいに辞表を提出した（丸山の辞表は認められず権大丞へ降格）。丸山は、「如今《いまのごとく》薩長土肥の権ある朝廷にては、迚《とて》も皇威を海外え耀《かがやかし》候事覚束なく、依て壊裂を謀候の外に策は有之まし」（「土井豊築日誌」明治三年七月三十日条）と藩閥への敵対心を強めた。

丸山一派は、ロシアが目論む朝鮮進出の期先を制するとの論理で「征韓論」を唱え始めた。明治政府は維新直後、新政府樹立を通告する使節を朝鮮に派遣し、国交を求める国書を受理させようとしたが、その国書に「皇」や「勅」という宗主国（清国）のみが使用可能な文字が含まれていたため、朝鮮は受け取りを拒否した。以来、朝鮮への出兵論が台頭していた。澤外務卿も征韓論を可とした。丸山作楽は表では外交政策の議論を展開する一方で、裏では秘かに草莽を送り込む征韓計画を策していた。

明治五年、長崎護送中の神戸で撮影された丸山作楽。『丸山作楽伝』より。

岡崎恭輔と丸山作楽は「度々出合《たびたびであい》」（丸山作楽口供書）を重ね、岡崎は丸山の征韓計画に新たな目標を見出した。ただし、岡崎はクーデター計画を完全にあきらめたわけでもなかった。

征韓には船が必要で、クーデターには兵が必要だが、丸山・岡崎にはどちらもなかった。岡崎恭輔はこの難題を一気に解決すべく明治三年七月中旬、秋田に向かった。秋田には岡崎のパトロンだった初岡敬治がいた。岡崎の狙いは、初岡が掌握する久保田藩兵と汽船だった。

岡崎恭輔と中村六蔵の秋田行

岡崎恭輔の秋田行に中村六蔵が同行した。中村六蔵は澤田衛守《えいしゅ》の殺害後、「依然此所［鶴崎］に在ては憚る」から潜伏するよう古荘《ふるしょう》嘉門《かもん》・吉海《よしうみ》（よしがい）良作ら有終館幹部に指示された。中村自身、「高田《こうだ》源兵《げんべい》［河上彦斎］の意を継き、単身東京に出て国家を誤る大臣参議を斃《たお》さんと」の志があり、明治三年（一八七〇）五月下旬、鶴崎を発った。諸所に寄宿した後、澤宣嘉邸内の岡崎恭輔の長屋に移り住んだ。岡崎は中村から有終館が「殆んと瓦解」であることを知らされた（中村六蔵口供書）。

岡崎は中村に「余《わ》れ近来丸山作楽等と征韓の策を企謀せんと欲す。就ては秋田藩士初岡敬治は国事に付て嘗《かつ》て余《わ》れと契約したる密事もあり、且、彼所には汽船も所持したるにより、敬治と図り其船を東国に回漕し、他日の用に供せんとす」と述べ、「足下も空しく東京に止るよりも余れと東行然るへし」と同行を促した（同）。

七月下旬、秋田へ向かう途上、岡崎・中村の二人は米沢（現山形県米沢市）に至った。ここで中村は岡崎を旅宿に残し、単身で、幽閉中の旧同志・雲井《くもい》龍雄《たつお》と秘かに面会した。雲井は東京で脱籍浮浪を糾合し政府転覆を謀ったとして、五月、政府の命で国許に護送されていた。雲井と中村は、幕末、奥羽越列藩同盟のために周旋し、反薩摩の立場を貫いた仲であった。中村は雲井に脱走を促したが、雲井は病身であることや法廷闘争の決意を告げて、これを断った。岡崎恭輔が雲井に会わなかったのは、雲井が反政府とはいえ佐幕派であったからであろうか。雲井は八月東京に再送還され、十二月に斬罪となる。

　岡崎恭輔と中村六蔵が秋田の初岡敬治を訪ねたのは、初岡敬治日記に「備中・備（肥）後之仁へ逢候」とある明治三年八月十五日であろう。「備中」は倉敷県吏だった岡崎恭輔、「肥後」（熊本）は中村六蔵と考えられる（この頃の初岡日記には、在京中の日記と異なり、草莽の実名が登場しない）。翌十六日の初岡日記には「澤卿之御書差上」とあるので、岡崎・中村は澤宣嘉の密書を持参したのかもしれない。

　岡崎恭輔は「吾等は朝鮮征伐を標榜して同志義勇隊を募ると称し、一旦同志を艦内に集め、是に於て敵は輦轂《れんこく》の下《もと》に在りと告け、所謂敵本主義［明智光秀の謀叛］を執り不意に政府を襲ふて君側の醜類を殲《ほろぼ》し、以て政府を改革し而《しか》して後《の》ち徐《おもむ》ろに朝鮮を征伐せんとする」（「中村六蔵水雲事蹟」）と戦略を初岡に語り、協力を求めた。

　しかし、初岡敬治はかつての初岡ではなくなっていた。権大参事の初岡は今や世子《せいし》佐竹義修《よしなお》の傅役《ふやく》（教育係）であり、また藩の連続不祥事（巨額の外債償還、贋金糺問）とそれに伴う藩内抗争の解決に追われる身であった。初岡は「藩中両裂し（略）如何んとも為し難き」（中村六蔵口供書）と蹶起《けっき》への不参加を暗示した。ただ、汽船「八坂丸」の貸与は諾して、岡崎・中村に旅費七十円を提供した。岡崎恭輔は八坂丸を東京へ回航するため乗船し、中村六蔵は同志に報告のため陸路東京へ向かった。

八坂丸（旧名モアナ号）は、久保田藩の支藩岩崎藩がオランダのアテリアン商社から洋銀八万五千枚で購入した蒸気船だった。その契約内容を知らされないまま支藩の借用金（五千両）を保証したつもりだった久保田藩が引き受けざるを得なくなり、これが三十万両を超す外債の原因となったといういわくつきの蒸気船であった。契約の経緯は謎とされるが、八坂丸を運用して利益を出すと売り込み、藩名を借り受けたうえで初代船長となった天野恕一《あまのじょいち》（筑前秋月［現福岡県朝倉市］の西福寺二男）という人物は、じつは征韓計画における岡崎恭輔の同志であった。八坂丸はもともと彼等の奸計で購入されたものではないだろうか（後述の天野の行動もそう推測させる）。

それはともかく、元海援隊らしく船に乗り込んだ岡崎恭輔であったが、五月に座礁したことのある八坂丸は修復が十分でなかったのか、回航中の九月、佐渡沖で破損した末に小木港《おぎこう》（佐渡島）に沈没してしまった（東廻りでなく西廻りだったのは、岡崎の主眼が征韓にあったことを意味するのだろうか?）。岡崎は命からがら難を逃れ、中村六蔵にひと月以上遅れた十月二十日（十五日とも）、東京に帰還した。またしても計画は頓挫した。

古松簡二の上京

岡崎恭輔の帰京直前（明治三年［一八七〇］十月上旬）、古松簡二が久留米から上京してきた。

久留米に落ち延びた山口諸隊残党の多さに手を焼いていた古松簡二は、八月、寛典措置を請願しようと、福岡藩贋札事件で長崎出張中だった弾正大忠渡辺昇《のぼり》（大村藩士。古松と同じ安井息軒門下）に働きかけた。しかし、大楽源太郎は「悔悟謝罪抔と申儀以之外《もってのほか》不承知にて何れにも回復の策を廻《めぐ》らし宿怨を晴し申度」と古松の調停を拒絶した（古松簡二口供書）。

大楽に心酔し大楽を山口藩に渡すまいとする応変隊士たちも、古松の行為を裏切りと見て激怒した。大楽源太郎は長州で得たことのない生涯最大のリスペクトをこの時、久留米で得ていたのである。古松簡二の威信は地に墜《お》ち、門人・部下のなかから、古松を殺害せんとする者すら出てきた。古松は逃げるようにして久留米を発ち東京へ向かった。もともと「藩を土台に置き、藩論一致の力を挙げて事を為そうとする小河真文と、「天下の仕事は草莽の力でなければ成されぬ」とする古松との間には、路線対立があったともいわれる（川島澄之助前掲書）。

かくして明治三年十月の東京に岡崎恭輔、古松簡二、中村六蔵が顔を揃えた。中村六蔵は澤邸から古松のいる赤羽橋の久留米藩邸に居を移した。吉富復軒が藩邸で目撃した「五六輩」のもうひとりは中村六蔵（変名・江村秋八）だったのである。

失意の岡崎恭輔と古松簡二は、以後、丸山作楽の征韓計画に傾倒した。問題はやはり船だった。そこで岡崎恭輔は天野恕一と一計を講じた。天野は「久保田藩八坂丸船長」の名札で川越藩（現埼玉県）の会計方・物産掛を信用させたうえで、今度は勝手に「川越藩産物総括」の名を用いて、十月、横浜で「英一番館」と呼ばれたイギリスのジャーディン・マセソン商会から蒸気船「クレンアルバイン」（Glen Alpine か？）を洋銀八万二千五百枚で購入する契約を結んだ。そして閏十月七日、天野は内金として洋銀一万枚を支払った後に、行方をくらました。残金は川越藩に請求されるという仕組みだった（公文録「川越藩天野恕一英商人ヨリ蒸気船買入方違約コンシユル申立ニ付神奈川県上申」）。この手口は久保田藩が八坂丸を購入せざるを得なくなった事情に酷似している。

厄介なことも起きた。十一月二十三日、東京神田鍋《なべ》町（現神田鍛冶町あたり）で大学南校のイギリス人教師ダラス（Charles H. Dallas）とリング（Augustus R. Ring）の二人が襲われて負傷するという攘夷事件が起きた。犯人の杵築《きつき》藩卒加藤龍吉（山口迅太郎。幸［辛？］太郎とも。元花山院隊）と関宿《せきやど》藩士黒川友次郎（山中春蔵）の二人が、品川の天野恕一方（松岡楼）に逃げ込んだ。これを天野のもとに居た岡崎恭輔が古松簡二に急報した。犯人二人を一緒にしておくのはまずいということになり、岡崎・古松は加藤龍吉を町人に変装させ、中村六蔵を案内に付けて沼津方面に逃走させた。イギリス公使パークスは外務卿澤宣嘉に対して強硬な態度で事件につき抗議したが、犯人を隠匿したのはじつは澤邸の常連たちであった。

堀内誠之進が京都からやって来たのは、そんな慌ただしさのなかであった。

河上彦斎と堀内了之輔の捕縛

堀内誠之進は岡崎恭輔と古松簡二の話を聞いて、愛宕通旭グループがあてにしていた初岡敬治と久保田藩兵が頼りにならないことを悟ったであろう。実際、古賀十郎の書簡を携えて翌明治四年（一八七一）一月、初岡の説得に向かった中村恕助は、初岡からきっぱりと協力を拒否されることになる。

命が惜しくなったかと「嘲笑」する中村恕助に対し、初岡は「草莽書生と事違ひ、一身は一藩之名義に関り、徒に惜生之筋に無之段叱り遣候」と決別した（「初岡敬治覚書」）。

一方で、岡崎恭輔が澤宣嘉グループの中核になっていたことは堀内誠之進を喜ばせたであろう。なぜなら、じつは愛宕グループは、東京に出た暁には、愛宕通旭よりも格が上で「名望有之有栖川宮様［有栖川宮熾仁親王《ありすがわのみやたるひと》］并《ならびに》澤殿［澤宣嘉］等を説得いたし棟梁《とうりょう》に仰き」盟主中の盟主にせんと企図していたからである（古賀十郎口供書）。

そして、堀内誠之進は岡崎恭輔からの、「此頃征韓の儀相企居候に付、戮力可致追々船も調可中候間乗込呉様」（前掲の堀内誠之進口供書）という征韓計画への参加要請にもただちに同意した。

一番喜んだのはむしろ岡崎・古松のほうだったかもしれない。東京に火を放ち奸臣を殺害し天皇を奪還せんとの愛宕グループの陰謀は、還幸党が明治三年三月・六月に企てながら中止を余儀なくされたクーデター計画と同一のものであった。京都の反政府勢力が間もなく上京する、という知らせは岡崎・古松を奮い立たせたに違いない。

しかし、この頃、三人には二つの悪いニュースも伝わっていたと思われる。河上彦斎と堀内了之輔《りょうのすけ》の捕縛である。

河上彦斎は明治三年十月十八日に外出・面会・文通を禁止され、十一月十四日、ついに木村弦雄《つるお》、吉海良作ら有終館幹部らとともに捕縛投獄されてしまった（古荘嘉門は逃亡し静岡で勝海舟・山岡鉄舟《てっしゅう》に匿われた）。逮捕直前、勤王党は藤崎八旛宮に結集し実学党要人襲撃のクーデターを起こそうとしたが、神占で不可と出たため決行寸前に中止したという。

堀内誠之進の弟了之輔は、この年秋、山口藩脱隊兵と行動をともにしているところを中津で捕縛された。捕縛当時、了之輔は「豊前藩出生」と偽っていたが、山口藩庁の取り調べで身元が割れた（平尾文庫「堀内良之助関係史料」）。翌年春、堀内了之輔は大阪の藩邸に護送されることになる。

築地―クーデター計画の震源地

前述の通り、明治三年（一八七〇）十一月、堀内誠之進は築地本願寺地中《じちゅう》の浄立寺に潜伏した。浄立寺は、丸山作楽の腹心であり征韓計画の首謀者である畑経世の宿であった。畑は樺太問題で外務省を辞職したあとも情報収集のため築地にとどまっていた。外務省は当時、築地にあったのである（次ページ地図参照。外務省が霞ヶ関に移転するのは同年十二月十一日）。

インド式建築が特徴の現在の築地本願寺本堂は西を向いて建っているが（現東京都中央区築地三丁目）、明治三年の当時、紫宸殿《ししんでん》型の伽藍《がらん》だった本堂はじつは南向きだった。中門の門前から表参道が総門まで南に延び、その両サイドを、最盛期には五十八を数える地中がびっしりと埋め尽くした（次ページ絵図参照）。浄立寺はそのひとつであった。堀内誠之進は門前町の喧騒のなかに潜んでいたのである。地中で埋め尽くされたこのエリアは、現在は、外国人観光客の絶えない「築地場外市場」に姿を変えている（現存する地中は五寺のみ）。

外務権大丞の丸山作楽の邸はその築地本願寺にあった。「本願寺内の丸山邸は三百余畳敷の大屋」

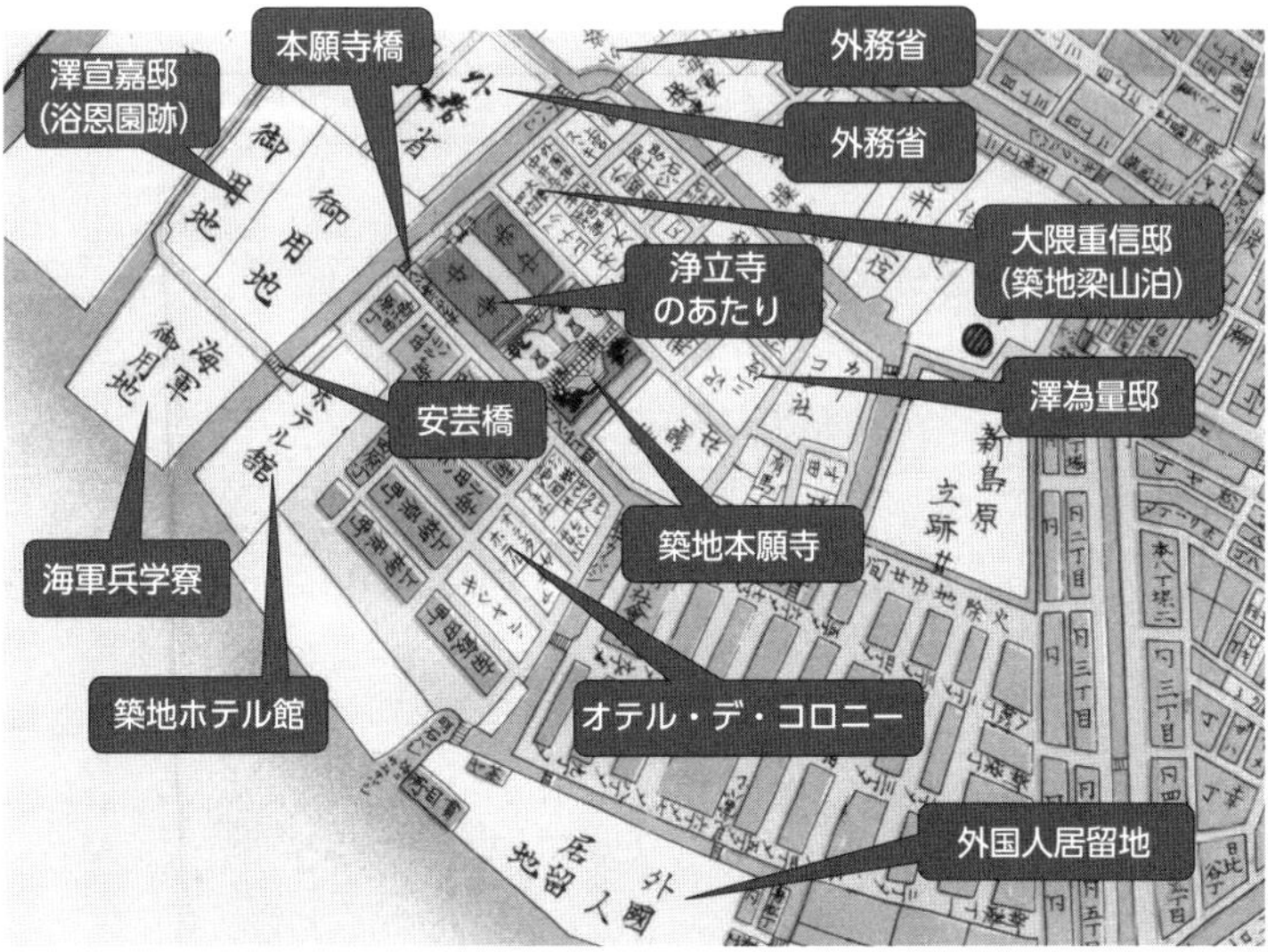

堀内誠之進関係築地地図。「明治四年　東京大絵図」より。

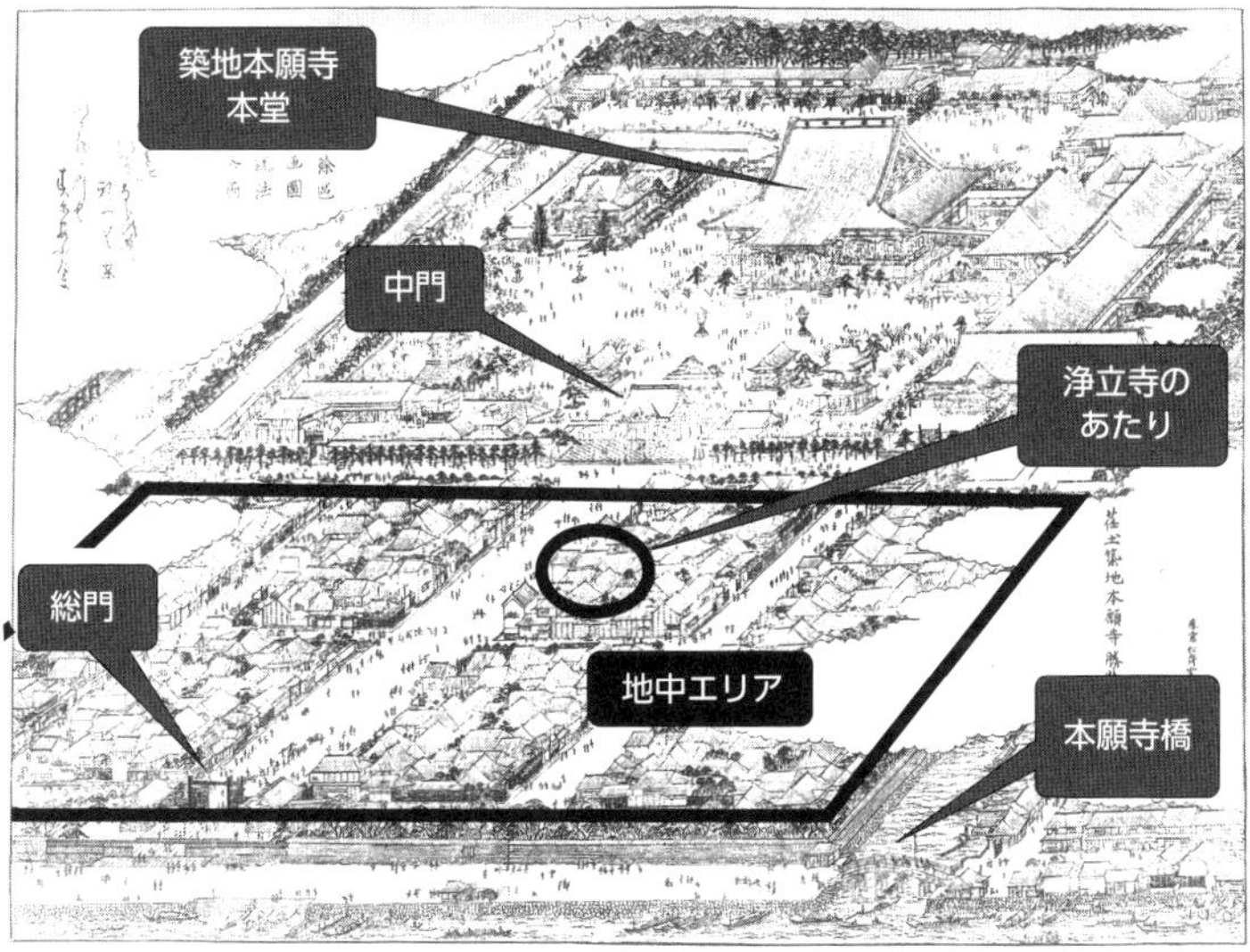

築地本願寺の門前町と浄立寺。『築地別院史』より。

（『丸山作楽伝』）だったという。ただし「本願寺内」が、中門内側の本堂境内を指すのか、浄立寺のある地中エリア（この部分を含めて一般に築地本願寺と呼ばれた）を指すのかははっきりしない。あるいは浄立寺は丸山の邸でもあったのだろうか。

岡崎恭輔が潜伏する澤宣嘉邸もまた築地にあった（現東京都中央区築地五丁目。前ページ地図参照）。澤邸は築地本願寺裏手にもあったが、これは養父為量《ためかず》の邸として使われ、外務卿の澤宣嘉は外務省のすぐ脇の大名屋敷跡に居を構えていた。先の「浪士輩が、峷丸火鉢を擁して、高論四壁を驚かして居る（略）梁山泊」とはこの邸のことである（正式に下賜《かし》されるのは明治五年三月で、それまでは拝借邸の扱い）。

ところで、澤宣嘉邸になったこの大名屋敷は、寛政の改革で知られる白河藩主松平定信《さだのぶ》が隠居後に暮らした下屋敷のことである。そこにはかつて浴恩園《よくおんえん》という、海水を引きこんだ大きな池二つを持つ池泉回遊《ちせんかいゆう》式の庭園があった。松平定信は、池に浮かべた船に揺られつつ月を愛で酒を楽しんだといわれるが、庭園は己丑《きちゅう》の大火（一八二九年）で灰燼に帰した。

しかし、二つの池と築山はその外形を留めた。そのため澤邸として利用された時にも、「殊に、庭園ひろく、中央の池には、舟を浮べる事が出来た。池を隔てゝ、築山の向うに、離室があ」った。この「離室」で愛宕通旭陰謀事件に連座した人物（氏名不明）が「詰腹を切らせられた」ため、「その後、夜陰になると、物の怪が出ると取沙汰されて、誰も、近付かなかつた」という（『生野義挙と其同志』）。

澤邸はその後、海軍省の敷地となったが、現在の姿は平成三十年（二〇一八）に閉場した「築地市場」跡地である。令和二年（二〇二〇）に開催されるはずだった東京オリンピックの車両基地とするため、広大なアスファルトの平地と化した。

話をもどす。

要するに堀内誠之進は、征韓計画と還幸党の本拠地にいたわけである。澤邸に出没する「乱髪蓬頭、剽悍なる面魂の浪士輩」のなかにはおそらく堀内誠之進も含まれたであろう。

築地は政府高官・西洋人殺害の狼煙《のろし》を上げる地としても最適であったといえる。築地には「外国人

築地ホテル館。『明治大正建築写真聚覧』より。

築地中通り（築地場外市場）。手前が本堂側。

居留地」（現中央区明石町）や日本初の外国人向け洋風ホテル「築地ホテル館」（現築地六丁目）があった。フランス人が経営する「オテル・デ・コロニー」（通称「オランダ・ホテル」）もあった。築地は東京における「文明開化」の最初の窓口だったのである。居留地にはイギリス、ポルトガル、アメリカ、ドイツの領事館があり、明治四年七月現在で七十二人の外国人が住んでいた。

そしてもうひとつ、築地には、政府の開明派若手官僚が参集する大隈重信《おおくましげのぶ》邸があった（現築地四丁目の料亭「新喜楽」の場所）。参議兼大蔵大輔の大隈の邸には、財政・内治・外交において急進的な改革を進めようとする伊藤博文《ひろぶみ》、井上馨《かおる》、前島密《ひそか》、渋沢栄一《しぶさわえいいち》、五代友厚《ごだいともあつ》、中井弘《ひろむ》らが毎日集まり、「築地梁山泊」と呼ばれていた。伊藤博文の家は大隈邸の隣家で、井上馨は大隈邸の長屋に住んでいたともいわれる。攘夷派の梁山泊（澤邸）のすぐそばに開明派の梁山泊があったのである。政府高官と西洋人殺害を企てる堀内誠之進・岡崎恭輔らは、じつは標的の隣人だった。

澤邸に出入りする土佐派の坂本速之助（南条真九郎）が、この頃（正確な年月不明）、大隈重信に面談を求める書簡を送っている（『大隈重信関係文書　8』）。二人の関係は不明だが、開明派梁山泊の内情を探ろうとしたものであろうか。

ちなみに、堀内誠之進が潜伏する浄立寺から岡崎恭輔のいる澤宣嘉邸までのルートは次の通りである（次ページ地図参照）。

浄立寺を出て門前町の表参道（現築地中通り）を左手へ進むと、本願寺の総門がある。ここを抜けると築地川（現在は埋め立てられている）沿いの道（現波除《なみよけ》通り）に突き当たる。これを左折して本願

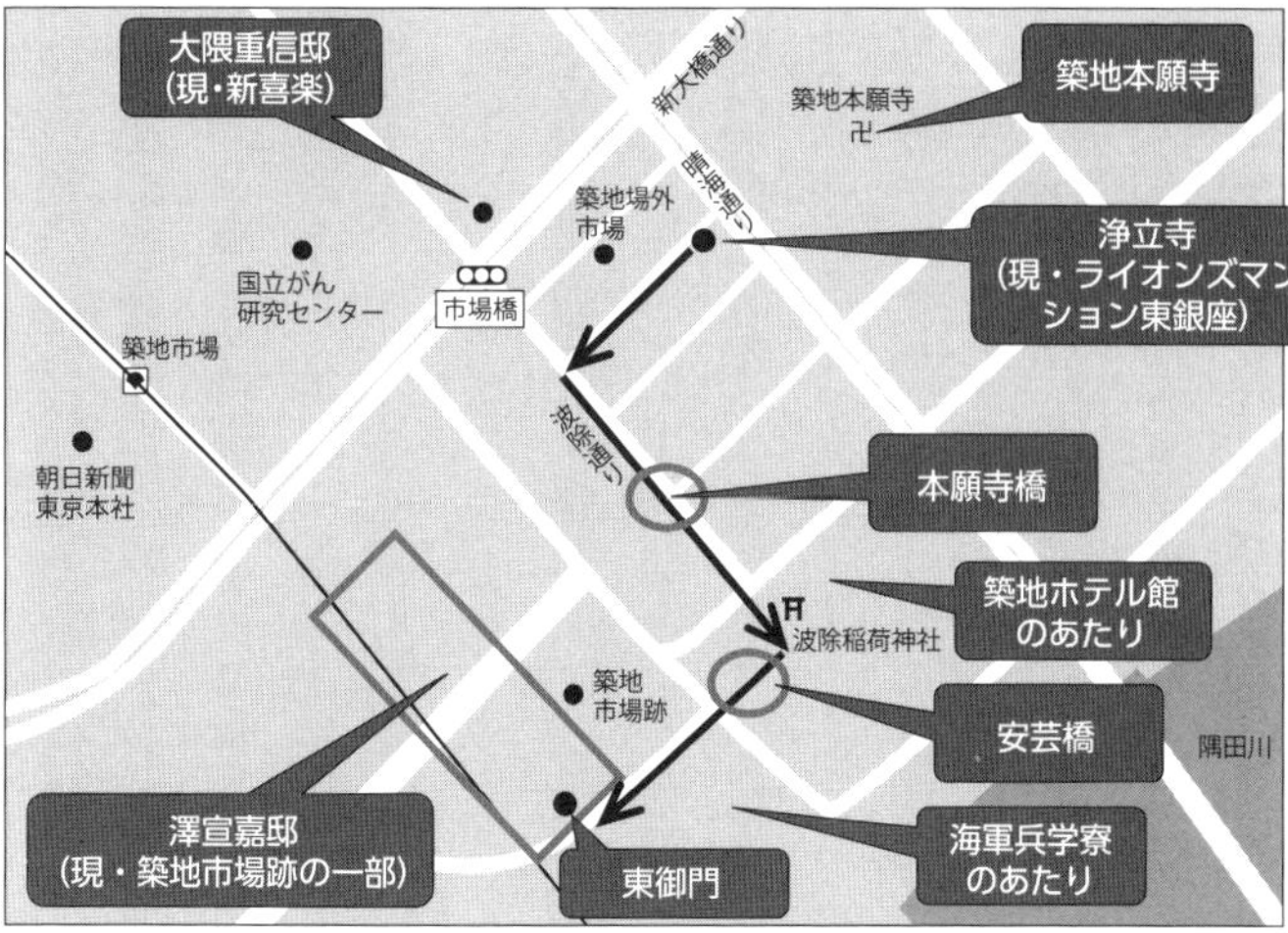

浄立寺から澤宣嘉邸へのルートの現在地図。

築地市場跡の立体駐車場。この裏が澤邸のあった浴恩園跡。

中央のビルのないエリアが築地市場跡地。

寺橋（のちの小田原橋。築地川が埋められたため現在ここに橋はない）を渡ると、風景が「江戸」から「文明開化」に一転する。左手には築地ホテル館が迫り、右手前方にはホテル館によく似た洋風建築の海軍兵学寮が見えるからである。波除稲荷（現波除神社）を通り過ぎたあたりを右折すると安芸橋がある（現海幸《かいこう》橋跡よりも河口寄りにあった。川も橋も現在は存在しない）。この橋を渡り「御用地」の脇を抜けると、再び「江戸」の光景にもどる。ただし今度は荒廃した大名屋敷跡である。そこが澤邸であった。約六〇〇メートルの距離である。

古松簡二の久留米帰藩

明治三年（一八七〇）十二月、征韓計画の雲行きが怪しくなった。この月、征韓派は計画遂行のため具体的な職掌を決定したが（丸山作楽は総括議判、古松簡二は内外探索、岡崎恭輔は軍艦掛など）、パークスが天野恕一のジャーディン・マセソン商会に対する契約違反を外務省に訴え、天野の蒸気船詐取作戦が発覚してしまった（この展開は八坂丸事件と酷似している）。

その後、天野は長崎に行き「彼《か》の有名な大浦後家［大浦慶］の寵遇を受け、終に蒸気船一艘を貰ひ出し」たが、故障が多くて使い物にならなかったため、「熊本藩に売り付け、不当の金を貪り取った」というが真相は不明である（川島前掲書）。ともかく、蒸気船が丸山一派の手に入ることはなかった。

クーデター実行に必要な兵力も目途がたたないままだった。山口藩諸隊が鎮圧され、有終館が閉鎖され、越後の居之隊と久保田藩兵の派兵も望めないとなると、頼れるのは結局、挙藩一致で攘夷実現・反政府の姿勢を示している久留米藩の応変隊・七生隊を置いてほかになかった。

折しも、古松簡二に対し藩庁から召還命令が出た。日田騒擾の浮浪を取り締まっていた河野敏鎌《こうのとがま》弾正少忠が、山口藩脱人を匿った疑いを古松簡二にかけ、日田県での尋問を要求したのである。

この機会を逆手にとって古松簡二は久留米に帰藩して、同志に働きかけることになった。しかし、古松は助命運動の一件以来、久留米では裏切り者の烙印を押されたままであった。そこで、中村六蔵が同行することになった。中村をして「[小河]真文等に就て[古松]簡二は素より反覆したるにあらさることを弁解」(中村六蔵口供書)させることとした。

古松・中村は品川の妓楼「松岡楼」(天野恕一の宿)で開かれた同志による送別の宴の翌日(古松簡二口供書では十二月十八日、中村六蔵口供書では同十四～十五日頃)、東京を発った。岡崎恭輔は餞別として帯刀を中村に与えた。

古松簡二と中村六蔵は十二月二十三日頃、久留米の大石村に着いた。古松は、二十七～二十九日頃、単身日田に赴き河野弾正少忠の尋問を受けて久留米にもどったが、古松はかつての部下や門人から「甚た粗略」に振る舞われた(中村六蔵口供書)。年明け早々、古松は中村を伴って小河真文を訪れ、中村の再三の弁明により小河らの疑念は漸《ようや》く氷解したという。

久留米で古松簡二は真木《まき》佐忠(真木和泉《いずみ》二男)宅に「謹慎」し、中村六蔵は清水進(古松簡二の甥)らの宅に潜行して様子をうかがったが、二人の期待に反して、久留米は相変わらず大楽源太郎の奇兵隊恢復論―山口藩に対するリベンジ―に振り回されていた。直ちに明治政府転覆・攘夷実行の挙兵と

応変隊屯所跡。久留米市南薫町。

いう状況ではなかった（古松簡二口供書、中村六蔵口供書）。

しかし、明治四年一月中旬、古松簡二と小河真文が七生隊の島正太郎（田島清太郎）を中国辺に派遣したことから事態が動き始めた。島は同藩鹿毛松次（前出）を通じて立石正介・田淵敬二に会い、その二人を通じて小和野《こわの》広人と妹尾《せのお》三郎平という人物（第8章参照）と知り合った。小和野・妹尾は立石・田淵・海間《かいま》十郎（十郎右衛門。岡山藩）とともに高野山《こうやさん》・十津川・天の川・備前等で「土着の兵」を募り、京都の外山光輔一党と連携しつつあった。一方、外山らは、「京師に於て兵端を開き、（略）坂府［大阪］を屠《ほふ》り、神戸の異人を掃除し、高野山に籠り、紀州を可襲」等の計画を検討していたが、旧堂上の外山には手勢の兵がなかった（「大日本維新史料稿本　初稿　三一六」）。

二月十三日、島正太郎・鹿毛松次が立石正介を伴って久留米に帰藩したため、「京都有志者惣代の資格」の立石、久留米藩代表の小河真文（古松簡二は不在中）、奇兵隊恢復論の大楽源太郎の三者密議が実現した。そして、この席で「西洋心酔の政府を倒壊せんと決議」した（寺崎三矢吉《てらさきみやきち》『明治勤王党事蹟』。寺崎もこの会合に同席）。ただ、小河は「草莽輩而已《のみ》にて事を発し候ては名義不相立」と心配し、「華族の内を語合名義を相立事を発し候方可然」と要求した（鹿島猛口供書、小河真文口供書）。

結局、この「華族」に、曲折を経て外山光輔が迎えられることになった（最初の候補は随心院門跡《ずいしんいんもんぜき》だった)。同月、応変隊は「一旦我より兵端を相開き、一時に天下を一掃し、朝廷不抜の御基本を確定し、愈々《いよいよ》海外に皇威を輝し候様銘々尽力仕度（略）仮令《たとえ》朝敵の名を蒙《こうむ》り候とも、列聖在天の霊に対し決して遺憾無御座候奉存候」と藩庁に建白した（『久留米藩　幕末維新史料集（下）』)。挙兵の方針が明確になった。

こうして久留米藩尊攘派は外山光輔の一党と同盟するにいたった。「兵力」と「旧堂上」が漸く結びついた。「外山殿同志之連名」の筆頭には久留米藩大参事の水野正名《まさな》の名があり、その次に古松簡二の名がある（『肥後藩國事史料　巻十』)。古松簡二、堀内誠之進、岡崎恭輔の三人は、それぞれ、外山光輔グループ、愛宕通旭グループ、澤宣嘉グループにおける、他派との結節点となったのである（109ページ図の②参照)。

第7章　二卿事件

取り締まり強化と広沢真臣暗殺

堀内誠之進は、古松簡二《ふるまつかんじ》・中村六蔵が久留米に向かった明治三年（一八七〇）十二月中旬に潜伏場所を変えて、翌年一月初旬まで久保田（秋田）藩士で征韓計画メンバーの泉謙三郎のもと（久保田藩邸?）に止宿した。澤宣嘉《さわのぶよし》邸に居た岡崎恭輔《きょうすけ》もこの頃は、品川の天野恕一《あまのじょいち》方（松岡楼）に居ることが多くなっていた。

一方、反政府派のクーデター計画が久留米藩の兵力頼みであることは、明治政府も見ぬいていた。大楽源太郎《だいらくげんたろう》がそこにいることも掴んでいた。政府は大楽ら山口藩脱人やそれに同調する九州諸藩の浮浪の捜索・鎮撫のため、十二月中旬、陸軍少将四条隆謌《たかうた》を巡察使として日田《ひた》県に派遣し大阪出張兵部省直属の二中隊を率いさせた。

また、参議大久保利通《としみち》・同木戸孝允《たかよし》は、政府の基盤強化のために、島津久光《ひさみつ》（及び西郷隆盛）・毛利《もうり》敬親《たかちか》の東京引き出しの勅命を受けて、十一月二十九日、東京を発し、それぞれ鹿児島・山口に向かった。翌三十日には、参議広沢真臣《さねおみ》（長州出身）が東京府御用掛兼任を命じられ、大久保・木戸・勅使岩倉具視《ともみ》（大納言）が不在となった首都東京の治安確保、とりわけ反政府的言動を呈する浮浪の取り締まりを一手に引き受けることになった。

　広沢真臣は十二月五日、木戸に宛て、「東京にても浮浪徒又は不平徒頭を出し掛候（略）彼是、此機会に総て之取締厳重相附度相含居」と反政府派掃討の決意を伝えた。広沢は二十一日にも木戸に対し、「実に米藩［久留米藩］如きは容易難被免事かと奉存候折角、（略）必ず当京［東京］へも脱走潜伏不油断事、（略）三田邸［赤羽の久留米藩邸］内之動静如何と無疎探索中に御座候」と、久留米藩邸をマークしていることを伝えている（『防長回天史（第六編下）』）。

　年が明けて広沢真臣は、柳川《やながわ》藩が押収した同藩広田彦麿《ひこまろ》宛ての同志書簡から、久留米尊攘派と東京及び九州諸藩の反政府派の連携が思った以上に急速・広範に進展していることを知った。広田彦麿（筑紫速雄）は有栖川宮熾仁《ありすがわのみやたるひと》親王直属だった元蒼龍《そうりゅうたい》隊々長で、前年九月上京し征韓派に合流していた。そして、「恐れ多くも丸内《まるのうち》へ放火するの事も政府要路の人を暗殺するの策にて、草莽《そうもう》は道路の傍らに伏し、騎馬・提灯・勅任印を目的とし撰み討に為さんとの趣にて、竊《ひそか》に党を分ち彼是周旋中」、その陰謀が広沢に「覩や（破）ふられ遂に露顕に及ひ候」となった（三条家文書「広沢真臣暗殺関係書類」、以下「広沢書類」と記す）。明治四年一月八日、広沢は広田彦麿捕縛の手筈を整えた。同日夜、広沢は「彼等［浪士・草莽］之《の》ため暗殺に逢ふ歟《か》、彼等を早く断頭するか、二つ一之場合にて、不屈不撓《ふくつふとう》斃《たおれ》て止矣と申迄尽力と決心」（「大日本維新史料稿本　四千百三十ノ二」）と、暗殺される覚悟で事にあたる決心を書簡に認めた。

現在の「永田馬場」あたり。左のビルは第二議員会館、右手は国家議事堂の裏手。

その翌日の早暁、広沢真臣は何者かによって東京の麹町富士見町（現千代田区九段北、白百合学園の敷地内）の私邸で刺殺された。横井小楠《しょうなん》、大村益次郎《ますじろう》についで三人目の、そして東京では初の政府高官暗殺事件となった。

愛宕通旭の上京

広沢暗殺事件から九日後の明治四年（一八七一）一月十八日、満を持して愛宕通旭《おたぎみちてる》が京都を出立した。

日は不明ながら、出発前に愛宕一党の十余名は宇治八幡（石清水八幡宮か?）に集まり、「山麓の茶店に於て一同誓詞に連署血判し、愛宕殿父子は束帯に改められ、打揃ふて神前に参列し、疋田《ひきた》氏［比喜多源二《ひきたげんじ》］前《すす》んで誓文を朗読し、拝礼を終つて一同相携へ馬を駆つて宇治に行きまして、同所の菊屋に於て宴を開き哺時《ほじ》［日暮れ時］京都に帰りまして、亦た愛宕家に於て一行を饗応せられました」という（『筑紫史談』第36集の山中立木談話）。

愛宕通旭は比喜多源二、安木劉太郎、桃井勇（愛宕家扶《かふ》、元高取藩士）、中島龍之助（丸岡藩士、比喜多門人）、多喜真澄（豊津藩、比喜多門人）、小島琢三《たくぞう》（豊津の静野《しずの》派）を伴って、二月四日、東京に着いた。愛宕・比喜多・安木は永田馬場《ながたばば》の高取藩邸長屋（現東京都千代田区永田町二丁目。国会議事堂

裏手と衆議院第二議員会館の中間あたり）を借り受けて居所とした。中島・小島・多喜は品川に宿をとった。病中の古賀十郎は京都に残った。

堀内誠之進は上京した愛宕通旭の一党に再び合流した。二月十三日以降、誠之進は、永田馬場の愛宕通旭の長屋と品川の中島龍之助の宿に代わる代わる住んだ。

上京した愛宕通旭・比喜多源二は、秋田へ派遣した中村恕助《じょすけ》にまだ期待していた。しかし、待てども中村は初岡敬治《はつおかけいじ》からの吉報を持ってもどってこなかった。愛宕・比喜多はおそらく堀内誠之進から初岡変節の情報を知らされたであろう。そのためか、京都で外山光輔《とやまみつすけ》グループからの提携申し入れを拒絶していた比喜多は、上京後は「方今の形勢に取候ては随分可然策略」（比喜多源二口供書）と外山グループに歩み寄る姿勢を示すようになった（１０９ページ図の③参照）。

柳橋「亀清楼」の秘密会合

堀内誠之進の潜伏先だった久保田藩士泉謙三郎は愛宕通旭グループの上京を知ると、同藩の吉田精一郎とともに、愛宕通旭との面会周旋を誠之進に申し入れた。秋田の在京尊攘派は、初岡敬治の反政府運動からの撤退により梯子を外された形になっていた（以下、堀内誠之進口供書［明治四年九月十九日］、愛宕通旭口供書［明治四年三月、同九月十四日］、比喜多源二口供書、川島澄之助『久留米藩難記』による）。

明治四年（一八七一）二月上旬某日、堀内誠之進は比喜多源二のもとへ行き、秋田グループが愛宕通旭を柳橋《やなぎばし》の料理茶屋「亀清楼《かめせいろう》」（春原〔亀屋〕清右衛門方）に「招待」したがっていると伝えた。比喜多は、かねてより在京秋田グループとの「交際」を求めていたので願ってもない話であった。申し入れを聞いた愛宕通旭は「華族之自分酒楼に遊候は甚不都合」と躊躇したが、比喜多から「〔秋田の〕藩力を借り一挙に及ひ度心底」と諭され了承した。会合はその日のうちに催されることになった。

堀内誠之進は、この機会を秋田グループとの連携に終わらせなかった。誠之進は比喜多源二方に居合わせた中島龍之助を赤羽橋の久留米藩邸に差し向けた。同藩邸の公用人篠本廉蔵を亀清楼の会合に誘ってほしいと中島に頼んだ。

柳橋の会合に出席のため、愛宕通旭は堀内誠之進、比喜多源二、桃井勇を従え永田馬場の高取藩邸長屋を出た。一行はまず「浅草」方面へ向かった。愛宕は「馬」にて向かったと供述しているが、公卿の愛宕がはたして乗馬できたのであろうか。

「浅草」が具体的に何を指すのか愛宕・堀内・比喜多の口供書は明確にしていないが、これは間違いなく下谷《したや》の三味線堀《しゃみせんぼり》西沿いにあった久保田藩佐竹《さたけ》家の上屋敷であろう（現台東区台東三〜四丁目あたり。平成小学校、竹町公園、佐竹秋葉神社、佐竹商店街などを含むエリア）。当時の「浅草」は現在の浅草より範囲が広く、久保田藩邸周辺も「浅草」と呼ばれていた。堀内誠之進を潜伏させた久保田藩士のうち少なくとも岩堀源吾・田口政五郎は明治四年にはこの久保田藩邸内に住んでいた（「秋田藩辛未文書」）。上屋敷は明治二年三月の火事で主要部分が焼失したが長屋は残っていた。つまり、誠之進の潜伏先だった岩堀方・田口方とはじつは三味線堀の久保田藩邸だった可能性が高い。その所在地を熟知しているはずの堀内誠之進が藩邸まで愛宕通旭を案内したものと思われる。
「浅草」に愛宕一党が到着すると、久保田藩の吉田精一郎が船で出迎えたという。藩邸に面する三味線堀のことであろう（現台東区小島一丁目五番［台東小島ビルあたり］～同二丁目六番～同四番［ホテルヴィラフォンテーヌ東京上野御徒町あたり］の南北に延びるエリア。「三味線堀跡」説明板より実際には北。現在は埋め立てられている）。愛宕一党は吉田の船に同船して亀清楼のある柳橋に向かった。それが可能なルートはじつは一本しかない（次ページ地図参照）。

写真左のホテルヴィラフォンテーヌから四つ先の台東小島ビルまでが三味線堀のあった場所。道路の右側一帯は久保田藩上屋敷跡。

当時の東京は、江戸時代に整備された内濠《うちぼり》・外濠《そとぼり》・運河（神田川など）・自然河川（隅田川など）が繋がった、ベネチアの如き水路網の都だった。水路の至るところには河岸《かし》（船着場）があり、河岸と河岸の間を猪牙《ちょき》船（ひとり乗り、屋根なし）、屋根船（引き障子の数人乗り）、屋形船（大型）がタクシーやバスのように客を乗せて往来していた。クーデター計画の謀議場所となった古川沿いの久留米藩邸（赤羽橋）、澤宣嘉邸と浄立寺《じょうりゅうじ》がある築地《つきじ》、三味線堀の久保田藩邸はすべて江戸の水路網で繋がっていた。船だけで行き来できたのである。屋根船ならば移動中、姿を見られることもない。柳橋は、神田川が大川（隅田川）に注ぐ河口にあり、水路交通網の要衝であった。

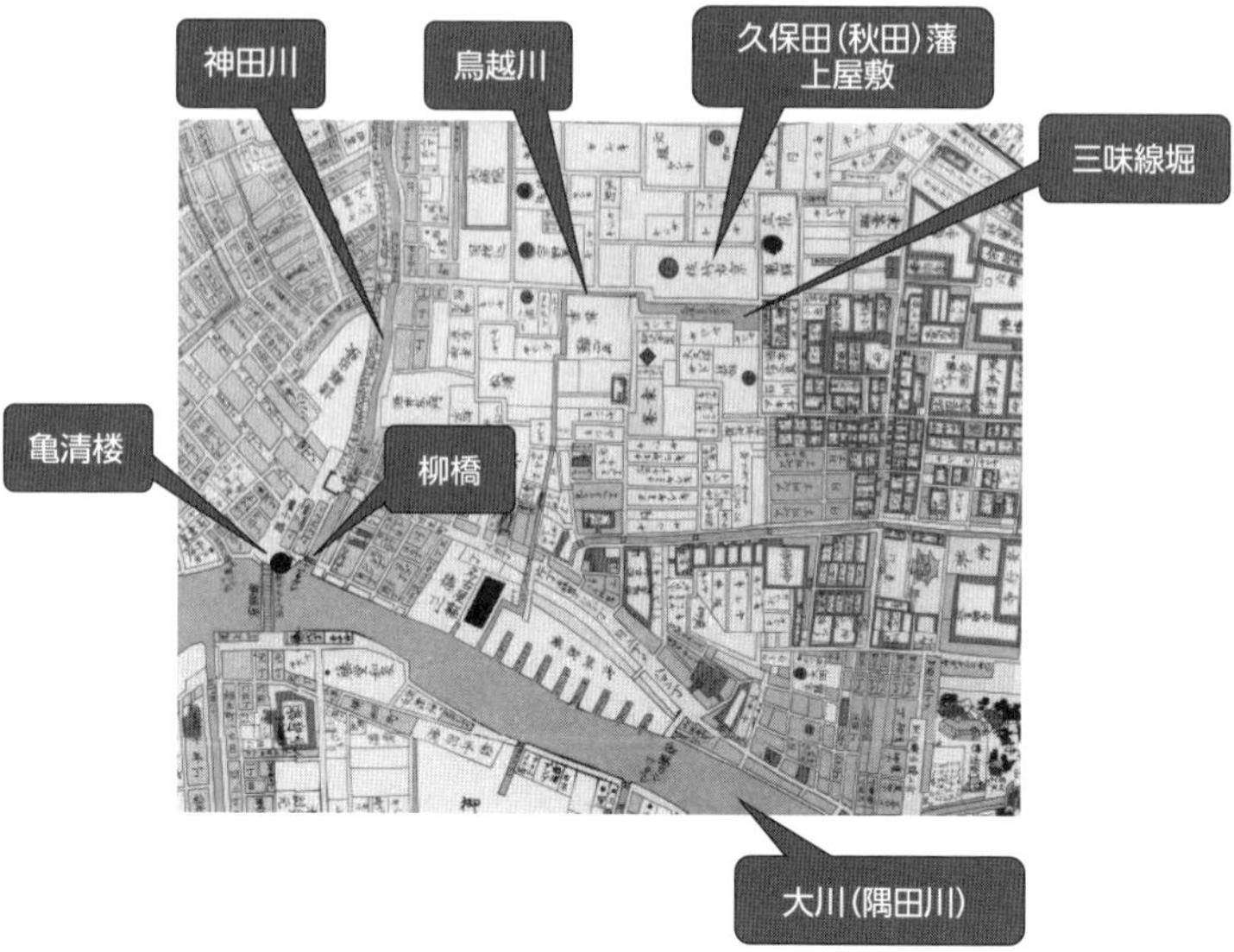

亀清楼と久保田藩邸を結ぶ水路網。「明治四年　東京大絵図」より。

亀清楼へのルート現在地図。

愛宕通旭の一行は吉田精一郎を含めて計五名であるから屋根船に乗ったはずである。柳橋までのルートは次の通りである（前ページ地図参照）。船は鳥越川《とりごえかわ》（現在は暗渠となり地表に存在しない）を現清《きよ》洲《す》橋通りに沿って南へ下る。鳥越川は人工的に開削された川で、清洲橋通りが現蔵前橋通りと交差する地点（現鳥越一丁目交差点）で東へ直角に左折する。さらに直角の右折・左折をこまかく計四回繰り返しながら下るとやがて大川に流れ込む（現東京卸売センターのあたり）。ここを右折して下流（南）へ進むと右手に神田川の河口、すなわち亀清楼が建つ柳橋の元柳河岸が見えてくる、というわけである。

鳥越川は暗渠になったが通りの地形に川の名残がある（浅草橋三丁目）。奥が隅田川の方向。

永田馬場から柳橋へは久保田藩邸を経由しないほうがじつは距離的には近い。ホスト役の秋田グループは、お公家様を現地集合させるのではなく、船でお送りしたのである。約二キロのリバークルーズであった。

会合場所となった亀清楼は元柳町三十一番地（現中央区東日本橋二丁目。協和ビルのあたり）にあった。亀清楼は現在も柳橋に残る唯一の料亭（二〇一七年から休業中）だが、所在地は当時とわずかに異なる。現在は神田川に架かる柳橋の北詰に建っているが、明治四年当時はその反対の柳橋南詰の東側にあった（前ページ地図参照）。

右のビルが亀清楼跡。中央は柳橋。その下を神田川が手前から奥の方向に流れる。橋の向こうで隅田川と合流する。

隅田川（右から左手前）と神田川（左奥から手前）の合流点。愛宕通旭や堀内誠之進を乗せた船は右手から隅田川を下ってきて左手の河岸に着けた。

柳橋は水上交通の要衝であったから舟宿ができ、料理茶屋ができ、芸者が集まって、江戸後期には最大の花街になった。明治四年の柳橋は、ウォーターフロントに位置する一大エンターテイメント空間だったのである。江戸・東京有数の料理茶屋の多くは柳橋界隈に集中しており、なかでも「亀清楼」、「川長」（幕末、大久保利通と周布《すふ》政《まさ》之《の》助《すけ》の薩長会談が行われた）、「万八」は、料理番付で最上級クラスの言わば5つ星レストランであった。久保田藩は柳橋の料理茶屋を好んで利用しており、初岡敬治が剣舞事件を起こしたとされる「梅川」は亀清楼の真向いにあった。

愛宕通旭一行が座に就いた時、久保田藩の泉謙三郎と岩堀源吾は先に来て待機していた。一方、久留米グループの到着は遅れた。中島龍之助の誘いを受けた久留米藩邸の篠本廉蔵は、応変隊の川島澄之助に使いをおくって呼び寄せた。川島は前年暮から吉田博文権大参事に随行して久留米から上京していた。中島・篠本・川島は揃って赤羽橋の藩邸を出て、馬で柳橋に向かったが、川島は「軽輩の身」で「乗馬の稽古は一度もした事は無い」ため、中島・篠本に取り残され迷子になってしまった。そんなハプニングがあって遅刻してしまったのである。

愛宕通旭たちは亀清楼で「待ち詫び居た」が、中島龍之助と久留米の二人が着くとすぐに宴が開いた。「酒席杯盤」の間、川島澄之助の「馬乗り上手の談」が「座興の一」となって場が和んだ。この川島が一カ月後に大楽源太郎を殺害することになろうとは、本人も含めて、この時、誰も思わなかったであろう。

なお、川島澄之助はこの会合に中村恕助も出席したと『久留米藩難記』に書いているが、中村は二月十三日に秋田で初岡敬治に会っており、東京に来るのは三月十四日であるから、これは川島の記憶違いではないか（ただし中村恕助は秋田に行く前に東京に寄ったともいわれ、出席の可能性を完全には否定できない）。岡崎恭輔が出席したと論じる文献もあるが、岡崎も出席していない。澤宣嘉グループからは誰一人出席していない。その事情は後で触れたい。出席者の全員を知っていたのは堀内誠之進だけである。堀内誠之進の人的ネットワークが実現させた会合といえよう。

肝心の謀議の中身であるが、会合で何が話し合われたのか、何か合意ができたのかなど、関係者の誰も具体的に証言していない。川島澄之助が「此会合は中々重大な者で有つた」と後年回顧したのみである。したがって、推測にしかならないが、この会談によって、草莽十余名の寄合にすぎなかった愛宕グループは、ようやく「兵」（久留米藩の応変隊・七生隊）の算段をつけられたと認識したと思われる（109ページ図の④参照）。

また、この会合に久留米グループが加わったことによって、京都の外山光輔グループと東京の愛宕通旭グループは久留米グループを媒介として繋がったといえるかもしれない。この月二十一日に福岡藩士的野秀九郎（在大阪）が東京の同志に宛てた書簡には、「畿内の勢は浪華に火を発し、京師《けいし》に打入、御所を囲み、（略）在東京の有志は、其時に当り、一策を設け、兵を合せ、鳳輦《ほうれん》を守護するの内議に御座候」とあり、愛宕・外山の両グループ間で東西同時挙兵が合意されていたことは間違いない（宮地正人「廃藩置県の政治過程」）。

主要な議題が済むと、愛宕通旭は比喜多源二と桃井勇を連れて早々（晩七時）に退席した。武家屋敷の長屋に住まわされた京都の公卿にとって、花街の享楽はさらなるストレスであったろうか。

一方、堀内誠之進は中島龍之助、篠本廉蔵、川島澄之助とともに品川の旅籠屋鳥山藤三郎方まで足を伸ばし止宿した。会談成功の喜びを分かち合ったものと推量される。品川宿本陣の鳥山邸か、あるいは明治二年七月に「松岡屋　藤三郎」と確認できる天野恕一の定宿「松岡楼」であろう（松岡屋は幕末から志士に親しまれた妓楼で、薩摩藩邸焼討事件の際にも薩邸浪士隊による放火を免れている。『品川区史　資料編』、『品川区史　通史編　上巻』）。

岡崎恭輔と古松簡二の捕縛

亀清楼会合の前後、堀内誠之進は浅草で小島琢三に会い、丸山作楽《さくら》宛ての静野（志津野）拙三《せつぞう》（豊津藩大参事）の書簡を託された。静野は丸山の征韓計画の同調者のひとりであった。静野は「殊の外運ひ宜敷事也、尤《もっとも》何分内患相迫り候より外事は当分差置候趣也、内乱相運ひ次第速に為すへき方向也」と、征韓よりクーデターを今は優先して実行すべきとの考えを示していた（堀内誠之進口供書）。

　小島はこの書簡を丸山に近い岡崎恭輔に渡してくれるよう堀内誠之進に依頼した。しかし、堀内誠之進は岡崎恭輔に書簡を渡すことはできなかった。岡崎は明治四年（一八七一）二月上旬（十一日とも）、刑部省《ぎょうぶしょう》に拘禁されてしまったからである。

　岡崎恭輔の容疑は「久留米脱籍三牧盛太」を築地本願寺地中《じちゅう》の「畑経世方《はたつねよ》［浄立寺］」に同居致居候私元同藩［＝高知藩］山上三四郎方」等に「屡潜匿《しばしばせんとく》」させたというものだった（岡崎恭輔口供書）。山上三四郎（道則）は畑経世同様、丸山作楽の樺太出張に随行した人物である。浄立寺にはなぜか、堀内誠之進、山上三四郎、井上久蔵という三人の土佐人が入れ代わり立ち代わり同居していた。

　ところが、この三牧盛太なる人物は、もとは小河《おがわ（おごう）》真文《まさぶみ》門人であるものの、遅くとも明治七年には政府密偵メンバーに名を連ねている（大日方純夫「維新政権の密偵機関」、「広沢書類」）。つまり、岡崎恭輔は密偵の罠に落ちたということらしい（三牧はこの後久留米に帰り中村六蔵の周辺に現れたことが中村の口供書から知れる）。岡崎は捕縛の際、「適《たま》ま青楼［「広沢書類」によれば吉原］に在り、戯れに美人の服を着け、客と共に酒を酌みつゝ碁を圍《かこ》みしが、捕吏の来るを見、其衣を更ふるに遑《いとま》あらずして拘引せらる」（『西南記伝　下巻一』）、つまり女装した姿で拘引されたという。

　岡崎恭輔の捕縛で澤宣嘉グループ・還幸党は求心力を失ったのか、以後、クーデター計画への関与が見えなくなる。

ところで、広沢暗殺事件の容疑者の捜索・検挙は、事件当日から、広田彦麿周辺の人物を中心に始まっていた。明治四年一月十五日には、最初の大物容疑者として広田彦麿本人が捕縛された。広田は、事件直前の一月初旬に浄立寺の畑経世宅で同志と頻繁に「集会」していたことを探索されていた（「広沢書類」）。堀内誠之進の潜伏場所だった「浄立寺」は広沢暗殺謀議の拠点と疑われていたようである。

東京府は広田彦麿の供述から古松簡二が大楽源太郎を隠匿したと確信し、久留米藩に対し古松の送致を要請した（二月七日）。二月二十一日、拘束された古松は、「笑って青天を仰いで故園を出ず」（古賀幸雄・鶴久二郎『古松簡二小伝』）と詠み、東京へ護送され収監された。

西郷隆盛は敵か味方か

明治三年（一八七〇）十二月十八日、勅使岩倉具視・大久保利通が鹿児島入りし、島津久光・西郷隆盛の上京を促す折衝を重ねた。

西郷隆盛は戊辰戦争後、鹿児島に帰り、新政府入りしていなかった。八月に藩庁の最高責任者たる大参事となった西郷は、一方で新政府に対する強烈な批判者となった。西郷は、役人が月給を貪り大名屋敷に住むようになった新政府を「どろぼふ《（泥棒）》也」と断じた（犬塚勝彌「薩州滞留中之大略」『大隈文書第一巻』）。十月頃から、東京では、西郷が政府を刷新するために兵を率いて上京するとの風聞が立っていた。

草莽間でも西郷に期待する声が出始めた。十二月には「水野［正名］・西郷［隆盛］・大楽［源太郎］・小河［真文］共合一之策此事□聞《風か》物語」と、西郷が参加する反政府連合の存在が信じられるまでになっていた（明治三年十二月二十日付け柳川藩士久保田邦彦書簡、『肥後藩國事史料　巻十』）。西郷を東京に引き出そうとする大久保らの意図は、政府の基盤強化にとどまらず、西郷を反政府派から引き離す点にもあったのである。

結局、西郷は鹿児島藩兵を親兵《しんぺい》として東京に派遣することを決意し、これを大久保らに了承させた。西郷は外から批判するのではなく、常套手段とも言える「率兵上京」による政府改革の道を選んだ。十二月二十八日、岩倉・大久保・西郷は鹿児島を出立し、山口で木戸孝允に合流した（明治四年一月八日）。さらに西郷・大久保・木戸は高知に入り（同十七日）、大参事板垣退助・権大参事福岡孝弟《たかちか》と協議して薩長土三藩の提携の形に発展させた。明治四年二月二日、西郷・大久保・木戸・板垣はそろって東京入りし、同十日、薩長土三藩の兵による「御親兵」編成を決定した。その準備のため西郷は同十五日東京を発し、いったん鹿児島に戻った（同様に木戸・板垣もそれぞれ山口・高知へ向かった）。四月、西郷隆盛は親兵となった鹿児島藩兵三千百七十四名を引率して東京に入ることになるが、それはまだ少し先のことである。西郷の上京（二月二日）と離京（同十五日）は一体何だったのか。反政府派・脱籍浮浪にはこの時点で西郷の真意はわからなかった。

ところで、西郷に対する反政府派の評価はじつは期待ばかりではなかった。西郷は政府内の批判者にすぎず、所詮は薩長藩閥《はんばつ》の頭目という見方も根強かった。初岡敬治口供書に、西郷隆盛は「専《もっぱ》ら詐《さ》謀《ぼう》を以て導き人心を懐《なつ》け遂に夷狄《いてき》の政体に可被押及哉と歎息の余り認候」とあるように、幕末の権謀《けんぼう》術数《じゅっすう》政治家のイメージ、「薩賊会奸」の残像があった。草莽間では、薩州供奉《ぐぶ》にて天皇が鹿児島に行《ぎょう》幸《こう》するという風聞もあり、外山光輔グループはこの風聞を前提に、鹿児島行の途中を襲って鳳輦を奪い京都に迎える（鹿児島には渡さない）という策をめぐらしたほどであった。幕末の経験から西郷を信用しなかった河上彦斎《げんさい》も、自身に捕縛の危険が迫った際、「薩州に投じ、一身を西郷隆盛に託すべき」という有終館幹部の勧告に対して、「断じて哀を西郷に乞ふを欲せぬ」と応じなかったという（松山守善「河上彦斎先生」）。

　このように西郷評価が割れるなか、堀内誠之進は鹿児島に渡って西郷隆盛の真意を直接確かめる決意をした。西郷が味方であれば今後の方向を定めてもらい、もし敵であることがわかればこの手で刺殺する覚悟であった。堀内誠之進本人の政治的所感が披瀝《ひれき》された稀な部分なので、口供書からそのまま引用したい。

「当時鹿児島の形勢真《し》んに朝廷の御主趣遵奉《じゅんぽう》致し候儀に候はゝ実に御為め相成《あいなり》候は申迄も無之候得《え》共《ども》、万一内心反覆致し覇業を謀る間敷《まじく》とも難申《もうしがたく》、就《つい》ては同藩の全権は其頃大参事西郷正三位殿「西郷隆盛」に有之、御同人は実に当時の英雄海外に名を被知《しられ》候御方に付、此人真に尽力有之候はゝ朝廷の御為めに可相成は勿論に候得共、何分内心は如何可有之哉難測《はかりがたく》候付、何れにも御同人に面会を乞、時勢の緩急を議論し、彌《いよいよ》御同人於て無二の志有之候上は浮浪徒の方向を定め可申、若《も》し又野心を抱き候機を見受候はゝ、其場を不去《さらず》速に刺殺可申覚悟に罷在候得共、未た其時を得不申罷在候内御召捕御吟味相成候」（堀内誠之進口供書［明治四年九月十九日］）

（大意：当時の鹿児島藩の形勢が真に朝廷の御主趣を遵奉したものであればじつによいことであるが、内心はこれに反し覇業を謀っている可能性も否定できない。同藩の全権を握る大参事西郷隆盛は当時の英雄で海外にまで名を知られた人物であるから、この西郷が真に尽力するのであれば朝廷のためになることは勿論であるが、その内心までは測り知れない。ついては西郷に面会を乞い、時勢の緩急を議論し、西郷に無二の志があるならば浮浪徒の方向を定めてもらい、もし野心を抱いているようであれば、その場で刺殺する覚悟であったが、面会の時を得る前に捕縛されてしまった。）

しかし、口供書にある通り、この鹿児島行は実現しなかった。三月初旬、堀内誠之進はついに捕縛された。広沢参議暗殺事件に関係する不審人物として拘引されたのである。

広沢真臣暗殺の容疑者とされる

明治四年（一八七一）三月七日、東京府から次の届が政府に出された。

「広沢故参議事件に付、所々探索仕候得共、昨六日迄之處《ところ》差為《さしたる》手掛も無之、尤《もっとも》別紙高知藩堀内誠之進と申者、不審之次第有之召捕一応及吟味候に付、申口之儘書取、不取敢《とりあえず》御届申上候也」(「広沢参議暗殺始末(二)」、以下「広沢始末」と記す)

「堀内誠之進と申者」、「一応吟味」とあるように、逮捕時点では、堀内誠之進が何者であるか把握されていなかったようである。しかし、別紙の「申口」には、一昨年、伊藤源助の誘いで神代直人《こうじろなおと》らと集会し大村益次郎襲撃事件に関与するに至り、「高知藩よりの追捕《ついぶ》」があったため「脱走」し今日に至ったとあり、取り調べの過程で徐々に正体がばれていった様子がうかがえる。

同月中に作成された最初の口供書には、①大村襲撃事件の経緯の詳細、②岡崎恭輔・古松簡二・河上彦斎と奇兵隊呼応策を謀ったこと(及びその関連で四国・豊津へ行ったこと)、③東京で泉謙三郎・吉田精一郎・中島龍之助・比喜多源二のもとに寄宿し、亀清楼の会合に「立寄」ったこと、④東京で岡崎恭輔と再会し古賀十郎や中村恕助の近況を知らされたこと(実際には堀内誠之進は上京前に京都で両人と接触したと考えられる)、⑤西郷隆盛の真意を確かめに鹿児島に渡ろうとしたこと、が供述されている(「山口藩隊卒騒擾始末(三)」)。

これを同年九月十九日付の口供書と比べると、半年間の取り調べの結果、次の諸点をさらに供述させられたことがわかる。すなわち、⑥奇兵隊呼応策のために(有終館のある)鶴崎《つるさき》に行ったこと(ただし滞在日数は三日間と偽証)、⑦京都で愛宕通旭グループに合流したこと、⑧東京で新発田藩士を装ったこと、⑨浄立寺(畑経世方)に潜伏したこと、⑩亀清楼の会合を周旋したこと、⑪征韓計画に同意したこと、⑫静野拙三の丸山作楽宛て書簡を小島琢三から預かったこと、などである（「公文録・明治十三年・第六十巻・明治十三年五月・司法省（三）」）。

明治政府と東京府は広沢暗殺を尊攘派・征韓派による反攻とみていたため、犯人探索は厳重をきわめた。しかし、広田彦麿を犯人とする証拠は挙がらず、二月二十五日には「賊を必獲に帰せよ」と令す詔書が発せられた（「広沢始末」）。そして逮捕者には激しい拷問が行われた。拷問を受けた長沼東夫は「拷木《ごうぼく》と云ひて三角形の木数本を並へて台を製し、其の上に座せしめ膝の上には大石を抱かしめられけれぱ、其の重量に圧せられて向脛は台の三角木に喰入り苦痛堪へ難き程なり」と述懐している（『肥後藩國事史料　巻十』）。

堀内誠之進の三月口供と九月口供の間には、同様の拷問があったと想像される。にもかかわらず、九月の口供書にも、記載されていない重要事実がいくつかある。すなわち、(i)鶴崎に実際には二カ月以上滞在したこと、(ii)女木島《めぎじま》や大阪で鹿毛松次らと活動したこと、(iii)森宗次郎の変名を用いたこと、(iv)上京後に久留米藩邸で古松簡二・岡崎恭輔らと密議を重ねたことなど、である。これらについては自供しなかったものと思われる。

堀内誠之進は結局、広沢事件では立件されなかった。広沢暗殺の嫌疑がいかにして晴れたのか不明である。口供書には広沢事件に関する記載がない。一方、口供書ではアリバイも成立していない。なぜなら、明治四年一月初旬から二月十三日までの堀内誠之進の動静が欠落しているからである。広沢暗殺事件はちょうどその空白期間中に起きている。

広沢真臣。国立国会図書館蔵。

横井小楠・大村益次郎の事件と異なり、広沢真臣は就寝中を襲撃された。庭に残された足跡などから複数犯による凶行とされた。事件当夜、広沢と同衾していた十九歳の妾・福井かねは、暗殺犯の人相等について次の通り証言した。「年齢三十歳位」、「顔細面《ほそおも》て」、「色白き方」、「眼細き方」、「鼻高き方」、「口小《ちい》さき方」、「唇薄き方」、「歯《は》并《ならび》能《よく》白き方」、「中肉中背」、「肥後言葉」、「肥後藩米田《こめだ》と云人［権大参事米田虎雄］に風体音声能似て居申候」（「広沢始末」）。

ちなみに、広田彦麿の次に真犯人と疑われたのは岡崎恭輔であった。事件の容疑者は三年後に五人にまで絞られたが、広沢暗殺犯は「元草莽之輩より［岡崎］狂助《（恭輔）》の所為と」噂され、探索を尽くした結果、政府は「狂助丈《だ》けの確証を得」たという（以下は「広沢書類」、「亡藤原和三郎妻ノ梅」による）。

その「確証」によれば、岡崎恭輔は広沢事件直後、「血ノ付たる黒縮緬の頭巾と書生羽織」と「血の付たる刀」を藤原和三郎なる人物（同名の新撰組隊士と同一人物か？）の宅に預けた。刀は二本（一本は脇差）だった。うち一本を和三郎の養女と黒川友次郎（大学南校イギリス人教師襲撃犯のひとり）が、もう一本を和三郎が質屋に入れたが、怪しまれたため数日後に質屋からもどした。和三郎夫婦は刀を油紙に包み、夜中に浅草聖天《しょうてん》横丁六番地にある自宅の「隣家の土蔵脇」（同七番地）へ埋めた（現台東区浅草六丁目）。その後、脇差だけ掘り出して「刀尖《とうせん》を折り菜刀《ながたな》」にした。この脇差は和三郎夫婦が捕縛された後、家中の戸棚から見つかった。頭巾と羽織は和三郎の妻が「血の付たる所を切抜き雪隠へ落し」、残った部分で「胴着」を作って岡崎に着せた。岡崎恭輔と黒川友次郎は事件の晩（一月八日）、和三郎宅に一泊したが、岡崎は翌九日の朝には浄立寺で目撃された。和三郎は広沢事件の犯人を知っていると口外していた――。

これだけの証言・物証があったにもかかわらず、岡崎恭輔は広沢暗殺の真犯人と確定されなかった。現在も真犯人は不明のままである。

岡崎恭輔は事件の後、畑経世の周旋で堀内誠之進の止宿先である久保田藩泉謙三郎方へ潜伏した（「広田彦麿其外捜索手続書之概略」）。なお、岡崎恭輔の刀は前述の通り、明治三年十二月に中村六蔵に渡されたはずである。中村六蔵の供述が信用できるなら、この刀は久留米で清水進に譲渡され、久留米でそれを知った土居《どい》策太郎が中村を非難し取り戻したという。土居が東京の岡崎にこの刀を返したかどうかわからない。

久留米藩難

政府は、大楽源太郎ら山口藩諸隊の脱隊兵と、それを支援する久留米藩の厳重処分のため、巡察使四条隆謌を日田県に再派した（明治四年［一八七一］三月四日神戸出航、三月十日到着）。山口・熊本の二藩の兵を率いて久留米を包囲した巡察使は、十一日、藩境まで兵を進め、藩庁に対し大参事水野正《まさ》名《な》、軍務総裁小河真文ら首脳部の引き渡しを要求した。拒んだ場合には戦端を開くと決した。

大楽源太郎ら主従四名が改葬された「耿介《こうかい》四士之墓」（遍照院［久留米］）。明治二十七年、法泉寺から移葬された。この横に、大楽を殺害した川島澄之助・松村雄之進・柳瀬三郎の墓が並んでいる。

一方、東京でも三月十日、赤羽橋の久留米藩邸の捜索が行われて三十数人を拘禁、弾正台《だんじょうだい》は滞京中の久留米藩知事有馬頼咸《ありまよりしげ》を勘問、同じく権大参事吉田博文を糾弾したうえで、有馬を謹慎に処し、吉田を弾正台に拘禁した。

三月十三日、久留米の水野正名、小河真文らは藩に朝敵の汚名を着せられない、と出頭した。水野正名はかつて七卿落ちに随従し、大宰府で四条隆謌らを護衛したというめぐり合わせであった。水野・小河らは日田に護送された。同月下旬、巡察使は久留米藩知事の罷免と「廃藩」を政府に要請した。木戸孝允（三月二日より在山口）が指揮する久留米藩の大弾圧が開始された（「久留米藩難」と呼ばれる）。

藩存亡の危機となり、藩内の反政府攘夷派は動揺した。抗戦派と恭順派に二分したが、十四日に抗戦派の寺崎三矢吉《てらさきみやきち》が捕縛され日田に送致された。残された同志は、大楽源太郎が藩知事（旧藩主）有馬頼咸と会見していたことが政府に知れ、累が及ぶことを恐れた。巡察使は、寺崎三矢吉を厳しく拷問し、大楽の居場所を突き止めようとしていた。やむなく大楽を殺害することとなった

三月十六日夜、川島澄之助（亀清楼会合出席者）、吉田足穂、太田茂、柳瀬三郎、松村雄之進の五人は、筑後川畔の高野浜に大楽源太郎を誘い出した。警戒した大楽は川に飛び込み、胸までつかる川の中で乱闘となったが、松村が大楽の足を切り落とし、吉田が大楽の髪を掴んで、その首を松村が落と

した。大楽の首を、水野正名の役宅に集まる同志の前に置くと一同静まりかえり、首謀格の島田荘太郎が「大楽君勘忍して呉れ」と首に向かって詫びたという（松村雄之進「政府転覆の陰謀と大楽源太郎の暗殺」）。同日、大楽の弟（山県源吾）と門人（小野清太郎）も別の場所で殺害され、下僕（氏名は諸説あり）は自尽を強要された。二十六日、大楽主従を殺害した十余名は巡察使に自訴した。

古松簡二とともに久留米入りしていた中村六蔵にも危険が迫った。藩内の事情を知るものとして中村も抹殺の対象となったのである。潜伏先に「久留米の藩士か自分を斬殺する為めに来りし」ところをからくも脱出し、三月十七日、清水進宅に匿《かくま》われたのち、商人を装って長崎に脱出した（中村六蔵口供書）。

明治四年三月の大粛清

堀内誠之進の捕縛と前後して、反政府尊攘派の一斉捕縛が東京と京都で同時に行われた。

明治四年（一八七一）三月七日、京都で、捕縛された外山グループ同志の懐中から外山光輔らの盟約書が発見された。京都府は同日中に外山光輔、家臣高田修、矢田穏清斎《やだおんせいさい》・隆男父子、小和野《こわの》広人、的野秀九郎、妹尾《せのお》三郎平、立石正介、鹿毛松次（鹿島猛）ら計二十余名を一網打尽とし、その後も捕縛は続いた。

東京では三月十二日、まず比喜多源二が弾正台に召喚され捕縛された。安木劉太郎は即時焼き討ちを主張したが愛宕通旭が制止した。十四日、その愛宕通旭・安木劉太郎も弾正台に召喚され捕縛された。十七日までに桃井勇、中島龍之助、中村恕助ら愛宕グループや、堀内誠之進を匿った泉謙三郎ほかが次々と捕縛された。

東京の尊攘派掃討は大納言岩倉具視、参議大久保利通、兵部少輔山県《やまがた》有朋《ありとも》が断行したものだった。東京は騒然となった。山県は弾圧の状況を次のように木戸に報告した。

「過る［三月］十日早天、一決則着手之次第、次に被露、米藩［久留米藩］知事［有馬頼咸］並大参事［権大参事吉田博文］を呼出し、弾台［弾正台］にて糾弾に及、秋田之巨魁［初岡敬治］に着手、続て都下潜伏之浮浪輩殆三十名を束縛し、（略）遂に十六日暁到り、潜伏之凶徒無所漏、（略）一時都下粛然、太平修飾来之大決断にて、（略）外に好手段は無之、暴断暴行と唱、全国之人心一時戦慄仕候様無之而《て》ては、大有為之目途には達不申候」（『松菊木戸公伝（下）』）。

二十四日、大久保利通も木戸に次のように書き送った。

「誠に水野［正名］吉田［博文］之所為言語道断之次第、全く知事を擁蔽、国権を専にし候訳に御座候、右通之次第に就而《ついて》は、自然草莽不平之徒、大に関係可致候付、ソレ々々御取締りも御用意も有之、兵刑両省［兵部省・刑部省］御打合、動静伺居候処、段々切迫之情実有之、本公卿愛宕［通旭］従四位並に家来草莽数名、当府におひて御着手、猶又余党捜索最中に而、（略）若《もし》彼に先せられ候而は、噬臍之益無之、此上は、迅雷不可掩耳之御処置に無之候而は、不相済と御英断相成申候」（同）。

大久保・山県は、反政府勢力を「戦慄」させるべく、「彼に先せられ」る前に「迅雷《じんらい》」のスピードで「暴断暴行」の取り締まり・弾圧を行ったのであった。

こうして、愛宕通旭・外山光輔の二人の旧堂上《とうしょう》を盟主とした東西の同時クーデターの陰謀は、具体的な行動に着手する間もなく、完全に瓦解させられた（「二卿《にきょう》事件」と呼ばれる）。

これより先の二月二十三日、京都に残留していた古賀十郎は大阪の柳川藩邸に謹慎を命じられた。二十九日、古賀は兵部省の命により藩へ護送され、さらに久留米征討中の巡察使に引き渡された。大阪出発前に、古賀は初岡敬治が東京にいると信じ東京の久保田藩邸に書簡を送った。それは、「此度は本藩に去り、早く政府と緩を成して、公然出て尽さんにしかしと決慮仕候」と弱気な内容で、しかも、初岡から澤宣嘉、愛宕通旭、丸山作楽、比喜多源二らに周旋して自分の嫌疑を晴らしてほしいと、初岡にはまったく迷惑なことが書かれていた（二月二十七日付。「秋田藩辛未文書」）。この書簡が久保田藩邸で露見し、三月十四日に秋田から東京へ来た中村恕助の荷物を中村不在中に藩邸が調べると、今度は初岡から古賀宛の書簡（三月六日付。一月の古賀書簡への返簡。「勿欲速成」と古賀に自制を促す内容）が発見された（同）。

古賀十郎との往返書簡により初岡敬治は愛宕一党と目され、四月二十九日に自宅謹慎を命ぜられ、五月十五日に秋田から東京へ護送された（二十九日着京）。

三月二十二日には、反政府派に思想的影響力を持つ丸山作楽、落合直亮《なおあき》、矢野玄道《はるみち》（大学出仕）、権田直助《ごんだなおすけ》（医道御用掛）ら国学者や儒学者中沼了三《なかぬまりょうぞう》（昌平学校出仕）が捕縛され諸藩に御預となった。

丸山作楽グループ・征韓派も次々と捕縛された。そのきっかけは、豊津藩士二澤一夫が、出京する小島琢三に託し、静野拙三を経由して丸山に送ろうとした九州の動静報告が政府の手に落ちたことだった（『西南記伝　下巻一』）。これは、堀内誠之進が豊津藩士小島琢三から預かった書簡（前述）のことである。堀内誠之進の捕縛が同志のいっせい逮捕につながったのである。

南部藩邸跡の仮監に収監される

捕縛された堀内誠之進は南部藩（盛岡藩）の藩邸（上屋敷）跡に設けられた仮監に収監された。その現在地は日比谷公園（東京都千代田区）の南東の隅の部分（日比谷図書文化館、レストラン「南部亭」、日比谷公会堂・市政会館があるあたり）である。戊辰戦争で朝敵となり明治三年（一八七〇）に廃藩となった南部藩の屋敷は既に取り壊されていたが、長屋は残っていた。それを改修して造られた未決監であった。もとは雲井龍雄《くもいたつお》事件の大量の連累者を収監した臨時の監獄だったらしい（雲井本人は小伝《こてん》馬《ま》町牢屋敷に収監された）。

堀内誠之進だけではなく、東京で捕縛された愛宕通旭グループ、久留米グループ、丸山作楽グループの者たち（のちには澤宣嘉グループも）の多くは、この仮監に収監された（丸山作楽本人は東京越前堀の福井藩邸に御預）。ただし、華族の愛宕通旭は刑部省内の揚屋《あがりや》（牢獄）に収監された（場所は後述）。

また、当時は裁判権が各府藩県にあったため、愛宕グループ等の審理は東京府で行われたものの、京都で捕縛された外山光輔の一党の審理は引き続き京都府で行われることとなり、外山らは最後まで東京に護送されなかった。

刑部省に拘禁されていた岡崎恭輔は明治四年三月二十八日、東京府へ引き渡され、仮監に移監された。久留米から護送された古松簡二も仮監に収監されたが、そのタイミングはわからない。

四月二十九日、日田から護送された久留米グループの水野正名、小河真文、島田荘太郎、篠本廉蔵（亀清楼会合出席者。大楽源太郎の弟山県源吾と門人小野清太郎を殺害）、川島澄之助、寺崎三矢吉、横枕覚助ほか計十人と古賀十郎が東京に到着し、水野正名（水戸藩御預）と小河真文（弘前藩御預）を除く九名が南部藩邸跡仮監に収監された。弾正台に拘禁されていた吉田博文は仮監に移監されていない。

仮監があった場所。日比谷公園内の市政会館（右）と日比谷図書文化館（左）。

ちなみに、久留米藩士らは日田県支営で、日夜激しい拷問を受けていた。ところが、まもなく鹿児島藩権大参事大山綱良《つなよし》が藩兵を率いて日田県に到着すると、拷問は政府の本意でないとして、これをやめさせた。じつは、前二月、水野正名が帰藩する際に横浜から乗船した船に、ちょうど鹿児島に帰藩する西郷隆盛が乗船しており、その場で、水野は久留米藩が巡察使により苦境に立たされた場合の支援を西郷に依頼していた。その約束が大山の行動となって現れたのかは定かではないが、日田での大山の振る舞いは、のちに大山が堀内誠之進ら国事犯を処遇する態度に通じるものがあるように思われる（第8章参照）。

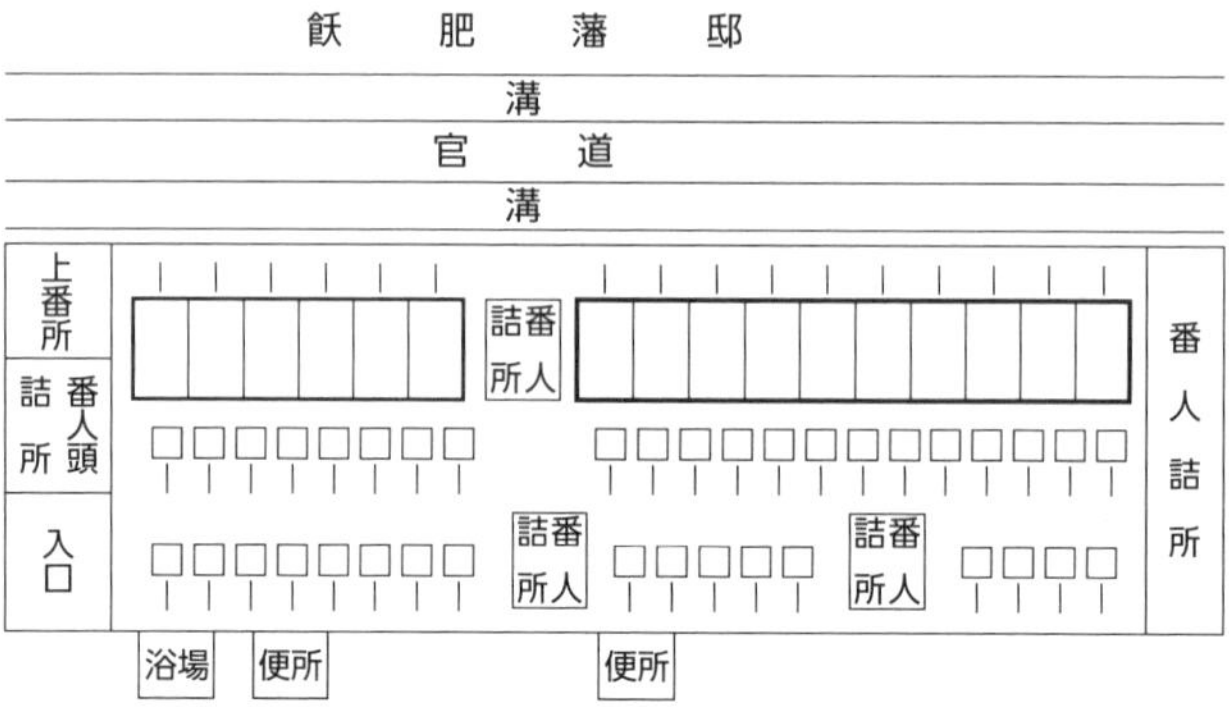

仮監の構造。寺崎三矢吉『明治勤王党事蹟』より作成。

熊本で拘禁されていた河上彦斎は、四月二十九日、東京に向けて護送された。この時、河上は「火もて焼き水もて消せど変らぬはわが敷島の大和魂」と詠んだという（荒木精之『定本河上彦斎』）。小伝馬町牢屋敷に投ぜられたとする文献が多いが、河上も最初は南部藩邸跡の仮監に投獄された。秋田から護送された初岡敬治は六月三日に召喚され、翌四日、やはり仮監に投ぜられた。高知藩の大阪藩邸に拘禁されていた堀内了之《りょうの》輔《すけ》も、時期は判然としないが、東京に護送され仮監に入れられた。

こうして、堀内誠之進が大村益次郎襲撃事件以来関わってきた主要な同志のことごとくが、同じ監獄に集められた。

仮監の実態について、久留米グループの川島澄之助と寺崎三矢吉がそれぞれの回顧録（『久留米藩難記』、『明治勤王党事蹟』）で詳細に明かしている。川島が「獣類でも入るゝ者と、同様に作られたもの」で「残酷極つた者と言はねばならぬ」、寺崎が「豚小屋に劣る」と表現しているように、過酷な環境だった。

二人の証言を総合すると、監房は大小二つのタイプがあった。小さいほうは広さが三〜四尺四方（一メートル四方くらい）で高さが五尺（一メートル五〇センチくらい）、中に畳半分が敷かれていた。大きいほうでも広さ六尺四方（一メートル八〇センチ四方くらい）で高さ五～六尺程度で、こちらは畳が二枚敷かれていた。いずれも壁は板張りで正面は格子造りであった。小タイプが数十個、大タイプが二十個程度あったらしく、これらが三つの列をなして並んでいた（前ページ図参照）。

監房に便所はなく、その都度、番人を呼んだ。大タイプの監房には高窓があったが、小タイプには陽がほとんど入らないため、真ん中の列は特に薄暗かった。

食事は竹の皮に包んだ米飯が日に三度で、沢庵二切れと梅干がついた。朝（あるいは朝夕）は薄い味噌汁が出され、二～三日おきに煮しめが添えられた。量が足らず岡崎恭輔は「残飯は無いか」と怒鳴っていたという（川島前掲書）。

夏は「例年より酷暑なるを以て恰《あたか》も蒸し風呂に入つて」いるようで「蚊帳なければ蚊軍に襲はれ安眠する事能《あた》はず」（寺崎前掲書）という有様であったが、当初は入浴もなく、毎朝、顔を洗うだけの水を杓《ひしゃく》で二杯与えられただけだった。古賀十郎「幽囚日誌」にも、「暑気蒸々人に逼《せま》り、（略）四月晦より茲《ここ》に至て三旬余、沐浴なく漸く盥瀬面を洗ふにも足らす、一桶の水を以て一日七人の用とす。（略）衣服日に汚れ、臭気鼻を衝《つく》」とある（若木武之助『初岡敬治先生傳』）。その後、黒田清綱《きよつな》大参事の巡視があり、週に一度の入浴がようやく認められたという。

過酷な審理

取り調べも拷問をともなう過酷なものであった。審問は東京府庁で行われた（裁判権が東京府にあったため）。その場所は、南部藩邸跡仮監の南東端の角の真向かいであった。現在の日土地内幸町ビルと日比谷ダイビル（千代田区内幸町一丁目）のあたりで、仮監から徒歩で数分の距離である。

明治四年（一八七一）七月九日、刑部省と弾正台が廃止され司法省が設立された。司法省の庁舎は旧刑部省跡（後述）に設けられ、それまで各府藩県にあった裁判権も司法省に移されることとなり、堀内誠之進ら愛宕グループ、久留米グループ、丸山グループ等の裁判事務も八月十八日に司法省に引き渡されたが、実際には、引き続き東京府庁舎に司法省の吏員が出向いて審問が行われた。

司法省は、これらを一括して「国事犯」として扱ったが、刑法にあたる新律綱領に国事犯という規定はなかった（したがって量刑の規定もない）。そして、国事犯の審理は司法省の「臨時裁判所」で行われるという形式となった。審理を担当したのは司法省中判事玉乃世履《たまのせいり》（玉乃はそれ以前は東京府権大参事）と権中判事島本仲道《なかみち》であった。堀内誠之進は、かつてともに十津川《とつかわ》騒動の鎮圧にあたったときされる島本と、二年ぶりに法廷で対峙することになった。

川島澄之助は玉乃世履と島本仲道による「吟味の仕方は中々上手であった」とし、そのテクニックは次のごとくであったと書いている。

「関係した筋道を追ひ辿り、段々聞き糺して行く内に、一寸糸口を見付け出せば、之を逐次に糾問し、終りには叱り付け、或は慰さめ労り、又は詞を柔らげ、強めたり揚げたり抑へたり、其人をして、知らず識らずの間、口を割らせ、或は又其人々の所論を聞き、其志を言はしめ、其人が得意となつて述べ立てる内に、執らへ所を見付出し、夫より推し問答を加へ差詰める。若しも其間に言葉が淀んだり、又曖昧な言葉を吐けば、直に縛り上げ、又は鞭撻を加へ、甚しきに至りては、残酷な拷問をして、無理にどうとか言はせて罪跡になす、猶ほ何の罪もないと云ふ人に対しては、色々手段を施し、どうとかして、押へ付ける仕方で、其遣り口は中々巧みな者で、実に話に成つた者では無かつた」（川島前掲書）。

小伝馬町牢屋敷に移監される

堀内誠之進の口供書が整ったのは明治四年（一八七一）九月十九日であった。九月二十日頃までに他の国事犯たちの口供もそろって完結した。審問が終わり拷問もなくなった。

監獄内の処遇は一変した。「朝飯時より夕飯時まで扉を開放し、自由に在檻人の往来を黙認し」、碁や将棋を集まって楽しめるようになった。「薬用のブランデー酒佃煮などを持寄り時事を談じ愉快をさけぶもの」もあった（寺崎前掲書）。お互いに記念のために詩歌などを書いて交換しあったという。しかし、「此の歓楽後は、殺されるものと覚悟せざるべからず」の心境でもあった（同）。

十月三日、堀内誠之進ら国事犯一同は司法省の「大白洲《しらす》」に呼び出され、「入牢申付」となった（寺崎前掲書）。司法省の庁舎は旧刑部省の跡地に建てられていた。その場所は、現在のＪＲ東京駅丸の

小伝馬町牢屋敷跡の十思公園。写真奥の公園の端あたりに揚屋が並んでいた。

内北口から同中央口のあたりである。大白洲については後で述べたい。ちなみに愛宕通旭はその司法省庁舎内の揚屋に収監されていた（岡崎恭輔が仮監に移る前に収監されていたのもここ）。一同は、かの有名な小伝馬町牢屋敷に入牢となった。

古松簡二、河上彦斎、初岡敬治、比多喜源二、古賀十郎、中島龍之助、中村恕助、安木劉太郎、畑経世らは「駕籠」で、堀内誠之進、笠林太郎、落合直言《なおこと》、横枕覚助、寺崎三矢吉は「鉄砲駕籠」（筒状の竹かご）で小伝馬町へ運ばれた（岡崎恭輔の小伝馬町入牢の有無については不明）。

小伝馬町牢屋敷とは、江戸幕府から明治政府に引き継がれた未決監であった（江戸時代の刑罰に懲役・禁固はなく、牢獄は未決囚の拘禁施設だった）。南部藩邸跡の仮監も未決監だったが、審理が終結して東京府庁の近くに収監する意味がなくなったものと推量される。小伝馬町牢屋敷は明治八年に市谷監獄ができるまで存続した。場所は現在の地下鉄日比谷線小伝馬町駅の地上出入口一帯で、今は十思公園、大安楽寺、十思スクエア、同別館などがあるエリアである（中央区日本橋小伝馬町三〜五丁目）。安政の大獄で吉田松陰《しょういん》や橋本左内《さない》が入牢し処刑された場所として知られる。明治三年十二月には雲井龍雄がここで斬首されていた。

小伝馬町牢屋敷では旧幕時代から続く理不尽な掟と不正がまかり通っており、仮監における拷問とは異なる、耐えがたい屈辱を国事犯たちは受けることとなった。南部藩邸跡仮監の様子を詳細に綴った寺崎三矢吉も、よほどトラウマとなったのか小伝馬町牢屋敷についてはパラグラフひとつ記すのみで、「入牢中は牢頭〔牢名主〕、牢役〔役付囚人〕、強盗殺人犯等の為め、残酷非道の圧制を受け、能《よ》くも憤死せず病死せざりしと、今より之を思へば実に夢の如し」と結んでいる（寺崎前掲書）。一方、川島澄之助は「之〔小伝馬町牢屋敷〕に苦み、辛酸を嘗《（嘗）》め尽したのであれば、其時の事は、胆に銘じ、如何に忘れやうとしても、忘られぬ事計りでありしかば」とし、「別世界と目せられた地獄の有様」をあえて詳述している（川島前掲書）。

牢屋敷に到着した堀内誠之進たちは、揚屋の前まで連れていかれ、そこで「一人々々に袴羽織を脱がせ、着物も亦脱せらるゝのであるが、（略）下帯に至るまで、脱いで」全裸とされた（以下、注記なきものは川島前掲書）。検《あらた》められた衣類をまた着せられたが、袴と羽織は取り上げられた。

このあと揚屋に入牢となったが、その際、「一人づゝ直に便所の前に連れ行き座らせて、其の額を板敷に摺り付け、便所に向ひ、礼拝するやうにさせるのである。若しも其頭が高くして、下に至らぬ時は、引連れて来た奴が傍から直に手を差出して、其人の頭を抑へ付け」るのであった。これは「詰の教え」と呼ばれたしきたりのことと思われる。

小伝馬町牢屋敷は東牢と西牢に分かれ（建物は同じ）、それぞれに「揚屋」があった。旧幕時代には「揚座敷《あがり》」と呼ばれる別棟があり、御目見え以上の直参は揚座敷、御目見え以下の直参と大名家所属の武士は揚屋だったが、維新後、この区別がどうなったのかわからない。国事犯たちは東牢の揚屋に入れられた。しかし、寺崎三矢吉と横枕覚助（ともに庄屋出身）は「百姓牢」と呼ばれる別棟に入れられた。寺崎は百姓牢に入れられた人物四名を限定列挙しており、そこに堀内誠之進は含まれていないので、誠之進は揚屋入りだったと推量されるが、前述の通り、誠之進は寺崎・横枕同様に鉄砲駕籠に乗せられており、同じく鉄砲駕籠だった落合直言が「無宿牢」入りだったことを家族に知らせているること（後述）もあわせ考えると、誠之進が入れられたのは揚屋ではなかった可能性もある。揚屋の広さは十五畳、十八畳で、いずれも格子造りの雑居房であった。

牢内は、牢名主とその指名による牢内役人（役付囚人）が管理・支配していた。牢名主は罪囚のなかから選ばれた者で、「畳を凡そ十枚程も高く積み重ね、其上に毛布とか又は座蒲団の類を敷き詰め、厳然と構へ込み、指揮命令の権を握り居る」のであった。新規入牢者は、入牢の際に牢内役人から娑婆で犯した罪状を白状させられる「新入りのしゃくり」を行うのが掟だったが、「自分達は役人から申付けが有つたと云う事で」免除された。

牢名主・牢内役人たちは、ツル（持参金）や牢見舞（差し入れの金品）を公然と要求し、それが多い者を優遇した。また、入牢時に取り上げられた衣類は、彼らが「勝手に仕立直し、自ら之を着る」のであった。

そのため、差し入れの有無は国事犯たちにとって、文字通り死活問題であった。愛宕通旭グループの落合直言が家族に宛てた書簡が、その事情をよく伝えている。

「假獄［南部藩邸跡の仮監］に居候内は郡獄有志輩のみにて且つ読書も相成、悲愁を慰居候にて、当月［十月］三日伝馬町無宿牢に被降、実憤懣に堪す候、（略）当獄間頭［牢名主］は賊には無之間、大に贔屓《ひいき》致し候へとも、牢之規則厳重にて身不自由、此分にて永く続き候ては存命無覚束候、両・三度食物等沢山に差入れに相成候へは、上等之席に登庸に致し、身体も自由に相成候間、毎度願兼候へとも、死生存亡に関係仕候間、何卒急に御恵投被下度偏に願ひ奉り候、（略）差入之品はタクワン・味噌漬・焼芋・煮鰯・煮サンマ・里芋・大根・焼豆腐・唐茄等之廉品にて宜しく候間、一度に二・三十人前つゝ被下度、此段伏而奉願上候」（八王子市郷土資料館所蔵落合直言書簡773－320－5）

食事は「盛相《もっそう》飯」と呼ばれ、木の器に摺《す》り切りで入れた飯一杯が朝夕の二度与えられた。これに味噌汁が付いた。身寄りの者から届銭があれば香物や菜物も調えられたという。しかし、盛相飯は牢内役人が多めにとって食べてしまうのが掟であった。

ところで、当時、小伝馬町牢屋敷には「お絹」（原田きぬ）という女囚がいた。国事犯たちが東京府庁で審問を受けていた時にも控室でしばしば一緒になった「美婦人」で、「其容貌に接し」た者は仮監に帰ると、「今日も亦お絹に逢つた」と自慢したという。お絹とは、役者（二代目市川権十郎）と密通して旦那を毒殺した元芸妓で、のちに講談「夜嵐お絹」として有名になった人物である（明治五年二月斬刑）。牢屋敷では、発声は養生になるということで、毎晩日が暮れると番人から許され、国事犯たちは「皆々放歌する事と成て居た」が、お絹も歌った。「其声麗かにして高く通り、節も唄ひ

判決申渡が行われた旧司法省があった東京駅丸の内中央口。

方も、共に人々に称揚せられ、毎晩のやうに暫時の間は、お絹一人に唄はせ、他の人々は黙して聞いたのであつたが、其声は実に高く揚り、何処迄も通り、聞ゆるとの評判で、牢の中の慰みに毎晩唄はせられた」という。堀内誠之進もこの美声を聞いたことであろう。

終身禁獄の判決

明治四年（一八七一）十二月三日。その日の東京は前夜からの雪が降り積もり、「恰も銀世界の如く、何処も、彼処も、白皚々《かいかい》と真白く」であった（川島前掲書）。

午前九時頃、堀内誠之進たち国事犯一同は獄吏に呼び出された。全員、腰や腕に縄を掛けられ、駕籠に乗った。

駕籠は小伝馬町牢屋敷を出て、二カ月前と同じあの「大白洲」へ向かった。司法省の庁舎は十一月に八代洲《やよす》町の旧九条邸（現千代田区丸の内二丁目。ＫＩＴＴＥのあたり）に移っており、司法省跡地には東京裁判所が置かれることになっていたが（同月二十六日設置）、国事犯への判決の申し渡しは従前の旧司法省庁舎の白洲で行われた。

建物に着くと、国事犯たちは刑の重い者から先になかに入れられ、呼出し人控所に待機させられた。

そしてひとりずつ順に白洲に呼び出された。川島澄之助と寺崎三矢吉の回顧録は、ともにこの白洲を北町奉行所（かつて東京駅八重洲北口～日本橋口あたりにあった）の白洲と勘違いしているようだが、これは奉行所の白洲を模して刑部省時代に造られたものだった。白洲は二つあり、ひとつは四間×五間（約七・二メートル×九メートル）、もうひとつは五間×七間（約九メートル×一二・六メートル）だった。「大白洲」とはおそらく後者であろう。

控所から呼び出されると「狭ひ処を通らせられ、御白洲の潜り戸前に至り、佇立《ちょりつ》して居ると、其引き戸が瓦落裡《がらり》と云ふ音が響いて扉が明いた、其音は中々大なる声で気も奪はれ、魂も亦飛び出さうとしたと云ふて宜い位な甚しい音がした」という（川島前掲書、以下同。なお、寺崎前掲書も「入口の扉は頑丈なるものにて、開閉には錠がガチャガチャと鳴り響くやうに仕掛けあり、大概のものは此の音響と庭中の模様を見て魂消えたと云ふ」と書いている）。

扉をくぐると、戸はまた大きな音を立てて閉まった。そこに砂利を敷き詰めた白洲があった。白洲には一段高くなった畳敷きの敷台が設けられ、「是を又三つになるやうに、中に仕切りが設けられ、襖が二ヶ所に立てられて、三ヶ所に成つて居た、其後の方は皆障子を建て有たが、其障子の中段に、一二ヶ所明いて覗き見するやうにして有る」のであった。

その敷台の上に座らせられると、奥の障子が開き、「引提げ刀」で役人が「悠々と」出てきて、畳の上に座った。「其障子の中間に在りし隙間には、人の見る目が目許り幾個も見えた」。そして「大判事」（権大判事となっていた玉乃世履か？）が「書付」を目八分に捧げ、声朗らかに判決文を読み上げた。

堀内誠之進への判決は次の通りであった。

「　　　　　　　　　高知県脱籍　堀内誠之進
右岡崎恭助等に同意、不容易企に及候始末不届に付終身禁獄」（「不良徒処置一件伺」）

この一文が全文である。「容易ならざる企てに及び候始末不届きに付き」という具体性のない曖昧な理由による「終身禁獄」であった。

この日、終身禁獄以上の重刑となった者を挙げると、愛宕通旭が梟示《きょうじ》のところ特命により自尽を申し付けられ、比喜多源二、初岡敬治、小河真文、古賀十郎、高田源兵（河上彦斎）が梟示のところこれも特命により斬罪となった。以上六名が極刑の死罪である。判決文は愛宕が「右不憚　朝憲不容易隠謀相企候始末不届至極に付自尽」、比喜多ら五名は「右不憚　朝憲不容易隠謀相企候始末不届至極に付庶人に下し斬罪」であった。岡崎恭輔と古松簡二も司法省から正院への断刑伺では斬罪とされていたが、放火一件（後述）への関与が疑われ、審理のため「処刑差延」となった（「不良徒処置一件伺」）。

終身禁獄は、堀内誠之進のほかに、中村恕助、安木劉太郎、中島龍之助、落合直言、水野正名、吉田博文、寺崎三矢吉、日田県襲撃計画に関与した豊津の人物三名らであった。中村、安木、中島、寺崎の判決文は堀内誠之進と大同小異だが、落合直言の判決文には、相楽総三《さがらそうぞう》の墓碑を建立し冤罪を雪《すす》ごうとしたことが罪状に加えられている。水野と吉田は古松簡二・小河真文を見逃して藩政を誤った責任を糺された。

同日、京都府でも外山光輔グループに対する判決申渡があった。外山光輔が愛宕通旭と同じ自尽となり、矢田穏清斎・隆男父子、田淵敬二《たぶちけいじ》、的野秀九郎、高田修、立石正介《たていししょうすけ》、妹尾三郎平、中瑞雲斎《なかずいうんさい》・謙一郎父子、小和野広人らが終身禁獄となった。

斬罪を宣告された五名は、判決後、直ちに駕籠で小伝馬町牢屋敷へ送られ、即日、刑が執行された。初岡敬治は岡崎恭輔に八坂丸の利用を認めたので、征韓計画に一定の協力をしたとはいえるが、愛宕通旭の陰謀への協力は拒否している。その愛宕の陰謀を主導した中村恕助が終身禁獄となり、初岡が斬罪となったのは、剣舞事件以来の長州藩の怨恨が災いしたと考えざるを得ない。

霊源寺（京都）にある愛宕通旭の墓。

河上彦斎も、諸隊反乱呼応計画と大楽源太郎穏匿には関わったが、二卿事件にはまったく関与していない。河上彦斎のカリスマ性を恐れた明治政府の政治的意図が働いた可能性が高いであろう。なお、一回の審問も行われなかったと河上彦斎の伝記類は共通して記すが、口供書が公文録「山口藩隊卒騒擾始末」に存在するので、審問は行われたと考えられる。

愛宕通旭の自裁がどこで行われたのか判然としない（小伝馬町牢屋敷では行われていない）。外山光輔とともに二条城の芙蓉之間《ふようのま》で執行されたとする文献があるが、「京都府史料」からは愛宕の処刑が東京で執り行われたことがうかがえる。

堀内誠之進ほか終身禁獄以下の国事犯たちも、判決後、小伝馬町牢屋敷に戻された。全員、「除族」され「庶人」に下されたため（堀内誠之進は脱籍のため身分はそのまま）、来た時とは扱いが変わり、駕籠には乗せられなかった。袴や羽織も奪いとられたうえに「本縄にて小手を打たれ四五人づゝ猿繋にされ」（寺崎前掲書）、「雪解の中の泥濘路を素足で踏み分けつゝ、歩行《ある》かせられた」（川島前掲書）。その距離約二キロである。繁華街では人だかりができた。その時の心境を、吉田足穂（禁獄七年、久留米グループ）は、「面縛徒跣し十有七人魚貫《ぎょかん》して街市を過ぐ。其の辱め、死に勝るものあり」と記している（吉田足穂「獄中丁憂録」）。

鹿児島預りとなる

判決から三日後の明治四年（一八七一）十二月六日、終身禁獄三年以上の二十五名は、「格別の訳を以て、同事件者のみ一牢に入れ」ることとなった（寺崎前掲書）。一同、西牢の揚屋に集められ、喜びあった。牢名主から解放された。

さらに三日後の十二月九日、今度は南部藩邸跡の仮監にもどされることになった。堀内誠之進を含め禁獄五年以上は駕籠に乗せられ、それ以下の者は徒歩で、あの「豚小屋」に帰ってきた。禁獄三年以上の者は畳二枚の大きな監房に二人ずつ、それ以下の者は畳半分の小さな監房にひとり収監された。

堀内誠之進は大きな監房で寺崎三矢吉と同囚になった。

寺崎三矢吉は収監中の堀内誠之進の様子を直接伝える、唯一の証言を残している。

「堀内［誠之進］は当時疫病に罹り、悪寒甚しきも毛布一枚なるを以て之を救ふに由なく、余と同臥せしに堀内の体熱忽ち余の肌膚を襲ひ伝染せり」（寺崎三矢吉『明治勤王党事蹟』）

国事犯のなかには収監中に死んだ者もあったが、堀内誠之進は病も拷問も牢獄の劣悪な環境も耐えて生き延びた。

禁獄三年以下の国事犯たちの判決申渡は、重刑者たちの判決の翌日の十二月四日に行われた。堀内了之輔は禁獄一年となった。判決文は次の通りである。

「　　　　　　高知県管下土州高岡郡仁井田郷大庄屋勇助弟にて脱籍　堀内了之助
右之者儀、去る辰年中、於西京団伸次郎其外の者共、大村大輔を暗殺可及趣を以、戮力相頼候節、右は及断と雖も、右の者限り及殺害候儀に候はゝ夫迄の事と存、窃かに見遁し置、嫌疑を怖れ、脱走致候始末不埒に付禁獄一年。」（福島成行「新政府の廓清に犠牲となりたる郷土の先輩」）

澤宣嘉グループ・還幸党の審理は、二卿事件、久留米藩難事件より後になった。澤グループの計画は府下放火に重点を置いたことから、この未遂事件の審理は「放火一件」、「放火論徒一件」などと呼ばれた。収監先は他グループと同様、南部藩邸跡仮監だった（一部は小伝馬町牢屋敷）。澤宣嘉は逮捕はされなかったが計画への関与を疑われ、澤家家扶の脇屋衛《まもる》が激しく拷問された。しかし、脇屋は、「若《も》し詳かに之を白《はく》せは、罪の澤〔宣嘉〕公に及ふを恐れ、韜晦《とうかい》して状せす」で（二階堂保則「風後餘草」）、最後まで口を割らなかった。脇屋は大量の吐血をし拷問死した。二卿事件は澤宣嘉を加えた「三卿事件」に発展する可能性があったが、澤は脇屋に救われたのである。

澤グループの判決は明治五年四月二十四日にあり、坂本速之助（南条真九郎）・高橋竹之助（北山信）は禁獄十年、中島武洲は同五年、夏吉《なつよし》利雄・星村彦九郎は同一年（星村は判決の四日後に獄死）ほかとなった。澤宣嘉も、土居策太郎・岡崎恭輔らの計画を知りながら「其筋へ不申立、其儘罷在候段、不束に付き」、謹慎三十日が申し付けられた（「坂本速之助外九人処刑済届」）。澤は翌六年九月二十七日に急死している。

なお、澤グループの土居策太郎について、その師であった河田《かわだ》小龍《しょうりょう》は、明治二十六年頃とされる「藤陰略話」に、「土居〔幾馬、策太郎〕・波多〔岡崎恭輔〕は大村〔益次郎〕暗殺の嫌疑より入獄せしか土居は乱心して死せり」と記しているが（『坂本龍馬関係文書　第一』）、土居策太郎が大村暗殺事件で収監された事実はない。

澤グループへの判決の前日（五年四月二十三日）には、丸山作楽グループ（征韓計画）への判決があった。丸山は堀内誠之進と同じ日に終身禁獄になるはずであったが、岡崎恭輔・古松簡二と同様に放火一件に絡んで処刑差延となっていた。しかし、放火一件への関与は小さいとして、結局、この日、当初の断刑案通りに終身禁獄を申し付けられた。堀内誠之進を浄立寺に匿った畑経世は禁獄十年となった。そして、岡崎恭輔と古松簡二は、今度は広沢真臣暗殺事件への関与の疑いが生じ、斬罪が「行刑見合」となった。

司法省は明治四年十二月八日、「禁獄一年以上の者、一緒に差置候ては自然悔悟の道を誤り再ひ兇謀を醸し候も難計に付、（略）鎮台を被差置候各県へ御預け被仰付、尚鎮台官申合厳重取締置候様有之度」と正院に伺い、翌日、伺いの通りとなった（「不良徒処置一件伺」）。この日、国事犯が小伝馬町牢屋敷から仮監に戻されたのは、この決定に関連してのことであろう。

この決定に従い、東京と京都で終身禁獄を申し渡された国事犯たちは、二つの組に分けられ、ひとつは青森県へ、もうひとつの組は鹿児島県へ「御預」（発配）となった。死罪を免れた最も危険な人物を、東京から最も離れた北と南の監獄に遠ざけたものと推量される。堀内誠之進は鹿児島へ御預となった。また、禁獄一年の堀内了之輔は長野県へ御預となった。

一連の「国事犯」事件で処分された者の数は、最終的に三百人を超えることとなった。安政の大獄の三倍の規模の大疑獄であった。維新政府の開明派たちは、倒幕に利用・動員した尊攘派勢力を、維新後四年目にして「国事犯」の名のもとについに一掃したのである。司法省で国事犯の断刑案が固まった明治四年十一月、血の粛清を断行した木戸孝允、大久保利通らは岩倉遣欧使節団の一員として横浜港から旅立っていった。

同志の消息

蛇足ながら、堀内誠之進と関わった四人の人物のその後について触れておきたい。

大村益次郎襲撃の連累者として明治二年（一八六九）十二月九日に京都で捕縛された依岡《よりおか》城雄（権《ごん》吉《きち》、珍麿《うずまろ》）の刑は、意外にも笞《むち》一百と謹慎百日という軽微なものだった。事実上の無罪といえる。除族にもならず、むしろ「旧籍に復すべし」という寛大な扱いであった（「高知藩ヨリ不審ノ者依岡城雄捕縛届」）。大村事件への関与は堀内了之輔と大差ないはずだが、了之輔は禁獄一年となった。

じつは、依岡珍麿の晩年の「懐舊談（上）」（『土佐史談』第４号）によると、依岡は岩倉具視の密偵だったようである。再幸抑留運動にも同志を欺いて参加したという。ただ、依岡が岩倉の密偵だとしたら、岩倉は大村暗殺計画を知っていたはずであり、なぜ事件を阻止できなかったのか不思議である。「懐舊談（下）」でその真相に触れるはずだったと思われるが、依岡が亡くなってしまい続きは出なかった。依岡は明治四年に松山で英語教師となり、五年に高知県学務課長となっている。大正十二年（一九二三）三月十三日に没した。

維新直後、堀内誠之進とともに何事かに「奔走」し、大村益次郎暗殺事件前後に不審な動きをした長岡謙吉は、明治三年、何者かに襲われ額に負傷した。この頃から胃潰瘍となった。明治四年七月、工部大輔後藤象二郎《しょうじろう》の斡旋で工部省七等出仕となったが、明治五年六月十一日に没した。

　大楽源太郎が殺害された直後に久留米から長崎に脱出した中村六蔵は、諸国逃亡中の明治六年四月、広沢真臣暗殺犯の最後の容疑者として急浮上した。きっかけは澤田衛守《えいしゅ》殺害共犯の矢田宏だった。久留米藩難事件の頃、たまたま日田の獄舎に収監されていた矢田は、同事件で投獄された寺崎三矢吉と板越しにひそかに会話した。そして、矢田は寺崎から、中村六蔵本人が広沢殺害犯であると打ち明けた話を聞いた、と明治六年になって証言したのである（証言の真偽は現在も不明）。それでも中村は巧妙に潜伏を続け、明治七年には、大胆にも、天田五郎《あまだごろう》（のち歌人天田愚庵《ぐあん》）、森川篁（第9章参照）、清島龍九郎（第9章の清島龍太郎か）らとともに、同じ熊本出身で中村を匿った陸軍大尉横田弃《すたる》の従者として征台の役への従軍を図っている（実際に軍艦に乗ったが、長崎で面会した宮崎八郎の意見で従軍は取りやめた）。中村が捕縛されるのは明治十年十一月であった。中村に不利な証言をした矢田宏はその後、西南戦争で増田宋太郎の中津隊の幹部として西郷軍に加勢し、懲役二年となっている。

　亀清楼会合出席者であり大楽源太郎殺害犯のひとりでもある川島澄之助は、禁獄七年となって熊本監獄に発配されたが、西南戦争で仮放免された。出獄後の川島は、一時期、政府の密偵として働いた。しかし、そのことを川島は回顧録『久留米藩難記』で一言も触れていない。墓場まで持っていくつもりであったのだろうが、明治十一年七月の川島の探索報告が、あいにく『伊藤博文関係文書　四』（川路利良書簡の別紙）に掲載されてしまっている。川島は「沢俊三」（中村六蔵のこと）の手がかりを求めて久留米に帰郷し、旧同志への聞き込みをしていたことが、それによってわかる。その後は県吏、郡長、宮地嶽《みやじだけ》神社社司（境内に川島の銅像がある）などを務めた。昭和十一年（一九三六）二月二十五日に没した。

第II部
不平士族篇

第8章 鹿児島預り

鹿児島へ向けて出航

明治四年（一八七一）の大晦日。終身禁獄が確定した堀内誠之進は、鹿児島に護送されるため、同県の帆船「利渉丸」に乗せられて東京の品川沖を出帆した（八王子市郷土資料館所蔵落合直言《なおこと》書簡77 3-320-1、以下は各書簡の番号のみ記す。なお、帆船名は『史談速記録』第124号の秦林親《はたしげちか》談話には「利正丸」とある）。

同じ船には、堀内誠之進同様に終身禁獄の刑で鹿児島発配となった国事犯四人が乗っていた。四人とは、中村恕助《じょすけ》（秋田県士族、天保十五年［一八四四］生）、中島龍之助（丸岡県［現福井県］士族）、落合直言（武州多摩《たま》郡駒木野《こまきの》宿［現東京都八王子市裏高尾町］旧幕関門番倅《せがれ》・脱籍、弘化二年［一八四五］生）、吉田博文（久留米県士族、文政九年［一八二六］生）である。

このうち堀内・中村・中島・落合の四人は愛宕通旭《おたぎみちてる》グループの同志であり、吉田は久留米藩難事件関係者であった。丸山作楽《さくら》も鹿児島発配のはずだったが、「放火一件」の審問のため処刑差延となり、翌年、長崎の監獄へ発配された。

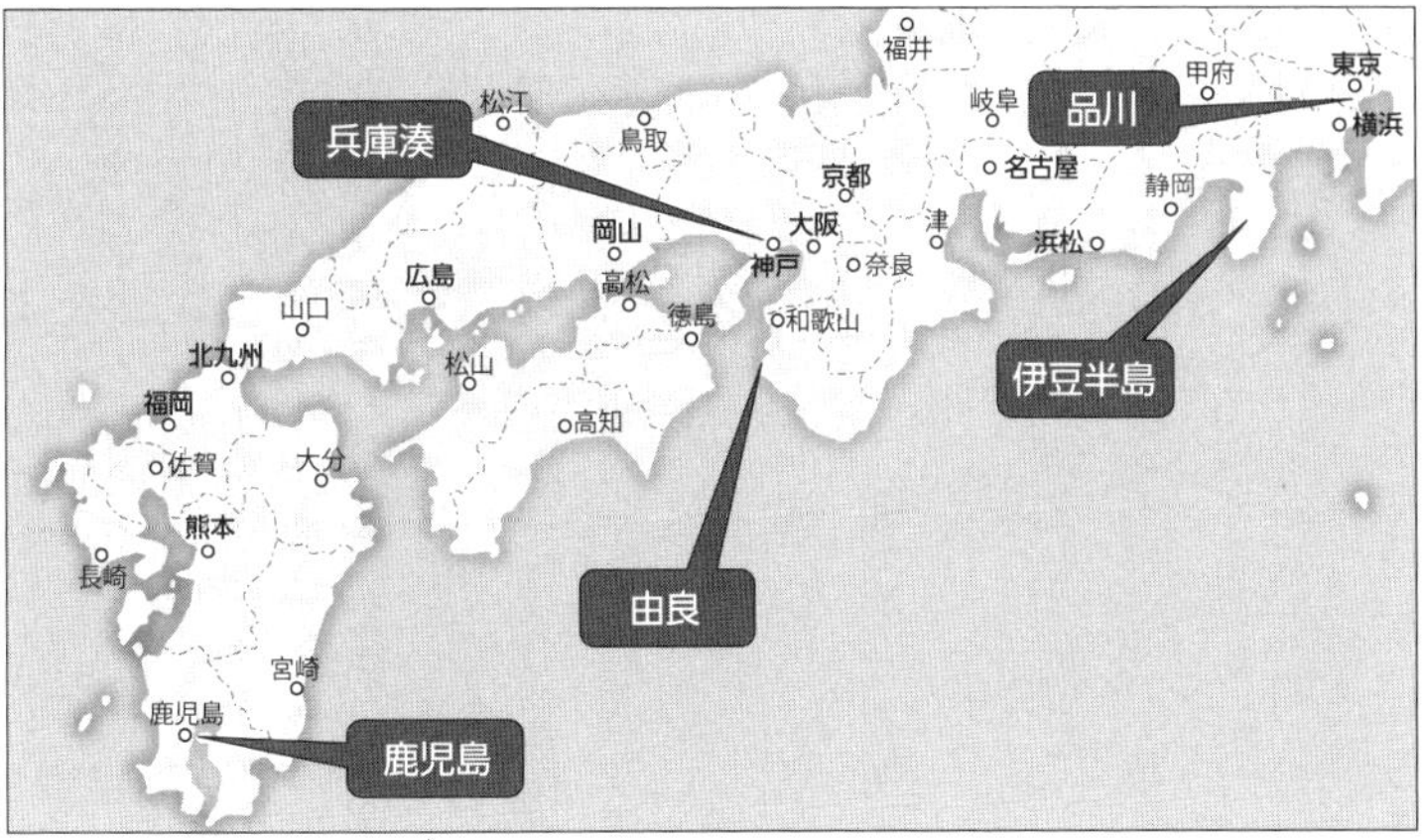

品川から鹿児島まで。

同船した終身禁獄囚の経歴を確認しておこう。

中村恕助と中島龍之助については第6〜7章で既に触れた。繰り返すと、中村は古賀十郎と並ぶ愛宕グループの急進派であり、上司にあたる初岡敬治《はつおかけいじ》を動かして久保田（秋田）藩兵を反乱計画に利用しようとしたが果たせなかった。中島は比喜多源二《ひきたげんじ》の門人で、愛宕通旭が上京した際に比喜多とともに随従した。東京で一時は堀内誠之進と同居し亀《かめ》清楼《せいろう》の会合にも列席したが、詳しい経歴はわからない。

落合直言は、幕末に江戸市中を攪乱《かくらん》した薩摩藩邸浪士隊の副総監落合直亮《なおあき》（維新後、伊那県大参事）の弟である。兄の直亮も国事犯連累の嫌疑で明治四年三月から十二月まで徳島藩（のち名東県《みょうどう》）預りとなっていた。直亮が親類預り（事実上の出獄）となったその月に、弟直言が鹿児島に送られたことになる。落合直言にはのちに国学者になる直《なお》澄《ずみ》という次兄もいたが、直言は三兄弟中最も秀才でかつ最も激情家だったといわれる。落合直言と中島龍之助はかつて比喜多源二とともに大村益次郎《ますじろう》襲撃犯の助命請願を建白した間柄であった（「京都府史料」一六）。なお、落合直言が愛宕通旭陰謀事件で問われた罪は都下放火未遂であった。

吉田博文は久留米藩大参事水野正名《まさな》（終身禁獄、のち青森で獄死）の実弟で、同藩軍事総裁として応変隊など藩の軍事権を握った人物である（捕縛時は権大参事）。小河《おがわ（おごう）》真文《まさぶみ》・古松簡二《ふるまつかんじ》の後ろ盾となったことを罪に問われた。吉田は病中だったにもかかわらず、利渉丸に乗せられた。

堀内誠之進たちは、船中に設けられた四尺ばかりの「鳥籠の如き牢屋」に入れられた（一尺は約三〇センチ）。幸い、護送役人の池田精一は禁獄囚たちに大変親切だったため、昼は「心のまゝに船中をあるき」回らせてくれたという（八王子市郷土資料館所蔵「小和野の露」［以下773－159と記す］、773－320－1）。

一行は伊豆沖で明治五年の元旦を迎えた。落合直言は初日の出を船上から眺め、「さし登る光りは四方にかゝやきて　国内隅なき朝日にのそみ」と詠んでいる（773－320－1）。ここまでは穏やかな船旅だった。

だが、次第に風浪激しくなった。一月七日は終日、海上を漂流した。国事犯五人は「牢中にありてそのまゝ右に左にころげて苦しめども、守人［池田精一］は遙に隔たれは呼へとも聞えす、始めは食物を吐きたれとも吐くものもなく…」（773－159）という有様で、苦難の航海となった。

夜が明けてようやく波と風は凪いだ。朝食が運ばれた。それを病中の吉田博文にすすめたが返事がなかった。一人が手を差し入れると吉田は冷たくなって既に死んでいた。一説に船中で殺害されたともいわれるが（「久留米藩一夕譚」『久留米市誌　下編』）、落合直言は「吉田博文病死」と直亮宛書簡（773-320-1）に書いている。

吉田の死に驚愕した禁獄囚たちは、夜も牢から出してほしいと請うたが、認められなかった。そのかわり、護送役人が詰めている所まで縄を張り、異常事態が生じた時にはこの縄を引いて知らせることになった。

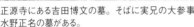

一月十四日、利渉丸は紀州の由良《ゆら》（現和歌山県日高郡由良町）の湊に着岸し、吉田博文の遺体を沿岸の柏村（現同日高郡日高町大字志賀）に仮葬した。その後、吉田の遺体は大阪天満西寺町の法界寺《ほうかいじ》（現大阪市北区兎我野町）に移葬され、さらに遺髪が久留米の正源《しょうげん》寺《じ》（現久留米市野中町）に埋葬された。無論、そこまで堀内誠之進らが知るはずもない。

正源寺にある吉田博文の墓。そばに実兄の大参事水野正名の墓がある。

一月十八日、利渉丸は兵庫湊（現神戸港の西側）に着船した。その四日後の二十二日、京都で終身禁獄の判決を受け鹿児島発配が決定していた外山光輔《とやまみつすけ》グループの四人が利渉丸に乗せられた。外山一党の裁判・処刑は、府藩県が有していた裁判権を司法省へ集権化する過渡期だったことから、東京（司法省）ではなく京都府で行われたのである。

新たに乗船した四人とは、矢田穏清斎《やだおんせいさい》（菊亭家々来、文化五年

［一八〇八］生）、小和野《こわの》広人（監物。和州宇智《うち》郡野原村［現奈良県五條市］郷士《ごうし》、文政十年［一八二七］生）、妹尾《せのお》三郎平（作州英田《あいだ》郡土居宿［現岡山県美作市土居］郷士・庄屋、天保八年［一八三七］生か）、高田修（外山光輔家令心得《かれい》、旧所司代組足軽倅、天保十四年［一八四三］生か）であった。

横井小楠《しょうなん》暗殺事件の黒幕であり親兵団《しんぺいだん》編成を画策し終身禁獄となった中瑞雲斎《なかずいうんさい》（泉州日根《ひね》郡五門村［現大阪府泉南郡熊取町］庄屋・医師）も鹿児島発配のため兵庫から乗船の予定だったが、判決のあった明治四年十二月三日に死亡していた。ちなみに瑞雲斎の三人の息子も捕縛され、うち二人が獄死している。

神戸で乗船した終身禁獄囚の経歴は次の通りである。

高田修は主人の外山光輔を煽動した中心人物で、愛宕事件における比喜多源二の如き存在であった。

矢田穏清斎は元東山矢田隊の隊長で、外山光輔はその兵力動員に期待した。愛宕通旭が久保田藩や久留米藩の草莽隊《そうもうたい》に依存しようとしたのと同じ構図である。倅の矢田隆男も同罪で終身禁獄（青森県発配。のち禁獄十年に減刑）となっている。

小和野広人は天誅組の変にも加わった人物で、王政復古ののち、集議隊を結成し宮闕《きゅうけつ》（宮城《きゅうじょう》）守衛の任にあたったが、横井小楠暗殺事件の嫌疑を受け明治二年一月から二カ月幽閉された。小和野は同年九月にも、軍務官に草莽登用を迫った騒動で禁錮一年に服したばかりだった。

妹尾三郎平は、田中光顕《みつあき》『維新風雲回顧録』にその名が見える。慶応元年（一八六五）、遊説《ゆうぜい》のため美作《みまさか》（現岡山県）を訪れた高知藩の千屋金策・井原応輔・島浪間らが、賊と誤解されて農民に包囲され自刃する悲劇があった（四ツ塚様事件）。妹尾は、その折、千屋らが頼ろうとした人物として登場している。ちなみに、この事件には、妹尾のほかにも、田淵敬二《たぶちけいじ》、海間《かいま》十郎、立石正介と、その後の外山グループ岡山メンバーが千屋らの同志として関係している（尾形惣三郎『海間十郎右衛門』、荒木祐臣『美前藩　幕末維新史談』）。

矢田穏清斎、小和野広人、妹尾三郎平の三人は外山事件において、和州（現奈良県）の天ノ川《てんのかわ》郷士・同十津川《とつかわ》郷士との連携や、高野山《こうやさん》修学の随心院新門跡《ずいしんいんしんもんぜき》（増護）を主将と仰ぐ企てを主導したとされるが、その顚末については未だ不明な点が多い。

こうして一行は、愛宕グループ四人・外山グループ四人のあわせて八人となった。二卿《にきょう》事件生き残りのなかで最も危険と考えられた連中といえる。

利渉丸は兵庫湊に十二日間碇泊し、一月二十九日に漸く出帆した。

鹿児島の「懲戒舎」

明治五年（一八七二）二月十一日、利渉丸はついに鹿児島湊に到着した（773-320-1）。品川沖の出港から二月半が経っていた。はじめ桜島の沖小島《おこがしま》（187ページ地図参照）に着船したともいう（773-159）。翌十二日、国事犯八名は船を下ろされ上陸した。

堀内誠之進たち八名はそのまま谷山《たにやま》郷（城下の南数キロ、現鹿児島市中部）の獄舎に入れられた（7

73-320-4）。そこは「盗賊とも《（共）》の入るべき所なれは、其間せま《（狭）》くきた《（汚）》なけれは、皆顔見ててなけ《（嘆）》きつゝ、かゝる所にて身を終るまて《（迄）》あるべきや」（773-159）と、一同絶望した。

この獄舎とは、藩政時代から新川の涙橋近くにあった「慶賀屋敷」の牢と思われる（正確には谷山のわずかに北、現鹿児島市「郡元《こおりもと》二丁目ちびっこ広場」のあたり、次ページ地図・写真参照）。慶賀とは牢番や処刑執行人を務めた人々であり、その屋敷の敷地に牢があった。

ところが翌日（十三日）、県官が来て言うには、「諸君をこの所におくりしは吾等の誤にて」（773-159）、「鹿児島上町《かんまち》築地、旧屋久島蔵跡」の「懲戒舎《ちょうかいしゃ》」に引き移ることになった（773-320-4、773-234）。

駕籠が迎えにきたが、「吾等未たこの国を知らされは、歩みて行べし」と、国事犯一同は初めて見る鹿児島への興味から自ら歩き出した。すると、町人たちが「こたび天朝の官《ママ》人罪ありてこの国に流され来れり、吾々拝むべしとて道もせき《（塞？）》まで打集へは歩みかねて」と人だかりができて混乱が生じたので、結局、駕籠に乗って懲戒舎に向かった（773-159）。

旧屋久島蔵跡（773-159では「屋久島屋敷」）の詳細は不明だが（文政・天保期には上町でなく下《しも》町《まち》の松原通町［現南林寺町］あたりにあった）、「上町築地」は現在の鹿児島市浜《はま》町・小川《おがわ》町・易居《やすい》町にかけての海に面した一帯である。築地とは埋立地を意味する。

この頃に落合直言が描いた桜島展望図（八王子市郷土資料館所蔵773-320-5）にその場所が「七客人家敷」として描かれている（188ページ図参照。八人でないのは到着後に妹尾三郎平が死亡し

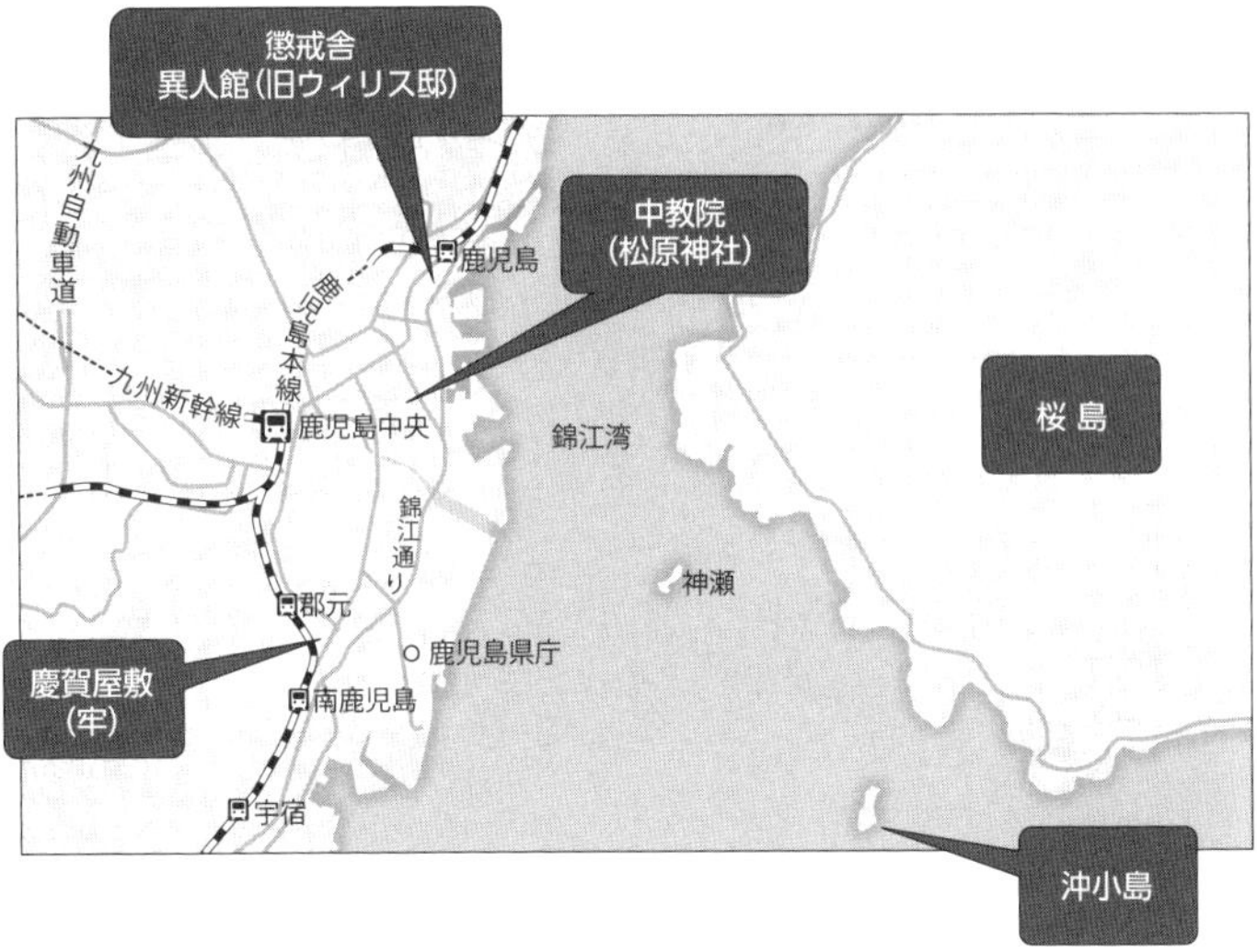

慶賀屋敷、懲戒舎等の現在位置。

慶賀屋敷の牢跡。

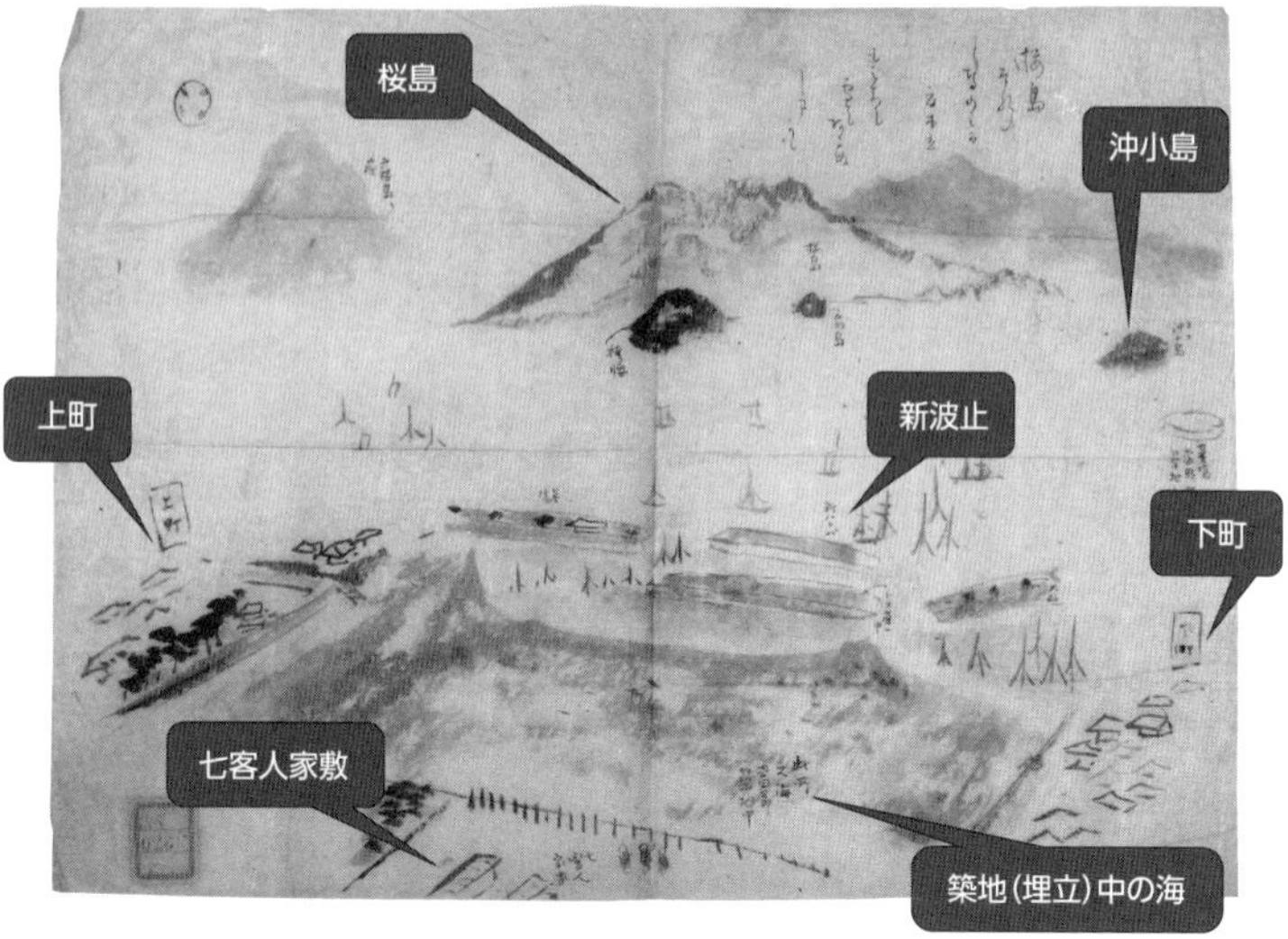

落合直言画「桜島展望図」。八王子市郷土資料館蔵。

たため）。新波止の正面、上町・下町の境にあたることから、懲戒舎の位置は現在の易居町または小川町と推定される（199ページ地図参照）。

懲戒舎に移ると、うって変わって賓客待遇となった。

驚くべきことに、懲戒舎に移動した当日（二月十三日）、堀内誠之進ら終身禁獄囚の一同は島津家から酒肴を賜った。落合直言は「当日君侯より酒肴を賜り（略）筆墨も御下けに相成、朝夕珍味を賜り、昼之内は庭前運動も相叶ひ、身に取り難有《ありがたき》仕《し》合《あわせ》に御座候」（773-320-4）と感激している。

「君侯」は旧藩主島津忠義《ただよし》なのか、それともその父で実権を握っていた島津久光《ひさみつ》なのかはっきりしないが、忠義は廃藩置県以降、東京在住であったから久光であろうか。

堀内誠之進ら鹿児島預りとなった国事犯の厚遇

の裏には西郷隆盛の内意があったとする説もあるが、むしろ西郷と折り合いの悪かった島津久光のほうが堀内たちと立場は近い。廃藩に激怒した島津久光は鹿児島に引き籠って政府に批判的態度をとり続けていた（第9章参照）。一方、西郷隆盛はこの時参議として中央政府の開化政策を推進していた。西郷は、反政府攘夷派の期待には結局応えなかったのである。誠之進の一年前の鹿児島行きが実現していたら、誠之進は西郷を刺殺していたかもしれない。

懲戒舎には広い庭があった。国事犯たちは思い思いに植木をして楽しんだ。落合直言は菊を好んで作り、豚を飼った。小和野広人はナスやカボチャを作り、鶏を飼ってその卵を皆で食べたという（773-159）。「殊之外丁寧之御取扱にて飲食等聊事欠不申」（I-110）と、贅沢な暮らしぶりであった。

外部との書簡のやりとりや差し入れも許された。落合直言と中村恕助が親族に送った書簡が現在確認できるが、落合の書簡からは、親族が頻繁に金銭、衣服、文具、画具等を送っていたことがわかる。鹿児島では明治五年（一八七二）七月、大黒町の篠原次右衛門方に郵便取扱所が設けられ郵便事業が開始された。禁獄囚たちはこの篠原次右衛門と「懇意」になり便宜を得た（773-224）。

とはいえ囚人であるからまったくの自由ではなかった。舎内には番人として安楽末吉・同小左衛門と安田治兵衛・同新之丞が交代で詰めていた。管牢に江川小忠太、賄方に田辺治（次）兵衛が就いた（766-81、I-131）。

鹿児島到着からひと月と経たない明治五年三月八日、妹尾三郎平が病没した。大参事（のちの県令に相当）の大山綱良《つなよし》が「礼を厚うして南禅寺に葬り、墓碑を建つといふ」と『岡山県人物伝』にある。だが、その南禅寺の場所は知れない。これで七人となった。

明治六年八月には他出を許可されるようになった（773–159。「小和野廣人取調控」は明治六年でなく明治八年旧八月に「近傍散歩被差許」とする）。暮れ六ツ（十八時頃）迄に懲戒舎にもどりさえすればよくなった。やがて外出自由は「近傍散歩」から「県内徘徊」に範囲が広がった。番人もなくなり外出は届出制になった。

来客との面会も許された。堀内誠之進のもとには弟安靖《やすはる》が訪れている（第9章参照）。もはや禁獄とは名ばかりであった。落合直言は「禁獄之様無之、入塾致し居候様之心持仕候、愈快く消光［日を過ごすこと］罷在候」（773–232）と喜びを噛みしめた。懲戒舎での生活は、堀内誠之進にとっても、おそらく生涯で最も穏やかな日々となった。

西郷隆盛の下野

堀内誠之進ら国事犯禁獄囚の扱いは、明治六年（一八七三）十月、征韓論政変で西郷隆盛が鹿児島に帰県すると、さらによくなった。

維新直後、明治政府が新政府樹立を通告する使節を朝鮮に派遣したところ、国書の受領を朝鮮が拒否し、以来、外交問題となったことは第6章で述べた通りである。

明治五年九月に、明治政府は倭館《わかん》を外務省に移管した。また、この頃盛んになった潜商（密貿易）

を奨励した。翌六年四月頃には、三井組をはじめ東京・大阪の商人も釜山《プサン》に進出した。これに対し朝鮮は五月末、倭館の門前に、日本を侮辱したと受け止められる文句を含む書札を掲示した。これが日本で大問題となり、いわゆる「征韓論」の沸騰となった。

右大臣岩倉具視《ともみ》を正使、大久保利通《としみち》・木戸孝允《たかよし》ら四名を副使とする遣欧使節の留守を預かっていた「留守政府」は、八月十七日、西郷隆盛の強い希望により西郷を朝鮮への使節として派遣することを閣議決定した。西郷が派遣されれば朝鮮で殺され日朝開戦となる懼《おそ》れがあった。西郷の真意については諸説分かれるが、西郷本人も、交渉が決裂すれば、最悪の場合、自分が殺され戦争となる可能性があることは自覚していた。

遣欧使節から帰朝した岩倉、大久保、木戸らは、「内治優先」や政府内における主導権の回復といった思惑から西郷遣使に反対した。遣欧使節団の帰国まで新規の改革は行わないと留守政府は約束していたにもかかわらず、地租《ちそ》改正、学制の制定、徴兵令、太政官制《だじょうかんせい》の改革（正院の強化）等が断行されていた。また、留守の間に、土佐出身の後藤象二郎《しょうじろう》、肥前佐賀出身の江藤新平《しんぺい》・大木喬任《たかとう》が新たに参議に加わっていた。政府内の権力バランスは遣欧使節派遣前と大きく変わった。

十月に参議に復帰した大久保利通は、閣議で西郷遣使支持の征韓派参議と激論をかわした。すると同月十七日、西郷と大久保・岩倉の対立に挟まれた太政大臣三条実美《さねとみ》が「胸痛」を発症して倒れるハプニングが起きた。大久保・岩倉はこれを奇貨《きか》とした。二十三日、岩倉具視は太政大臣摂行《せっこう》（代理）となって天皇に拝謁し、閣議決定と併せて自らの反対意見を奏上した。翌二十四日、西郷遣使を延期する詔書が天皇から下された。これに激怒した征韓派の西郷隆盛、板垣退助、後藤象二郎、江藤新平、副島種臣《そえじまたねおみ》は参議を辞し一斉に下野《げや》した。征韓論政変（明治六年政変）である。

下野したのは参議だけではなかった。征韓を支持する士族将校・近衛兵らや、西郷・板垣とつながりの深い官吏らも、続々と辞表を提出した。西郷は陸軍少将桐野利秋《きりのとしあき》、同篠原国幹《くにもと》ら直系の士官を連れて、十一月、鹿児島に帰った。辞表を提出して鹿児島にもどった西郷派の武官文官の数は六百を超えたという。島津久光が明治六年四月、鹿児島県士族多数を引率して上京したため（第9章参照）、鹿児島における主役は久光から西郷に替わった。

帰郷した西郷隆盛は、自分や桐野利秋、篠原国幹らの賞典禄を基金にして賞典学校を設けて青年士族の教育を行い、明治七年には「私学校《しがっこう》」を創設した。篠原の銃隊学校、村田新八《しんぱち》の砲隊学校もこれに統合し、各郷に百三十六の分校を開き、軍事・思想教育を施した。

鹿児島は私学校党が支配する独立国の様相を呈した。西郷隆盛が明治二年に藩政改革で指向した士族軍事独裁制の路線が再び採られ、強化された。廃藩置県《はいはんちけん》後の県令・県幹部は旧藩出身でない他県人を任命するのが原則だったが、鹿児島県では大山綱良（格之助。西郷や大久保利通と同じ誠忠組出身）が特例的に県令に就いた。県庁の役人のみならず区長・戸長、警察官にいたるまで私学校党が占めた。中央政府の法令とは無関係に私学校党によって県政が行われ、地租改正は無視され、県下の租税は一銭も中央政府に届けられなかった。

県令大山綱良は西郷隆盛の指示で堀内誠之進ら国事犯禁獄囚に寛大な措置をとった。国事犯たちはそれぞれ得意の分野で鹿児島士族と関わるようになった。

落合直言は神道中教院の教師（教導職か）となり子弟教育にあたった（773―159、『西南記伝下巻二』）。中教院とは、大教宣布《たいきょうせんぷ》（神道の国教化）の教化機関として教部省が府県ごとに設けた、大教院（東京）の地方組織である。鹿児島中教院は松原《まつばら》神社（現鹿児島市松原町。旧南林寺。187ページ地図参照）に置かれた（明治七年三月）。同時期、直言の兄直亮（大教院大講義）も仙台中教院の教導職を勤めている。画才に秀でた落合直言は求めに応じて絵を描くこともあったらしい。

中村恕助については、「[西郷隆盛が]猟に出つるにも必ず行き、漁するときにも舟を同ふし、起臥《きが》一に西郷と楽みを共にせざるなし」と略伝にある。伝記にありがちな贔屓《ひいき》の誇張かもしれないが、「私学校を設けらるゝや、恕助、其教授となりて子弟を薫陶《くんとう》するに尽力せし」はおそらく本当だろう（若木武之助『初岡敬治先生傳　全　附中村恕助君傳』）。

高田修は易居町（懲戒舎近く）にある商人小野嘉平治の自宅二階で毎日午後二時から嘉平治の弟直次郎に論語など「書物の教授」をした。小和野広人も「郷童に書物素読の教授」をし、山本宋次郎なる少年の妹サヨを養女に迎えた（「小和野廣人取調控」）。そして、堀内誠之進については、「同県［鹿児島］の士族と相往来し」ていたと政府密偵に探索されているが（第9章参照）、交流相手の具体的な氏名は伝わらない。

県官の子弟らに書読を教えた返礼として、禁獄囚たちは「大きなる魚など多にもらんは食物もいとゆたかなり、醤油・水油・衣類等にいたるまで、この国の大かたの士族よりも上の者むけたれは皆うらやましく思へり」（773-159）と、恵まれた生活環境を楽しんだ。

英医ウィリアム・ウィリス邸に住む

鹿児島預りとなって四年が経った。明治九年（一八七六）三月三十一日、中村恕助と落合直言の二人が不意に県庁に呼び出された。

出頭した二人に対して、「意外の御沙汰」があった。「此度《このたび》大山［綱良］県令の厚き思召《おぼしめし》を以て」、国事犯七名は「異人館」へ転居せよとの仰せ付けであった（四月七日付の父中村又左衛門宛て中村恕助書簡［若木武之助前掲書収録］。以下同）。異人館とは西洋人用の住居、洋館である。転居は翌日と急であった。

翌四月一日、終身禁獄囚一同は指示通り、異人館に移った。中村恕助はその顚末を興奮気味に郷里の父に手紙で報告している。長くなるが引用したい。

「…大山子［県令大山綱良］の厚情、毎々感謝の至りに不堪《たえず》候。就《つい》ては本日一日［四月一日］、右館［異人館］へ一同転住仕候。此日《このひ》県庁より慰労として酒肴を賜はり、同三日出納課大属渋谷国安、学務課大属児玉源之丞（毅斎のこと詩人なり）両名県命を以て宿所に訪来《たずねきた》り、『長々在留万端《ばんたん》不自由の事に可有之《これあるべく》、令［県令］より御慰労可申上《もうしあぐべき》御沙汰に付《つき》参上せり。且《か》つ今日、令も同様御尋致候筈の所、急段御用向出来に付、遺憾なから其儀に及兼候《およびかね》云々』懇篤陳説有之《これあり》、昼七ち［夕七ツ＝十六時か］頃より酒宴相《あい》始り、彼主となり我客となり、当地の珍味を極め盛饗《せいきょう》此事に御座候。夜中に至り、互に詩吟、あくらをかき盃を傾け、渋谷児玉等のヨシコノ歌［よしこの節か］には婦人も不及、是は同輩中何《いず》れも閉口にて大に圧せられ候様に有之候。何んそ議論上ならは二氏如きには譲らさることなれとも鄭術の淫声を以て我に当り候間《あいだ》、是には畏縮御笑察可被下《くださるべく》候。右渋谷氏は当地一等の歌人、児玉は兼て書画入御覧候通一の学者のみにあらす、両氏とも頗《すこぶ》る遊芸に長《ちょう》せり故に県庁より此二氏を人撰遣候由《よし》に御座候。此夜書画合作等数十枚出来、深夜退散、近ころの愉快此事に御座候。爾来《じらい》、賄方《まかないかた》も両家に相成り、万端取扱方昔日に異なり…」

すなわち、異人館に転居するや、県庁からこれまでの慰労として酒肴が振る舞われ、翌々日には県令大山綱良の代理として一等属渋谷国安、児玉源之丞がやって来た。渋谷国安は同県八田知紀《はったとものり》（宮内省歌道御用掛）門下の歌人、児玉源之丞は昌平黌《しょうへいこう》に学んだ書家でもある。大山は、県庁の官員から風流人を選んで国事犯たちをねぎらったのである。

その渋谷・児玉がおもてなしの主人となり国事犯七名が客となって、夕刻、薩摩の珍味を極めた酒宴が異人館で開かれた。宴は夜がふけてもやまず、皆あぐらをかいて盃を傾け、歌に詩吟に書画にと興じた。洋館で攘夷主義者が「愉快」に時を過ごした。以降、渋谷・児玉はそのまま国事犯たちの賄方（食事等の世話役）となった。

中村恕助の報告は続く。

「右転居一條皆々様御喜《よろこび》に可被為在《あらせらるべく》早速御報可申上度候得共、同輩落合［落合直言］に絵図を画せ指上度《さしあげたく》、終《つい》に今日迄延滞左に御承知奉仰候。如此《かくのごとく》浩々たる［広大な］居宅の事故《ことゆえ》宿病の溜飲［胃の消化不良で酸性の胃液が喉に上がる症状］などは何れに飛去り候様覚へ申候。是迄《これまで》の居住にては門限もあり又番人等の付合もあり誠にウルサキことに有之候、唯今にては市中には川を隔て、直隣は医学校にて閑静、海中より日の出つるを見れは其景色何とも云ふへからさることとなり、居気を養ひ体を遷し云々確言［「居は気を移し、養は体を移す」の故事］にて、転居以来二三等は人物も高ふ相成り候様覚申候、御笑察可被下候。」

中村は故郷の父に異人館の委細を余程伝えたかったのだろう。落合直言に図面を描かせてこれを同封した。

広々とした邸宅と景観のおかげで持病もどこかに飛んでしまった、と中村は喜んだ。脚に持病がある堀内誠之進にも共通する感慨だったかもしれない。数年前には「豚小屋に劣る」仮監や小伝馬《こてんま》町の牢名主に苦しめられた身にとって、天と地の違いであった。中村が「二三等は人物も高ふ相成り候」と気分を高揚させたのも無理はない。

鹿児島の異人館といえば仙巌園《せんがんえん》近くに残る旧鹿児島紡績所技師館が有名だが、堀内誠之進たちが移り住んだ「異人館」は、その異人館ではない。中村怨助は次のように記している。

「今日の住所異人館とは戊辰戦争の時より洋医御雇に相成り昨年一ケ年の御暇《おいとま》にて帰国致候此人住居候処に御座候間、固《もと》より山海の眺望城下一等にて、北は高千穂《たかちほ》、南は開聞山《かいもん》（俗に薩摩富士と云ふ）［開聞岳］、東は桜島、西は鶴峰山（元御城山《しろやま》なり）、屋敷の左右は川にて、薩隅日三州［薩摩・大隅・日向］の名山を鍾《あつ》め、其眺望画工と雖《いえど》も記する不能《あたわず》、因て郡山無隠翁鍾秀亭と名つく。」

中村のいう〈戊辰戦争で雇った洋医で、昨年一年間休暇で帰国した人〉とは、イギリス人医師ウィリアム・ウィリス（William Willis）である。「異人館」とはウィリスの邸宅であった。

ウィリスは戊辰戦争の際、鹿児島藩に雇われて傷病兵を治療した。その縁で、鹿児島藩が西洋医学の病院と医学校（鹿児島大学医学部のルーツ）を開設する際、その長として招聘され、明治二年十二月、鹿児島にやって来た。鳥羽伏見戦争では西郷従道《つぐみち》を、上野戦争では中村半次郎（桐野利秋）を治療したといわれる。ウィリスは中村怨助が記した通り、明治八年三月から翌九年四月まで、イギリスに一時帰国していた。

その休暇期間が満了し、ウィリスは九年四月四日、横浜に帰港した。異人館で終身禁獄囚の慰労の宴が催された翌日である。鹿児島到着は四月下旬であろうか。休暇中、鹿児島の邸宅にはウィリスの日本人妻と子どもが住み続けていた。

ウィリアム・ウィリス。鹿児島県歴史・美術センター黎明館蔵。

ウィリアム・ウィリス（左）と大山綱良（中）。鮫島近二『明治維新と英医ウイリス』より。

したがって帰国後のウィリスは、一家団欒、もとの「異人館」で生活を再開するはずであった。ところが、ウィリスは、西洋式家屋は「費用がかかりすぎるうえに、結局満足できるものにはならない」と日本家屋の新居を大山県令に望んでいた（一八七六年六月三日付けファニー・ウィリス宛書簡）。その日本家屋の邸宅は鹿児島県庁の南東に隣接する「客屋」跡に新築された（藩政時代に御春屋《おつきや》があった所。現在の東千石町の中央公園寄りの一角。粒山樹氏からの御教示。次ページ地図参照）。

かくして西洋式の「異人館」は主人を失った。大山綱良は、これを堀内誠之進ら国事犯たちに与えたのである。攘夷主義の国事犯を異人館で賓客待遇するという大山綱良の意図は謎である。ただの「御慰労」とは思えないが、西郷隆盛の指示や深謀があったのかはわからない。

「直隣は医学校にて」、「屋敷の左右は川にて」（前掲中村恕助書簡）という旧ウィリス邸（異人館）が建っていたのは、小川町の海寄りの先端部分である（現アーバン

堀内誠之進らが住んだ「異人館」等の所在地。

堀内誠之進らが住んだ「異人館」跡。現在はマンション。左手の道路は当時は名山堀、手前のカメラ位置は海中だった。

ポートマンションのあたり。前ページ地図参照。当時、この先は海)。現在は埋め立てられ道路になっているが、かつて、この敷地の北側には滑川《なめかわ》が流れ、南側は名山《めいざん》堀だった(前ページ地図参照)。つまり、「左右は川」である。「明治十年丁丑　鹿児島略絵図」にも同地は「イシンクワン」(異人館)と表示されている。

ちなみにウィリスの病院兼医学校は、初め浄光明寺跡(現南洲《なんしゅう》神社)にあった。間もなく、「医学校は小川町の都城屋敷に移され、病院もおなじく小川町の滑川沿いの巨商加藤平八宅跡の四面赤煉瓦の洋館建に移された」(ヒュー・コータッツィ『ある英人医師の幕末維新』)。移転後の病院は赤煉瓦のため「赤倉病院」と呼ばれたという(現鹿児島市小川町「赤倉の跡」。前ページ地図参照)。都城屋敷があったのは地図の四角のエリアであるから、医学校は病院の東側に並んで建っていたことになる。そして異人館は、赤倉病院から「歩いて五分もかからぬところ」にあった(F・O・アダムズ公使館員の明治四年覚書、コータッツィ前掲書)。医学校は「以前刑務所のあった所に移転したがウイリスも居をそこに卜《ぼく》した[選んだ]」といわれるが(鮫島近二『明治維新と英医ウイリス』)、明治十一年、この場所に鹿児島監獄署が置かれたことと符合する。

そして、この場所は「懲戒舎」の場所とじつはほとんどかわらない。異人館は懲戒舎と同じ屋久島蔵跡地内に建てられたのかもしれない(あるいは懲戒舎の跡地が異人館か?)。異人館跡が監獄署になったのは、そこにもともと懲戒舎があったからではないか。

異人館の正面には錦江湾《きんこうわん》に浮かぶ桜島の雄大なパノラマが広がる。そこに毎朝、日が昇る光景を見渡せた。中村書簡中の「郡山無隠翁」なる人物の詳細は不明だが、この人物により旧ウィリス邸は「鍾秀亭」（読みはショウシュウテイか）と命名されていた。

異人館での暮らしぶりはどのようなものだったか。中村書簡に曰く、

「座中は惣《すべ》て異国作り、雨戸などは皆ガラスの事故《ことゆえ》、座《すわり》なから眺望せり。二階は十畳敷一間、六畳敷二間、八畳敷一間、四畳敷一間。二階下は八畳敷三間、十二畳敷一間、四畳敷一間。右之通りに御座候間、一人一間つゝを持、客来も有之候間、応接の間等を設け、当時にては千石取りの居所に御座候。其余長屋色々の立物《たてもの》等も有之候得共可使様も之なく捨置候。右之眺望之事故《ことゆえ》、日々御客にて殆んと困却、前文の如く過る三日県庁の官員、四日は［郡山］無隠翁、此日岩下も参り候筈なれども用事出来の由にて不参、日々、先生達来会に付、面白書画等出来相成候得共、郵便にて指上《さしあげ》兼候間、追て後便後慰に可指上候。」

「［異人館の］作り物は惣《すべ》て異国の風にて中々キレイなること不可云、海山の景色鹿児島一番の所なり。是迄役人達の遊所故《ゆえ》飲食の諸道具まて皆西洋の品にて備はり、其儘《そのまま》拝借に相成《あいなり》候間、丸《まる》て外国人のありさま、着物ばかりは日本の風なり、甚だおかしきことに御座候。是迄官宅の事故《ことゆえ》、諸人拝見相ならさる処故、毎日御客サンには大に困り申候、此《この》あり様皆々様へ一度御目に懸け度《たき》事なり。」

これが愛宕通旭、初岡敬治、古賀十郎を死に至らしめた激烈な攘夷主義者の言であろうか。堀内誠

旧鹿児島紡績所技師館。

之進も、中村のように「丸て外国人のありさま」に浮足立ったのだろうか。その心境はわからない。

異人館には一階に五間、二階にも五間あった。中村の言う通り禁獄囚七人に一室ずつ与え、これに共同の応接間を加えても、まだ二部屋余る規模である。単純に部屋数だけでは比較できないが、上下階に四間ずつの旧鹿児島紡績所技師館よりひと回り大きな館だったのではないか。破格の待遇で招聘《しょうへい》されたウィリスの館であればそれも不思議はない。ウィリスにはフェイクと映った異人館だが、国事犯たちには「千石取りの居所」であった。

ウィリスは幕末に東禅寺《とうぜんじ》襲撃事件や薩英戦争に遭遇しており、生《なま》麦《むぎ》事件の犠牲者C・リチャードソンや駐日英国公使パークス襲撃事件の負傷者を治療したこともある。攘夷テロの標的側の人間であった。その旧宅の洋館に堀内誠之進らは住んだ。ウィリスは、勤務先の傍らの旧宅に住み始めた新たな住人たちをどう見たのだろうか。脚が不自由な堀内誠之進は、赤倉病院でウィリスの診察を受けることはなかったのだろうか。ウィリスにも痛風またはリューマチの持病があり脚の痛みに苦しんでいた。しかし、ウィリスは彼らについて何も書き残していない。

ウィリスは戊辰戦争の際、会津戦の傷病兵を高田（現新潟県上越市）の寺院で治療した。明治元年八月下旬以降、その寺院でウィリスは「弾丸を摘出したりするような数多くの手術」をしたという

（コータッツィ前掲書）。堀内誠之進の従兄島村謙之助が会津で銃弾を受けたのが八月二十九日、死亡したのが九月三日である。ウィリスが高田で治療した約二百人の内のひとりは、あるいは島村謙之助だったかもしれない。

第9章 弟たち

堀内安靖の鹿児島派遣と私学校入学

堀内誠之進が鹿児島預りとなっていた間、精力的に活動したのは二人の弟たちだった。

堀内了之輔《りょうのすけ》は長野で禁獄一年の刑期を満了した。その後、郷里に帰り、彫刻家・御扶持《ふち》人大工の島村三四郎安孝（堀内兄弟の叔父）の養子となって島村家を継いだ。先述の通り、三四郎の実子島村謙之助安義は会津戦争で戦死していた。堀内家の長子安明《やすあき》は堀内家を継ぎ、終身禁獄の次兄誠之進が帰ってくる見込みはなく、末弟の安靖《やすはる》はまだ若かった。諸般の事情を考慮すれば了之輔がちょうどよかったのであろう。以後、了之輔は「島村安度《やすのり》」となった。

島村安度は、兄弟面会の口実で弟堀内安靖を鹿児島の兄誠之進のもとに派遣し、征韓論政変・西郷下野後の鹿児島の動静を探らせた。明治六年（一八七三）十二月から同七年春頃の密偵探索書に次の記録がある。

「解兵輩［征韓論政変で下野した高知県出身の将校・近衛たちのこと］、一県の力にて事を起すの勢無き故、只管《ひたすら》鹿児島の動静を伺察せん為、堀内龍《ママ》之助《ママ》事《こと》下《(島)》村某なる者［＝島村安度］の兄某［＝堀内誠之進］、終身禁固にて鹿児島県にあり、同県頗《すこぶ》る寛裕の取扱より、同県の士族と相往来し、能《よ》く県の事情を洞委《ママ》するの故を以て、弟何某なる者［＝堀内安靖］を、表は兄対面を名とし差遣し、往々の情実を報知なさしむるの策にて、已に発遣す。」（『保古飛呂比　六』）

明治六～七年にいたってなお堀内誠之進が政府の探索対象であり、しかも「頗る寛裕の取扱より、同県の士族と相往来し」ているとまで探知されていることに驚く。同時に、この探偵報告から、鹿児島に禁獄中の堀内誠之進と高知県の堀内家は円滑に連絡をとりあっていたことがわかる。堀内安靖はこの後、私学校に入学し、西南戦争勃発頃まで鹿児島に留まることになる。

島村安度の上京

明治八年（一八七五）四月、島村安度は、東京の「形勢見聞」と親族内田孝作に関わる用事（詳細不明）のため、東京に上京した（島村安度口供書）。この頃、安度は古勤王《こきんのう》党の同志と行動をともにしていた。

古勤王党とは、幕末の土佐勤王党の流れを汲む、復古派の旧郷士《ごうし》層（下級武士）勢力である。征韓論政変後の土佐には、この古勤王党のほかに、政変で下野《げや》帰郷した板垣退助率いる自由民権派の立志社と、旧山内家上級家臣（旧佐幕派）の守旧派静倹社《せいけんしゃ》（連署派とも）の三つの勢力があり対立していた。

ガラス張りのビルが日本橋日銀通りビル。島村安度はこのビルの裏手あたりに住んでいた。

在地旧郷士の利益集団として古勤王党が台頭していたところに、中央に出仕していた旧上士《じょうし》層中心の民権派・征韓派が大挙帰郷して党派を形成した構図である。

古勤王党は板垣と立志社の動きを共和政治や耶蘇《やそ》教に通じるものとして敵視する一方で、東京にいる左大臣《さだいじん》島津久光《ひさみつ》（旧鹿児島藩主の父）の復古主義的な建白（後述）に共鳴していた。明治七年三月には、古勤王党の大石円《まどか》（弥太郎《やたろう》）と小笠原和平（保馬、忠五郎。武市半平太の甥）が久光に面会を果たして意気投合している。島村安度の上京は古勤王党による在京島津派との連携の一環であったと考えられる。

島村安度は居所を転々としたのち、七月には、神田本銀《ほんしろがね》町一丁目七番地の川島久兵衛方に、古勤王党の河原塚《かわらづか》茂太郎《もたろう》とともに寄留した（現中央区日本橋本石《ほんごく》町四丁目の北。現日本橋日銀通りビル裏手あたり。JR神田駅近く）。在京中の奥宮慥斎《おくのみやぞうさい》の日記・明治八年七月七日の条に「島村安度来、余不在」とみえる。河原塚は金陵会議（第5章参照）ののち、官途に就き教部省《きょうぶしょう》十等出仕さらに中録となり（明治六年）、以降、東京で古勤王党の出先のような役割をしていた（明治八年四月辞職）。河原塚は坂本龍馬の兄嫁の弟にあたる。

島村安度が見聞しようとした「形勢」とは何か。

安度上京の少し前、中央政界では、有司専制の批判を一身に受けていた大久保利通《としみち》が、孤立化を避けるため大阪会議（二月）を開催し、台湾出兵に反対して辞職していた木戸孝允《たかよし》及び下野中の板垣退助と妥協して二人を参議に復帰（三月）させていた。四月には、大阪会議の合意に基づいて「漸次《ぜんじ》立憲政体樹立の詔《みことのり》」が天皇から発せられ、元老院（立法機関）・大審院（最高裁に相当）・地方官会議（地方民情に通じるための県令《けんれい》等地方長官の会議）が設置された。

また、板垣退助は大阪会議の合意として「参議と省卿の分離」を要求していた。参議の各省長官兼任を解き、行政主管を持たない自己の立場を改善するとともに、各省に板垣派を伸長させる狙いがあった。権力バランスが流動化し、先が読めない状況となっていたのである。

島村安度が見聞しようとした「形勢」には地方官会議も含まれていたであろう。六月から八月にかけて東京浅草で第一回地方官会議が開催され、五つの諮問項目（道路堤防橋梁、地方警察、地方民会、貧民救助方法、小学校設立及保護法）を議決することになっていた。諸県から傍聴や情報収集のため上京する者が多く、ことに地方民会についての討議は注目された。島村安度が留守を訪問した奥宮慥斎も地方官会議を傍聴していた。

建白活動で島津久光派を支持

諸県から上京した有志と交わりながら「御政体不相立、外国交際［貿易］の不規則より金貨濫出《らんしゅつ》に至るを憂ひ」ていた島村安度は、明治八年（一八七五）九月二十三日、河原塚茂太郎、中沼清蔵（京都府農、後述)、寸田龍太郎(京都府平民)、津隅宏(敦賀県士族)とともに、「中山忠能《ただやす》等ノ建議ヲ実施スルコトヲ請ウノ議」と題する建白書を太政《だじょう》大臣三条実美《さねとみ》に提出した。建白の趣旨は、表題が示す通り、九月六日の中山忠能(明治天皇外祖父)ら不平派華族の建議を「方今の切務にして一日緩慢すべからざるものなり」と速やかに実施するよう求めたものである(『明治建白書集成　第四巻』)。

不平派華族の建言とは、中山忠能を筆頭に、政局から疎外されていた旧公卿(嵯峨実愛《さがさねなる》、大原重徳《しげとみ》)及び旧藩主(伊達宗城《だてむねなり》[宇和島]、池田慶徳《よしのり》[鳥取]、池田茂政《もちまさ》[岡山]、松浦詮《あきら》[平戸]、立花鑑寛《あきとも》[柳川《やながわ》])ら八名の華族が連名で行ったものである。貨幣流出を防ぐために「西洋物品を御節減」すること、「民心安着」のために太政大臣の権限を「左右大臣」に分割することを求めていた(『明治建白書集成第四巻』)。後段は実質的に左大臣島津久光の権限強化と太政大臣三条実美弾劾を要求している。

島村安度らの建白は、したがって、間接的に島津久光を支持しようとするものであった。

この頃、島津久光は、鹿児島に隠遁して去就が定かでない西郷隆盛よりも、はるかに不平士族(民権派を除く)の間でスター的存在だったのである。

島津久光は維新の立役者だったが、廃藩に不満を持ち、明治政府の文明開化政策にも批判的だった。西郷・大久保ら旧藩時代の家臣が主君の恩義を忘れて政府の高官となり、開化政策を推進していると憤激していた。久光は、天皇が鹿児島に巡幸《じゅんこう》した明治五年六月、服制を定めて容貌を厳にすること、貴賤の別を明確にすること等の復古的要求十四ヶ条の建白書を提出した。翌年四月には、幕末の率兵上京さながらに蓄髪帯刀《ちくはつたいとう》の鹿児島県士族約二百五十名を率いて上京するパフォーマンスに出た。政府は久光に麝香間祗候《じゃこうのましこう》、内閣顧問といった名誉職を与え、それでも不満が収まらないと知ると、七年四月には、太政大臣に次ぐポストである左大臣に任じて慰留を図った。

しかし、島津久光は左大臣の立場を逆手にとって、旧習復帰を求める復古的な要求を繰り返した。久光の要求は、要約すれば、「陽暦［太陽暦］を陰暦［太陰暦］に復し、服制を復し、徴兵令を廃し、士族を兵役となし、洋物品を用ゆることを天下に禁ず、（略）天下に節倹を示すの類」であった（『保古飛呂比　六』）。洋服（洋式大礼服）と太陽暦の廃止に特にこだわった。こうした島津久光の思想と行動が、旧勢力の華族や不平士族の期待を大いに集めたのである。

島村安度は建白書提出後、河原塚茂太郎らとともに太政大臣三条実美に面閲した。しかし、三条弾劾建白を支持する彼らの建白を三条が採用するはずもなかった。堀内家に伝わる三条実美の書（第2章参照）が、この面閲の際、島村安度に授けられたものかどうかはわからない。

ちなみに、三条実美は島村安度らに会う直前、元老院議官佐佐木高行《たかゆき》（土佐出身）を訪ね河原塚茂太郎・島村安度の人物照会をしている。佐佐木は「［主に河原塚を指すか］至極実直の者にて候、併し頑固にて時勢に暗く、一途に我説を主張す、其志は大に［佐佐木］高行ども愛し候へ共、其立意今日の時勢には施行致し難く候」と答えている（『保古飛呂比　六』）。そして佐佐木は、彼らの憂国精神をおだてておけばどうかと三条に提案した。三条実美の書「死衛国家」は、あるいはそれだったのだろうか。

ところで、島津久光の建言（次ページ図の①）、それを支持する不平派華族の建白（同②）、島村安

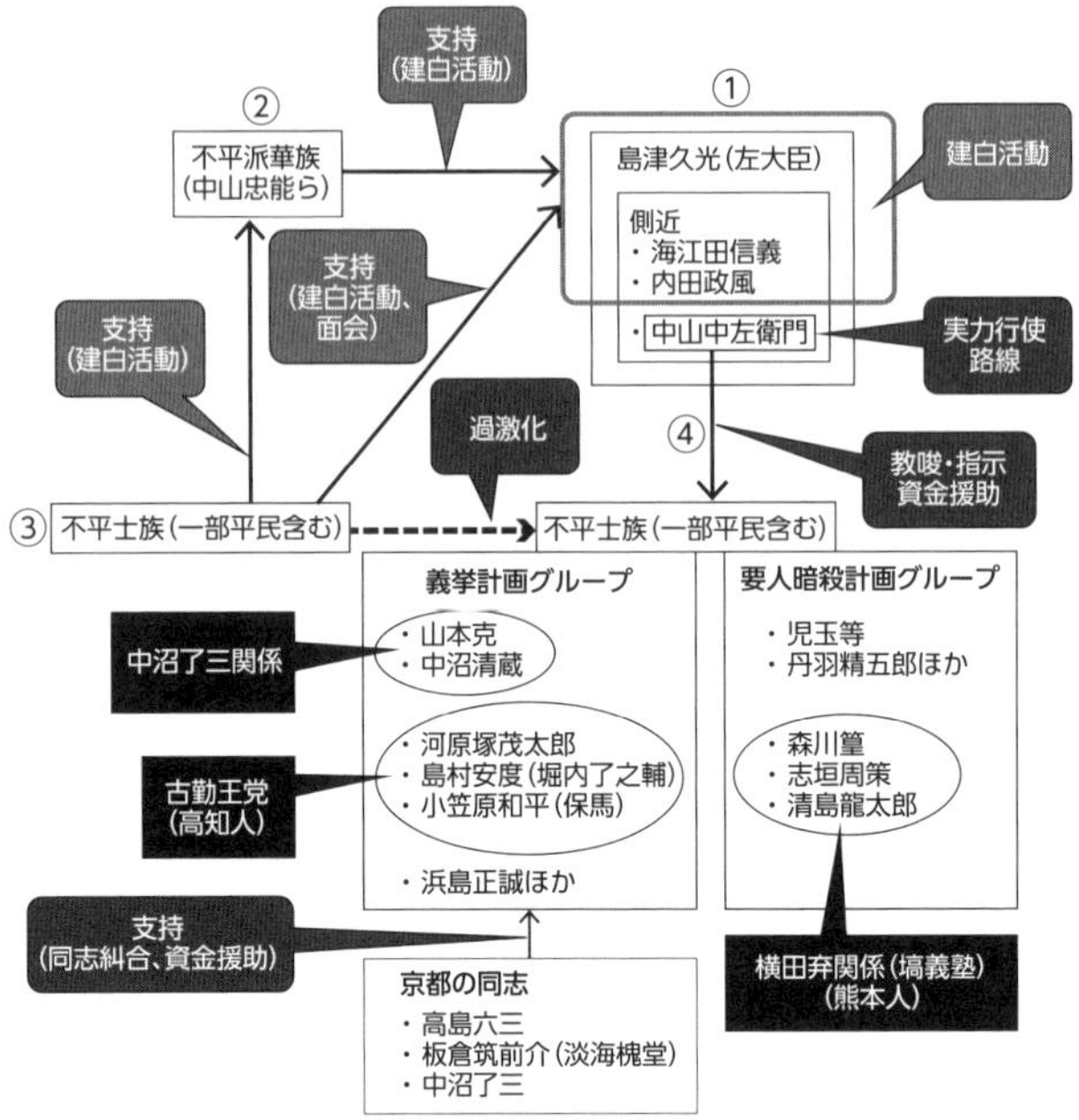

中山中左衛門陰謀相関図。

度ら不平士族の諸建白（上図③）は、孤立した運動ではなく、そこには人的結合がみられた。島津久光のもとには側近として海江田《かいえだ(かえだ)》信義《のぶよし》（有村俊斎《しゅんさい》）、内田政風《まさかぜ》（前石川県令）、中《ちゅう》山中左《ざ》衛《え》門《もん》がおり、この三人が諸グループ間を周旋していた。

海江田信義は島村安度の弾正台《だんじょうだい》時代の上司である。大村益《ます》次郎《じろう》襲撃犯の粟田口《あわたぐち》止刑《しけい》事件の責任を負う形で弾正大忠を依願免官したのち、奈良県知事を経て、一時鹿児島に帰郷したが、明治五年、左院四等議官となり、翌年上京した島津久光の側近となっていた。海江田と内田政風は前述の中山忠能らの建白書（明治八年）に直接関与している。二人は前参議前原一誠《いっせい》（翌九年、萩の乱を起こす）とも連携していた。一方、中山中左衛門は主に諸県の不平士族たちを取り込んでいた。
そのため、内幸《うちさいわい》町の島津久光邸内（現千代田区内幸町二丁目。日本プレスセンタービル及び日比谷国際ビル）に寄留する中山中左衛門の宅は不平士族の集会所のようになっていた（島津久光本人は浜町の屋敷に居住したといわれる）。ここに島村安度、河原塚茂太郎、中沼清蔵、山本克（京都府農）、児玉等《ひとし》（鹿児島県士族）、丹羽《にわ》精五郎（愛知県士族、華頂宮博経《かちょうのみやひろつね》親王家来、中山と同居）、浜島正誠（鹿児島県士族、中山と同居）、志佐要一郎《しさよういちろう》（長崎県士族）といった連中が出入りしていた。このうち山本克は、明治七年、「奸臣ヲ斬ルヘキノ議」と題する激烈な建白を提出していた。丹羽清五郎も、明治八年十月、「参議ノ諸省卿兼任ヲ罷《や》ムルノ議」を提出する（落合弘樹『明治国家と士族』）。島津邸は、奇しくも島村安度がかつて収監された南部藩邸跡の真向いにあった。

島津久光邸跡の日本プレスセンタービル（中央）と日比谷国際ビル（左奥）。

なお、明治八年十月の探偵報告は、島津久光や板垣退助の邸に出入りする「激徒の輩」として、「海江田某［信義］、内田正（政）風、海老原某［穆《ぼく》］、島本某［仲道《なかみち》］、土井作太郎、山本克、吉国某［祐恒］、長尾敬治郎［永岡久茂《ながおかひさしげ》］、中沼清蔵、中村真鉄［真金］、岡部伊三郎、松園忠貫、宮富哲平、橋本建、稲葉渉」の名を挙げている（国会図書館憲政資料室「三条家文書　補十二」の「激徒概情ニ付報告」）。「土井作太郎」は岡崎恭輔《きょうすけ》の同志だった澤宣嘉《さわのぶよし》グループ土佐派の土居《どい》策太郎であろう。まだ生きていた。

中山中左衛門と義挙計画

だが、島津久光、中山忠能ら不平派華族、不平士族の建言はどれも採用されることはなかった。島村安度は「兎角廟堂《びょうどう》の御改革は無覚束《おぼつかなく》」と落胆した（島村安度口供書）。その時、事変が起きた。明治八年（一八七五）九月二十日、江華島《こうかとう》砲台の朝鮮守兵が日本側の挑発に乗せられて日本の軍艦に発砲したのである（江華島事件）。事変の報が入ったのは九月二十八日（島村安度らの建白の五日後）だった。即時征韓論が再燃した。

直後、中山中左衛門が島村安度・河原塚茂太郎の寄留先にやってきた。中山は「是迄の通り一人二人の建白にては迚《とて》も庿《（廟）》議を揺かすに足らす。就ては鹿児島県有志の徒を始め諸県有志と相謀り協議の上衆議を以て政府非常の大改革有之度」なので「同意」してくれ、と持ちかけた（中沼清蔵口供書）。

中山中左衛門は、幕末から島津久光側近であり、久光の文久二年（一八六二）の率兵上京では京都で朝廷工作を行うなどして、西郷・大久保・小松帯刀《たてわき》を凌駕《りょうが》するほどの存在であった。そのため、「性格がやや傲慢であった」ともいわれる（町田明広『島津久光＝幕末政治の焦点』）。幕末の中山は、久光上京に反対する西郷隆盛と対立し、これが西郷の沖永良部島への遠島処分につながった。そんな中山を倒幕派（誠忠組）は姦物視したため維新後は不遇となり、中山は西郷隆盛と大久保利通の双方に私怨を抱いていた。建白活動に「大に憤発彼是周旋罷在候」（丹羽精五郎口供書）だった中山中左衛門の建白不採用に対する怒りは大きく、中山の思考は、不平士族を教唆《きょうさ》し明治政府とりわけ大久保利通に実力で立ち向かう方向へ急旋回した（２１０ページ図の④）。

島村安度、河原塚茂太郎は中山の方針に同意した。中沼清蔵、山本克も加わった。島村安度らが考えた策は、「四方の同志に謀り朝鮮先鋒を出願し、人数出京の上大挙して朝廷に迫り、三条〔実美〕太政大臣、岩倉〔具視〕右大臣、参議木戸〔孝允〕・大久保〔利通〕・大隈〔重信〕・伊藤〔博文〕等誅戮《ちゅうりく》し、御政体を大改革致し」というものだった（山本克口供書）。征韓先鋒《せんぽう》志願に名を借りて同志を大挙上京させ、政府を転覆する計画である。謀議は島村・河原塚宅と中山中左衛門宅で重ねられた。建白書連名者だった寸田龍太郎、中山中左衛門に近い志佐要一郎と浜島正誠も計画に同意した。

主謀格には山本克がなった。山本は京都の聖護院門跡家士《しょうごいんもんぜきかし》の出身であり、また明治天皇の侍講《じこう》を務めた儒学者中沼了三《りょうぞう》の門人でもあった。中沼清蔵はその了三の長男であった。中沼了三は十津川《とつかわ》郷士に強い影響を与えた人物として知られ、十津川出身で横井小楠《しょうなん》暗殺事件の首謀格となった上平主税《かみだいらちから》も了三門人だった。了三は二卿《にきょう》事件への関与を疑われて一時拘留されたことがあるが、一説には清蔵も同時に拘留されたという。

中沼清蔵。西川太治郎編『長等の桜』より。

手分けして「朝鮮先鋒」の同志糾合のため各地へ向かうこととなった。明治八年十月、河原塚茂太郎は高知へ、志佐要一郎は長崎へそれぞれ帰県し、浜島正誠は京都へ向かった。浜島の路銀は中山中左衛門から出ており（浜島正誠口供書）、河原塚や志佐の路銀もその可能性が高いと思われる。島村安度は東京に残留した。

河原塚茂太郎と志佐要一郎の二人は郷里で賛同を得られず同志糾合に失敗したが、浜島は京都で中山中左衛門と気脈を通じる高島六三《ろくぞう》（鹿児島県士族、高島鞆之助《とものすけ》のいとこ）と合流し、板倉筑前介（淡《おう》海槐堂《みかいどう》）や中沼了三と面会して同意を取りつけた。板倉筑前介は近江（現滋賀県）出身の京都薬商養子で、幕末は天誅組の乱（大和義挙）に資金援助した人物である（坂本龍馬の暗殺現場に残された血染めの掛軸「梅椿図」の作者としても知られる）。その板倉が「金三千円」を提供した（大隈文書「酒田鹿児島諸府県情勢探索書」。ただし浜島正誠口供書では二千円）。

また、高島六三は中沼了三と謀り丹波（現兵庫県丹波市）に赴き、「文武講究すると称し士族を煽動し遂に二十余名の同志を得」た。しかし、京都府の妨害にあい「士族等、高島・中沼両氏の説の非あるを知り離散」してしまったため、「今尚七八名は竊《ひそか》に会するよし」という程度にとどまった。寸田龍太郎も丹波に入り、「京摂間の人心を煽動する為め」行動した（国会図書館憲政資料室「三条家文書補十二」の「京摂之近情」）。山本克が「薩州人」と京都へ向かったとの探偵報告もある（前掲大隈文書）。京都には一定規模の支援勢力が存在したとみてよいだろう。

島津久光の挫折

同じ頃、中央政局では、島津久光が巻き返しを図っていた。久光は、政治的思想的立場が正反対の民権派板垣退助と手を組み、参議省卿の分離を求めて政府を揺さぶった。

しかし、明治八年（一八七五）十月十九日、天皇の聖断で参議省卿分離は却下された。すると久光は、同日、太政大臣三条実美の罷免を天皇に求めたが、これも二十二日、聖断で却下された。久光は左大臣辞表を提出し、十月二十七日に罷免となった。板垣退助も再び参議を辞任した。島津久光派の敗北だった。久光はその後、鹿児島へ帰るが、それは不平派の華族・士族が政府内における最強の代弁者を失うことを意味した。

征韓も発令されないまま時日が過ぎた。明治政府の外交方針は、朝鮮に強硬姿勢を示しつつも開戦は避けて領事裁判権などの不平等条約（のち日朝修好条規《にっちょうしゅうこうじょうき》）を受け入れさせようとするものだった。そのため、島村安度たちが待ち望んだ朝鮮先鋒出願の機会は生まれなかった。

島津久光の辞表免官という事態によって「実に落膽《らくたん》唯茫然」となった中山中左衛門は、ますますファナティックとなった。中山は「是より良策は無之」と大久保利通を標的とする暗殺計画に路線を変更した（丹羽精五郎口供書）。久光を左大臣辞職に追い込んだのは大久保利通であると決めつけ、義挙など迂遠で待っていられない、というところまで中山の心理状態は沸騰していた。

明治八年十一月上旬、島村安度は中山中左衛門宅にて、中山から「政は人に在り、其人を除くを上策とす。依て彼是見込候折柄、児玉等《ひとし》等大憤発にて木戸・大久保の両参議政権を恣《ほしいまま》にす、依て此両人を殺害可致旨断然申に付、謀議相決せり」と、義挙計画からの撤退、そして児玉等・丹羽精五郎らが画策している政府高官暗殺計画への肩入れを告げられた。

海江田・内田との決別

中山中左衛門の路線変更を受けて、島村安度は、中沼清蔵や、高知で河原塚茂太郎から事情を聞いて上京してきた小笠原和平とともに対応策を協議した。三人の結論は、当初の予定通り、「衆力を以て内閣の御改革を建言するを上策と」するであった（小笠原和平口供書）。要人暗殺は義挙計画の要素ではあっても、それ自体が目的ではなかった。

しかし、中山中左衛門を頼ることはもうできない。明治八年（一八七五）十一月某日、島村安度と小笠原和平は内田政風を訪れた。二人は、島津久光を左大臣に復職させるため鹿児島の同志と謀り大挙上京してくれるよう内田に請うた。だが、内田の回答は、三条罷免を要求する建言を海江田信義とともに元老院へ提出（十月三十日）したところであるから、同意できないというものだった。海江田・内田が目指すのは建白活動による政府批判であって実力行使ではないといわれ、島村・小笠原はむなしく帰った。

じつは海江田と内田は、島津久光が事を起こさないことに不満を持つ不平士族の過激化を予想し、「[不平士族が]持来る議論又は長《ママ》沼清蔵・山本克他の激徒の論を入れぬと決心」を固めていた（前掲大隈文書）。島村安度がかつての上司である海江田信義とこの頃どう接していたのかは史料がなくわからない。

海江田と内田は、テロリズムに傾倒する中山中左衛門に対しても、「激挙の事」を諫言《かんげん》し「桜田坂下の挙動の如き覆轍《ふくてつ》を踏まざる様にと相止どめ」ようとした（同）。ここで「桜田坂下」の比喩を持

内田政風。『石川県史　第4編』より。

海江田信義。国立国会図書館蔵。

ち出したのはおそらく海江田だろう。海江田の弟有村次左衛門は桜田門外の変で井伊《いい》大老《たいろう》の首級をあげ自刃している（もうひとりの弟雄助も鹿児島で切腹）。その現場となった桜田門外は、海江田・内田・中山がいた島津久光邸（内幸町）のすぐ近く（数百メートル）である。

だが、中山中左衛門は海江田・内田に向かって、「貴様たちの建白に斃《たお》る丶のも、我輩の暗殺に斃る丶のも、国家の為めなれば、各々の好む処に依て盡《つく》すべし。餅を喰て死ぬも酒を飲で死ぬも同じ事也」と激昂し決別した（同）。中山はその後、暗殺計画主謀格の児玉等・丹羽精五郎に度重なる資金援助を行い、さらにはその資金で仲間を登楼させるなどして同志に引き入れさせ、丹羽が大久保利通暗殺の斬奸状《ざんかんじょう》を起草するやそのチェックを行い、最後は大久保の動静を探索させる手配を自らしたうえで、まだかまだかと児玉・丹羽に決行を幾度も催促している。その粘着ぶりは際立

丹羽精五郎。丹羽誠一『丹羽精五郎・正道伝』より。

っている。

この過程で、元陸軍大尉・横田弁《すたる》(中村六蔵を匿《かくま》った人物。第7章参照)の塙《はなわ》義塾(塙学校とも)にいた森川篁、志垣周策、清島龍太郎ら(いずれも熊本出身)が計画に賛同した。横田は明治七年の赤坂喰違門《くいちがいもん》事件(岩倉具《とも》視《み》暗殺未遂)の際、主犯・武市熊吉(土佐、元陸軍大尉)の同志として捕縛された経歴のある人物で、のちの西南戦争では県四等属として熊本城に入城しながら薩軍への内応を計画し失敗したとされる(上村希美雄『宮崎兄弟伝日本篇(上)』)。塙義塾はもとは塙敬太郎(塙保己一《ほきいち》の孫)が開いた国学塾らしく、横田はここで宮崎八郎らと同門だった。その横田・宮崎と、森川篁、児玉等はともに赤坂喰違門事件の嫌疑で捕縛された同志という間柄だった。

島村安度たち義挙派は、児玉等・丹羽精五郎らの大久保暗殺計画については、「右様の軽挙致候者あれは自分共策の妨けと成へくと存候」(小笠原和平口供書)とむしろ害悪視したが、差し止めることもできず静観するしかなかった。明治八年十二月の探偵報告には、山本克・島村安度・中沼清蔵・唯惣三は、暗殺などの「小事」ではなく、幕末の「大和一挙の如き事件」(天誅組の乱)を目指していたとある(前掲大隈文書)。対馬の「唯惣三」とは、おそらく多田荘蔵(幕末、野村望東尼《のむらもとに》を姫島から救出した人物）であろう。多田の合流の経緯はわからない。

明治八年十二月、島村安度と小笠原和平は、川畑伊右衛門（鹿児島県士族。明治七年、左院に「憂国政之議」を建白した人物）を隅田川の船遊びに誘い出して、内田政風に断られたのと同じことを打診してみたが、賛同を得られなかった。

そしてついに、児玉等・丹羽精五郎らによる大久保利通暗殺計画が十二月下旬（前掲大隈文書では十二月十五日〜二十日頃、柿本勤口供書では「十二月廿日迄」）に決行の予定という情報が島村安度らの耳に入った。

暗殺事件の嫌疑を避けるため義挙派の山本克、島村安度、唯惣三（多田荘蔵か）、中沼清蔵らは「箱根の温泉に赴き様子を窺がひ居りたれ」が、結局、警戒が厳しくテロは実行されなかった（前掲大隈文書）。それを知って義挙派一行は東京に戻った。暗殺計画の実態は中山中左衛門の妄想といってもよく、現実には、丹羽精五郎が用立てした刀一本以外に武器弾薬もなく、接待して引き入れた同志の多くが因循《いんじゅん》して離脱していた。もっとも、組織的基盤を欠いていたのは義挙派にしても同じことだった。河原塚茂太郎の説得に応じなかった古勤王党が挙兵を決意するのは翌々年である（第11章参照）。

島村安度の投獄

中山中左衛門一派（義挙派・暗殺派の不平士族たち）の動きは、当初から密偵に探知されていた。島村安度らとともに「中山忠能等ノ建議ヲ実施スルコトヲ請ウノ議」を連名で建白した津隅宏と、島津久光邸などに出入りしていたとされる吉国祐恒は、じつは政府の密偵だった（落合弘樹前掲書）。

明治九年（一九七六）一月〜二月、中山中左衛門、義挙派六名（山本克、島村安度、中沼清蔵、小笠原和平、志佐要一郎、浜島正誠）、暗殺派九名（児玉等、丹羽精五郎、三浦清風［新潟県士族］、柿本勤［同］、志垣周策、森川篁、七戸不二郎［青森県士族］、土持拾之助［鹿児島県士族］、山本文之助［東京府平民］）の十六名がいっせいに捕縛された。島村安度の捕縛は二月一日だった。河原塚茂太郎は三月に高知で捕縛された。板倉筑前介、中沼了三、高島六三も、二月、二条城に拘留されたが罪には問われなかったという（中村武生氏からの御教示）。寸田龍太郎の消息は不明である。

大審院での判決が、一年以上が経った明治十年五月十二日に下された。

「　　　　　　　　　　　　　　高知県士族
　　　　　　　　　　　　　　　島村安度

其方儀、朝鮮江華湾砲撃事件に付、先鋒の出願し人衆にて朝廷に追訴し政体改革を申出へくと山本克・中沼清蔵・中山中左衛門と協議し、仍《な》ほ中山中左衛門に於て、当路の大臣を刺殺すへき旨、児玉等と協議決するを中山中左衛門より承知し傍観して機会を待つ段、朝憲を紊乱《びんらん》せんと企る者に依り、除族の上懲役三年可申付の処、明治九年十一月六日口供審結の日より起算し滞獄三十日以外百五十七を過るを以て、懲役二年二百八日申付る者也。」（「鹿児島士族中山中左衛門以下処断済届」）

懲役三年であった。曠役《こうえき》（拘留期間の控除）があるため実際は懲役二年二百八日となった。
同日、他の十五名にも判決があった（以下、曠役については略す）。最も重かったのは中山中左衛門と児玉等の懲役十年である。丹羽精五郎・七戸不二郎・山本克がそれに次ぐ懲役七年であった。暗殺派・義挙派の首謀格と、最後まで児玉・丹羽と行動をともにした七戸が厳しく処断された。義挙派として京都周旋を行い暗殺派にも関与した浜島正誠と、自分ひとりでも暗殺を決行すると決意を示した土持拾之助も比較的重い懲役五年となった。以下、三浦清風・志佐要一郎・山本文之助が島村安度と同じ懲役三年、小笠原和平・中沼清蔵・柿本勤・志垣周策・森川篁が懲役二年である。

暗殺派のうち懲役二〜三年の者は離脱者や消極的関与者であるから、全体としては義挙派より暗殺派に厳しく、島村安度は比較的軽い罪で済んだといえるかもしれない。なお、河原塚茂太郎は判決前の明治九年九月、東京で獄死した。

隅田川上流から見た現在の石川島。

懲役囚となった島村安度は懲役署である石川島監獄に収監されたと思われる（現中央区佃一丁目及び二丁目。現在の大川端リバーシティ21、佃島小学校、石川島資料館などがある一帯）。その根拠のひとつは、当時存在した鍛冶橋《かじばし》と市谷（市ヶ谷）の両監獄は懲役署でないことである。もうひとつの根拠は、原弥一郎なる人物が三宅虎太《みやけとらた》（民権派）の同囚者の漢詩等を纏《まと》めた『獄中　憂憤余情』である。三宅の収監は島村安度出獄後であるため安度の名は登場しないが、同書中に、山本克、丹羽精五郎、中山中左衛門（獄死）、志佐要一郎（獄死）、森川篁（獄死）、中沼清蔵、志垣周策、柿本勤、小笠原和平、児玉等の名を確認することができる。なお、判決前（未決中）には中山一派は鍛治橋監獄に収容されていた（「丹羽精五郎翁口授」）。

現在の石川島は周辺の埋立地と一体化しているが、当時は隅田川河口に浮かぶアルカトラズ島の如き監獄の島だった。『獄中　憂憤余情』には「周囲は皆海と河なれば四時の季候も備はらず、春は殊に風多く寒気肌に砭《はり》して［身にしみて］毫も睡る可らず」とある。懲役十年を宣告され、人生を転がり落ちた中山中左衛門の最期は、監獄島での獄死という哀れな結末であった。

石川島監獄は、もともと旧幕時代に同島にあった人足寄場《にんそくよせば》を引き継いだものだった。人足寄場とは、無宿人・前科者・浮浪人などを収容し授産する施設である。そのため、石川島監獄では本人の希望に応じて、紙漉《す》き、染物、裁縫、製靴、瓦焼、藁細工、活版工作、鍛冶などに就労することになっていた。投獄された中山一派も例外ではなかったはずである。

また、石川島監獄には懲役囚とは別に重軽の禁錮囚（定役《じょうえき》の義務がない）も在監していた。禁錮囚は刑期に応じた腕章を左腕につけていた。最も刑の重い終身禁錮は四本線の紺色の腕章だった。その四本線の腕章をしている禁錮囚のなかに、島村安度は見覚えのある顔を見つけたはずである。岡崎恭輔である。

第10章 西南戦争

西郷起つ

西郷隆盛は私学校党の暴発を抑えていた。明治九年（一八七六）十月、神風連《しんぷうれん》の乱（熊本、二十四日）、秋月の乱（福岡、二十七日）、萩の乱（山口、二十八日）と、立て続けに三つの士族反乱が勃発した時も、西郷は「両三日珍しく愉快の報を得申し候」（明治九年十一月初旬、桂久武宛書簡）と溜飲を下げるのみで、反乱に呼応も協力もしなかった。県内各地を遍歴し、狩猟や温泉や農事にと平穏な暮らしを続けた。

しかし、翌十年一月二十九日、私学校を警戒する政府が鹿児島の火薬庫から弾薬の搬出を始めたことで事態が一変した。私学校の数十人が激怒し、逆に陸軍火薬庫を襲撃して小銃・弾薬六万発を略奪してしまった。翌々日には、千人以上に膨れ上がった私学校暴徒が海軍造船所の火薬庫を襲撃し、小銃・弾薬二万四千発を奪った。

さらに、二月三日から七日にかけて、鹿児島に派遣されていた中原尚雄《なおお》以下約二十名の鹿児島出身警察官が私学校党に捕らえられた。彼らは密偵として県下の情勢を探り、親類や知人が私学校党に加わるのを止めさせることを任務としていた。拷問の末、中原らは、西郷暗殺の指令を受けていたと自供させられた。自供はフレームアップの可能性が高いが、真偽はともかく、私学校、鹿児島県庁、世間の不平士族、そして西郷隆盛も、中原尚雄等は大久保利通《としみち》が派遣した刺客であると信じた。西郷は私学校党をもはや抑えることができなくなった。また抑える気もなくなった。

明治十年二月十四日、西郷隆盛は刺客一件につき「政府え《へ》尋問の筋有之《これあり》」と宣告してついにたちあがった(「鹿児島征討始末　一」)。西南戦争の火蓋が切られた。西郷は一万数千の鹿児島県士族を率い、五十年に一度といわれた大雪のなか、熊本城(熊本鎮台《ちんだい》)へ向け進撃を開始した(西郷本人の出立は十七日)。

県令大山綱良から放免の申渡し

西郷蹶起《けっき》前日の明治十年(一八七七)二月十三日(旧暦の元日)、県令大山綱良《つなよし》からその事前通告が堀内誠之進ら国事犯にあった。堀内誠之進と落合直言《なおこと》の二人が県庁に呼び出された。大山は堀内・落合に「其方共《そのほうども》、以後、無構《かまいなし》に付、追て船の都合を以て可及沙汰《さたおよぶべし》」と告げた(堀内誠之進上申、明治十一年五月)。放免の申渡しである。もちろん大山と鹿児島県庁に終身禁獄囚を解放する権限はない。

小和野《こわの》広人の証言は若干異なる。それによると、堀内と落合は大山から「白日を見んと欲すれば今日出兵可致云〻決心此時にあり。篤と考の上何分の戦可申出」と半ば命じられたという(「小和野廣人取調控」)。

大山綱良。『鹿児島県史　第3巻』より。

県庁に呼び出された時、堀内誠之進らの住居は既に異人館ではなかった。異人館滞在は結局二カ月ほどだった。明治九年六月以降、禁獄囚一同は「第一大区一小区八十一番地之内旧営繕方裏通」（「丁丑日誌」明治十年十一月六日付け矢《や》田《だ》穏清斎《おんせいさい》届書）に移り住んでいた。小和野取調控に「営繕方の裏明（空）家を買入に相成り金三四百円と云」とある。空き家を買い上げて住んだのだから監獄ではなかろう。第一大区第一小区は現在の山下町〜平之町あたりの一帯で「八十一番地」は不詳だが、「営繕方」は「明治十年丁丑　鹿児島略絵図」によると現名山《めいざん》町三番地あたりにあった（現みなと大通り公園の西半分及びその南側のエリア。鹿児島県地域振興公社ビル周辺）。この四角形のエリアは二辺を名山堀で囲まれていたので、その「裏通」とは現在の名山町五〜六番地か易居町一番・五番地（鹿児島市役所別館周辺）のいずれかであろう（１９９ページ地図参照）。

一方、堀内誠之進が呼び出された鹿児島県庁は、西南戦争当時、現中央公園の北半分（国道58号線寄り）と現中央公民館・宝山ホールを含むエリアにあった（「鹿児島景況略誌　発　渡少書記官」及び『鹿児島県史料　西南戦争第1巻』の絵図を明治後期及び大正年間の地図と照合）。堀内誠之進たち禁獄囚は県庁に程近い所に住んでいたことになる。ちなみに西郷刺殺団の容疑をかけられた中原尚雄らは県庁構内に新設された牢獄に収監されていた。

中央公園。芝の半分から向こう側とその奥に見える中央公民館・宝山ホールが県庁跡。

営繕方跡。国事犯たちの住居はこれら建物の左手か背後にあった。

薩軍に志願従軍

堀内誠之進、落合直言、中村恕助《じょすけ》、中島龍之助は進退を協議した。中村恕助が「西郷の恩を受くここに七年《ママ》、此間の情義比するにものなし。今日のこと已に西郷の心事を知る、豈《あ》に士として去るに忍びんや。故に西郷と死生を共にして聊《いささ》か平生に報せん」と促した（若木武之助『初岡敬治先生傳　全　附中村恕助君傳』）。三人に異論はなかった。翌日、大山綱良に従軍の決意を伝えた。それを聞いた西郷は「義心に感じ兵に就くを許す」（同）と了したという。

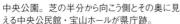

堀内誠之進にしてみれば、過去二度謀って失敗した挙兵が実現した瞬間だった。大義名分を欠くといわれた挙兵目的（西郷暗殺計画を政府に尋問）を誠之進がどう評価したのかは、わからない。

そして堀内・落合・中村・中島の四人は、「市来《いちき》え《（へ）》湯治として」（前掲矢田穏清斎届書）、すなわち温泉行を装って、明治十年（一八七七）三月四日、鹿児島を脱し熊本を目指した。中村恕助は「秋山貞一」、落合直言は「水原四郎」に変名した。落合は兄の落合直亮《なおあき》が薩邸浪士隊蹶起《けっき》に用いた「水原二郎」に自らの蜂起を重ねたのである（藤田英昭「草莽の軌跡―落合直言とその周辺」）。落合は中教院の子弟を集めた一個小隊を率いていたという（『西南記伝　下巻二』）。

出発の際、大山綱良は四人に「金百二拾円と銃器四挺及弾丸」を与え、中村恕助の世話人だった奥宗一が「銃服刀」を揃えてくれた（中村又左衛門［恕助父］宛の明治十一年三月二十二日付奥宗一書簡）。百二十円は四人の合計額である（ひとりあたり三十円）。堀内誠之進に与えられた刀剣は「立派なる装飾」だったという（『保古飛呂比　七』）。「中島龍之介《ママ》独り洋服つくりたれはそしりあへり」（「小和野の露」）というから、奥宗一が用意したのは和式軍装だったことになる。

七年前、「竹皮笠を持ち、身には油紙を纏ひ腰には荒縄を締め太刀を横たへ」て熊本を出立した堀内誠之進は、今度は銃と華麗な刀剣を携えた軍服で熊本に還ろうとしていた。堀内誠之進は薩軍に従軍したおそらく唯一の土佐人であろう。

堀内誠之進らを送り出した大山綱良は八日後の三月十二日、反政府感情の強い島津久光《ひさみつ》・忠義《ただよし》父子を諭すため来鹿していた勅使柳原前光《やなぎはらさきみつ》に随行を命ぜられ鹿児島を海路出発した。十七日神戸で捕縛、官位を剥奪され東京へ護送された。大山は薩軍に県費を流用した罪などを問われ、九月三十日、長崎の九州臨時裁判所で除族のうえで斬罪に処せられる。異人館で誠之進らの賄方だった渋谷国安も大阪で周旋中に拘留されている（東京へ護送）。

堀内誠之進らが鹿児島を発った三月四日は、田原坂《たばるざか》の激戦が始まった日であるが、電信のない薩軍で当日伝わったとは思えない。誠之進らの耳に入っていた戦況は、おそらく、二月二十二日に薩軍が熊本城を攻撃するも鎮台兵の予想を覆す抗戦で攻略できず、戦略を転換し、五番大隊（大隊長池上《いけのうえ》四郎）を残して熊本城を包囲しつつ、他は北上して、南下する政府軍援軍を迎え撃っている、といったところであろう。四番大隊（大隊長桐野利秋《きりのとしあき》）は山鹿《やまが》方面へ、一番大隊（大隊長篠原国幹《くにもと》）は田原方面へ、二番大隊（大隊長村田新八《しんぱち》）と六・七番連合大隊（大隊長別府晋介《べっぷしんすけ》）は木留《きとめ》方面へ展開した。対する熊本鎮台司令長官は堀内誠之進と同じ高岡郡出身の谷干城《たてき(かんじょう)》、政府軍を指揮するのは柿木山《かきのきやま》で誠之進に「扇」を授けたかもしれない陸軍卿・参軍山県有朋《やまがたありとも》であった。

この頃には早くも、〈鎮台は陸軍大将の自分に従うはずだ〉という西郷隆盛の甘い見通しと、薩軍士族たちの鎮台兵に対する驕りや侮りは、それを打ち砕く現実に直面していた。北上した薩軍は南下する政府軍を三方面から高瀬で挟み撃ちにしたが、二月二十七日、弾薬が尽き退却を余儀なくされた。

それでも西郷は「既に戦いも峠を切り通し六七分の所に討ち付け申し候。今や孟賁《もうほん》［古代中国の勇士］あり共［政府軍が］再び戦勢を守《も》り返すの期これある間敷《まじく》、余程敵の兵気も挫《くじ》け候」（大山綱良宛明治十年三月十二日付け書簡）と短期の勝利を信じていた。堀内誠之進たちも、状況を把握しないまま意気揚々と熊本に向かったのではないだろうか。

旧暦二月（新暦三月中旬以降）に小和野広人と高田修も市来へ湯治と偽って脱走した。六十八歳の高齢だった矢田穏清斎とそれに次ぐ年長者（五十歳）の小和野は、老体ゆえにそれまで薩軍に身を投ぜず賄方田辺次兵衛（助左衛門）の世話になっていた。高田修が従軍を控えていた理由はわからない。先発した四人は元愛宕通旭《おたぎみちてる》グループであり、残った矢田・小和野・高田は元外山光輔《とやまみつすけ》グループであるから、グループ間で考えの相違もあったのかもしれない。

三月二十日に田原坂が陥落し、兵員も不足してきたため、別府晋介、辺見十郎太《じゅうろうた》らが鹿児島に戻って募兵を始めた。その状況下、小和野は県庁の一等属第四課（警察）課長右松祐永《みぎまつすけなが》に従軍を要請され、これに従うことになった。小和野広人は「秋津国彦」、高田修は「石田次郎」に変名した。

小和野の出立に際し、矢田穏清斎は「此上は一人残り流浪致さんより倶々《ともども》戦地へ連れ越し呉候」と懇願したが小和野に説得された（「小和野廣人取調控」）。矢田は大山県令より給せられた三十円から五円を小和野に渡し、「二人分の働きをなし呉れ」と告げて小和野を見送った（同）。外山光輔事件の頃から「［小和野］広人は矢田穏清斎と格別入魂」の仲だったという（鹿島猛口供書）。小和野と高田は同道しておらず、高田の出立の様子はわからない。戦闘に参加しなかった矢田は戦後の明治十二年二月、罪一等を減ぜられ禁獄十年となり、さらに同年七月、「七十有余の老体に及ひ追日衰弱殆んと獄中に死期を待つのみ実に憫然の至り」との理由で、特典放免されることになる（「国事犯禁獄囚矢田穏清斎特典放免ノ件」）。

大山綱良が連行されたのち、高知県人の岩村通俊《みちとし》が新県令に赴任した（五月二日）。その結果、県庁内の薩軍協力者はことごとく免官あるいは捕縛された。五月三十一日、もはや西郷寄りでなくなった鹿児島県庁は内務省に対し、堀内誠之進ら七名（矢田穏清斎を含む）が「踪跡不相分《あいわからず》」であり「捜索」中であると届けた（「鹿児島県懲役禁獄人踪跡捜索」）。大村益次郎《ますじろう》襲撃事件以来二度目となる堀内誠之進の指名手配である。

本営付となる

薩軍合流を目指す堀内誠之進・落合直言・中村恕助・中島龍之助の四人は「夜を日に付《(継ぎ)》熊本に」（前掲奥宗一書簡）向かっていたが、出水《いずみ》（現鹿児島県出水市、次ページ地図参照）で小和野広人が四人に追いついた。

先発した四人は、出水から八代《やつしろ》に至る薩摩街道の難所である三太郎峠から引き返していた。三太郎峠は南から北へ津奈木太郎《つなぎたろう》峠、佐敷太郎《さしきたろう》峠、赤松太郎峠の三つの峠が連なる（同地図参照。現在、九州新幹線のこの区間は長いトンネル）。明治十年（一八七七）二月に鹿児島から進軍した薩軍の大隊も三太郎越に苦しみ、西郷隆盛と本営はこのルートをとらずに人吉《ひとよし》（現熊本県人吉市、同地図参照）を経由し球磨川《くまがわ》の急流を下る方法で八代まで北上した。小和野の供述には「［堀内らは］出水に在り三太郎より負て帰る」（「小和野廣人取調控」）とある。

日奈久《ひなぐ》（八代の一〇キロ南）に政府軍が海路上陸したのは三月十九日であるから、三太郎峠で交戦したならば、それ以降だろう。歩行障害のある堀内誠之進がいたため、戦いながらの峠越えを断念して引き返してきたとも考えられる。小和野は出水で辺見十郎太（三月二十六日鹿児島出発）の指揮を受けたと供述しているので、出水で小和野と堀内ら一行が出会ったのは三月下旬であろう。

このあと小和野広人は人吉を経由して田代（現熊本県上益城郡《かみましきぐん》御船町《みふねまち》田代。熊本の十数キロ東）に至り、田代から熊本の薩軍本営に入った。堀内・落合・中村・中島の四人が小和野と行動をともにしたのか小和野の供述は触れていないが、全員が三太郎峠を避けて人吉へ迂回したと考えるのが自然であろう。

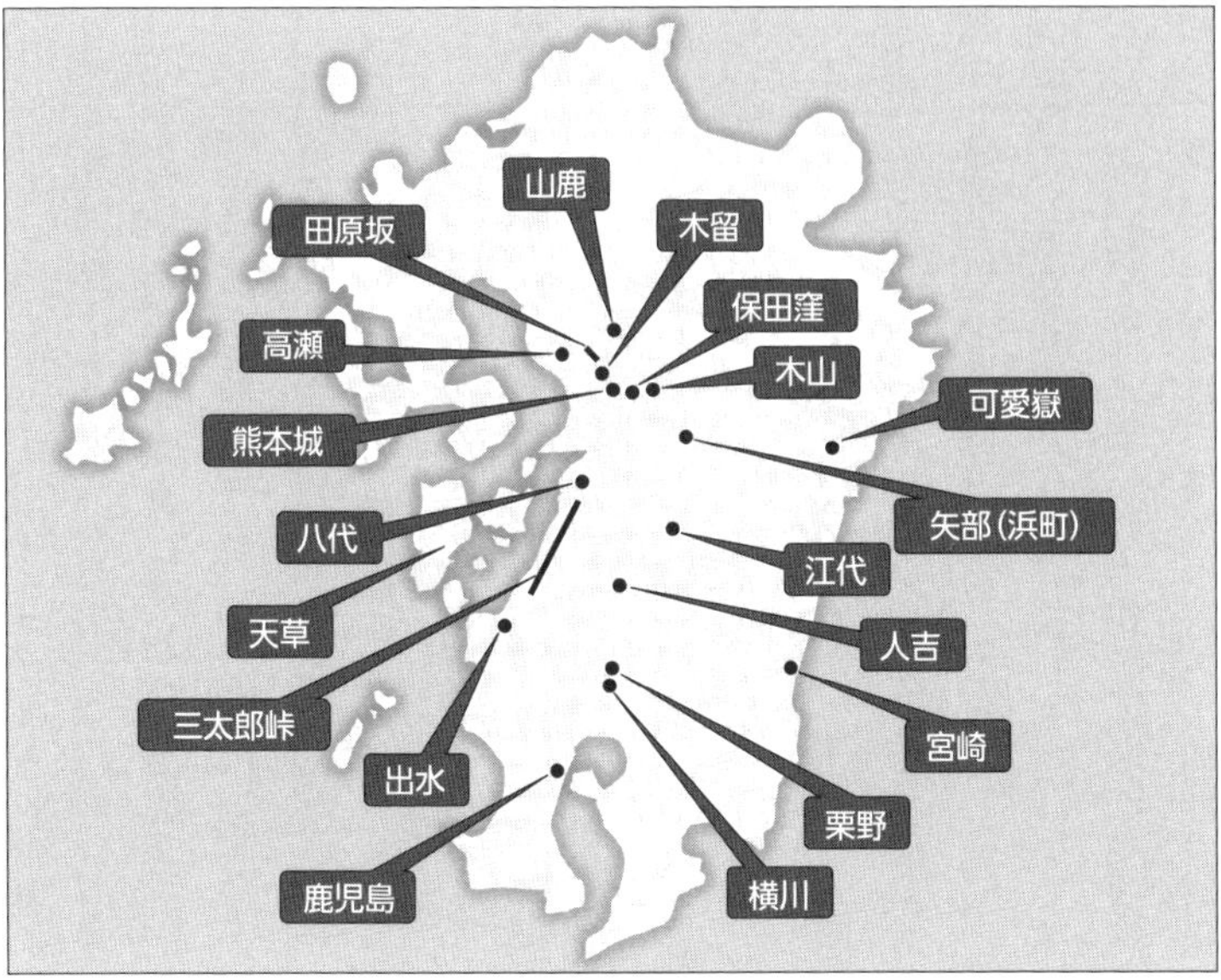

西南戦争関係地。

二本木神社裏手に建つ清祐寺。

二本木神社境内にある薩軍本営跡の碑。

ただし八代は政府軍に占領されたため、西郷のように球磨川は下らず（つまり八代には至らず）、九州山地を縦走北上したのではないかと推測される。田代はそのルート線上にある。

小和野広人は熊本本営に達した日の「翌日安政橋《あんせいばし》の崩し」で戦闘に参加している（同）。安政橋（安巳橋《やすみばし》の通称）は熊本城の外堀の役割を果たす白川《しらかわ》に架かった橋のひとつである。四月八日、熊本城に籠城していた鎮台側は征討軍との連絡を図り、城から出た侵襲隊がこの橋を急襲し戦闘となった。「安政橋の崩し」がこの戦いを指すなら、堀内誠之進たちは四月七日に薩軍本営に到達したことになる。到着した小和野は本営で桐野利秋に会っているので、一行の本営入りは早くても、桐野の山鹿方面からの撤退以降の三月末頃のはずである。出水の日程と繋がる。

熊本の薩軍本営は何度か場所を変えていたが、三月十一日以降は二本木《にほんぎ》神社裏の豪商（質屋）築地悌四郎の屋敷に置かれていた（現熊本市西区二本木三丁目。現清祐寺《せいゆうじ》のあたりか。JR熊本駅の数百メートル南）。

本営で各人に役割が与えられた。史料・文献により若干異同があるが、小和野の供述によれば、落合直言は遊撃八番小隊長（保田窪《ほたくぼ》の落合直言紀念碑では「遊撃八番隊長」）、中村恕助は同隊監軍（前掲奥宗一書簡では「西郷隆盛護衛兵の監軍」、『西南記伝　下巻二』では「遊撃隊八番中隊監軍」）、中島龍之助は遊撃一七番隊監軍（『西南記伝　下巻二』では「遊撃隊の監軍」）、高田修は遊撃六番隊監軍を命じられた。堀内誠之進と年長の小和野広人は「無役」だったが、誠之進は「足痛あれは本営附とす」（「小和野の露」）という扱いであった。小和野は結局は、高田と同じ遊撃六番隊監軍（『西南記伝　下巻二』

では「遊撃隊六番小隊長と為り、兼ねて監軍」）に就いている。

薩軍の編成における「遊撃隊」の位置づけは明らかでない。一般に遊撃隊とは、臨機応変に活動する特殊部隊を意味する。一方、「監軍」とは軍の目付のような存在である。薩軍の「監軍」には名誉職としての位置づけがあったらしい（鈴木徳臣「西南戦役における西郷軍の成立と編成」）。薩軍の「本営付」は西郷の護衛、斥候《せっこう》伝令、弾薬・兵糧の調達等の後方支援を担った。おそらく堀内誠之進たち六人は、大隊には配されず、状況に応じて護衛・後方支援・遊撃を任務とし、六人中、戦闘に向かない堀内誠之進のみ前線には出されなかったのであろう。

本営で桐野利秋・村田新八ら薩軍幹部は小和野広人に「君等は上京の上に大に周旋を乞ふ処あらんとす、今一人たりとも敵にころさるゝことあらは不幸甚し」と語ったという（「小和野の露」）。堀内誠之進以外の五人は戦闘に出されているので桐野らが実際にそう言ったかは疑問だが、県外周旋活動の役割も期待されていた可能性は大いにある。その役割は次章で見るように堀内誠之進が実際に果たすことになる。

堀内誠之進と同じ本営付の「客分」として、この時、「筑前人川越要（庸）太郎、平岡［浩太郎］・吉田［震太郎］・古庄［川庄喜徳か］、肥前人石井竹之助［貞興］、伊勢人山田小一［亨次か］等」がいたという（「小和野の露」）。川越庸太郎と吉田震太郎は、福岡で挙兵を策した武部《たけべ》小四郎と越智《おち》彦四郎が薩軍本営に呼応の意志を伝えるため派遣したもので（三月二十八日未明挙兵、同日潰走《かいそう》。福岡の変）、そのまま薩軍に合流して転進していた（のち川越は城山で戦死、吉田は捕縛され懲役二年）。平岡浩太郎は福岡の変に敗れたのち、脱して薩軍に投じた。のちの玄洋社社長である（ただし「平岡浩太郎上申書」では平岡は野村忍介《おしすけ》率いる奇兵隊本営に属している）。石井貞興《さだおき》は江藤新平《しんぺい》が蹶起した佐賀の乱の生き残りで、逃亡した鹿児島で桐野利秋に匿《かくま》われていた。本営付からやがて奇兵隊総監軍に任ぜられた（ただし口供書によれば辞退）。石井はのち可愛嶽《えのだけ》突破時に薩軍からはぐれて吉田震太郎とともに捕縛され、長崎の九州臨時裁判所で斬罪に処せられる。

本営付同士として、堀内誠之進が佐賀の乱・福岡の変の残党たちと戦場でどのように交わったのか。興味は尽きないが何も伝わっていない。いずれにせよ、「本営付」には、鹿児島県士族からなる大隊に属さず、中津《なかつ》隊や熊本協同隊のような党薩諸隊の一員でもない、いわくありげな人々が集まっていた。

本営とともに人吉に退却

日奈久に上陸し薩軍の背後に迫っていた政府軍（衝背《しょうはい》軍と呼ばれた）は、明治十年（一八七七）四月十四日に熊本城と連絡を果たした。薩軍の敗色が一気に濃厚となった。薩軍は北と南から挟まれる形となった。

衝背軍に迫られた薩軍は四月十三日に二本木を撤収し、木山《きやま》に本営を移動させていた（現熊本県上益城郡益城町木山、２３１ページ地図参照）。各方面の諸隊も木山に撤退し、十四日、全軍が木山に本営を置いた。薩軍は木山から熊本城を結ぶ線上の保田窪や健軍《たけみや》、北の大津《おおづ》、南の御船などに兵を配備し政府軍を迎え撃つ体制をとった。総兵力は約八千。三万を越える政府軍がこれを包囲した。

四月二十日、政府軍は総攻撃を開始した（城東《じょうとう》会戦）。西南戦争勃発以来の最大の野戦となった。

この日、遊撃八番隊の落合直言と中村恕助は、中島健彦《たけひこ》（二番大隊二番小隊長）が指揮する保田窪方面（現熊本市中央区、231ページ地図参照）の戦闘に加わり、戦死した。二人の遺体は保田窪で埋葬されたが、戦役後、西郷隆盛ら薩軍将士が眠る浄光明寺（現南洲《なんしゅう》墓地）に改葬された（中村恕助は遺髪）。堀内誠之進に健常な脚があったら、中村・落合とともに戦死し南洲墓地に墓を並べることになっていたかもしれない。ちなみに、落合直言の改葬は中教院の門人らの手で行われた。落合が率いたとされる中教院子弟の小隊のうち生き残ったのは十五、六人だったという（『西南記伝　下巻二』）。

遊撃六番隊の高田修も、城東会戦を戦った。どの方面だったかはわからない。

小和野広人は本営の伝令として八代に派遣されたため戦闘に参加していない。小和野は辺見十郎太、

落合直言の墓。南洲墓地。

中村恕助の墓。南洲墓地。

別府晋介、淵辺群平《ふちべぐんぺい》宛の三通の書簡を託された。辺見ら三人は新募兵を率いて衝背軍のさらに背後を衝く作戦を八代で展開していた。小和野は経由した人吉で負傷退却中の別府晋介に書簡を渡し、続いて八代に入り辺見十郎太、淵辺群平、河野《かわの》半蔵（通英）に会って書簡を渡した。熊本への援兵要請だった。小和野は、「当地の景況」をよく見てみろと語気を強める辺見とともに八代の困難な戦況を視察したのち、今度は辺見の西郷隆盛宛て書簡を持って木山本営に帰り、これを桐野利秋に渡した（西郷は矢部に移動済みで不在）。城東会戦の最中だった（以上、小和野取調控による。なお別府晋介が人吉で受け取った書簡は『西南の役薩軍口供書』の深見有常口供書に見える小銃弾薬の調達を依頼した桐野利秋書簡であろう）。

木山で小和野は高田修と中島龍之助から落合直言・中村恕助の戦死を知らされた（小和野取調控では二人が戦死したのは保田窪ではなく健軍）。高田の遊撃六番隊は八人だけになっていた。中島の戦闘の状況はわからない。このあと小和野と高田は生き残りの遊撃六番隊兵士とともに馬見原《まみはら》（現熊本県上益城郡山都《やまと》町馬見原）に向かった。高田の以後の消息は知れない。中島龍之助も『西南記伝　下巻二』に「日隅［日向・大隅］各地に転戦して利あらず。後、官軍に降りし」とあるが詳細は知れない。

堀内誠之進が城東会戦の前線に出たとする史料・証言はない。本営付として西郷隆盛ら薩軍幹部の周辺で護衛や後方支援をしていたものと思われる。

その薩軍本営は、御船方面を政府軍に突破されて危うくなったため、四月二十一日、木山から矢部郷の浜町（現熊本県上益城郡山都町浜町、２３１ページ地図参照。現山都町役場付近）に後退を余儀なくされた。

ここで軍議が開かれた。人吉に根拠地を据えると決した。ひとまず撤退して機会をうかがうことにしたのである。また、死傷者が多く兵員が不足したため軍隊の再編が行われた。奇兵隊、振武隊《しんぶたい》、行進隊、正義隊、干城隊《かんじょうたい》などの九隊編成となった。辺見十郎太、中島健彦、野村忍介らの中堅幹部が隊長となり、桐野利秋、村田新八、池上四郎は本営付となって前線の指揮から外れた。

翌四月二十二日、西郷隆盛は村田・池上らと兵二千に守られて矢部を出発した。二十三日には桐野以下の全隊も人吉に向けて出発した。丸五カ月に及ぶ薩軍の逃避行の始まりだった。

永国寺にある薩軍本営跡の碑。

薩軍は馬見原（ここで小和野広人・高田修も合流か）から九州山地に分け入った。胡麻山《ごまやま》越・那須越（霧立越《きりたちごえ(きったちごし)》）の二道に分かれて椎葉《しいば》（現宮崎県東臼杵郡椎葉村）に至り、次いで江代《えしろ》（現熊本県球磨郡水上村《みずかみむら》江代、２３１ページ地図参照）に入った。その経路は崖や急峻な坂道で、一〇〇〇メートル以上の峠をいくつも越えた。折り悪く二十四日から二十七日まで雨が続いた。那須越には残雪があり凍傷で足の指を切断する者もいたという。「足痛」の堀内誠之進には苦難の行軍であったであろう。

西郷隆盛の一行が人吉に到着したのは四月二十六日だった（二十七、二十八日とも）。本営は球磨川ほとりの永国寺《ようこくじ(えいこくじ)》（現熊本県人吉

人吉の薩軍関係地。

市土手町）に置かれた。桐野利秋も翌二十七日、江代に着いたが人吉には入らず、江代に出張本営を置いた。

永国寺から薩軍陣地（砲台）が置かれた人吉城跡までまっすぐに延びる一本の道がある。その沿道には村田新八ら薩軍幹部の宿舎（新宮簡屋敷《しんぐうたけま》）と薩軍駐屯地（現人吉税務署あたり）があった（地図参照）。堀内誠之進がこの通りを往来したことは間違いないだろう。

人吉で薩軍諸隊は束の間の休息を得た。熊本隊の佐々友房《さっさともふさ》『戦袍日記』五月一日条には、「諸軍既に人吉城下に集る或は市街に徜徉《しょうよう》し或は酒楼に登り連月苦戦の労を慰す」とある。

宮崎で桐野利秋の指令を受ける

人吉到着後の堀内誠之進の動向について、短いが本人が語っている。

「拙者［堀内誠之進］は人吉に在りしか日向路へ人数か出る趣に付、其方へ出掛《でか》くへくと考へ出掛けしか、宮崎にて桐野［利秋］に面会したり。然る処桐野より拙者に『高知の景況を目撃して来るへし』と申付られし…」（林有造口供書、詳細は第11章参照）

堀内誠之進は人吉から日向《ひゅうが》街道（日向灘に沿って九州東海岸を縦断する街道）の方面に向けて東進し、宮崎で桐野利秋に会った（231ページ地図参照）。桐野利秋が江代を発てたのは早くても明治十年（一八七七）五月十六日であり（第11章参照）、桐野は延岡まで赴いた後に宮崎に至っている（『西南記伝中巻二』）。したがって桐野が宮崎入りしたのは五月中旬以降のはずである。二十八日には桐野は宮崎支庁（もとは宮崎県庁舎。当時の宮崎は鹿児島県に併合されていた）に軍務所を置き、軍資金不足を補うため「西郷札」の発行に着手する。堀内誠之進が宮崎で桐野に会ったのは、この前後ということになる（藤井美智雄「西南戦争時における日向国民衆」によれば桐野は五月十八日には宮崎入りしていたという）。本営付の堀内誠之進は当然既に桐野利秋とは面識があったはずだが、二人の出会いが史料のうえで確認できるのはこの場面である。

人吉では、本営付となった村田新八が兵糧調達など後方支援を指揮していた。堀内誠之進は村田の配下だったのであろうか。

その村田新八は人吉で小和野広人と揉めた。ひと月で熊本―人吉間を二往復した齢五十の小和野は消耗していた。鹿児島に残してきた老体の矢田穏清斎の安否も気になっていた。鹿児島には既に政府軍が上陸していたからである。五月五日には薩軍の鹿児島分遣隊が政府軍と交戦し、政府軍は防衛のために市街を焼いた。

小和野広人は村田新八に、「自分は老体の事なれとも今度出兵し昼夜間断なく所〻奔走し此節は気候に触れ身体も疲労したれば一先《ひとまず》鹿児島に立戻り度、且は矢田老人［矢田穏清斎］は如何致居哉尤気掛りなり」（「小和野廣人取調控」）と、鹿児島帰還を願い出た。

これを聞いた村田新八は激怒した。曰く、「今日出兵せし上は跡〻老人云と抔《など》と申義甚不心得なり。自分共大兵を引率し来りたれとも戦不利にして皆死傷せばとて一人になりたりとも決て立戻るへき定は無之。何ぞ貴所方一人や二人不在なればとて曾て差支の筋無之候間、御勝手に帰られよ」（同）と吐き捨てた。この頃、薩軍では士気が衰え始め逃亡・投降する兵士が出た。薩軍は逃亡者を割腹に処すと軍律を強化したところだった。

小和野は村田の言い様に「心膽《しんたん》に徹し悪《にく》き奴なり」（同）と怒りを覚えたが、こらえてそのまま鹿児島に単身帰還した。

高知潜入を命じられる

西郷は人吉陥落の三日前（明治十年［一八七七］五月二十九日）、輿《こし》に乗り護衛兵に守られながら宮崎に逃れた。そして村田新八は日向方面への撤退戦を任された。堀内誠之進が「日向路へ人数か出る趣」と表現したものは、これらのいずれかなのか、あるいはまったく別の用件だったのか、わからない。確かなのは五月下旬のタイミングが一致することだけである。

西郷隆盛が宮崎入りすると、先般桐野利秋が宮崎支庁に置いた軍務所が薩軍本営にあてられた（現宮崎市橘通東二丁目。現宮崎県庁の場所）。

その薩軍軍務所においてであろうか、堀内誠之進は桐野利秋から高知に潜入することを命じられた。その時、桐野にはじつは薩軍起死回生の秘策があったのである。その成否を桐野は堀内誠之進に託した（第11章参照）。

薩軍本営が置かれた宮崎支庁舎。『宮崎県写真帖』より。

余談になるが小和野広人のその後に触れておきたい。

小和野は谷山に避難していた矢田穏清斎と再会を果たし食糧の手配などを済ますと、再び人吉に向かった。着いたその日に人吉が陥落し（六月一日）、小和野は村田新八に大小荷駄方を命じられる。吉田、栗野、横川等を薩軍の退却とともに転戦し、宮崎（高鍋）で桐野利秋に会ったのは七月上旬だった。堀内誠之進は既に高知へ向かった後なので再会していない。

その後、薩軍精兵とともに可愛嶽を突破し（八月十七日）、鹿児島に再度帰還して城山に入る（九月一日）が、矢田穏清斎の安否を確認するため谷山に向かう。その際、桐野利秋は小和野に「幸に谷山に至らば絹の衣裳製造致し呉」と依頼する。桐野は伊達男として最期を飾りたかったのかもしれない。

しかし、小和野は城山にもどることができず、戦後、天草島に潜伏する。翌明治十一年六月、長崎で自首し、鹿児島監獄署に収監された。そこは皮肉にもかつて堀内誠之進たちと住んだウィリス「異人館」の跡地であった。矢田穏清斎も収監されていた。明治十四年七月、小和野は「能く獄則を遵守し他囚に勝れ事業に勉励し」たとして罪一等を減ぜられ出獄する。

かくして外山光輔残党の小和野と矢田は無事に社会に生還することになるのである（以上、「小和野廣人取調控」、「鹿児島県禁獄囚小和野広人特典減等及同懲役囚小野伝太郎外二名減等允許ヲ得サル件」による）。

第11章 土佐派の陰謀

桐野利秋の秘策

桐野利秋《きりのとしあき》が人吉《ひとよし》に入らず江代《えしろ》に留まったのは、連敗が続き西郷にあわせる顔がなかったためともいわれる。桐野の本心は知る由もないが、明治十年（一八七七）五月下旬、宮崎本営に姿を現した時の桐野には起死回生の秘策があった。

桐野利秋、初名は中村半次郎《はんじろう》。天保九年（一八三八）生まれであるから、堀内誠之進の四歳年上である。

桐野利秋といえば、示現流《じげんりゅう》の剣客または「人斬り半次郎」のイメージが現在一般的だが、それは主に後世の小説等によって作られたイメージである。幕末の中村半次郎は、西郷隆盛や小松帯刀《たてわき》の指揮のもと、長州や土佐の攘夷派に同志を装って近づきながら諜報活動を行う有能な「密偵」だったという（桐野作人『薩摩の密偵　桐野利秋』）。ところが、戊辰戦争における軍監の働きを機に維新後は軍人（陸軍少将、熊本鎮台《ちんだい》司令長官）に転身し、裏の世界から表の世界に躍り出た。しかし、明治六年の征韓論政変で西郷とともに下野《げや》するところとなった。西南戦争では四番大隊長を務め、事実上、薩軍の

桐野利秋。北海道大学附属図書館北方資料室蔵。

総司令的存在であった。

矢部から退却した桐野が江代に着いたのは明治十年四月二十七日だった。その四日前の二十三日、鹿児島県庁にひとつの探索情報がもたらされていた。それは、土佐派三千の兵が五月中に挙兵して九州へ渡海するというものだった。これが江代の桐野に伝わった。桐野の秘策は「土佐からの援軍」だった。

古勤王党と立志社の盟約

ここで、少し長くなるが、薩軍と土佐派（古勤王《こきんのう》党、立志社）の連携の経緯をたどる必要がある。堀内誠之進はその一端を担うことになる。

薩軍が土佐派と連携するためには、そのどちらかが「割拠」策を捨てて「突出」する必要があった。ただし、鹿児島から政府に尋問するためには薩軍もいつかは「突出」しなければならない。そのためには海を渡らなければならない。船が必要である。

結論からいえば、土佐派は古勤王党の四国割拠策を立志社の説得で突出策に転じた。ただし突出先は九州ではなく大阪、そこで薩軍の東上を待つ計画だった。西南戦争は天皇の関西巡幸《じゅんこう》中に勃発したため京都に行在所《あんざいしょ》が設けられていた。したがって、上方《かみがた》を目指すのは当を得ていた。

一方、薩軍では野村忍介《おしすけ》の突出策が却下されて割拠となり、結果的に土佐派の渡海を待つ形となった。議論が噛み合っていなかった。

野村忍介は薩軍幹部のなかで西郷挙兵に反対したひとりだったが、挙兵に決してからは、〈海路をとるべく長崎（船）を抑える〉、〈割拠せずに豊後《ぶんご》・日向方面に分進突出する〉など現実的な戦術を主張した。野村は「方今鳳輦《ほうこんほうれん》［天皇の乗り物］西京に駐まらせらる。一大隊の死兵を以て乗船して北海を巡らしめ若州小浜《おばま》に上陸せしめば、一夜にして西京に出で鳳輦を要し詔を請ひ檄を天下に伝へ」ることができると考えた（「野村忍介自叙傳」）。発想は立志社と同じである。

これを桐野利秋が却下した。西南戦争中、野村は同じ戦術を何度も主張するが、その度に桐野が却下している。陸軍少将桐野には三等警部野村の正論が小賢しかったのではないかともいわれる。

では、土佐派の援軍という話はどこから出てきたのか。

話は挙兵前日の明治十年（一八七七）二月十三日まで遡る。この日、篠原国幹《くにもと》が県庁に県令《けんれい》大山綱《つな》良《よし》を尋ねた。篠原は、「桐野［利秋］は豊後佐賀の関より四国へ渡海、夫《それ》より出坂する積り」と述べ、四国（高知）への通知を依頼した（「鹿児島一件書類」、『鹿児島県史料　西南戦争　第3巻』所収）。桐野利秋は野村忍介の突出策を却下しておきながら、じつは当初から土佐派との連携を視野に入れていた。野村の策とルートこそ異なるが、少なくとも開戦当初は上方侵攻を考えていたのである。県庁から禰寝《ねじめ》清（地租改正掛十一等出仕、三等属）・伊藤一作（勧業掛十五等出仕、九等属）の二名が「専使」として高知に派遣された。

ところが専使二名は「大分県にて捕縛」されてしまった（「福岡長崎大分三県ニ於テ鹿児島県ノ専使ヲ捕縛ス」）。桐野の意志は土佐派に伝わらなかった。これが伝わっていれば、土佐派は当面は古勤王党の四国割拠策でよかったはずである。

その頃、古勤王党西組（幡多《はた》郡）では、西郷の蹶起《けっき》を島津久光《ひさみつ》の十四ヶ条建言（第9章参照）の趣意に基づいて政府に尋問するものだと信じ、二月下旬、「薩兵に応援」のため挙兵と決していた（松岡信一「幡多郡郷士（有信講）の挙兵計画（明治10年）」）。間もなく、久光は西郷挙兵に関与していないとわかり幡多派幹部は動揺するが、それでも挙兵の準備を続けた。幡多派の計画は、当初、海陸両路から松山に向かい県庁を襲い割拠するというものだった。古勤王党東組（香美《かみ》郡、長岡《ながおか》郡）も四国割拠論だった。

幡多派の計画の中心人物は宮崎嘉道《かどう（よしみち）》（頼太郎）、福川清、田辺家勝、佐田家親《いえちか》、桑原平八らで、幡多郡・高岡郡あわせて七百人の動員を見込んでいた。古勤王党東組を率いるのは大石円《まどか》・森新太郎（香美郡）、池知退蔵《いけぢたいぞう》（長岡郡）らで、こちらは四百人だった。

一方、民撰議院設立を目指す立志社は、西郷蹶起を受けて、政府批判の建白を行うことを第一目標とした。ただし、条件（武器弾薬の確保、薩軍の有利な戦況）が整えば武力による政府転覆もありうべしと臨機応変に構える方針だった（小川原正道『西南戦争と自由民権』。異説あり）。

ところが、不穏な空気に乗じて林有造《ゆうぞう》を中心とする挙兵派がいったん主導権を握り、三月一日、

「挙兵」に社議一決した。挙兵派は林、谷重喜《しげき》、山田平左衛門、池田応助、広瀬為興、島地正存《しまじせいそん》（まさなり）、岩崎長明《ながあき》らであった。

立志社挙兵派は東西古勤王党に接触し、「従来諸君と其議論を異にするも憂国の精神は即ち一なり。今日の時勢空《むなし》く袖手傍観《しゅうしゅぼうかん》すべきにあらず、請ふ共に前途の大計を定めん」と提携を呼びかけた（「林有造氏　旧夢談」）。共和政治実現を目論むものとしてこれまで立志社を警戒・非難してきた古勤王党だったが、この要請に応じた。理念の異なる二派が、そのいずれとも理念の異なる西郷・桐野に応じるため盟約した。

三月、古勤王党の東西幹部（大石、森、池知、宮崎、桑原のほかに島村左伝次、安岡権馬、島村外内《とない》）と立志社挙兵派（林、谷、山田、池田、島地、広瀬のほかに平尾喜壽《よしとし》、森脇直樹、小谷正元）は秘かに会し、挙兵計画の大綱を決した。席上、林有造は〈四国に割拠しても海路を政府軍に遮断されるだけ〉と古勤王党の策を批判し、薩軍の渡海東上を前提に一挙に大阪城（大阪鎮台）を攻略すべしと主張し賛同を得た。

大阪突出策の具体的内容については諸説ある。二手に分かれて進軍し、西南戦争出兵のため警備が薄くなっていた大阪城を占拠する点はどの説も共通している。二手のうち一手は立志社で、これは陸路を徳島まで行き、徳島から海を渡り紀州（現和歌山県）または堺に上陸して大阪城を攻める手筈だったという。

もう一手は、陸路を伊予（現愛媛県）まで行き、そこから備前（現岡山県）に渡り大阪城に向かう

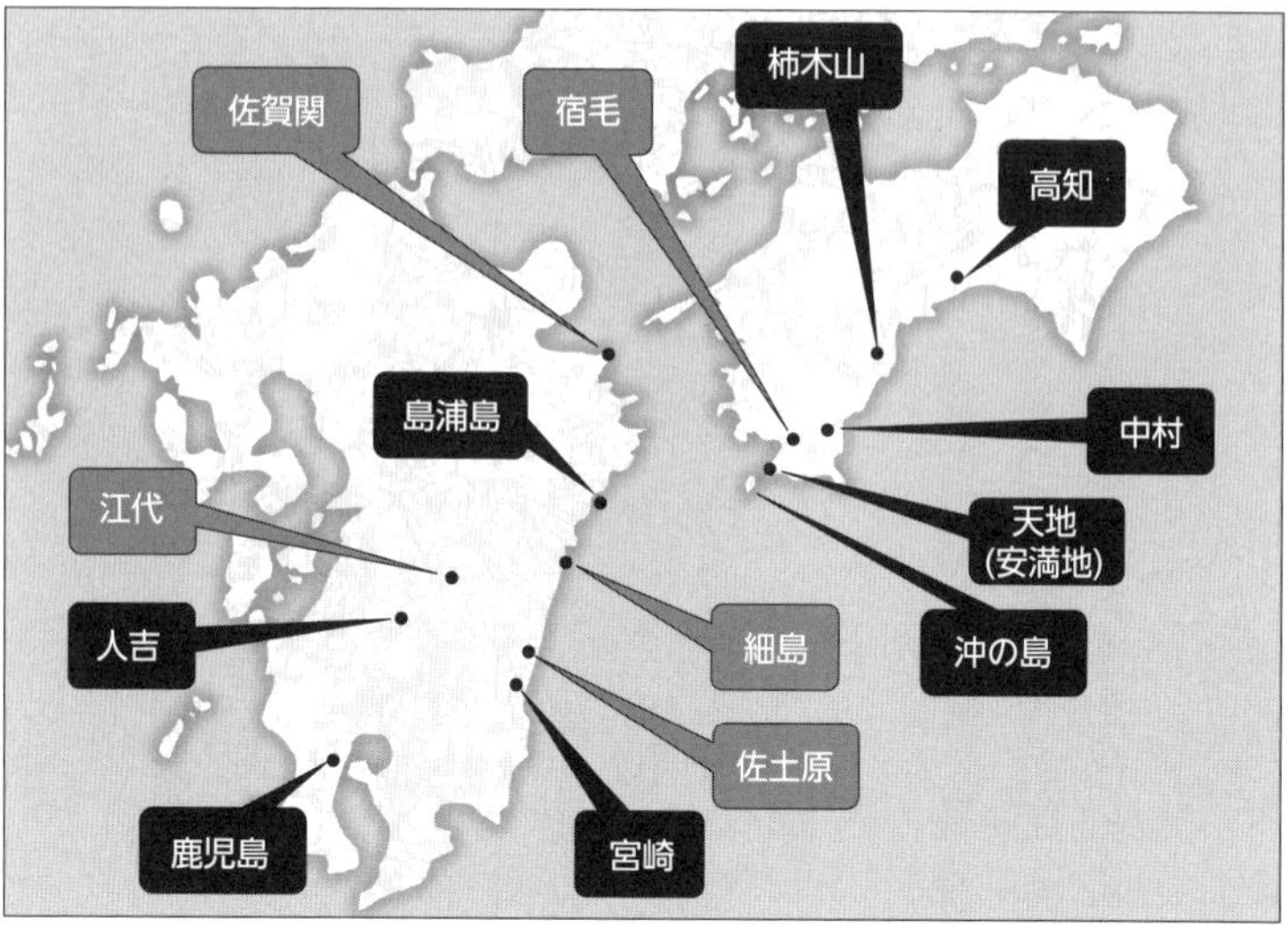

堀内誠之進と土佐派の関係地図。黒地の地名は堀内誠之進の足跡地。

予定だったという説と、いったん松山城を攻略してから中国筋へ渡る計画だったという説とがある。この第二手は立志社と東西古勤王党の連合とも、古勤王党単独ともいわれる。また、松山城攻略は古勤王党東組が高知から直進し、同西組が宇和島方面から進軍の予定だったといわれる。渡海に必要な船は三菱の汽船を奪う案、上海から購入するスナイドル銃を高知に運んでくる商船を奪う案があった。立志社は五百人の動員を見込んだ。

　四月になると、元老院幹事陸奥《むつ》宗光《むねみつ》率いる一党が紀州で土佐派に合流する計画に膨らんだ。また大阪では、立志社の大江卓《たく》・岩神昂《のぼる》（昂）らを中心に要人暗殺計画が挙兵計画と平行して練られた。京都に行在所が設けられたため、そこに大久保利《とし》通《みち》や木戸孝允《たかよし》がいたのである。

　以上が「土佐派の陰謀」と呼ばれるものである。計画といっても土佐派の陰謀はアメーバのように伸縮し捉えどころがなかった。しかし、予定された突出先が九州でなかったことだけは確実である。

薩軍と土佐派の連絡

明治十年（一八七七）三月三十日頃、鹿児島県庁ナンバー2（大山綱良捕縛のため実質トップ）である田畑常秋《つねあき》大書記官の命（一説には桐野利秋の命）により、六等属三浦介雄が土佐に潜入した。鹿児島の県官は県令大山綱良以下全員が鹿児島人で他県人を県政に従事させず、といわれたが、三浦介雄は土佐の沖《おき》の島《しま》出身の高知県士族である。例外もいたことになる。

三浦は土佐派の動向を探り、四月初旬、中村（現四万十市の一部）で古勤王党の桑原平八から、「〔土佐派は〕五月頃には（略）馬関《ばかん》［下関］へ渡海して総督本営［この頃は熊本の高瀬。征討総督は有栖《ありす》川宮熾仁《がわのみやたるひと》親王］へ訊問として推参すると云説あり其人数は大凡三千人位なり」（五月に土佐派三千が九州に渡海する）という真偽不明の「風聞」を聞かされた（「公文録」の三浦介雄口供書）。土佐派は「今般の御征討は何等の御趣意に出るものか」を総督本営で確認したうえで「薩兵に応するか別に事を為すか」を決するつもりだ、と桑原は三浦に語ったという（「国事犯取扱書類」の三浦介雄口供書）。

この「風聞」を持って三浦介雄は四月二十三日（二十二日とも）、鹿児島に帰着した。翌日、三浦は県庁で右松祐永《みぎまつすけなが》及び土岐《とき》元長に復命した（田畑大書記官は既に十四日に自刃していた）。右松は三浦から、高知県士族が「来月［五月］中旬には総督府へ願有て罷出《まかりでる》」という「雑話」を聞いた（右松祐永口供書）。そして同日、土岐は薩軍二番大隊大小荷駄長の樺山《かばやま》資綱（元司法省三等出仕）に宛てて、三浦から直接聞いた話だから間違いないとして、「土州も来月〔五月〕初には政府へか又は馬関〔下関〕へか突出る賦りの由、兵数三千、銃は三千挺相揃候由」と書通した（「林友幸西南之役出張日記」『鹿児島県史料　西南戦争　第1巻』）。これが桐野に伝わった報せである（ちなみに、この土岐書簡は「病院　異人館にて」書かれている。旧ウィリス邸であろう。樺山も四月まで同病院に入院していた）。

こうして江代の桐野利秋の手許には、桑原平八→三浦介雄→土岐元長→樺山資綱と伝わった情報をもとにした「探索書」ができあがった。そこには「板垣〔退助〕専《もっぱ》ら兵を集め其人数凡《およそ》三千許なる事」、「五月中旬に高知県より撃て出て有栖川宮の本営を衝突するの目的なる事」と記されていた（藤好静口供書）。板垣退助率いる土佐派三千が九州へ渡海し総督本営を攻略する、という話になっていた。伝言ゲームのように話は少しずつ変貌したのである。

土佐派の陰謀の真相

桐野はこの情報に踊らされ続けることになる。土佐派がこっちに渡海するなら薩軍が向こうに渡海する必要は暫くない。

しかし、土佐派三千の五月九州渡海計画なるものは実在しなかった。桐野の秘策はもとをたどれば桑原平八が口にした「風聞」にすぎない。土佐派は京都・大阪突出を目指していた。

にもかかわらず、なぜ桑原平八は、五月に土佐派が九州へ渡海すると語ったのだろうか。そもそも桑原は本当に三浦介雄にそう語ったのだろうか。あるいは三浦介雄が桑原の言を曲解したのだろうか。

兵三千も不可解である。東西古勤王党と立志社の勢力は最大で合計千六百のはずである。

桑原平八の口供書が残っていないため、この点を検証することはできない。ただ、兵三千の根拠は、林有造の武器購入計画ではないかと思われる。林は白髪山《しらがやま》（政府から払い下げられた長岡郡の山）を政府に公債証書十五万円で買い戻してもらい、その資金で横浜のポルトガル商人からスナイドル銃三千挺を購入しようとしていた。銃三千なら兵も三千と理解されたのではないか。実際、土岐元長書簡には「兵数三千、銃は三千挺相揃候由」と書かれている。

また、土佐派では、政府の募兵に応じるふりをして「壮兵三千人を土佐に募り、其の士官も全部土佐人を用ふることゝとすれば」武器調達を省けるという奇策が検討された時期もあった（川田瑞穂『片岡健吉先生傳』）。三千という数字は土佐派の決まり文句のようなものだったのかもしれない。

土佐派から薩軍への使節

しかし、明治十年（一八七七）五月になっても、当然、土佐から三千の兵は九州に来なかった。ところが奇妙なことに、その五月中、土佐からひとりの「使節」が薩軍に来た。そして、「今度彼地［土佐］も蜂起し均《ひと》しく賊に与《くみ》するを談判す。依て二大隊の兵をして兵器を携帯せしめ速に此地［九州］に可差出旨を談し使は本国［土佐］に帰る」と、土佐派が「二大隊」派遣を約したという（陸軍省「密事日記」の「第53号　10年6月7日　豊後路の賊情に付て」）。

これは投降した薩軍兵士の申立だったが、谷干城も「薩へ最初一人参候者は島村外内と承り申候」、

「約束の二大隊差出候筈之処…」と情報を確認している（佐佐木高行《たかゆき》・北村重頼《しげより》宛六月九日書簡）。土佐派の使者とされた古勤王党東組の島村外内（真潮《ましお》）は、「四百円計《ばかり》の金」を同志から与えられ「西国へ行」った疑いを持たれていた（六月七日付け谷干城宛北村重頼書簡）。

島村外内といい桑原平八といい、東西の古勤王党領袖《りょうしゅう》の言動（それが事実なら）は立志社との盟約と相容れない。不可解である。だが、さらに奇妙なことが続く。

五月十六日、江代の桐野利秋のもとに土佐派からの第二の使節として立志社挙兵派の藤好静《よしやす》と村松政克《まさかつ》の二人が来た（村松は立志社員ではないが前年まで日向宮崎師範学校訓導だった。宮崎地方の地理に明るかったと思われる。藤の兄は村松の義弟）。先に三浦介雄が土佐に潜入した際、三浦は土佐から日向に潜入するための道筋や頼るべき人物などを古勤王党幡多派の佐田家親に語っていた。佐田はそれを記録した「道筋案内書」を立志社の池田応助に渡した。池田はそれを藤好静・村松政克に示した。藤・村松はその案内書通りに潜入した（藤好静口供書、佐田家親口供書）。古勤王党と立志社の連携は保たれていた。

藤・村松が派遣された時は既に政府軍が熊本城連絡（四月十四日）を果たした後であった。西南戦争の大勢は決していた。立志社では建白派（片岡健吉ら）が主流となり挙兵派（林有造ら）は傍流に後退していた。挙兵派からすれば頼るべき薩軍の余力を見極める必要があったであろう。立志社挙兵派の起死回生策こそ薩軍であった。

桐野と藤・村松の密会は午前八時から午後三時まで昼食をはさみ七時間に及んだ。藤・村松は「何故高知県には御通知無之や。定めて高知県は弱兵にて取るに足らすと御見捨てあるか」と桐野利秋を詰問した。桐野は高知への専使二人が「途中にて縛せられたる趣近日に至り始《ママ》て分りたり」と弁解したという（藤好静口供書。村松政克口供書も同趣旨）。

　しかし、薩軍側・政府側の記録のトーンはこれとはだいぶ異なる。すなわち、立志社の二人は「土州に於て是迄及遅延《ちえんにおよび》候次第何共《なんとも》申訳無之《これなく》、（略）実に是迄延引致し候も余の義《（儀）》に無之《これなく》、銃器弾薬の乏しく如何共難致《いかんともいたしがたき》処より、斯迄《かくまで》相延び罷成申候」と土佐派挙兵の遅延を詫び、「幾度も因循は不致《いたさず》候」と挙兵を誓ったという（「鹿児島征討始末　別録一」の六月三日付け仁禮新左衛門報告）。薩軍投降兵の申立（前掲）にも、「［第一の使節が］約せし期を過くると雖《いえど》も其二大隊来らすして又二名の使節［藤・村松］本営に来る。依て当営の者、怒を顕はし…（略）［藤・村松は］二大隊の兵を送致す可しと談し帰る」とある。谷干城も、真偽は不明としながらも、藤・村松が二大隊派遣の遅延を桐野に詫びたうえで「是より急に立帰出兵いたし可申と約し帰りたる由」、その際、二人は「余程薩賊に恥かしめられたる由と被存候」と書いている（前掲書簡）。

　はたして藤・村松が二大隊派遣をあらためて約束したのか不明である。だが桐野はそう受けとめた。

謎の九州渡海プラン

　藤・村松の二人から薩軍の今後の軍略を尋ねられた桐野利秋は、次のように答えたという。鹿児島はいったん捨てて、「豊後に繰出し、進て豊前《ぶぜん》筑前筑後に推し懸《か》くれ」、「長崎に至り（略）軍艦を外国より購求し而後長崎より軍艦を発し直ちに馬関［下関］を衝《つ》かん」と（藤好静口供書）。これは、桐野が却下し続けてきた野村忍介の分進突出策にほかならない。桐野は揺れていたのか。

続けて桐野は藤・村松に、「我軍勢豊後を通行する折貴県の兵は佐賀の関を渡り相合すへし。彼の地は高知と相距る僅に五六里にして大に便利なり」と語った（同）。薩軍は豊後（大分県）に出るから、土佐派は佐賀関《さがのせき》（248ページ地図参照）を渡ってこいと指示を出したのである。

この桐野の弁に藤・村松は動揺した。藤は「右様の事は事機に応すへし。我が兵九州に渡るか渡らさるは預《（予）》定致しかたし」と返答した（同）。繰り返すが立志社に九州渡海プランはないのである。

このようなやりとりがあったにもかかわらず、桐野が土佐派の挙兵・九州渡海を信じた理由はわからない。藤・村松は桐野の迫力に圧倒されて、曖昧に口約束でもしてしまったのだろうか。後年、板垣退助は、藤が桐野に「大形《おおぎょう》に議論」し、その「藤好《ママ》の大言を西郷軍の誇張して自然に伝はりしもの」と藤の責任にしているが（『史談会速記録』第328号）、「藤・好静」を「藤好・静」と認識しているくらいだから、証言としては頼りない。

桐野だけではない。立志社の密使が桐野と密談したとの知らせは直ちに人吉の西郷隆盛にも届いた。翌十七日、西郷が別府《べっぷ》晋介《しんすけ》に送ったとされる書簡には、「昨日高知県人桐野の処へ来訪候由、（略）土州に於ては（略）最早直様《すぐさま》出発可致《いたすべく》、決て因循《いんじゅん》不致《いたさず》との事至極差迫り居候由、第一打合に為参候者と相考候」とある（「鹿児島征討始末別録一」。陸軍省軍団本営の探偵書に同文あり）。五月中旬、西郷と桐野は土佐からの援軍を信じていた。

余談ながら、藤・村松は桐野のもとにたどりつく四日前、延岡で偶然、野村忍介に遭遇している。桐野との面会を求めた藤・村松に対し野村は「凡そ丈夫の事を為す、独立独行以て其志を達すへし、何そ人を待ん」とまったく相手にしていない（「野村忍介他四名連署上申書」『鹿児島県史料　西南戦争第四巻』）。野村が一番リアリストである。

ともかくこれ以降、薩軍の間では、「高知山口の援兵将《ま》さに至らんとす。（略）今暫時の辛抱なりとて頻《しきり》に兵気を鼓舞し居れり」となる（「鹿児島征討始末別録一」にある投降兵からの聞書）。「賊は尚《なお》高知士族の応援を待ち居れり。今暫く持ち堪ゆれは高知及山口の援兵来るへしと宣言せり」とする探索情報もあった。（「鹿児島征討始末三」）。「山口」とは町田梅之進の一党の挙を指すのであろう（五月三十日蜂起、六月一日鎮圧。町田騒動）。また、六月四日付の陸軍省の記録には、投降兵から「桐野は四国に渡りしと云ふ信すへき説」を聞きだしたとある（「10年6月4日　賊将桐野の動向情報」）。もちろん桐野は四国に渡っていないが、薩軍兵士がそう信じるほどに桐野利秋と土佐派の連携の話は公然たるものだったのであろう。土佐からの援軍というシナリオは薩軍に広く共有されていたのである。

右が藤好静。左は岩神昂。『西南記伝　下巻二』より。

一方、藤好静と村松政克は「桐野氏より書翰」を預かって五月二十五日頃、高知に帰着した（『林有造自歴談』）。その書簡は今日に伝わらない。数日後、開成館にて立志社挙兵派は藤・村松の報告を聞いた。即時挙兵か否かで意見が割れた。林有造は遅れている武器の調達にこだわった。こうして五月は過ぎた。二大隊あるいは兵三千の九州派兵は後にも先にも決定されていない。

堀内誠之進、土佐への密使となる

桐野利秋が江代から宮崎に移動し西郷隆盛と合流（明治十年［一八七七］五月下旬）するまでの薩軍と土佐派の関係は以上の通りである。宮崎本営で桐野は土佐派との連携策を披瀝したであろう。だが桐野の期待に反して、土佐派は五月が終わろうとしても、またしても援軍を送ってこなかった。人吉から宮崎入りした堀内誠之進が桐野利秋の目にとまったのはこの時であった。桐野は誠之進を「元高知の産なるを以て」土佐派への密使として派遣することとした。そして、「最早兵を挙げ呉れべしと」土佐派に伝えるよう誠之進に命じた（中村弘毅の探索書。『保古飛呂比　七』ほかに収録）。元密偵が密使を送りこんだ形である。

桐野利秋の期待を背負った堀内誠之進は、五月下旬（日付不明）、宮崎を発した。服装を変じて漁夫を装い、漁船に身を投じて、まず延岡沖の離島の島浦島《しまうらとう》（現宮崎県延岡市島浦町、248ページ地図参照）に着した（『西南記伝　下巻一』）。宮崎から北へ約九〇キロの距離である。島浦島（島野浦島《しまのうらしま》とも）は、旧幕時代には延岡藩主が参勤交代で東上する際に最初の寄港地としていた島である。海上のハブといえる。

島浦島で堀内誠之進は漁船を乗り換え、土佐の沖の島（現高知県宿毛市、同地図参照）を目指した。島浦島からまっすぐ東に六五キロ先である。今度は波の荒い日向灘の横断となる。島浦島―沖の島はその日向灘を最短で結ぶルートであった。宮崎からいったん穏やかな沿岸を島浦島まで北上した目的はそこにあったのであろう。島浦島には腕のいい漁夫もたくさんいたはずである。

藤好静・村松政克が土佐から日向に潜入した際も、往路（五月十一日）と復路（五月二十一日頃）でこの島浦島を経由した。往路では島の「八幡九弥兵衛」宅に一泊している（藤好静口供書）。三浦介雄伝授の「道筋案内書」にコンタクト先として記載されていたと推定される。堀内誠之進が島浦島を出て高知にたどりつくまでの経由地（後述）は、じつは藤・村松の往路または復路の経由地とほぼ一致している。ルート情報を共有していた可能性がある。誠之進も「八幡九弥兵衛」に漁船の周旋等を依頼したのかもしれない。

島浦島（延岡市）。写真提供 PIXTA。

一方、政府側による沿岸警備がちょうどこの頃、強化され始めた。西郷隆盛の宮崎入りに薩軍の敗色濃厚とみた政府は、日向方面からの敗兵の四国逃亡・潜入を警戒した。六月十一日、警部・巡査・徴募巡査で編成した警視隊千二百人が宇和島に駐屯し、陸から海岸線の監視にあたった。また、海軍の静岡丸が六月十八日に宇和島に着港し、以後、海上を警備した。堀内誠之進が島浦島から沖の島へ向かったタイミングは、日向灘を海上封鎖される直前だったのである。

沖の島

明治十年（一八七七）五月末から六月初頭のある日の午前、沖の島西南部の漁村・弘瀬《ひろせ》に一隻の船が着いた。

乗っていた男は島の旧大庄屋三浦家を尋ねた。戸主の三浦則優《のりまさ（そくゆう）》は漁に出て留守だったが、甥の三浦義和がたまたま居合わせた。

海から来た男は義和に「高知県士族山田孝助」（幸助、耕介）と名のり、則優への取次を求めた（以下、対話文含め引用は三浦則優口供書、三浦義処《よしずみ》口供書、静岡丸報告、島村干雄《たてお》上申より）。

山田孝助は「立派なる装飾」の刀を帯びていた。船子が沖へ三浦則優を呼びに行っている間、三浦義和は尋ねた。

「足下は高知にて有名なる撃剣家山田二郎八の一門なるか」と。

三浦邸は幕末、黒船に備えて陣屋となり、撃剣の稽古も行われた。三浦義和はその指南番を務めたほどの人物であったから、山田孝助の立派な剣に関心を持ったのだろう。

しかし、山田孝助の答えは三浦義和の期待と違った。曰く、

「然らす。拙者、実は堀内誠之進と申者なり」と。

帯刀のまま漁夫に身を変じた堀内誠之進が、「山田孝助」の変名を用いて、日向灘を渡ってきたの

沖の島。

沖の島弘瀬。

三浦邸跡。

沖の島の三浦家墓地。右から三番目は三浦則優の墓。

である。

間もなく三浦則優が帰宅した。ちょうど昼頃だったので、三浦家は堀内誠之進に「差身《(刺身)》にて飯を出」した。

三浦則優が見た堀内誠之進の印象は、「年齢三十内外にて［実際は三十四歳］、丈は常並にて痩せたる方、色は黒き方、眼は凹みたる方、頬はよけたる方、足は躄《いざり》なり。言語は高知の言語にてもなく方に、取交せたる言葉なりし様に覚ゆ」だった。背丈は普通だが胴と頬はこけ、眼球も窪んでいた。脚をひきずっていた。土佐弁ではなく、様々な方言が混じっていたという。京都、大阪、東京、久留米、熊本、讃岐、鹿児島の言葉だろうか。

堀内誠之進曰く、

「拙者は三四年間鹿児島に参り居たるか、此度《このたび》帰郷する積《つもり》なれとも、高知への往来定《さだめ》てむつかしかるへきに付、其模様問合せの為め当家へ来りたり」。

高知に潜入のつもりだが取り調べは厳しいのかどうか。その情報を事前に得るために堀内誠之進は三浦家を頼ってきた。来意をそう告げた。

堀内誠之進と三浦家の人々

この三浦家とは、三浦介雄の家である。介雄は則優の養子であった。沖の島三浦氏は鎌倉武士三浦の落人の末裔といわれ、六百年間、島を統治した家だった。江戸時代、沖の島は土佐（弘瀬村）・宇和島（母島《もしま》村）両藩に分割されていたため、境界紛争があり、三浦氏は山内氏（高知藩）の利益代弁者として優遇されてきた（格式は留守居役）。明治七年（一八七二）、沖の島全島は高知県の管轄となり、同九年に幡多郡に編入された。一説に、三浦一族は幡多郡古勤王党の重要メンバーだったといわれる（後藤靖『士族反乱の研究』）。

西南戦争当時、沖の島＝三浦氏は、挙兵派士族にとって、高知―九州間を秘密裡に往来するための中継基地になっていたらしい。三浦介雄は土佐探索を終えて鹿児島に帰着する途次に帰島し（四月三日頃〜八日頃）、親族の三浦義處（義和長男。沖ノ島世話掛）に幡多派古勤王党の挙兵に志願するよう勧めている。藤好静・村松政克が日向に潜行した時も、沖の島で三浦則優・義處に会い、日向灘を渡海する漁船の周旋を依頼している（五月六日頃、一泊）。ひと月おきに密使が島を経由していったことになる。

三浦則優は堀内誠之進の問いに次のように答えた。

「拙者は十年余も高知に行きしことなし。故に往来のむつかしきや否は一向知らす」と。

そこに三浦義明（介雄の実家の叔父）がやって来た。誠之進は「高知往来の模様」を義明に尋ねた。義明が答えて曰く、

「拙者は先日高知に参居、二三日前帰宅せしか、往来甚むつかしく、宿々にて姓名を問糺《といただ》し帳簿に記載して役人に差出し、包物等を所持する者は殊に注目する模様なり。何分、切手［通行手形］なくて

は通行しかたし」、「刀を携帯しては通行相成るましく」。

そして三浦家の人々は、「当時廃刀のことに候得は、刀持参にては何方へも通行相成り難き旨」を説いた。鹿児島では廃刀令は無視されていた。堀内誠之進はそれを忘れていたようだ。

これを聞いて堀内誠之進は言った。

「鹿児島にては一同帯刀するゆへ拙者も当所迄は帯刀して来りたるか、此先《このさ》きは帯刀すへきに非さる故、今此刀と衣服とを暫時預り呉よ」と。

すなわち、誠之進は、鹿児島を発した時に奥宗一から贈られた刀一本と衣類の入った「風呂敷包」を三浦家で預かってほしいと頼んだ。衣類は袷《あわせ》一枚、筒袖羽織一枚、フランネル（毛織物）の下着一枚だった。大山綱良から授けられた銃は沖の島に持参していない。

三浦則優は、

「刀の如きは決て預りと云訳にはまいらす。併《しか》し置て行きて致し方なし」

と答えた。預かるわけにはいかないが、置いていくのは勝手だと。

堀内誠之進は船中に残してきた衣類等を隣家の者に取ってきてもらい、これを三浦の家に置くと、「再度来るべし」と告げて、夕方、「西北に向て出帆」したという。弘瀬から時計回りに島を旋回して高知に針路をとったことになる。

余談ながら三浦則優の子孫は、昭和六十二年（一九八七）九月、筆者が沖の島を初めて訪れた時に

三浦家に伝わる刀箱。1987年撮影。

は、先祖代々の宅地で民宿「あさひ」を営んでいた（筆者はそこに宿泊した。「三浦邸跡」の写真に写っている家屋がそれ）。当時、三浦家には「刀箱」というものがあった。中は既にカラであったが、かつてはそこに刀を納めていたという。堀内誠之進から預かった刀も、あるいはそこに一時納められていたのかもしれない。現在、沖の島に三浦氏は残っておらず（宿毛《すくも》に移り住んだという）、その家も空家になっている。刀箱がどうなったのかわからない。

柿木山に帰郷する

沖の島を出航した堀内誠之進は、沖の島弘瀬から一六キロほど北東に位置する漁港天地《あまぢ》（現幡多郡大月町安満地《あまぢ》、２４８ページ地図参照）から上陸し、土佐に入った。明治三年（一八七〇）に中村恕助《じょすけ》を伴っての帰郷以来、七年ぶりの土佐の地である。前回は大村益次郎《ますじろう》暗殺の連累者として指名手配中だったが、今回は終身禁獄中である。

天地から堀内誠之進は中村（現四万十市の一部、旧中村市、２４８ページ地図参照）へ入った。宿毛を経由したとすれば三八キロほどの道のりである。この一帯は古勤王党幡多派のエリアである。

真偽ははっきりしないが、この時、堀内誠之進は「桐野某［利秋］より佐田家親宛」の書簡を携行していたともいわれる（「柏島出張佐伯軍曹自ら来り報　藤本少尉」）。佐田家親は中村近傍の安並村出身（庄屋）の古勤王党領袖のひとりだった。三浦介雄が土佐潜入した時にも面会した人物である。ただし、佐田はこの頃、高知にいた。

そして堀内誠之進は柿木山《かきのきやま》に帰ってきた。

当時、柿木山の実家には誠之進の父六蔵や兄安明《やすあき》がいたと思われる。鹿児島の私学校に入学していた末弟（四男）の堀内安靖《やすはる》も、西南戦争勃発前後に帰郷していた。安靖は、〈まだ年齢が若いので親の元に返したい〉と西郷隆盛が認めた書簡を持って帰ってきたという（堀内喜美恵氏談。ただしこの話は堀内家では「安靖」ではなく「安一」の話として伝わる。安一は安明の子で、文久二年［一八六二］十一月二十一日生まれであるから西南戦争勃発時は十四歳。確かに若い。あるいは安一も安靖とともに私学校に入学していたのか）。三男の了之輔《りょうのすけ》（島村安度《やすのり》）は半月前に懲役三年の判決を下されたばかりで、東京で収監されていた。

堀内誠之進と家族の再会について、当事者の記録は何も残っていない。誠之進の密使派遣の急な状況からして、堀内家には事前に知らされていなかったであろう。誠之進の突然の帰郷に驚き、かつ無事を喜んだであろうことは想像に難くない。

林有造と会談

柿木山を後にして堀内誠之進は高知に出た。高知で誠之進は藤好静・村松政克に面会した。藤・村松の二人は六月十四日に捕縛されているので、誠之進の高知入りはそれ以前とわかる。

藤と村松は、ただちに林有造にこれを伝えた。曰く、

「鹿児島に配賦《はいふ》の終身禁獄なる我県人堀内某［誠之進］両三日前来り。僕等［藤・村松］面会彼の地の実況を聞知せり。貴君［林有造］面会せは其の由を通すへし」（『林有造自歴談』）。

これによれば、藤と村松は、堀内誠之進に面会すれば九州の「実況」がわかるだろうと林有造に勧めたにすぎない。しかし、林は当の藤・村松から既に「実況」を聞いたはずである。桐野利秋による堀内誠之進派遣の経緯や、誠之進が、桐野の書翰を託されて立志社に帰った藤・村松にコンタクトをとり「［林有造に］面会し度旨《たき》申越」（林有造口供書）た点を考えれば、土佐派挙兵をめぐる密会の申し入れと見て間違いないだろう。なお、林有造は、藤・村松に会ったのは、二人の「帰県後十日程」（＝六月四〜五日）あるいは「六月三日頃」と供述している。逆算すれば誠之進の柿木山帰郷は六月二日前後であろうか。

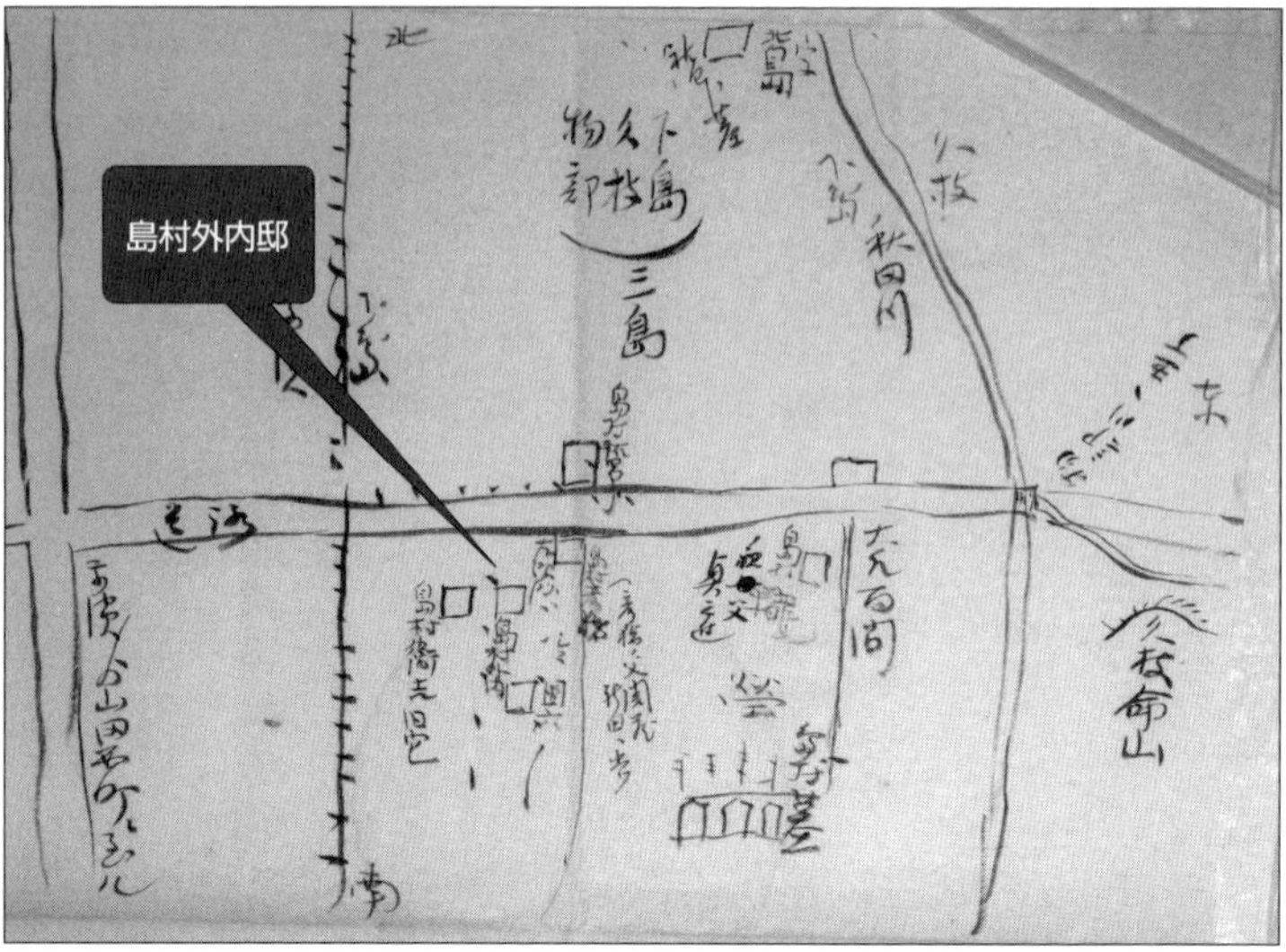

「香美郡三島村下島島村衛吉旧宅・島村家墓絵図」。高知市立市民図書館中城文庫蔵。

林有造は堀内誠之進の面会申し入れを了承した。会見は京町（現高知市帯屋町、高知大丸あたり）の立志社楼上で行われることになった。

その日の晩、林有造は谷重喜とともに立志社で堀内誠之進を待った。しかし、誠之進はなぜか姿を現さなかった。その理由を林は「行違ひ」（『林有造自歴談』）、「事故ありて来らず」（「林有造氏旧夢談」）と記すのみで、詳しい事情はわからない。誠之進は柿木山に帰っていた。

林有造は不審に思ったのか、警戒し始めた。谷重喜に対し、「此人［堀内誠之進］の為め万一煩となるも不計」、すなわち、堀内誠之進とかかわって二人とも捕縛されるようなことがあってはならないから、堀内には自分だけが会うことにしようと話した（『林有造自歴談』）。

結局、堀内誠之進と林有造の会談は、六月二十日頃の夜、実現した。場所は立志社ではなく、古

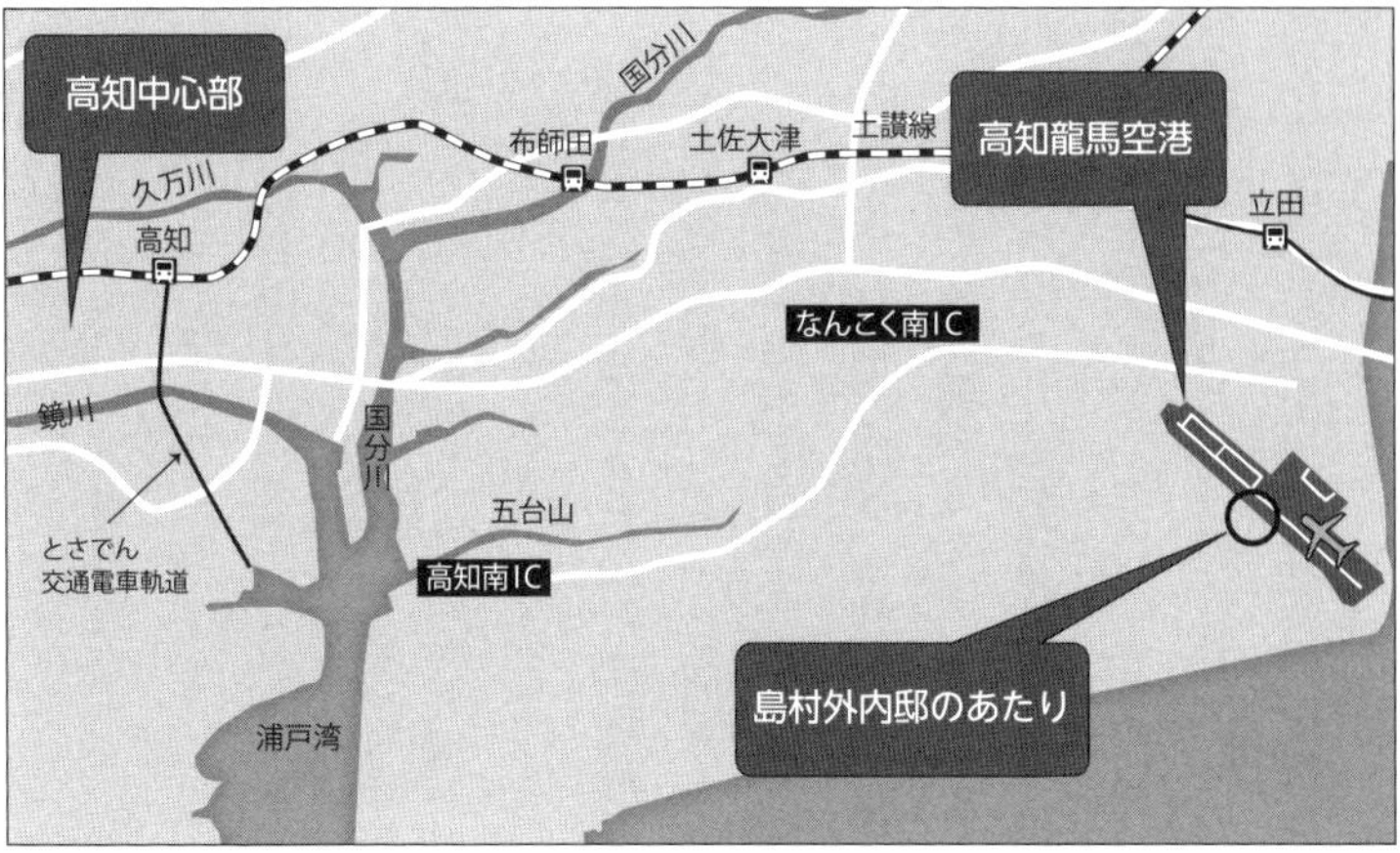

島村外内邸の所在地。

勤王党東組領袖・島村外内の私邸となった。誠之進にとっては自由民権運動の本部よりは落ち着く場所だったかもしれない。

　島村外内邸の所在地は、明治十六年の「御政体之義ニ付建白」には「下島村八十七番屋敷」、明治二十七年の「條約改正ノ方針ニ関スル建白書」にも「香美郡三島村之内下島八十七番地」とある。中城文庫の「香美郡三島村下島島村衛吉旧宅・島村家墓絵図」に、その島村外内邸が書きこまれている（土佐勤王党の獄で拷問死した弟島村衛吉《えきち》旧宅の東隣）。この絵図を下島の古地図、航空写真、現在地図と重ねると、島村外内邸は現在の高知空港（高知龍馬空港）滑走路の真ん中あたりの南側と推定される。高知の中心部から一二〜三キロ東にあたる（地図参照）。

　会談の出席者は林有造・堀内誠之進のほかに、島村外内、古勤王党西組の桑原平八、吉村覚次郎、誠之進の弟堀内安靖だった。林が島村外内邸に着いた時、誠之進は不在だったが、堀内安靖がどこかに呼びに行き、間もなくして誠之進はやって来た。

この会談については林有造の記録（口供書、『林有造自歴談』、「林有造氏　旧夢談」）しか残っていないため、これまで堀内誠之進と「立志社」林有造の密会と理解されてきた。しかし、東西古勤王党の幹部が顔を揃えていることから、「立志社」ではなく「土佐派」との会談であったことは明らかである。桑原平八は「土佐派三千の九州渡海」を三浦介雄に語った張本人、島村外内も「二個大隊の九州派遣」を薩軍に約した疑いの人物であることに注意したい。

「高知が事をなすなれは、余程静かに考てなすへし」

林有造は天保十三年（一八四二）八月生まれ、堀内誠之進と同じ年齢である。幡多郡宿毛村の出身で、維新後は高知藩の権少参事として大参事板垣退助の信頼を受け、明治三年（一八七〇）に普仏《ふふつ》戦争を視察、廃藩置県《はいはんちけん》後に高知県参事（のちの県令《けんれい》に相当）、明治五年に中央に出て外務省出仕となったが、翌年の征韓論政変で板垣とともに下野《げや》した。明治七年四月、板垣、片岡健吉らと立志社を設立した。ちなみに、大山綱良の後任として鹿児島県令となった岩村通俊《みちとし》は有造の実兄である。兄弟で政府側と反政府側に分かれた。

立志社は自由民権運動の結社であったが、同時に、征韓論政変で近衛兵を脱隊した将士を中核とする潜在的軍事組織でもあった。板垣退助はこの頃、自由民権派のリーダーというよりも、戊辰戦争（東北征討）の軍事英雄として知られていた。林有造は立志社結党の三カ月前（一月）に鹿児島隠遁中の西郷隆盛を訪れ、薩摩と土佐で兵を挙げる提案をした経緯がある。私学校と立志社は征韓論政変後、政府が最も恐れた士族集団であり、林はその立志社のいわば武闘派リーダーであった。

攘夷主義者のまま五年間、鹿児島に「収監」されていた堀内誠之進にとって、林有造の「自由民権」は、得体の知れない未来の思想であったろう。一方、林からみれば堀内誠之進は幕末の尊王攘夷運動からタイムマシンでやってきたような男と映じたかもしれない。しかも誠之進は征韓論者桐野利秋の使者であり、会談には島津久光流の復古主義者たち（古勤王党）が同席しているのである。この日の島村外内邸には、不平士族の全要素が揃っていた。

林有造口供書によれば会談は次のようなものだったという。

堀内「拙者は人吉《ひとよし》に在りしか、日向路へ人数か出る趣に付、其方へ出掛くへくと考へ出掛けしか、宮崎にて桐野［利秋］に面会したり。然る処、桐野より拙者に『高知の景況を目撃して来るへし』と申付けられしに付、十年五月下旬比《ころ》高知へ来り。一旦、柿の木山へ帰りたりしか、再ひ高知へ来りたるなり」

林　「鹿児島の形勢は如何」

堀内「人数は多分あれとも弾薬は乏し」

林　「足下は高知の景況目撃の為め来りたることとなるへけ

林有造。『林有造氏旧夢談』より。

れとも、桐野に於ては高知は動揺［挙兵のこと］するとは見込まし」
堀内「前日、藤［好静］・村松［政克］か日向へ来り桐野に面会したるより以来、桐野は高知も動揺することもあらんと考慮し居る様子なり」、「高知か事をなすなれは、余程静かに考てなすへし」
林「足下は幾《い》つ比《ころ》帰県［九州へ］するや」。
堀内「拙者は暫く高知に止《とどまり》て時勢を見、然る後、帰県する積《つも》りなり」

林有造がこの口供書で、「数刻」（『林有造自歴談』。数時間）に及んだという会談の重要部分を供述しているとは思えない。古勤王党の桑原平八、島村外内が何を言ったかもまったく触れていない。この供述からは、土佐派の挙兵・渡海を期待する桐野利秋に対して、立志社・古勤王党がどう答えたのかが、まったくわからない。

「弾薬は乏し」の堀内誠之進のひと言には薩軍の現況が捉えられている。薩軍は開戦から四月まで政府軍と同じ鉛製の銃弾を使っていた。しかし、時間とともに材料不足となり、人吉に本営を移動した時から、民家の鍋などを溶かして錫《すず》を鉛に混ぜるようになった（高橋信武『西南戦争の考古学的研究』）。林有造の供述中、最も問題となるのが、堀内誠之進が言った「高知か事をなすなれは、余程静かに考てなすへし」の真意であろう。

林はこれを、「此時、自分、堀内［誠之進］の口気其静に考てなせと云ふは、必す高知も我力を計て事を起せと云意なるへしと察した」と供述している（傍線筆者）。これでもわかりにくいが、『林有造自歴談』では、堀内誠之進の発言は「高知も挙兵せは能く支度して事を挙くへし。軽忽《けいこつ》にすへからす。鹿児島は俄《にわか》には斃《たお》れさるなり」となっている（傍線筆者）。そして、その解釈を林は「十分の力あれは挙兵すへきも否らさる時は止むへしとの懇意か、又、鹿児島の微弱を唱へ速に挙兵を逼《せま》らは即ち挙兵を妨害すと思慮せしか了解を不得」としている。

「林有造氏　旧夢談」によれば、堀内誠之進のこの発言は桐野利秋からの伝言であり、「先《さ》きに藤［好静］・村松［政克］両氏の伝へたると大同小異にして、当方［薩軍］未だ窮迫せず十分に準備して兵を挙ぐるも可なりとの注意に過ぎず」（傍線筆者）という。やはりわからない。薩軍は窮迫していない、とは桐野利秋の見栄だろうか。窮迫していないから土佐派は慌てて挙兵しなくてもよい、と言っているかのようにも聞こえる。

会談の波紋

では、藤好静・村松政克は以前、「大同小異」である桐野利秋の言をどのように林有造に伝えていたか。藤好静口供書において、この桐野の言に相当すると思われる箇所は次の通りである。すなわち、「軽思《かるおもい》に兵を挙けて大事を誤ること勿《なか》れ。確乎たる見込を立て而して後に事を挙くるへし」、「軽挙する勿れ。器械弾薬充足の後、事を始められよ」。

藤・村松の帰県報告を聞いた岩崎長明は、この部分を、「決して軽挙すへからす。十分準備の上事を挙くへし。我軍〔薩軍〕は猶ほ数年を支ふるに足れり」と表現している（岩崎長明口供書）。同じく藤・村松報告を聞いた山田平左衛門口供書によれば、桐野は「此先七年は支ゆへく其内には今の子供が成長して随分用をなす様にもなるなり」と余裕を見せたという。谷重喜も藤から「桐野〔利秋〕は決て弱はりたる様子なし。故に応して呉よとは云はさりし」と聞かされた（谷重喜口供書）。

そして、林有造は、藤・村松が報告した桐野の言は次の通りだったとしている。「若し土佐にて兵を挙ぐる意あらば決して急ぐべからず、十分に準備してやるべし、当方も先づ二三年は大丈夫なり」と（「林有造氏　旧夢談」）。

これらの証言からみえてくるのは、桐野利秋は土佐派に対して必勝確実の準備を要求した。ただし、すぐ助けに来てくれと自分からは言えなかった。頭を下げることはできなかった。そういうことではないだろうか。

この会談の結果、何か合意事項が成立したのかどうか、先に触れた通りわからない。ただ、会談直後に、林有造が格別奮起したようにはみえない。林は明治十年（一八七七）六月初旬、兵器調達の見込みが立たないため、少数精鋭による大阪城攻撃の急挙論にいったん転換したものの、板垣退助の反対で断念していた。六月五日には、政府が高知に派遣した陸軍中佐北村重頼（高知藩出身）が銃免許商の中岡商店にあった銃器弾薬（小銃二千挺、火薬数千斤）を買い上げの名義で没収し、神戸へ運び去ってしまった。六月下旬、堀内誠之進との会談が行われた頃には、古勤王党が立志社の兵器調達の遅延に憤激し、協調に亀裂が生じていた。打つ手がなくなりつつあるなか、薩軍も頼りにならないと知り、林のモチベーションは堀内誠之進との会談によって、むしろ下がっていったのではないか。

一方、古勤王党西組は立志社とは対照的に加熱した。宇和島に千二百名の警視隊が派遣されて幡多派は動揺していたが、七月十日、高知で景況探索をしていた幡多郡中村の宮崎嘉道が高知からもどるや、「是れ迄は恭順を唱ふる者多きにありしが、此夜より又暴動の模様なり」、「十二日夜より、結髪社員凡貳百名位、中村に集会、或は酒楼に登、或は旅泊に酒を飲む、是皆極壮士にして、暴論極る、畢竟宮崎［嘉道］の帰着より起りし事にて、何分煽動の様子なり」（探偵書、『保古飛呂比　七』）という状況になった。ただし、堀内誠之進との会談に宮崎嘉道は出席していないから、因果関係はわからない。

会談後の堀内誠之進の行方

林有造との会話のなかで、しばらく高知の「時勢」をみてから九州にもどると語った堀内誠之進の消息は、会談後わからなくなった。桐野利秋は堀内誠之進の報告を待っていたはずであり、高知で情勢探索に時間を費やす意味がわからない。『西南記伝　下巻二』は、林有造らとの会談を終えた堀内誠之進が「再び戦地に入り、［桐野］利秋に復命せし」と記すが、誠之進が会談の結末を無事に桐野に伝えることができたのか否か、じつはわからない。九州にもどったことを証する史料がないのである。

会談の一週間前の明治十年（一八七七）六月十三日、元老院議官佐佐木高行（高知藩出身）が大阪から北村重頼を伴って高知に着していた。佐佐木・北村は、軍隊が投入される事態になる前に郷里土佐を鎮静化しようと、立志社・古勤王党など不平士族への対策（説得、逮捕、離間工作）を本格化させた。翌十四日には早くも藤好静・村松政克が捕縛された。日向灘は封鎖されていた。そして、柿木山の堀内誠之進の父・兄・弟は、誠之進が戦地にもどることにはおそらく反対したであろう。堀内誠之進はそれでも九州にもどった（もどれた）のだろうか。あるいはもどら（もどれ）なかったのだろうか。わからない。

ところで、高知で堀内誠之進が目撃した「時勢」は、彼に何を思わせたであろうか。この頃、高知では自由民権運動の演説会が活況を呈していた。立志社の植木枝盛《えもり》の日記には、「午后立志社へ行。夜稲荷新地演劇場に於て演説会をなす、聴客甚だ夥しく居内に入る者二千人斗、不能入返者亦た二千人斗思ふ」（六月二三日条）、「夜稲荷新地演劇場演説会、精神の独立を述ぶ、傍聴人千余人」（同二六日条）とある（『植木枝盛集　第七巻』）。佐佐木高行日記も「近来立志社の演説会殆んど毎夜の如し、市中の人家にて説き、聴衆雑沓甚し」と記している（六月二十一日条、『保古飛呂比　七』）。演説会には士族に限らず農商老若男女が集まった。演説の内容は政府批判だけでなく、人権、教育といった問題に及んでいた。「攘夷」や「還都」を説く者はもういない。

「自由は土佐の山間より発したり」。堀内誠之進の姿はその「山間」に消えた。

堀内誠之進を探す使者

ここで再び沖の島の話となる。

堀内誠之進の来島からおよそ一カ月後の明治十年（一八七七）七月七日、沖の島弘瀬の三浦家にまたもや一隻の「日向の鰹釣船」が到着した。船には「怪しき体の者三名」が乗っていた。うち二人は漁師のようだったが、もうひとりは「士族体」あるいは漁師ながら「世話掛か総代」のように見えた。三名とも日向の細島（２４８ページ地図参照）の漁師を名のった（以下、対話文含め引用は三浦則優口供書、三浦義處口供書、静岡丸報告、島村干雄上申より）。

これに三浦則優、義明、義處の三人が応対した。

漁師たちは言った。

「自分共は日向延岡の者なり。桐野氏の為めに使に来れり」と。

そして、

「沖の島辺に行けは此書簡を持参せよと託せられたり」と言い、一封の書簡を差し出した。桐野利秋の書簡だった。

三浦家の三人は驚愕した。

「桐野とは何人なるそ、賊にあらすや。此三浦をも賊と思ひて書簡を差越したるか」と。

この会話のあと、書簡を受け取る、受け取らないの押し問答が続いた。

三浦則優たちは漁夫を「間諜ならん」と懼《おそ》れた。書簡を手にしてしまったら嫌疑を受けるかもしれないと考えた。しかし、漁夫たちは「是非開封を求め」た。

三浦義処が、

「此手紙は桐野より其許《そこもと》等の手へ直に渡されしか」

と尋ねると、漁夫たちは、

「否《い》な、桐野には面謁せしことなし。乃ち取次の者より受取たり」

と答えた。

三浦家の三人はいったん漁夫たちを避けて「密話」の末、たとえ開封しても書簡本紙を証拠として残しておけば申し開きは立つだろうと決し、書簡（写真参照）を受け取った。そして開封した。

「御地之御模様如何哉近頃恐縮に奉存候得とも御洩奉願候

此内被差越候山田耕介殿［＝堀内誠之進］今に御左右不相分候に付承度為め此者共差出申候間宜く

御報知被成下候様奉伏願候也

六月三十一日　佐土原出張　陣屋より

三浦様」（傍線筆者、桐野書簡全文は静岡丸報告にも翻刻あり）

桐野利秋の署名はなく、差出人には「佐土原《さどわら》出張　陣屋」とだけあった。手紙の趣旨は、先日派遣した山田耕介（堀内誠之進）のその後の消息について返書願いたい、というものであった。土佐派五

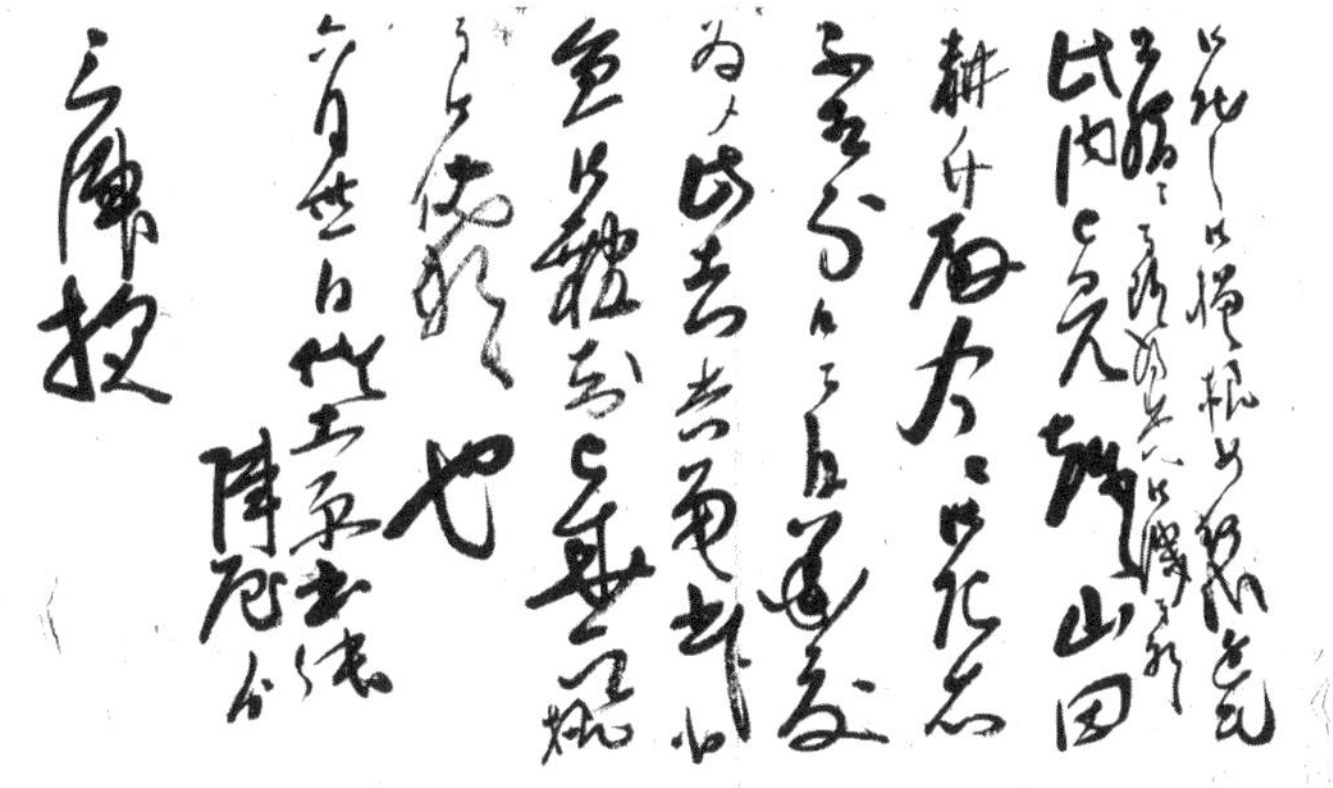

新発見の桐野利秋書簡。筆跡から桐野本人のものと思われる。防衛省防衛研究所蔵。アジア歴史資料センター公開。

月挙兵の期待を裏切られた桐野利秋は、六月三十一日になっても、まだ土佐派の挙兵を信じていたのである。そして、この書簡から、六月三十一日時点で堀内誠之進が桐野利秋に復命できていないことがわかる。

その間の六月一日に人吉は陥落、薩軍は各方面で退却を繰り返していた。奇兵隊を率いて大分方面で孤軍奮闘していた野村忍介は同月中旬、宮崎に赴き桐野と何度目かの談判をした。桐野は一時は自分も傾いていた野村の分進突出策をあらためて却下し、二人は決裂した。桐野は堀内誠之進からの吉報を待っていたのかもしれない。

桐野利秋の書簡を読んだ三浦則優は、

「山田［堀内誠之進］は高知に行くとて当地を出帆したれとも、弥《いよいよ》高知に至りしか自分は之を知らさるにより回答致しかたし」

と、返書を拒んだ。

しかし、三浦則優、義明、義處たちの再三の拒辞にもかかわらず、漁夫らが「返簡を乞ふの切なる」ため、遂に三

人協議のうえ、三浦義處が次の通り返書を執筆した。曰く、

「過日山田（堀内とも云ふ人）罷越高知に立越し其後何等不承候也」

返書は桐野書簡が入っていた封に入れて、その封に「確に領収せし旨を相認めて」漁夫たちに差し返した。漁夫たちはこの返書を携えて島を去っていった。漁夫らは翌八日、桐野利秋に復命する。使命を果たした漁夫三人の氏名などはわかっていない。

高陵郡盟約と兄弟分裂

土佐派不平士族のなかで立志社を天皇制絶対主義に敵対する勢力と位置付ける佐佐木高行・北村重頼は、その立志社と呉越同舟の提携をしている、文字通り「勤王」派の古勤王党を切り崩す戦術をとった。薩軍の敗色が濃厚となるなか、「共和政治」を志向し、演説会で躍進する立志社に加勢する意義は古勤王党にとって薄弱となりつつあった。もともと古勤王党を構成する旧郷士《ごうし》層には秩禄《ちつろく》処分・地租《ちそ》改正後も土地所有を維持した富農・小規模寄生地主が多く、土地を失った立志社の士族民権家（旧上士層）に比べ、体制派に転化しやすい性質を持っていた。

明治十年（一八七七）七月七日、高岡郡上分《かみぶん》村（現須崎市）旧郷士で土佐勤王党出身の今橋巌《いまはしいわお》（権助）が、高岡郡の古勤王党勢力を鎮静化すべく帰郷した。今橋は司法省出仕で佐佐木高行に信頼され

佐佐木高行。北海道大学附属図書館北方資料室蔵。

戊辰戦争を戦った迅衝隊幹部たちの集合写真。前列中央が板垣退助。中列左端が谷重喜、2人目が谷干城、3人目が山田平左衛門。後列左端が片岡健吉、右から2人目が北村重頼。個人蔵。高知県立歴史民俗資料館提供。

た人物だった。

高岡郡には、古勤王党東組（香美郡、長岡郡）の大石円・森新太郎・池知退蔵や、西組（幡多郡）の宮崎嘉道・桑原平八・佐田家親に比肩するような、際立った指導者がいなかった。今橋巌はリーダー不在の高岡郡郷士を説得して回った。そして、七月十五日、三百二十六名（今橋巌を含む）からなる「高陵《こうりょう》郡盟約」（高岡郡有志盟約書）を結ぶことに成功した。

高陵郡盟約に曰く、「今や西南の兇賊猖獗《しょうけつ》を恣《ほしいまま》にして、天子に抗し、官兵を殺し、万民を塗炭に苦め、終に帝国衰弊を醸造すること、実に臣子の視るに不忍所あり。（略）臣として天子に抗し、官兵を賊す者は、則之逆賊也」（『保古飛呂比　七』）。高岡郡古勤王党は西郷派を逆賊と決めつけたのである。

その盟約の二百七十九番と二百八十番に堀内安明と堀内安靖の名がある（住所は「柿ノ木村二番地ノ上」）。堀内誠之進の兄と弟は、政府側についた。

家長である堀内安明は仕方ないとしても、私学校で学び、林有造と兄誠之進の会談にも同席した堀内安靖の「転向」は意外である。しかし、郡内における同調圧力は容易に想像できるし、大庄屋だった堀内家は土地所有を追認された地主層にほかならない。後年、安明と安靖は、政府支持の帝政派の県会議員となるのである。盟約には誠之進の妹・亀尾の夫である三本重宣（窪川《くぼかわ》郷の旧大庄屋）も名を連ねていた。

逃亡中の堀内誠之進にとって、郷里の地は、身を隠せる場所ではなく、敵地となった。

第12章　潜伏逃亡

初動捜査

沖《おき》の島《しま》の三浦則優《のりまさ（そくゆう）》は、堀内誠之進《せいのしん》が去った後、「疑敷《うたがわしき》もの」が来島した旨を漁船に託して宿毛《すくも》に分営する警視隊に通報していた。直ちに巡査二名が沖の島に派遣された。しかし、不審人物は「退去」した後だった。そのまま、この一件はしばらく放置された。

柏島《かしわじま》出張警部補の佐伯善之丞が明治十年（一八七七）七月十三日、沖の島に上陸し三浦則優・義處《よしずみ》を尋問した。この時初めて、鹿児島からやって来た山田耕介（孝助）こと堀内誠之進なる人物が高知に向かったという重大情報を官憲はキャッチした。

三日後の十六日、薩軍の四国逃亡に備えて伊予・土佐の沿岸を警備していた海軍の汽船「静岡丸」が宿毛湾に入港した。静岡丸を指揮する海軍大尉三浦功《いさお》は、宿毛の警視隊分営で佐伯警部補から沖の島の一件を知らされた（三浦功は沖の島三浦氏とは無関係で、戊辰戦争では榎本艦隊にいた旧幕臣、のち海軍中将）。既に丸一カ月が経過していた。初動は遅れた。

翌十七日、三浦大尉は静岡丸に佐伯や三等少警部黒沢強ほか数名の警視隊員を乗艦させ、沖の島へ急行した。三浦大尉は三浦則優・義處を弘瀬《ひろせ》の区務所に出頭させ、堀内誠之進が遺した刀・衣類を証拠品として押収した。この時、三浦則優は「堀内なるもの右の刀を当船附之磯《ふなつき》辺に取捨《とりすて》中候、衣類は同人小船に乗込み候際、誤て海中へ落ち入候故、同人着替致し濡れたる衣類を磯辺に同様取捨候故、無拠《よんどころなく》私方に留め置き候」と言い訳した（以上「静岡丸報告」）。

三浦大尉は弁明する三浦則優らに向かい「若《も》し山田孝助か再ひ来りたらは海軍大尉三浦功か此品は持行きたる旨を伝へよ」と命じた（三浦義處口供書）。挑戦的な物言いである。

三浦則優・義處は桐野利秋《きりのとしあき》の書簡については隠して語らなかった。が、不安になったのか、翌日、事情を知る宿毛逗留中の沖の島戸長福田三城を通じて届け出た。

賊将桐野利秋の密書となれば、ただごとではない。二十日、三浦大尉は海軍中尉飯田《いいだ》信臣、同少尉植村永孚《ながたか》らを伴って再び静岡丸で沖の島弘瀬に急行した。出頭した三浦義處から桐野の書簡を押収した。三浦則優は病気と称して現れなかった。今度は義處が「書体の美事なるを愛《め》て留置《とどめおき》たる」（「静岡丸報告」）と書簡秘匿《ひとく》を言い訳した。桐野は実際、「現代なら書道教師のつとまるほどの筆力」だったというから（海音寺潮五郎『日本の名匠』）、これは半分本心だったかもしれない。

桐野書簡を一読して、パズルが解けた。「山田耕介」は、桐野利秋が土佐に放った密使だったのだ、と。二十四日、三浦大尉は静岡丸で宇和島に向かい、同地で桐野書簡を陸軍少佐梶山鼎介《ていすけ》に手交した。書簡は梶山から陸軍中将西郷従道《つぐみち》に伝わった。ここから捜査が本格化した。

ところで、島の小さな漁港に海軍の汽船が入港したこの事件は、島の人々を震撼させた。そして、その記憶は昭和になっても沖の島で語り継がれた。「西郷戦争の頃、眇《すがめ》なる人、三浦氏の監督にとて弘瀬に来居たりしが、南三浦に、西郷隆盛の手紙来れること発覚し、之を召捕るとて、大騒動となりぬ。兵数多来り、沖の島を焼払ふなど言ひ、人心恟々《きょうきょう》たりき。」と（沖本白水「とさ・おきのしま　下巻」、１９３６年）。

「眇なる人」（片目が細い、または見えない人）とは誰であろうか。素直に読めば「監督」は三浦大尉を指すとも思えるが、三浦功の肖像写真は「眇なる人」ではない。ならば、「凹みたる」眼の堀内誠之進か、あるいは眼病を患っていたという三浦介雄であろうか。半世紀以上経ってからの言い伝えなので、すべてが混同されているのかもしれない。

堀内包囲網

話をもどす。三浦功が宇和島で梶山鼎介に桐野書簡を渡した頃には、陸軍少尉島村干雄《たてお》を通じて、高知の佐佐木高行《たかゆき》と権令《ごんれい》小池国武にもその情報が届いていた。島村干雄は土佐郡出身で、熊本鎮台《ちんだい》における谷干城《たてき》の部下だったが、谷と佐佐木らの連絡役として高知に派遣されていた。明治十年（一八七七）七月二十五日、佐佐木と北村重頼《しげより》はその島村の上申書を添えて熊本の谷干城に土佐の情勢を急報した。島村の上申に曰く、

「先般何の頃か時日は詳《つまびらか》ならずと雖《いえど》も、日向地より一隻の漁船、三名の乗組にて幡《（幡多）》郡沖島《（沖の島）》へ三浦介雄（鹿児島の賊に加る者）留守を尋ね来りし者あり。其の二名は猟《（漁）》師体の者なれ共、他の一名は士族体なり、其者、則優（介雄の父、留守の主人也）に問て曰く『向《さ》きに本県の人にて堀内精《ママ》之助《ママ》なる者来りしや』。［則優］答へて曰く『成程向きに同郡の者にて山田某と名乗り来る者あり。我謂ふに同郡に姓山田なる者なし、因て之を詰れば、則ち堀内精之助と答へたり。其人は立派なる装飾にて両刀［実際は一本か］を帯びて来る處、高知へ赴くには不都合なりとて大小衣服等我方に預け置て出立したり』と。其者［三浦則優］に大小衣服を持参して去りたると云ふ由、幡郡探偵掛より報知あり。因て堀内誠《ママ》之助なる者を詮議するに、本県に其姓名なし。独《ひとり》仁《に》井《い》田《だ》郷柿《かき》の木山《きやま》に堀内誠之進なる者あり。同人は旧藩政の頃、罪科に依て鹿児島に御預けになりたる者にて、鹿児島にては頗《すこぶ》る寛大の待遇を得て、始終市中往来など致し居れりと云ふ、多分此者にして、方今《ほうこん》賊中に加はり、其の使《つかい》に来りしものなりと、探偵中なれは追て相分り次第、可及御通知候也。」（『保古飛呂比　七』、字句は若干異なるが『谷干城遺稿　三』に同文）

当初、堀内「誠之進」ではなく「精之助」または「誠之助」と情報は多少錯綜した。二十四日頃とされる佐佐木・北村宛小池国武書簡にも「誠之助と申者は戸籍に無之、（略）探偵相調の上、著手いたし度被存候」とある（『保古飛呂比　七』）。その「探偵相調」は順調に進み、同二十四日付けの別の佐佐木宛小池書簡では特定が既に完了している。曰く、

「過刻の一條、柿の木山堀内良之助《了之輔》、兄弟三人あり、末弟［堀内安靖《やすはる》］は私学校に入候、今度の事起り候以来、帰郷候者有之よし、佐々警部［九等警部佐々之治か］の探偵に出候間、多分右に相違有之間軸《まじく》存候間、是より直接同人［佐々警部］を同所へ出張せしめ、猶一応探偵の上、名前又は出没相違無之候はば捕縛候様相達置候、因て此段申上候也。」（同）

「帰郷候者」は堀内安靖を指しているとも、誠之進を指しているともとれる。どちらも正解だが、「帰郷候者」がじつは二人いたとまではわかっていなかったのかもしれない。

それでも、この時点で佐佐木高行たちは、堀内誠之進について、①国事犯事件で刑罰を科された者、②鹿児島に発配されたが事実上自由の身であった、③桐野利秋の密使として土佐に潜入した、とまでプロファイリングすることができたことになる。ちなみに、佐佐木高行は幕末、短期間ながら高岡郡奉行を務めたことがある。大庄屋だった堀内家のことはある程度知っていたかもしれない。しかし、肝心の、潜入の「目的」がまだ佐佐木たちにはわからない。

宇和島で三浦海軍大尉が梶山陸軍少佐に桐野書簡を渡し、高知で佐佐木・小池らが堀内誠之進の身元特定を進めていたのと同じ七月二十四日、九州の戦地でも「山田耕介」の情報が動き出した。

この日、政府軍の総攻撃により薩軍拠点の都城《みやこのじょう》（現宮崎県都城市）が陥落した。戦いの後、政府軍は薩軍陣営で一通の書簡を発見した。日付は七月十一日。それは桐野利秋が土佐派との連絡を各方面の薩将に通達したものだった。曰く、

「御揃ひ御高配の事と大慶此事に御座候。扨《さて》、佐土原《さどわら》［宮崎県中南部］広瀬［現宮崎市佐土原町の一部］より、過日高知県迄斥候《せっこう》舟差出置候處［堀内誠之進の消息を確認しに行った使者のこと］、一昨昨日［七月八日］帰船、申立る趣にては、迚《とて》も高知へは通ずること相叶はず、既に去月［六月か］二十八日頃より、蒸汽船五艘相掛り、九州と四国の通路船を、余程取締候趣にて、空しく帰り申候。高知も彌《いよい》よ起り候由。しかしカシハ島［柏島。沖の島の間違い］までは罷越候趣にて、三浦某へ向け、山田耕介［＝堀内誠之進］の左右を尋に遣し候處、一筆返事参申候。右の次第にて、此島よりも高知へ渡海出来ざる由に御座候。尤《もっと》も此島へも巡査兵三十名ばかり上陸、夫故《それゆえ》日向船四国地に寄付き不申、漸く、三浦へ書面を届け申候由に御座候。庄内は白川迄出で、静岡も起り、何れも上洛の説は正説と相聞え申候。今の勢にては、賊［政府軍のこと］も極々切迫出候には相違無之、近日諸口も勢整ひ、此機会に可有之と存申候。不取敢上段の御報のみ。早々頓首。

　桐野

二泊。豊後路彌よよろしく御安心可被下候。」（雑賀博愛『大江天也傳』、傍線筆者）

高知はじめ庄内や静岡で同志が起ちあがるから政府軍は「切迫」間違いなしとの認識は、敗走を続

ける薩軍の将の強弁なのか、あるいはそう信じたかったのか。そうとでもいわなければ、もはや薩軍兵士の動揺を抑えられそうもなかったのか。ともかく、桐野利秋は土佐に最後の望みをつないだ。七月十一日の桐野は、まだ土佐派の挙兵に期待していたのである。しかし、堀内誠之進はまだもどらない。

そして、この書簡によって、「山田耕介」（堀内誠之進）が高知の挙兵計画に関与していると政府側に知れたはずである。では、起つのは誰なのか。立志社か古勤王党《こきんのう》か。山田耕介は誰に会っているのか。そこまではまだわからない。

土佐での探索が続いた。七月三十一日、高陵《こうりょう》郡盟約の立役者今橋巌《いまはしいわお》は佐佐木・北村に宛てて「別紙幡多《はた》郡の景況并《ならび》に堀内清之助《ママ》一件《ママ》、書状相添申上候得共、当県に於ては何分警察官を改正せねば役に相立申間軸」と「警察の振はざるを歎じ」た（『保古飛呂比　七』）。翌八月一日には仁井田（おそらくは堀内家）で手入れが行われた。しかし、手がかりは得られず、今橋は佐佐木に「堀内一件に付、仁井田へ三名差立置候処、何も立帰り候得共、何分踪跡《そうせき》相分り兼《かね》候」と焦燥感を書通した（同）。

宇和島の警視隊にも動きがあった。七月三十日、「高知県下宿毛沖の島え《へ》、九州地方より賊将桐野利秋の使者、密に上陸の趣き相聞ゆる段」の報を受け、「探偵を兼《かね》、且《かつ》配兵の都合」から四番小隊を出発させた（「警視隊四国出張日誌」）。地元警察、警視隊、海軍を動員して堀内誠之進包囲網が敷かれていった。

政府側の思惑

そして明治十年（一八七七）八月二日、堀内一件は新たな局面を迎える。大阪で立志社を中心に高知人の情報を収集していた太政官《だじょうかん》大書記官中村弘毅《こうき(ひろたけ)》（高知藩出身）から、同日付け書簡が佐佐木に届いた。曰く、

「林有造《ゆうぞう》此度上坂、東京へ罷越候見込の処、先日の郵船に乗り後れ候に付、陸行の積りにて、京都より大津に向ひ出発の処、警察厳重に付、終に不果行、又々下坂、漸《ようや》く去る三十一日の船にて東行候間、最早運の尽くる処にて、穴に首を突込候勢なり、然るに同人［林有造］帰坂中、堀内精《ママ》之介《ママ》・富永有《ゆう》隣《りん》云々の事発言の趣探知候に付、右の者捕縛致候時は、頗《すこぶ》る好き道具に相成候間、至急捜査の上は、著手有之度と存候」（『保古飛呂比　七』、傍線筆者）

すなわち、挙兵の前提となる武器の調達のため東京に向けて高知を出発（七月二十日）した林有造が、いったん大阪に着いた（同二十三日）。ここで乗船する予定だったが間に合わず（同二十六日）、陸路に変更し、京都まで来た。しかし大津に向かっている途中を巡査に尋問されるなどしたため陸路を諦め、大阪に戻った。結局、三十一日、神戸で乗船することができて、八月二日、林は横浜に着いた。

しかし、林の一挙手一投足は間諜に筒抜けで、完全に泳がされていた。「最早運の尽くる処にて、

穴に首を突込」のを虎視眈々と狙われていたのである。在阪中に林が会った立志社員林直庸《なおつね》はじつは政府の密偵の元締めだった（大日方純夫『維新政府の密偵たち』）。

その林直庸との会談中であろうか、林有造は堀内誠之進との関係を「発言」した。その瞬間、桐野利秋（薩軍）―堀内誠之進―林有造（立志社）は一本に繋がった。佐佐木高行は、この報で全体像を理解したはずである。大阪で林有造は「堀内精《ママ》之進捕縛に就ては、甚不都合の次第有之旨咄し候趣に付」（堀内誠之進が捕縛されたら大変不都合なことになる）と語っていたという（八月三十一日付け佐佐木・北村宛島村干雄書簡。『保古飛呂比　七』）。

ところで、ここに富永有隣の名が久しぶりに出た。山口藩の諸隊脱隊騒動を煽動した嫌疑をかけられ四国に逃亡したことは前に書いた（第5章参照）。以来、富永有隣は七年もの間、同志に匿《かくま》われながら土佐に潜伏していた。同志とは古勤王党東組の領袖大石円《まどか》・森新太郎・池知退蔵《いけぢたいぞう》らであり、古勤王党西組の領袖《りょうしゅう》桑原平八・田辺家豪《いえたけ》らである。大石のブレーンとして助言する一方、幡多派と盟約して連判状を作った。宇和島方面に出没して同志の糾合を謀るなど暗躍していた。

脱隊騒動後、富永と同じ状況で久留米に逃亡した大楽源太郎《だいらくげんたろう》は、そのカリスマ性にもかかわらず最後は同志に見捨てられ謀殺された。富永有隣はかつて松下村塾《しょうかそんじゅく》の助教でありながら「人徳がなかった」ので「松下村塾ではみんなにそっぽをむかれた」人物だったが（妻木忠太談、平尾道雄「富永有隣の逃亡と潜伏」）、古勤王党からは崇敬され最後まで庇護された。堀内誠之進と富永有隣は土佐のどこかで出会って逃避行をともにしても不思議はないが、二人が接触したという史料はない。ちなみに富永有隣は左目を失明している。「眇なる人」なのは偶然だろうか。

佐佐木高行らには、この頃、苛立ちがあった。佐佐木は七月二十八日、右大臣岩倉具視《ともみ》に宛てて「立志社は、板垣巨魁なれば、何をしても政府よりは手を附けずと心得居候者夥多有之候、畢竟《ひっきょう》、政府よりも功臣とか何とか申して我儘を御見捨て被成候光景に有之故なり、爾後《じご》は全国人と同様に御取扱有之様運候はば、人心も方向一定し可申事」と板垣退助拘引に意欲を示した。その切り札として「藤・村松へ関係向十分に糺《ただ》し揚げ候方可然」と藤好静《よしやす》・村松政克《まさかつ》の糺問に期待した（『保古飛呂比七』）。

しかし、大審院に送致された藤好静・村松政克の供述からは、板垣退助が挙兵計画に関与した証拠を掴めなかった。

そこに立志社と薩軍を繋ぐ第三の人物「堀内誠之進」が浮上した。しかも、挙兵計画の首謀者林有造に会っているという。ならば堀内を捕まえれば、立志社と板垣を追い込む「頗る好き道具」になるのではないか。八月十三日、佐佐木・北村に宛てて在阪の中村弘毅は、「過日堀内精《ママ》之進云々の事に付、（略）既に御聞込《ききこみ》にも相成、御尽力中の由実に安心仕候、此上捕縛候様屈指企望《きぼう》罷在候、此は是非共天網を不洩様と御尽力是祈る」と楽観的に期待を伝えた（同）。

ミッシング・ピース

ところが、堀内誠之進の行方は杳《よう》として知れなかった。

明治十年（一八七七）八月十五日、中村弘毅は二日前とは一転、佐佐木・北村に「堀内云々、実に致方無之、此者儀何分天網を不漏様致度希望此事に候」と、高知の捜査難航を知り慨嘆した（同）。「天網」洩らさず探しても堀内誠之進は見つからなかったのである。

同じく中村弘毅から佐佐木・北村宛の八月二十三日書簡に曰く、

「西南も平定の勢、此頃は西郷・桐野等私学校の精銃三百名位を率ゐ、官軍の重圍《じゅうい》を抜け、山林幽谷の間に出没候位、官軍頻に尾撃致候趣にて、不日に平定可相成との事に候、此上は、富永有隣・堀内精《ママ》之進両人を捕縛すれば、実に残る処なしと企望に不堪候」（同、傍線筆者）

この頃には既に宮崎は陥落し（七月三十一日）、薩軍は北上して延岡《のべおか》まで退却、その延岡も八月十四日に陥落していた。士気は一層低下し投降者が相次いだ。十六日、西郷隆盛は、政府軍に包囲された可愛嶽《えのだけ》（宮崎県延岡市）の山麓で解軍を宣言した。佐土原隊、熊本隊、協同隊などの党薩諸隊が政府軍に降伏した。組織的戦闘はここで終わった。あとは死地を求めての突囲《とつい》である。土佐挙兵にもう意味はなくなった（桐野が土佐派を諦めたのは七月十一日から八月十六日の間ということになる）。十七日、わずか数百名となった西郷の精兵は政府軍の重囲を突破し、標高七二八メートルの可愛嶽を越えて行った。しかし、「平定」は最早時間の問題だった。残すは堀内誠之進と富永有隣のみ、そう中村弘毅は強調した。

一方、林有造は八月八日、東京で拘引された。翌九日、巡査数十名が横浜から高知に向かい、十八日以降、立志社の片岡健吉、谷重喜《しげき》、山田平左衛門、池田応助、岩崎長明《ながあき》、水野寅次郎、野崎正朝ら幹部十三名（片岡以外は挙兵派）と古勤王党の佐田家親《いえちか》、桑原平八を相次いで捕縛した（立志社の獄）。三浦介雄・則優・義處も捕縛されていた。全員が東京に送致された。また、古勤王党東組では、下県した前藩知事山内豊範《とよのり》が大石円、森新太郎、池知退蔵を説諭（七月十二日）して以来、目だった動きをしなくなっていた。最後まで挙兵の姿勢を崩さなかった幡多郡古勤王党も、九月初めに宮崎嘉道《かどう》ら二十一名が警視隊に拘引されると、百二十余名が中村警察署に自首した。「土佐派」は壊滅した。

可愛嶽突破後に九州山地を南に縦走していた西郷隆盛ら一行が、政府軍の意表をついて突如鹿児島に帰還したのは九月一日だった。西郷らは鹿児島の中心を奪還し城山《しろやま》に立て籠もった。三百七十二名になっていた。

その日、大阪の中村弘毅は高知の佐佐木高行に宛てて「堀内精《ママ》之進は、今に踪跡相分らず由、同人は林有造の口より出し事にて、捕縛候はば、此度の一獄に付、好道具に可相成と、遺憾の至りに存候」と書通した（同）。またこの頃、「堀内誠之進は、或人の説に、高野山に潜伏すると申居候」と怪情報が流れた（日付不明の中村弘毅宛て今橋権助書簡、『保古飛呂比　八』）。東京では九月十日、三浦則優が堀内誠之進の沖の島一件を供述し始めた。翌日、大審院が堀内誠之進を急ぎ拘引し護送するよう長崎の九州臨時裁判所に通達した。
堀内誠之進は最後に残ったミッシング・ピースであった。

捕縛情報後に消えた堀内誠之進

事態は明治十年（一八七七）九月十五日、急展開した。

その日、任務を終えて高知から東京に戻った今橋巌は、佐佐木高行に帰京を知らせる書簡を送った。曰く、

「私《わたくし》儀《ぎ》、当十三日帰京仕、早速御留守へ罷出、御依頼の儀夫々《それぞれ》申上置候、将又県地の模様、土方《ひじかた》氏［久元《ひさもと》］迄申入候、同氏の談には、最早《もはや》議官殿［＝佐佐木高行］も引揚げ可然《しかるべく》云々、且又堀内精《ママ》之進は、既に九州にて捕縛相成《あいなり》、近日大審院へ相廻し候趣《おもむき》、桑原云々、土方は素より玉乃《たまの》［世履《せいり》］へも申出置候、桑原平八捕縛一件、東京にては同郡［幡多《はた》郡］に八千人も有之様申唱へ候、尚幡《（幡多）》郡の模様は御帰京迄に御聞取奉願《ねがいたてまつり》候。」（『保古飛呂比　七』、傍線筆者）

すなわち、今橋巌は九月十三日に着京し、一等侍補《じほ》土方久元（高知藩出身）に高知の模様などを報告すると、土方は佐佐木もそろそろ高知を引き上げてよいであろうとの見込みであった。そして、今橋は、堀内誠之進は既に九州で捕縛されており、近日中に大審院（東京）へ護送される旨を土方及び

大審院判事玉乃世履に語った。

この今橋書簡によれば、堀内誠之進は海上封鎖されていたはずの日向灘を何らかの方法で渡海し、九月上~中旬頃、再び「九州」に舞い戻ったところを捕縛されたことになる。「九州」のどこなのか。誰もわかっていない。

そして不可解なことが起きた。

九月十八日、堀内捕縛を今橋巌から知らされた玉乃世履は、すかさず司法卿大木喬任《たかとう》に堀内誠之進の即座護送を上申した。曰く、

「右之者［堀内誠之進］三浦則優等審問に大関係有之《これあり》候に付、急速捕縛の上当院［大審院］へ護送の御著手相成度《あいなりたく》云々の旨九月十一日付を以て上申仕置候処、今般《こんぱん》高知県出張の今橋検事補よりの談話にては右誠之進儀は既に九州地方に於て捕縛相成候哉に伝承仕候間《あいだ》、自然相違も無之《これなく》候はゝ尚更速に護送相成候様支度《したく》此段今又上申候也。」（「鹿児島征討始末十一」、傍線筆者）

これを受けて大木喬任も二十日、太政大臣三条実美《さねとみ》に対し「九州地方其筋［九州各方面］に同人［堀内誠之進］捕縛相成候はゝ急速護送相成候様」通達を発すべしと上申した（「高知県士族堀内誠之進護送上申」）。三条は翌二十一日、九州臨時裁判所（長崎）の幹事河野《こうの》敏鎌《とがま》・検事長岸良《きしら》兼養《かねやす》に宛てて「高知県士族堀内誠之進九州地方にて捕縛相成たる趣、右は三浦則祐《ママ》に関係の者に付其裁判所に引

渡し有らは速に大審院護送御取計ある可し」と暗号を打電させた（「九州臨時裁判所上申并内閣往復全書」）。

河野敏鎌は二十二日、宮崎、熊本、大分、加治木《かじき》（鹿児島）の臨時裁判所各出張所へ「其出張所拘留の賊徒中旧高知県士族堀内誠之進なる者有之哉至急御回答あるへし」と電信で通告した。いずれかの出張所に堀内誠之進は拘留されているはずである。

ところが、同日中に、各出張所から意外な電信が返ってきた。宮崎から「当所拘留の賊徒中堀内なる者無し」、大分から「堀内誠之進当方取調るに其名前無之」、加治木から「堀内誠之進なる者は当地取調之賊徒中に之なし」、熊本から「高知県元士族堀内誠之進なる者は無之也」である（「国事犯取扱書類」）。捕縛されたはずの堀内誠之進の姿はどこにも確認されなかったのである。二十三日、河野敏鎌は東京の三条実美に宛てて「一昨日不取敢《とりあえず》御答申進したる後各出張所拘留人取調たる処、堀内誠之進なる者無之此段尚申進す」と報告するしかなかった（「九州臨時裁判所上申并内閣往復全書」）。

その後も堀内誠之進が九州臨時裁判所で審問を受けた形跡は見当たらない。大審院に護送されたとの記録もない。九月二十三日付の河野から三条宛の電信以降は、大審院・海軍省間の連絡（証拠品の送致要請等）を除くと、政府の公文書、関係者の日記、書簡等の一切から、「堀内誠之進」はプツリと消えてしまう。

翌二十四日、薩軍最後の砦であった鹿児島の城山は、参軍山県有朋《やまがたありとも》の指揮する政府軍の総攻撃で陥落した。負傷した西郷隆盛は介錯されて死去し、桐野利秋も戦死した。西南戦争が終結した。

それから三カ月後、在京の佐佐木高行・土方久元・中村弘毅に宛てて、今橋巌から十二月二十九日付のやや長文の書簡が届いた。今橋は同月中旬、再び高知入りしていた。その書簡には、付け足したかのような次の箇条があった。「一　富永［有隣］・堀内［誠之進］の儀も、諜者を四方に遣し候間、相分り次第上申可仕」（『保古飛呂比　七』）。

富永有隣と堀内誠之進については密偵が探索中である、と。これを素直に読めば、堀内誠之進の九州での捕縛は誤報だったことになる。

だが、堀内誠之進は確かに拘引されという事実が、さらに五カ月後に明らかとなる。明治十一年五月十六日、拘引された「堀内誠之進」の名前が世間に唐突に登場するのである。それは新聞紙上においてであった。

第13章 最期

大久保利通暗殺の関係者として報道される

明治十一年（一八七八）五月十四日の朝、内務卿大久保利通《としみち》が赤坂仮御所への出勤途上、東京の紀《き》尾《お》井《い》町清水谷で襲撃され暗殺された（紀尾井町事件。遠矢浩規『利通暗殺』）。刺客は石川県士族の島田一郎・長連豪《ちょうつらひで》ら六名で、西郷隆盛・桐野利秋《きりのとしあき》に共鳴した者たちだった。西南戦争の敗北によって士族反乱の夢が潰《つい》えたことに失望した島田一郎らは、明治政府の事実上の最高権力者であり西郷を死に追いやった大久保をテロの標的にした。

政府はパニック状態に陥った。

その混乱のなか、夕方五時頃、司法省（現東京駅丸の内南口からＫＩＴＴＥのあたり。明治四年の司法省の位置からわずかに南。大審院もここに置かれた）にひとりの男が現れた。

その様子を五月十六日「東京日日新聞」は次のように報じた。

「一昨日［五月十四日］の午後五時ごろの事なりか、年のころ三十七年ばかり［数えで三十七歳、満三十五歳七カ月」の男が司法省の玄関へ来り、『拙者は高知県士族堀内誠之進と申すものなるが、御承知もあるべく今朝紀尾井町に於て大久保参議を殺害せし党与の其一人なり。依て御省へ自訴致す』と詞《ことば》短に申述べければ、直に大審院中なる第一方面一分署の出張所へ報知して、詰合の巡査に引渡され、巡査三人にてこれを一分署へ護送し、昨日［十五日］は警視第三課に於て一応糺問《きゅうもん》ありしと聞けり。風説には、此ものは敢《あえ》て刺殺の場に臨みしにはあらで、何か嘱託《たのみ》を受しとの申立なりとも聞けど、是また詳しくは分らず。」

翌十七日「読売新聞」も、「又賊の島田一郎抔《など》に連累の者で、高知県士族の堀内誠之進が自訴したといふは本とうらしいはなし」と、わざわざ本当の話と強調して報道している。「堀内誠之進」の氏名が広く世間に出たのはこれが最初（そして最後）であった。記事を読んで堀内誠之進という人物が何者かわかった読者はほとんどいなかったであろう。しかし、その名を知る少数の人々はこの記事に敏感に反応したに違いない。あの堀内誠之進が！、と。

新聞が「本とうらしいはなし」と報じた五月十七日、司法卿大木喬任《たかとう》は太政《だじょう》大臣三条実美《さねとみ》に宛て次の届を出していた。曰く、「高知県士族堀内誠之進護送之儀に付昨明治十年九月中上申に及ひ候末右之趣九州臨時裁判所へ御達相成候旨御指揮有之候処、同人儀今般別紙之通自首致し候間《あいだ》此段一応及御届候也」（「堀内誠之進自首に付御届」、傍線筆者）。

添えられた「別紙」というのは堀内誠之進の上申書（「明治十一年五月」付。日の記載はなし）である。

次の通りである。

「私儀　明治四辛未十二月於御省終身禁獄被申付、鹿児島県へ御預に相成謹慎罷在候処、去丑［明治十年］二月大山県令殿より其方共以後無構に付追て船の都合を以て可及沙汰との事にて、其后何等の義も無之中彼地騒擾に立至り候に付、其際乱を避居候折柄持症指起り歩行難渋仕、漸此節御当府迄罷出候間、可然御処置相蒙度此段上申仕候也。」（同、傍線筆者）

これによると、堀内誠之進は、鹿児島県令《けんれい》大山綱良《つなよし》によって放免された後、戦乱から避難していたが、持病により歩行困難となった。ようやくこのたび東京まで出てきたので自首することにした。そういうことになる。薩軍に身を投じて戦ったことは隠している。

つまり、堀内誠之進は九州では捕縛されなかったのである。東京で自首して初めて拘引された。しかし、なぜ東京なのか。林有造《ゆうぞう》との会談（前年六月）以降、丸一年もの間、いったいどこで何をしていたのか。鹿児島には帰ったのか。なぜ今になって自首するのか。

大久保利通暗殺事件との接点も見つからない。司法卿の届と堀内誠之進の上申書は、大久保暗殺の一件に触れていない。したがって、事件と自首のタイミングが重なったことによる新聞の誤報だったのではないかと思われる。ただし、一年間の潜伏期間中、堀内誠之進が大久保を狙う一味と接触する機会がなかったとも言い切れない。ちなみに大久保を暗殺した長連豪は明治七年六月（翌年一月まで）

と九年六月頃に鹿児島を訪れ、桐野利秋と深く交わっている。

これらの疑問は、堀内誠之進の供述から解けるはずである。司法省調査課の『和漢図書目録　昭和十一年末現在』には、「陸奥《むつ》宗光《むねみつ》等事件書類」（Y400D1-1）のタイトルで立志社の獄の関係書類（全十九冊）がリストアップされている。その第二冊に「堀内誠之進宮崎嘉道《かどう》等口供」、第七冊に「堀内誠之進口供」、第十冊に「佐田家親《いえちか》岡本健三郎堀内誠之進中村貫一岩上昴《ママのぼる》等各口供」、第十二冊に「石河清水堀内誠之進中村貫一郎同上」（「同上」は「審鞫記《しんきくき》」、審鞫とは罪状を問いただすこと）がある。堀内誠之進の口供書が四本もある。その口供書のなかで、堀内誠之進の鹿児島預りの様子、西南戦争での従軍、林有造らとの会談、その後の潜伏逃亡の状況などが詳細に語られていたと考えられる。大久保利通暗殺への関与の有無もはっきりするはずである。

ところが、法務図書館に所蔵されていた「陸奥宗光等事件書類」全十九冊は、第二次大戦中、同図書館疎開先の甲府市で戦災のためすべて焼失してしまった。鹿児島預り以降の堀内誠之進に関する本人の貴重な供述は灰となってしまったのである。同時に焼失した史料には、土佐派三千の援軍の話をした桑原平八の口供書も含まれていた。

自首までの堀内誠之進の動向について、今橋巌《いまはしいわお》が何か事情を知ってはいないのだろうか。西南戦争の末期、堀内誠之進が既に九州で捕縛されたとガセ情報を流し、戦役後に堀内は未だ探索中と書通したのが、今橋巌である。今橋は誠之進の兄と弟が加盟した高陵《こうりょう》郡盟約を周旋した人物でもある。ただし、堀内誠之進が司法省に自首した時、今橋は高知にいて板垣退助や立志社の動きを探っていた。

今のところ、今橋と誠之進の自首を関連づける史料はない。

鍛冶橋監獄

堀内誠之進は司法省と大審院に隣接する鍛冶橋《かじばし》監獄（警視監獄第一支署）に収監された（現東京駅八重洲中央口あたり）。林有造の目撃談がある。

「六月《ママ》初め頃、予［林有造］招庭順序を追ひ審問あり詳《つまびらか》に供出す、一日帰監の途堀内某［堀内誠之進］を一目せり。判事曰『堀内某高知県に帰りし事あり其方は存知か』。予曰く（略）『予は面会せしなり』。判事曰『何の処にて面会ありしや』。『島村外《と》内《ない》の宅なり』。（以下略）」（『林有造自歴談』、傍線筆者）。

KITTE（右のビル）のあたりに司法省・大審院があった。左は東京駅。

林有造は明治十一年（一八七八）五月十七日の訊問で右のやりとりと同じ趣旨を供述しているので（第11章の林有造口供書）、林が堀内誠之進を「一目」したのは実際には六月ではなく五月十四日から十七日の間だったはずである。林は一月二十二日に既に一度、堀内誠之進について審問されている。その時は、「堀内誠之進は自分兼て姓名も聞しことなき者に付、鹿児島に於て懲役中［実際は懲役ではなく禁錮］高知に来りしことは自分一向聞かさるなり」（林有造口供書）ととぼけている。

未決監（現在の拘置所に相当）である鍛冶橋監獄には、当時、審問中の国事犯たちが大勢いた。東京には鍛冶橋監獄、石川島監獄、市谷《いちがや》監獄の三つの監獄があったが、石川島と市谷は判決の出た已決囚の監獄であったから、審問中の国事犯はみな鍛冶橋監獄に集められたのである。立志社の獄関係では挙兵派（林有造、谷重喜《しげき》、山田平左衛門、池田応助、岩崎長明《ながあき》、水野寅次郎、藤好静《よしやす》、岡本健三郎、野崎正朝ほか）、暗殺派（大江卓《たく》、岩神昂《のぼる》ら）、建白派（片岡健吉）が顔を揃え、古勤王党西組の桑原平八と佐田家親、沖の島の三浦介雄・則優《のりまさ》・義處《よしずみ》も収監されていた（六月には陸奥宗光も収監）。

大久保利通を暗殺した六人も当然鍛冶橋監獄だった。国事犯ではないが〝毒婦〟高橋お伝も同じ鍛冶橋監獄にいた。さらに六月になると、澤田衛守《えいしゅ》殺害容疑で捕縛（十年十一月）されていた中村六蔵が広沢真臣《さねおみ》暗殺の容疑者として長崎から移監された。その中村六蔵を自宅に潜伏させた嫌疑で、かつて南部藩邸跡の仮監で堀内誠之進と同房だった寺崎《てらさき》三矢吉《みやきち》も同時期に久留米から送致されている。

鍛冶橋監獄は木造ながら日本最初の洋式監獄（十字型獄舎、二階建て）であった。一囚一房制がとられ、二枚の毛布と小さい木枕が与えられた。

国事犯に対する監獄での扱いは、二卿《にきょう》事件の頃に比べ著しく改善されていた。明治九年制定の「禁獄人取扱心得」には、「入監の時看守所に於て姓名等尋問する時は跪座《きざ》せしむるに不及若し数時間を要する時は腰掛を與ふべき事」、「毎日三十分乃至一時間宛監外運歩せしむべき事」、「親族並朋友よ

東京駅八重洲中央口。この一帯に鍛冶橋監獄があった。

りの差入物は玩弄物及び有害の物を除くの外は聞届苦しからざる事」、「禁獄人を取扱ふには総て寛裕を旨とし猥《みだ》りに叱咤呵責等をなすべからざる事」等が定められている（重松一義『図鑑　日本の監獄史』）。

実際、林有造らは書物を含め差し入れが自由で、同志間の連絡も、対面こそできないが獄吏《ごくり》に書いたものを渡して秘かに通信できたという。拷問もなかった。それにもかかわらず林有造は民権家らしく、「確定の裁判あるまで如何なる重罪犯も之を無罪の良民と同視すべしと云へる」が「文明国普通の法理」（「林有造氏　旧夢談」、以下「旧夢談」）であると待遇改善を要求し、監獄長にこれを受け入れさせている。しかし、監獄内は夏は蒸し暑く「臭気鼻を衝《つ》き」という環境で、決して快適ではなかった（野崎正朝「幽囚記」）。堀内誠之進の監獄内での生活状況については具体的には何も伝わっていない。

七月二十七日、大久保暗殺の島田一郎ら六名に死刑（斬罪）判決が出た。その日の朝、鍛冶橋監獄を出る島田一郎は大声で「愛国の諸君さらば」（「愛国の諸君御先へ」、「諸君、お先へ失敬」とも）と二度言ったという。鍛冶橋監獄に刑場はなく処刑は市谷監獄だった。「其音声頗《すこぶ》る大にして各監為めに震動するばかりなりしと云ふ」（「旧夢談」）とあるから、堀内誠之進は島田一郎のこの別

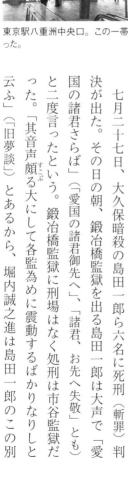

れの挨拶を聞いた可能性がある。

大審院判決

大審院での国事犯たちの訊問は玉乃世履《たまのせいり》、巖谷龍一《いわや》の二人の判事によって行われた。玉乃が愛宕通旭《おたぎみちてる》・外山光輔《とやまみつすけ》の陰謀事件の裁判を島本仲道《なかみち》と担当したことは第7章で述べた。玉乃と堀内誠之進は法廷で七年ぶりに顔を合わせたことになる。玉乃は大審院長代理（院長は欠員）になっていた。九月には初代大審院長となる。

ちなみに島本仲道は征韓論政変で司法省三等出仕を辞し、立志社の東京支部的な活動を行っていたが、西南戦争が起きると十津川《とつかわ》騒動から縁のある鷲尾隆聚《わしのおたかつむ》の建白（西郷隆盛との仲裁役を申し出る内容）に関わった疑いで明治十年（一八七七）三月拘留された（十月に放免）。不平士族になっていたのである。

法廷の有様を林有造は、「正面には玉乃・巖谷の両判事列座し、其右側には検事一人、其左側に警視二人、又一級を下り其左右に各書記一人の坐するを見たり」と伝えている（「旧夢談」）。警視のひとりは綿貫吉直《わたぬきよしなお》大警視と思われる。

明治十一年八月二十日、立志社の獄の判決申し渡しがあった。最も重刑となったのは挙兵派主謀格の林有造、暗殺計画主謀格の大江卓・岩神昂、薩軍と連絡した藤好静の四人で、禁獄十年となった。藤とともに江代で桐野利秋と密会した村松政克《まさかつ》は判決前の同年五月に保釈先で病死していた。次いで刑が重かったのは、土佐派挙兵計画の「風聞」を鹿児島に伝えた三浦介雄、日向への「道筋案内書」を藤・村松に示した池田応助、元老院幹事の要職にありながら挙兵計画に荷担した陸奥宗光の禁獄五年だった（陸奥の判決は翌二十一日）。以下、禁獄三年が一人、禁獄二年が二人、禁獄一年が十人などであった。首謀格の林・大江・岩神を別とすれば、挙兵・暗殺計画そのものの関係者より、薩軍との連絡に関与した人物に厳しかったといえるかもしれない。

沖《おき》の島《しま》の三浦則優は、堀内誠之進に関する桐野利秋との書簡の往復及び誠之進の刀剣を預かったことを訴え出なかった科《とが》で、片岡健吉（藤・村松に旅費を渡した）と同じ禁獄百日となった。桐野利秋への返書を認《したた》めた三浦義處はこれよりやや重い禁獄六カ月に処せられた。とんだとばっちりといっていいだろう。

大審院に送致された顔ぶれからわかるように、政府は「土佐派の陰謀」を企てた立志社・古勤王党《こきんのう》のうち、天皇制絶対主義の敵対勢力である立志社のみを弾圧した。体制派に取り込み天皇制擁護の勢力として利用できる古勤王党には寛大だった。立志社に「道筋案内書」を渡した佐田家親が禁獄一年にされただけである（桑原平八は無罪判決）。高知の中村警察署に拘引されていた古勤王党西組（幡多《はた》派）の八十一人は情状酌量または自訴を理由に全員が「免罪」となっている。また、古勤王党東組領袖の大石円《まどか》は主に富永有隣《ゆうりん》庇護の件で明治十一年一月に拘引され松山の獄に投ぜられたが、九月には無罪放免となった。島村外内、森新太郎、池知退蔵《いけぢたいぞう》は逮捕すらされていない。高陵郡盟約に取り込まれた堀内安靖《やすはる》しかりである。

堀内誠之進への判決申渡しは立志社の獄とは切り離され、一週間後の明治十一年八月二十七日に大審院で行われた。判決文は次の通りである。

「　　　　　　　　　　　　　　高知県士族土佐国高岡郡仁井田村住士族安明弟
　　　　　　　　　　　　　　　　　　　　　　　　　　　　　　　　　　脱籍
　　　　　　　　　　　　　　　　　　　　　　　　　　　　　　　　　　　堀内誠之進

其方儀曩《さき》に国事犯を以て禁獄終身の処刑を受け鹿児島県に禁獄中、明治十年二月同県賊徒暴挙の時に際し県令大山綱良か以後構《かまい》なしと申渡し解放したる後賊軍に加り、同年六月賊将桐野利秋の使となりて高知県へ渡り同県に於て急に兵を挙ん事を林有造に談したる右科に依り禁獄五年に処すへき処、禁獄終身の囚なるを以て、明治十年三月二日布告改正捕亡律懲役人又犯罪條例凡《およそ》懲役終身の囚人五年以上の罪を犯す者は七日以上九日以下の棒鎖とあるに比擬し棒鎖七日申付候事。

禁獄終身処刑中大山綱良より解放を受けたりと雖《いえど》も解放を為すへき権を有せさる綱良か申渡なるを以て綱良か申渡は其効なきものなりとす。然れとも誠之進か出獄せしは脱獄を以て論すへき限りにあらすとす。」（「国事犯禁獄囚堀内誠之進及懲役囚吉村音熊外二名特典減等ノ件」）

桐野利秋の使者として「急に兵を挙ん事」を林有造に談じたことは禁獄五年に相当するが、今は終身禁獄の刑に服しているところであるから、終身懲役囚（現在の無期懲役囚）が五年以上の罪を犯した場合に七日以上九日以下の棒鎖の刑に処すとした法規を準用して「棒鎖七日」とする（終身禁獄はそのまま）、という判決である。なお、県令大山綱良には禁獄囚を解放する権限はなかったのであるから大山による放免の申し渡しは無効とする、ただし、脱獄には相当しない、と付け加えられた。

この判決が、戦乱から避難していたと偽って自首した堀内誠之進にとって、予想外のものだったのか、あるいは覚悟のうえのものだったのか、わからない。判決文を読む限りでは、堀内誠之進は大久保利通暗殺とはやはり関係ないというべきであろうか。「急に兵を挙ん事」の表現からは、林有造口供書ではうやむやにされた桐野利秋の真意が堀内誠之進の取り調べのなかで追及されたことがうかがえる。そして、この判決を信じるならば、桐野利秋ははっきりと土佐派に挙兵を促したことになる。判決文に林有造の名のみがあり同席した桑原平八・島村外内の名がないのは、これも古勤王党の政府側への取り込みのためであろう。

「棒鎖」とは、明治五年の監獄則の規定に「鉄棒を両足に緊鎖して佇立《ちょりつ》せしむ其時間に半日終日の別あり凡そ獄則を犯し軽き者は罰を用ゆ」とあり、逆V字型に組んだ二本の鉄棒を両足に固定して半日または丸一日立ち続けさせる刑だという（重松一義『図説　刑罰具の歴史』）。足の病を持つ堀内誠之進には大変な苦痛であったろう。

立志社の獄で禁獄刑となった二十三名は、二人ずつに分けられて山県・新潟・宮城・愛知・栃木・山梨・福島・静岡・岩手・青森・秋田の各県に発配となった（山梨は三人）。二十三名は九月一日にいっせいに護送されたが、このなかに堀内誠之進の顔はない。誠之進はひとり滋賀県へ発配となった。その護送の日付はわからない。石川島監獄であれば島村安度《やすのり》との兄弟再会を果たせたはずだが、そうはならなかった。鍛冶橋から石川島までわずか二キロだった。

島村安度の出獄

この頃、石川島監獄はさながら草莽《そうもう》と不平士族の同窓会の如くであった。西南戦争の以前から、中山中左衛門《ちゅうざえもん》一派（第9章参照）や二卿《にきょう》事件及び征韓計画（第6・7章参照）の岡崎恭輔《きょうすけ》・古松簡二《ふるまつかんじ》が収監されていた。岡崎と古松は斬罪のはずが広沢真臣暗殺の容疑が生じて行刑見合《みあわせ》（事実上の終身禁獄）となったことは既に述べた。結局、その容疑も晴れて、明治十年（一八七七）十二月に罪一等を減じられ終身刑が確定した（ただし懲役が付いた）。二人には広沢暗殺容疑が不幸中の幸いとなり命拾いした。第5章の古松簡二自画像はこの頃のものである。

西南戦争後、石川島監獄の国事犯はさらに増えた。明治十年十月には薩軍の野村忍介《おしすけ》（懲役十年）らが入監し、十一年七月には大久保利通暗殺の斬奸状《ざんかんじょう》を起草した陸義猶《くがよしなお》（終身禁獄）を含む紀尾井町事件の連累者十七名が入監した。翌十二年八月には奇兵隊脱隊騒動の富永有隣（終身禁獄のところ判決同日特典をもって二等減じ禁獄七年。捕縛は十一年八月）が収監されることになる。中山一派及び野村忍介ら薩軍従軍者は懲役刑、他の国事犯は禁獄（禁錮）刑だったが、この差が何によるのかわからない。

ちなみに野村忍介は城山で西郷隆盛・桐野利秋のような死を選ばず、負傷加療中の城山病院で投降した。桐野利秋に突出策を否定され続けた野村には、こんな戦争では死ねないという思いがあったのかもしれない。

囚人同士の接触が禁じられている未決監の鍛冶橋監獄とは異なり、已決監の石川島監獄では国事犯たちはかなり自由に交流できたようである。互いに詩を贈ったり学問を教え合ったりした。野村忍介は、「獄中に在りて古松簡二、羽田〔岡崎〕恭輔、土橋一蔵〔萩の乱に呼応しようとした新潟県の大橋一蔵か〕と親交す。十年役〔西南戦争〕の一回祭に会ひ西郷先生を祭る文は古松之を草す」と述懐している（「野村忍介自叙傳写本」）。余談ながら、島村安度ら中山中左衛門一派がまだ鍛冶橋監獄にいた明治十年三月、捕縛された大山綱良が同監獄に収監された。大山は筋向いの獄房にいた中山一派の丹羽《にわ》精五郎と「板をたゝき暗号にて」秘かに話したという（「丹羽精五郎翁口授」）。大山は、はたして堀内誠之進の弟がすぐそばにいたことを知ったであろうか。

懲役三年で服役中だった島村安度と他囚との交流は知れない。服役中の様子で唯一知れるのは、明治十二年二月、獄中で「依卜昆埊里症」を病んだことである。「依卜昆埊里症」とは、「依剥昆埊児《いぽこんでる》」すなわちヒポコンデリー（hypochondrie。心気症。神経症の一種）である。客観的には何ら身体的疾患がないにもかかわらず、主観的に重大な疾患にあると思い悩み、強い不安や頭痛など心身の異常を訴える疾患を指す。要するにノイローゼである。

この「依卜昆垤里症」のおかげで、島村安度は明治十三年四月十三日、「特典放免」となった。もっとも、刑期は明治十二年十二月六日までだったので、出獄日が繰り上がったわけではない。どういうことか。司法卿田中不二麿《ふじまろ》の伺い書（十三年三月二十六日付）がその事情を伝えている。

「[島村安度は]客年[明治十二年]二月来、依卜昆垤里症を患ひ、加ふるに腸胃薄弱にして心下苦悶を発し日夜安眠を得す、身体日に衰弱に属し不治の症と有之、已に刑期を経過する十閲月[発症から刑期満期までの十カ月のことか]に及ふも到底償役の目途無之趣事実甚た憫然《びんぜん》の至りに付、特典を以て余罪放免相成可然と存候。」（「国事犯懲役囚島村安度特典放免ノ件」）

つまり、昨年二月以来、心気症や胃腸の不調で「不治の症」となったため、懲役の義務を果たせないまま刑期を過ぎてしまった。このまま収監を続けても償役に復帰できる目途がたたないのは「甚た憫然」であるから放免してはどうか。そういうことである。

こうして島村安度は出獄し五年ぶりの郷里に帰った。「不治の症」だったはずの島村安度は、翌十四年高岡郡長（第1章の写真参照）、十六年土佐郡長となる。「島村郡長は帝政党中に其人ありと知られたる名士」（「土陽新聞」明治十六年六月二十一日付、外崎光広編『土佐自由民権資料集』）となって、民権派と真っ向から対立する地元権力者に生まれ変わるのである。

大津監獄を襲った火事

話を明治十一年（一八七八）の堀内誠之進にもどす。

九月一日、堀内誠之進に先立って発配先へ護送された林有造たちは、「灼《やけ》つくような暑い真夏の陽が輝いて居た」なかを、筋骨隆々の警官に護衛されながら、「黙々として歩を運ぶ囚徒」という有様だったらしい（田中貢太郎『林有造伝』）。歩行の難しい堀内誠之進も残暑のなかの徒歩だったのであろうか。

堀内誠之進が収監されたのは滋賀県の大津監獄（滋賀県監獄署）であった。東京の南部藩邸跡仮監から始まって、小伝馬《こてんま》町牢屋敷、利渉丸、鹿児島での数々の屋敷と異人館、そして鍛冶橋監獄と、ありとあらゆるタイプの監獄を渡り歩いた堀内誠之進の、これが最後の住処となる。

大津監獄は琵琶湖畔の大津城本丸跡の西半分に明治十年八月に落成した新しい監獄であった（次ページ上図参照）。江戸時代には幕府の「御蔵《おくら》」が置かれ、維新後も「官倉地」として用いられていた場所である（「滋賀県監獄所新築伺・東京府復籍者留置所新設伺合綴」）。現在の「ネバーランド大津GRANBAY」の一部と「パークシティ大津」のあたりである（浜大津四丁目。次ページ下図参照）。今は周囲を埋め立てられているが、当時は琵琶湖に向けて突き出す形になっていた。四方を湖と城跡の堀に囲まれた監獄である。琵琶湖の景観を監窓から垣間見ることができたのかどうかわからない。

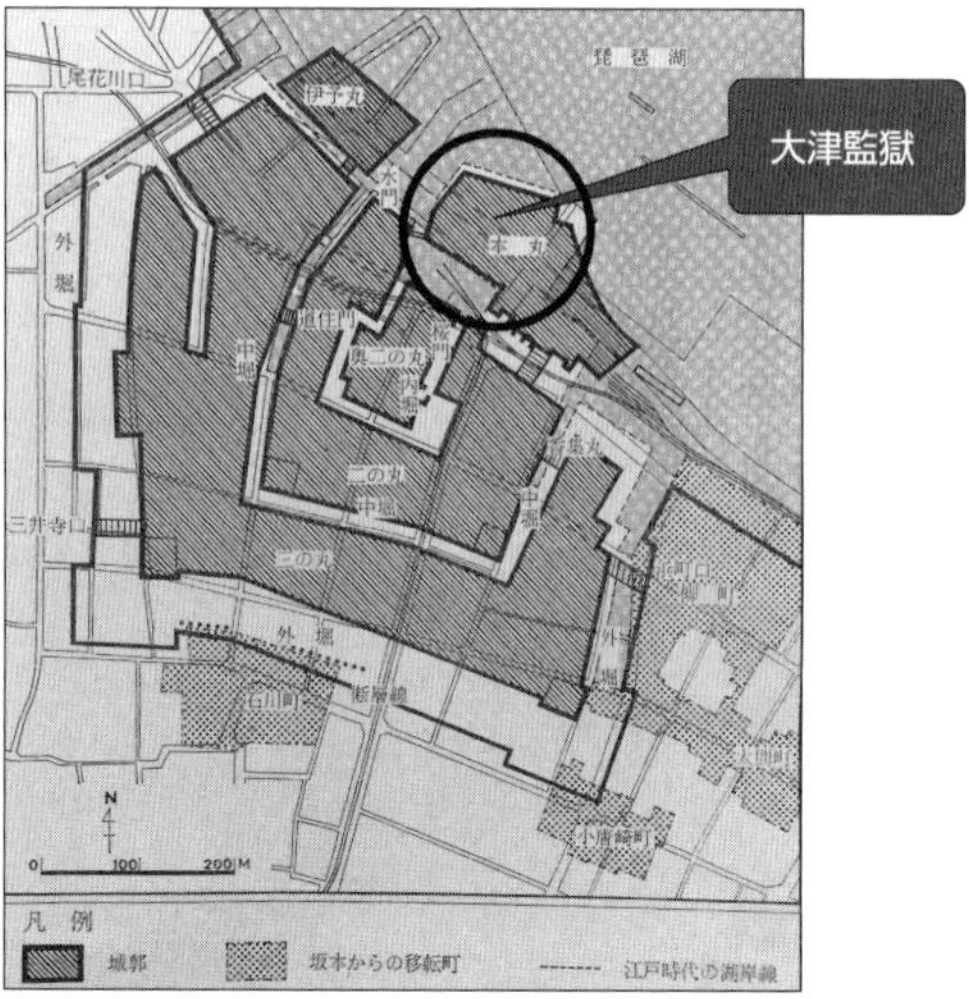

大津監獄の位置。『新修　大津市史3』の大津城復元図に加筆。

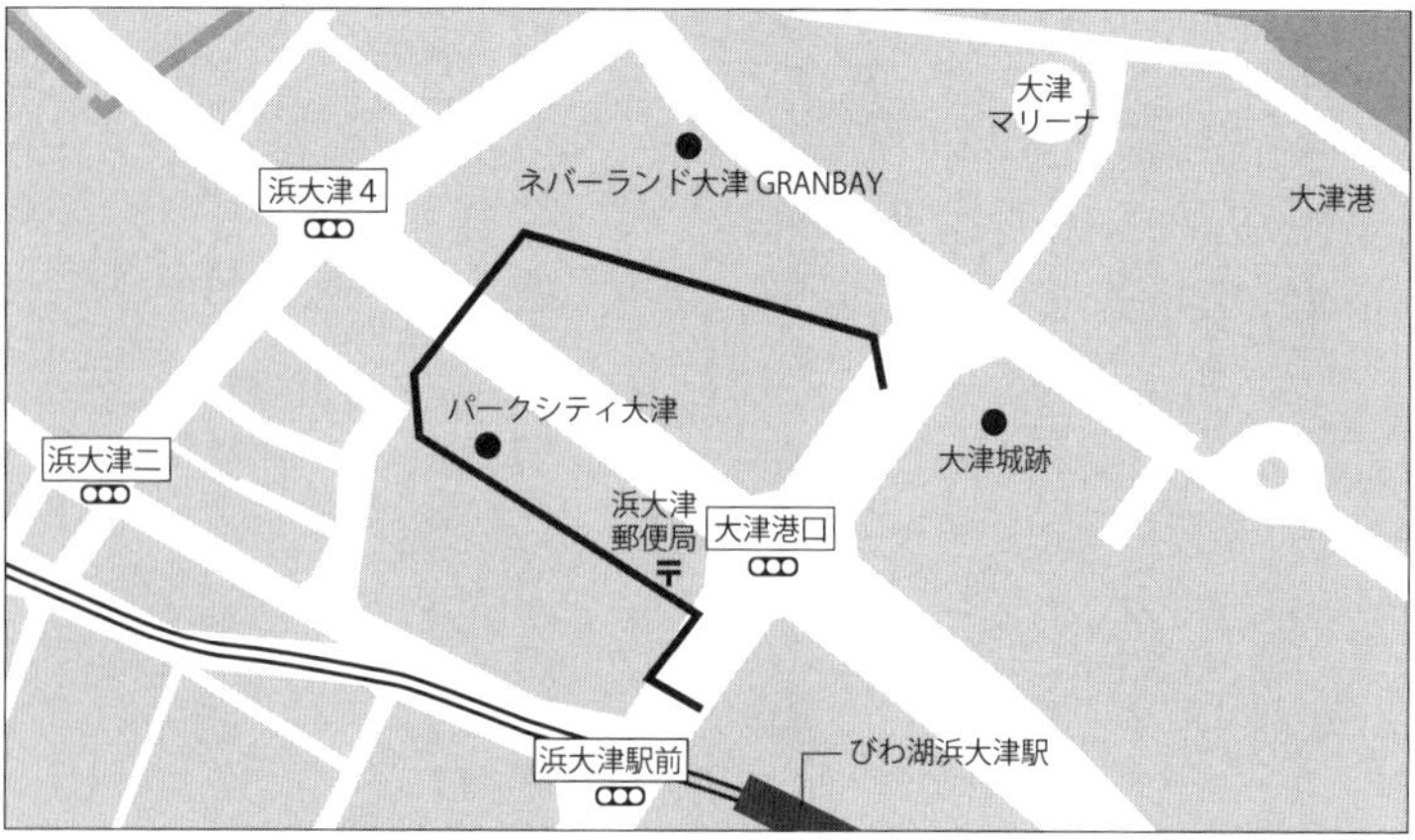

大津監獄の現在位置。太い線が監獄のおよその位置。

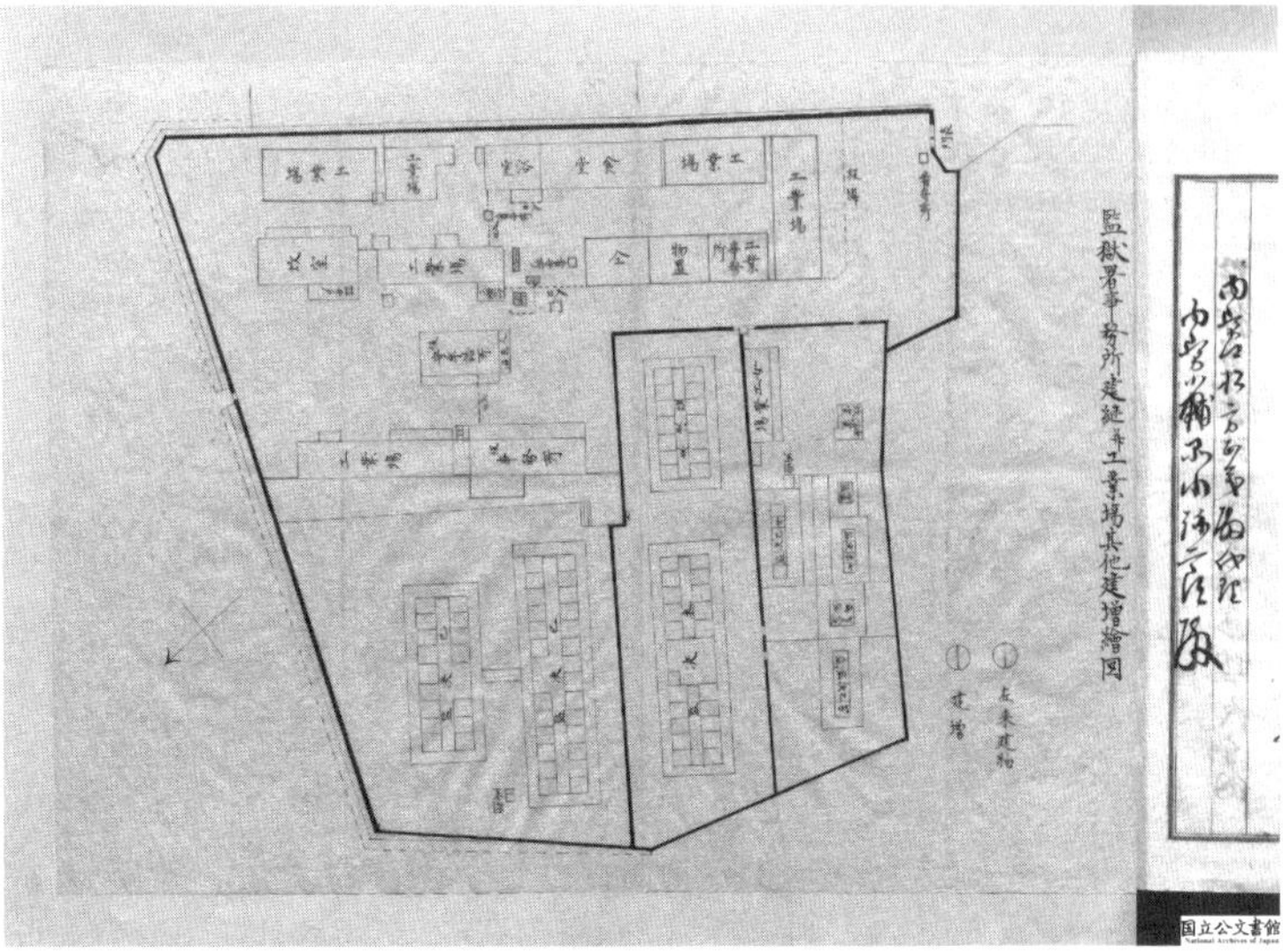

大津監獄の見取図。公文録「滋賀県監獄署建増ノ件」より。図の左方向が北。図を右に 90 度少し回転させると右ページ上の図の本丸跡西半分にぴったりはまる。国立公文書館蔵。

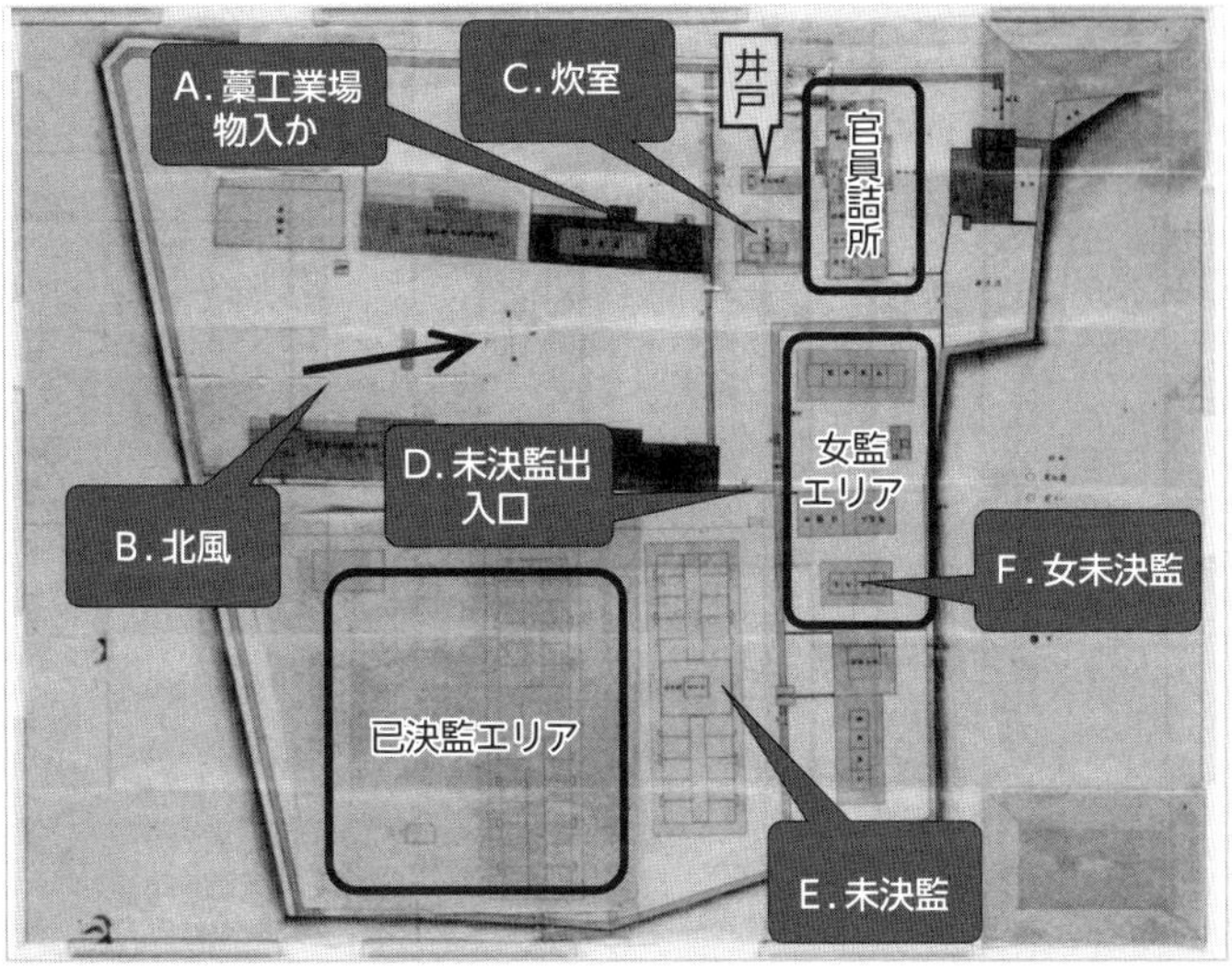

大津監獄の火事。「公文附属の図・九五号 滋賀県監獄所新築図」に加筆。

大津監獄跡。パノラマ写真。

何事もなく入監から一年半が過ぎようとしていたある日、異変が起きた。

明治十三年二月二十七日、大津監獄で火災が発生したのである（以下、「国事犯禁獄囚堀内誠之進及懲役囚吉村音熊外二名特典減等ノ件」、特に監獄署長当分心得八等警部井戸義雄の明治十三年三月一日付け上申書及び堀内誠之進の同年三月四日付け上申書による）。

その日の夜八時だった。突然、懲役囚たちの「藁工業場」の「物入り」（前ページ下図のA）から火の手が上がった。激しい「北風」（同図のB）で火勢が増し、たちまち「炊室」（同図のC）に延焼した。「炊室」の正面にある「未決監」への「出入口」（同図のD）に火が迫った。その「出入口」が延焼すれば、さらに「未決監第二舎」（同図のE）から「未決監及女未決監」（同図のF）にまで延焼しかねない緊迫した状況となった。

この時、堀内誠之進はまだ就寝していなかった（図の已決監エリア）。監外の騒がしさで火事に気づいた。緊急事態のため監守が「戸口を開き」、誠之進は「出監」した。

堀内誠之進は他の三人の国事犯たちと「散乱［逃亡］せさる様申合せ」ると、火勢の強い「出入口」（同図のD）をあきらめたのか、女監エリアを西（同図の下）から東（同図の上）に駆け抜け、「女監の塀を跳越し」て火災現場（同図のA・C、官員詰所）に急行して消火に努めた。

誠之進は他の囚人と協力して「小屋等を打崩し」消防に努めたが、「北風」が激しく、「紙漉場《かみすきば》」に延焼しそうになったため、その「屋根」に登り水を散布した。水は現場近くの井戸から取った。また、「構内水門を開き湖水を運搬し」て利用した。なんとか、この方面の火は鎮火した。

しかし、官員詰所の火勢は衰えず、「隣接する未決監」から「仮懲役監・女監」などに火が及びそうになり、「一円灰燼に帰す」勢いだった。誠之進は「同監等の屋根」に登って必死の消防をした。さらに誠之進たちは協力して官員詰所から重要書類や器物を運び出しこれを守った。

その結果、延焼は「物入所、炊室、事務所、学習場、守卒休息所、門衛所」の六カ所にとどまり（同図のA・C及び官員詰所を囲む一帯）、午後十時頃ようやく鎮火した。堀内誠之進らは指揮を受けて「帰監」した。

以上が記録に残る火事の顚末である。被害が最も大きかった箇所は現在の「大津港口」交差点あたり、堀内誠之進が屋根に登り塀を跳び越えたという女監は現在の「パークシティ大津」の東半分あたりである。また、誠之進がいた已決監は現在の「すき家161号浜大津店」あたりと思われる（写真参照）。

堀内誠之進とともに消火に尽力した三人の国事犯というのは、吉村音熊、池田柳次郎、久野一栄《ひさのかずしげ》である。吉村と池田は山口で薩軍に呼応した町田梅之進の「町田騒動」の参加者であり、久野は福岡で薩軍に呼応した越智《おち》彦四郎らの「福岡の変」の参加者である。三人とも堀内誠之進とは異なり懲役囚だったが、誠之進が大津監獄で親交した人物がいたとするなら、おそらくこの三人であろう。いずれも薩軍に賭け事破れた者同士であった。

特典減刑の後、死す

堀内誠之進と吉村音熊・池田柳次郎・久野一栄の四人は、監獄内の火事の消火に尽力した「功労」により、明治十三年（一八八〇）五月一日、「特典を以て本罪減一等」となった（「国事犯禁獄囚堀内誠之進及懲役囚吉村音熊外二名特典減等ノ件」）。

減刑後の量刑の史料がないが、懲役三年だった池田柳次郎と久野一栄は残役日数（池田は百十二日、久野は六十六日）から考えて即日放免になったのではないかと思われる。懲役五年だった吉村音熊には二年以上の残役日数があったので、懲役三年に減刑ならほどなく出獄といったところである。堀内誠之進は他の国事犯の減刑例から考えて、おそらく禁獄十年になったものと思われる。この決定のわずか十八日前に、まるでタイミングをあわせたかのように島村安度が特典放免となっていた。

ところで、吉村音熊・池田柳次郎・久野一栄は、これが初めての特典減刑ではない。この三人は、堀内誠之進が入監する前の明治十一年五月にも、同じ大津監獄内の火災（同年一月）で消火に尽力したことから、それぞれ二年減刑されていた。はたして偶然であろうか。

じつは全国の監獄に発配された国事犯の相当数が、実際には満期前に出獄している。獄外の親戚や同志が様々に働きかけ、時には獄吏《ごくり》も協力して、何等かの理由をつけて「特典を以て減刑」の決定を引き出しているのである。その理由付けとしてしばしば利用されたものが二つある。ひとつは「在留養親」または「特典養親」と呼ばれたものであり、高齢あるいは病気の親の面倒を看る者が当人しかいないから、というものである。そして、もうひとつの典型的な理由付けが「消防尽力」であった。

都合よく監獄で火事が起きるものかどうか不思議であるが、立志社の獄だけをみても、林有造（岩手監獄）、大江卓（同）、藤好静（秋田監獄）、岩神昻（同）が監獄内の消火に尽力した功労で特典減刑を認められている。減刑にはいたらなかったが三浦介雄と陸奥宗光の宮城監獄でも浴室失火事件があり、三浦・陸奥は消火に尽力した。一説にこれは三浦介雄の「苦心の策」（放火か）だったという（宇野量介『仙台獄中の陸奥宗光』）。

推測の域を出ないが、堀内誠之進が消火した大津監獄の火事は、吉村音熊・池田柳次郎・久野一栄と共謀した減刑目的の放火だったのではないだろうか。足が不自由なはずの堀内誠之進が、塀を跳び越えて現場に「馳付」け、屋根に登って消火した、というのも不自然な話である。兄弟が多い堀内誠之進は「在留養親」の手を使えない。

出火の原因について、堀内誠之進は前記上申書において、「自分は兼て禁獄の身分に付、他の囚人と居所隔り罷在、火災原因に付何等不審の儀も見聞不致候に付火災原因一切存し不申候事」と陳述しているが、『滋賀縣史　第四巻　最近世』は、「十三年一《ママ》月監獄出火、これ囚徒が藁業場に放火したのである」と記している。

いずれにせよ、堀内誠之進の終身禁獄の宣告は明治四年十二月三日であったから、禁獄十年に減刑されたのであれば、（鹿児島での大山綱良による「放免」期間の扱いが微妙だが）明治十四年十二月に誠之進は出獄できることになったものと思われる。あと一年半余である。

しかし、その日は訪れなかった。明治十三年十月、堀内誠之進は刑期を一年余残して獄中で病死した。

病名を含め死の状況についてはいっさい不明である。堀内家には何も伝わっていない。遺品もない。堀内家の「堀之内氏系図」（天保十三年［一八四二］堀内六蔵作成に加筆したもの）に「明治拾三年十月滋賀県大津に死亡」、また「堀之内氏過去帖」（同）に「明治十三年十月十七日卒　行年三十八　滋賀県滋賀郡大津松本に葬」とあるのみである。この二文及び父堀内六蔵の墓の背面に刻まれた「安春通称誠之進」の文字（第1章参照）の計三点が、堀内家に残された堀内誠之進に関する全記録である。墓所さえ不明であった。

そのため、堀内家では、誠之進の死が「獄中」にて「病」によるものだったことも伝わっていない。それを記していた史料は「勤王者調《きんのうしゃしらべ》」（一八九三年）である。「十二《ママ》年十月病を得、獄中に歿す、年三十八歳」とある。兄弟で最も病弱であった誠之進が、病を理由とした赦免を受けることなく、結局、病で亡くなってしまったというのは、急病を意味するのであろうか。

岡崎恭輔と古松簡二のその後

堀内誠之進の同志の多くは既に刑死、戦死、獄死していた。生き残った者たちも、それぞれに数奇な生涯を送ることとなった。そのひとりひとりを追う余裕はないが、岡崎恭輔と古松簡二の二人については触れる必要があるだろう。

岡崎恭輔は懲役終身が確定した後、時期はわからないが市谷監獄（現新宿区市谷台町《いちがやだいまち》。現在は住宅地）に移監された。市谷監獄は西南戦争の賊徒を大量に受け入れるため懲役囚を収監するようになり、野村忍介・平岡浩太郎らも石川島から市谷監獄へ移された。

明治十四年（一八八一）七月、岡崎恭輔は父弾蔵の「在留養親」のため特典により出獄した。岡崎恭輔には海援隊備讃《びさん》瀬戸グループでともに働いた兄の岡崎山三郎（参三郎、波多彦太郎）がいたが、恭輔と同じ倉敷県奉職中に病死していた。これが幸いした。父の弾蔵は明治三年以降、後藤象二郎《しょうじろう》の家臣（雇）であり、東京高輪《たかなわ》の後藤象二郎邸（現JR品川駅高輪口正面の一帯）に寄留していた。史料には見えないが、岡崎恭輔の特典出獄には後藤象二郎の口利きがあったのかもしれない。

丸十年の獄中生活を終えて出獄した岡崎は、過去を払拭するかのように名を「羽田《はだ》恭輔」と改めた。

羽田恭輔は、翌十五年、東京で「養親」するどころか大阪で政治活動を再開した。外務卿井上馨《かおる》に接近し、立憲帝政党の結党（三月）に関与した。立憲帝政党は自由党・立憲改進党に対抗する目的で創立された御用政党であった。自由党の主権在民・一院制・民定憲法の主張に対し、主権在君・二院制・欽定憲法を主張した。

立憲帝政党の発起人は『東京日日《にちにち》新聞』社長の福地源一郎《ふくちげんいちろう》（桜痴《おうち》）、『明治日報』社長丸山作楽《さくら》（明治十二年に「不治の症」のため特典放免）、『東洋新報』社長水野寅次郎（立志社の獄で無罪）の三人だったが（ちなみに大楽源太郎《だいらくげんたろう》を殺害した松村雄之進も結党に参加）、羽田恭輔は同党の関西方面での別働組織というべき近畿立憲帝政党を任され、同時に機関紙『大東日報《だいとうにっぽう》』を大阪で発刊（四月）し社長となった。この近畿立憲帝政党に堀内安靖が入党している。羽田と堀内安靖の当時の住所は大阪の「北野村」（現在のキタ）である。羽田は堀内誠之進の弟と一緒に暮らしたのだろうか。大東日報主筆には、原敬《たかし》（のち総理大臣）を『郵便報知新聞』から引き抜いた。

同年七月、朝鮮の漢城（現ソウル）で壬午《じんご》事変（大院君による反日クーデター）が起きた。朝鮮に対する武力報復の声が高まるなか、羽田恭輔は野村忍介（「在留養親」で明治十三年に特典出獄）・平岡浩太郎（懲役一年を満期出獄）とともに義勇軍渡韓を画策した。義勇軍は実現しなかったが野村が全権団の随員として渡韓した。平和談判の社説を書いた原敬は羽田と対立し大東日報を去った。原敬日記の十月二十一日の条に「社中紛議あり、羽田恭輔等と議合はず、依て改革中東京に赴くべき旨を告げ出社せず」とある。

立憲帝政党は振るわず翌年解党、大東日報も三年で廃刊となった。明治二十年、羽田恭輔は大阪で新たな新聞の発刊を図り、旧知の原田十衛《じゅうえ》を介して徳富蘇峰《とくとみそほう》（猪一郎）に援助を依頼したが、実現しなかったようである。

このあたりから羽田恭輔は落ちぶれ始めた。原敬日記の明治二十四年十月七日の条には、「羽田恭輔勧業義済会の件に付拘留せられ妻困窮甚だしきに因り救済を求むとて五十嵐光彰来り依頼あり、彼の請ふがまゝに十五円を与ふ、羽田には余如此義務なけれども往事を問はずして慈善の一端を表したる迄なり」とある。「勧業義済会の件」は不明だが、また投獄されたようである。「妻」の名や素性はわからない。

晩年は実業界に身を投じたが成功しなかった。明治二十年の書簡に記された肩書きには大阪府西成《にしなり》郡川崎村（現大阪市北区の一部）の「日本硝子製造会社支配人」とある。大正三年（一九一四）三月三十日、腎臓炎により東京で没したという。墓所は知れない。

天皇親政と征韓を夢見て政府転覆を企てた「岡崎恭輔」と、主権在君と国権伸長を掲げて政府派となった「羽田恭輔」は、主観的にはなんら矛盾を感じなかったのか、それとも葛藤があったのか、わからない。羽田恭輔の名は『西南記伝』に資料提供者として挙げられており、同書における堀内誠之進に関する記述のソースの一部は羽田ではないかと思われる。

平尾道雄は『無形　板垣退助』に「維新のころは岡崎恭助という人物がしばしば［板垣の書簡を］代筆したということを先輩から聞いた」と書いている。その真相は不明だが、岡崎（羽田）恭輔本人の書簡は現在、徳富蘇峰記念館、早稲田大学図書館、大阪企業家ミュージアム（五代友厚関係文書）に各一通残されている。岡崎（羽田）恭輔は戊辰戦争（高松征討）では板垣が率いた迅衝隊《じんしょうたい》の斥候《せっこう》を務めたが、後年、板垣が岐阜で遭難した際には大東日報が板垣を共和主義者と誹謗したため、羽田が自由党員に謝罪を強要される一幕があった（『自由党史（中）』）。板垣とは敵味方両縁があったわけだが、板垣退助は「高知人に岡崎恭助と云へるあり、中々篤実の男なり」と回顧している（『史談会速記録』第328号）。

古松簡二は最後まで出獄できなかった。先に出獄を果たした野村忍介、大橋一蔵、平岡浩太郎、丸山作楽、中島武洲らが古松の特赦出獄のために運動したが、なぜか実現しなかった。

石川島監獄で古松がカリスマ的存在だったことは同獄者が口を揃える。曰く、「古松在檻中は囚人等先生を崇敬すること神の如く、誰れも詩を書いてもらひ…」（寺崎三矢吉『明治勤王党事蹟』）、「囚人を教導し其功頗る大なり」、「獄中君［古松のこと］の詩を吟せざる者殆んと少《ま》れなり」（原弥一郎『獄中　憂憤余情』）。『西南記伝　下巻一』にも、「［古松は］獄中に在るや、経史《けいし》を講じ、国体を説き、群盗より獄卒捕吏に至るまで、其化を蒙り、簡二を呼で先生と称するに至る」とある。平岡浩太郎は古松から「論語、孟子及び孫呉の兵書を聞いた」という（川上水舟『秋月党』）。

指導者としての存在感から古松は監獄で「傳告《でんこく》」の役付きとなった。傳告とは「囚人中より改悛の兆ある者を挙げ一檻の取締及び官命を伝へしむるの役」（前掲『獄中　憂憤余情』）である。

獄中で多くの著作をしたがそのほとんどは現在に伝わらない（獄中で古松の薫陶を受けた中山中左衛門一派の丹羽精五郎が所蔵したともいわれる。「終穏随筆」の写本は二松學舍大学にある）。が、獄中作のひとつ『愛国正議』は古松没後の明治十六年、同囚だった徳島県人漆間真学（北辰社メンバー）の尽力によって丸善商社書店から出版された。

同書で古松は、耶蘇《やそ》教と愛国心は相容れないと主張する。その論理は次の通りである。耶蘇教は「世界一祖四海兄弟」を説くものであるが、「愛国の主義」は「我れの君を主とし、我れの民を民とし、内外の分を明にし、彼我《ひが》の界を厳にし、以て其権利の在る所を詳かにし、苟《いやしく》も他人我れの権利を撓《たわ》めんとすれは、肯《がえんじ》て隠忍《いんにん》する所なく容恕する所なく、我れの力を極めて之を排撃し、我れの権利を保全する者」である。要するに愛国とは「我れの同類に私し、我れの愛憎の私心を拡充して護国排異の力を逞《たくまし》ふす」るものである。ナショナリズムの観点から耶蘇教のコスモポリタニズムを批判したのである。

年月は不明だが、ロシア人宣教師ニコライが石川島監獄を説教に訪れた際、古松の著作を読んだことのあるニコライは古松に壇上から論戦を挑んだ。その態度を古松は、「師は傲然壇上に在りて、予を囚人視し、以て正を有道の人に請はんとす、君子の固《もと》より取らざる所、かゝらん人と古松は道を論ずる事を耻《は》づる者なり」と叱責したという（小谷保太郎編『偉人談片』）。

明治十三年六月、中村六蔵（広沢真臣暗殺容疑は無罪となるも澤田衛守殺害で禁獄十年）が石川島監獄に収監された。中村六蔵は六年間の潜伏逃亡中に耶蘇教徒になっていた。それを知った古松は「中村

光讃寺にある古松簡二の墓。隣に中村六蔵を匿った甥・清水進の墓がある。

六蔵が耶蘇信者となり獄吏に阿諛《あゆ》せるを怒り、高き所より蹴落」したという（前掲『明治勤王党事蹟』）。なお、中村がまだ鍛冶橋監獄で審問中だった時、古松も重要参考人として同監獄に移された。堀内誠之進と一時同じ監獄にいたことになる。

蛇足ながら中村六蔵はその後、宮城集治監に移監された。中村は獄中で西洋哲学を独学し、形而上学の体系書『東洋純正哲学』を完成させる。三百六十頁に及ぶその書は出獄後の明治二十三年に出版された。その本論はデカルトの「我れ思ふ故に我れ有り」（原文のまま）の考察から始まっている。デカルト『方法序説』の最初の邦訳は明治三十七年とされる。それより十数年も早い（大正七年［一九一八］十二月二十日没）。

明治十五年年六月十日、古松簡二は、監獄で流行したコレラに罹患して没した。儒医でもあった古松は、コレラ患者となった囚人たちを診察しているうちに自ら感染してしまったという。享年四十八歳（数え）。遺体は丸山作楽と中島武洲が引き取り、遺品は寺崎三矢吉が郷里の実兄清水清庵に持ち帰った。墓は旧久留米藩邸（第6章）に隣接する東京三田の當光寺《とうこうじ》の小河《おがわ（おごう）》真文《まさぶみ》墓の隣りに建立されたが、現在は生まれ故郷溝口《みぞくち》の光讃寺《こうさんじ》（福岡県筑後市）に移葬されている（小河の墓も久留米市の梅林寺に改葬された）。

古松簡二・岡崎恭輔・中村六蔵の三人は、明治三年に横浜の写真館で一緒に写真を撮ったことが中村の口供書から知れるが、この写真は発見されていない。

堀内家・島村家の人々

堀内誠之進の三人の兄弟のその後については第1章で触れたので繰り返さない。彼らの郡長や県会議員としての政治的活動は、高知における帝政派・国民派の文脈で改めて検討されるべきものであろう。本書はそこまで踏み込めない。

広島刑務所。

島村安度が晩年勤務した「広島監獄署」の場所には現在も広島刑務所がある（広島市中区吉島町《よしじまちょう》。原爆ドームの二キロ南）。安度は生涯で囚人と獄吏の両方を経験したことになる。安度の墓は高知の石崎山及び横浜の堀内家墓地にはない。広島で埋葬されたのであれば墓は原爆で破壊された可能性が高く、発見は絶望的である。

堀内安明は明治十年代後半以降に、そして堀内安靖も晩年は、柿《かきの》木山《きやま》（仁井田村《にいだ》）から高岡郡須崎町《すさきちょう》に移住した（現須崎市の中心部）。以後、堀内家は柿木山にもどっていない。

堀内安明の子安一は明治十八年（一八八五）に渡米後、サンフランシスコ留学中に行方不明となった（明治三十六年に失踪宣告）。詳しい事情はわかっていない。このため、安明は明治三十年に末弟の安靖を養子として堀内家を継がせた。四兄弟では長兄の安明が最も長生きし、安明が大正四年（一九一五）に逝去した時には、弟三人は全員が既に亡くなっていた。

堀内安靖は四人の子をもうけた（妻は井上雄蔵二女の千代）。長女静子《しずこ》、長男三七《さんしち》、二男十三《じゅうぞう》、二女秋子である。三七は神戸高等商業学校（現神戸大学）に、十三は東京帝国大学に進学した。二女秋子は東京の女子美術学校（現女子美術大学）を卒業し、洋画家廣本季與丸《ひろもときよまる》に嫁いだ。長女静子は嫁いで北海道へ行った。安靖没後、妻千代は子どもたちの学資のために柿木山の土地を売った。三七の代から堀内家の住居は兵庫県となった。

堀内三七の子聖《しょう》（故人）の夫人喜美恵氏が現在、兵庫県加古川市に住んでいる。その長男大《だい》氏が現在の堀内家ということになる。慶應義塾大学経済学部を卒業し、東京の日本電気（ＮＥＣ）に勤務している。筆者と同世代の一九六四年生まれである。ギター奏者としても活動している。二人の娘がいる。妹の木村由比《ゆい》氏が加古川に住んでいる。

彫刻家島村三四郎の跡を継いだ島村安度は、子を持たないまま養父より先に亡くなった（妻は三四郎二女）。そのため、堀内安靖の二男十三が幼くして島村家を継いだ。ところが十三は養子に出たその日に泣きながら歩いて堀内家に帰ってきてしまった。そのまま十三は堀内家で育てられた。十三は東大卒業後、朝日新聞の記者となり、戦中は川崎航空機（現川崎重工業）に勤務し、戦後は神戸商科大学（現兵庫県立大学）で教鞭をとった。妻は高知藩家老福岡宮内《くない》（孝茂《たかしげ》）の曾孫（孝顕の二女）にあたる。ご子息の島村南海雄《なみお》氏と沖本綾子氏がともに兵庫県明石市に住んでいる。

堀内家にはたくさんの古文書があった。某国立大学の研究者の求めに応じて、堀内三七氏は生前、額に入れてあった三条実美の書と山県有朋《やまがたありとも》の扇（第2章参照）及び系図・過去帖を除くすべての古文書を送った。そのなかには、堀内安靖（あるいは安一）が鹿児島から帰郷する際に西郷隆盛から受け取った書簡（第11章参照）、厚さ三センチほどの堀内誠之進の九州日記、堀内四兄弟の誰かを写した写真などが含まれていた。堀内喜美恵氏の記憶によれば、九州日記に「ギヤマンを買う」とあったのは、はっきり読めたという。長崎のギヤマンなら海援隊との関係を想起させるし、鹿児島のギヤマン（薩摩切子）なら鹿児島預りの日々のことかもしれない。これらの古文書は、その研究者曰く「学園紛争で行方がわからなくなった」の一点張りで、ついに堀内家に返還されなかった。今もこの古文書の行方を追っている。

高知市横浜の堀内姓の人々を中心に、毎年七月と十二月に「先祖祭」が執り行われている。各地から集まった堀内一族がともに社と墓地（第1章の写真参照）の掃除をし、親睦会を開くなどして交流を保ってきた。昭和末頃まで二十数軒あった参加戸数は近年、八軒にまで減少したものの、「堀内」はルーツの地で脈々と受け継がれている。

本書執筆中の平成最後の年の平成三十一年（二〇一九）三月二十二日、堀内誠之進の墓が発見された。堀内家子孫もその存在を把握していなかった墓である。墓は誠之進が病死した大津監獄跡から約一キロ南東の月見山墓地（滋賀県大津市梅林一丁目。滋賀県庁の南東裏手、ＪＲ琵琶湖線沿線北側）にあった。発見したのは堀内誠之進の事績調査を行っていた四万十町教育委員会と同町有志の方々である。

墓は高さ一一〇センチ、幅三八センチ、花崗岩の台に据えられた立派なものであった。表に「堀内誠之進之墓」、左側面に「明治十三年十月十四日没」とだけある。建立者名などはいっさい彫られていない。兄弟の誰かが建てたのであろうか。過去帖の命日（十月十七日）とは三日の差がある。発見者のひとり味元伸二郎氏は、発見の瞬間、墓（堀内誠之進）が百四十年間待っていたように感じたという。筆者もまた本書を書きながら同じ感覚を常に抱いてきた。

堀内誠之進の墓。

中央集権国家の樹立を急いだ維新の官僚や政治家たちは、その反面、藩閥のしがらみに終始とらわれた。攘夷や復古主義という古い「正義」を掲げて明治政府に抗った堀内誠之進とその同志たちが、開明派の政府高官たち以上に藩を越えて連帯を成し遂げたのは皮肉であった。彼らのような草莽・不平士族は本書に登場した数の何倍もいたであろう。しかし、維新から一半世紀を経過した今、名前を記憶された者はほとんどいない。本書は、そのようにして消えていった人々の、ごく一握りをサルベージしたにすぎない。

史料紹介

「獄中書簡（堀内誠之進）」ほか

（読み下し文）

堀内誠之進書簡①

【原文】

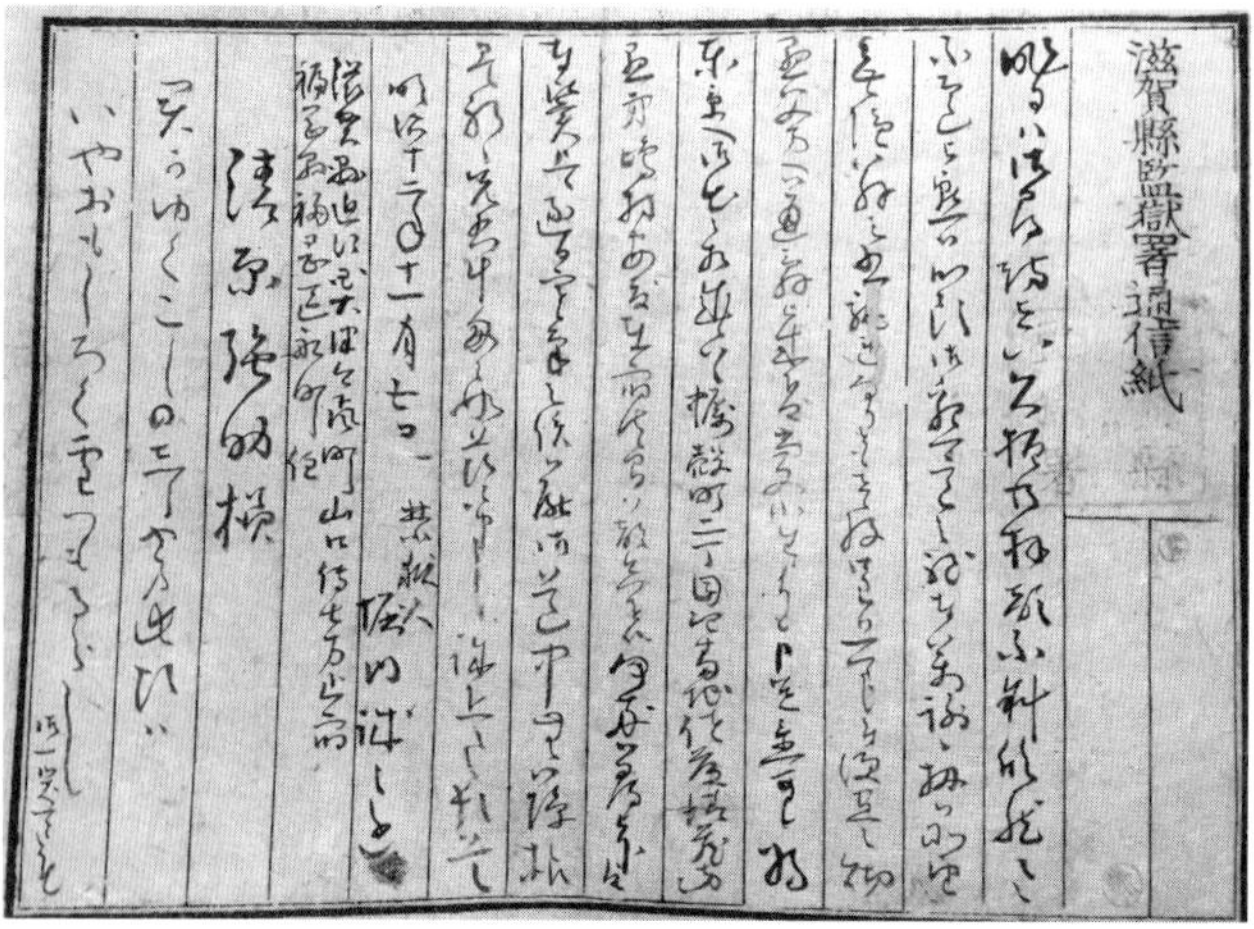

【解読筆写】

滋賀県監獄署通信紙
昨日ハ御尋訪被下、久振の拝顔不斜欣然候々々、
不而已被懸御心頭御懇意之程、奉万謝候、扨御所望
無隠翁之書□□なりとも壱枚呈上可申候ニ付、便宜之砌
愚父方へ御通辞被成下度、尚又小生よりも申遣置可申候、将
東京へ御出ニ相成候ハヽ、蛎殻町二丁目四番地佐藤清蔵方ニ
愚弟嶋村安度在宿候間、御都合を以何卒御尋被下度、
奉冀上候、逐日寒気之侯、御厭、御道中無御障様
是祈候、先右計、匆々如茲ニ御座候、誠恐々々頓首
明治十二年十一月七日
禁獄人
堀内誠之進（拇印）
滋賀県近江国大津今颪町山口伝七方止宿
福岡県福岡区船町住
清原強助様
君かゆくこしのしらやま此頃ハ
いやおもしろく雪つもるらし
御一笑可被下候、

【読み下し】

滋賀県監獄署通信紙

昨日は御尋訪《じんぼう》下され、久し振りの拝顔《はいがん》、欣然〱《きんぜんきんぜん》斜めならず候。而已《のみ》ならず、御心頭《ごしんとう》に懸《か》けられ御懇意《ごこんい》の程、万謝《ばんしゃ》奉り候。扨《さ》て御所望《ごしょもう》の無隠翁の書□□なりとも壱枚呈上《ていじょう》申すべく候に付き、便宜《べんぎ》の砌《みぎり》、愚父《ぐふ》方へ御通辞《つうじ》成し下され度し。尚又、小生よりも申し遣《つか》わせ置き申すべく候。将《はた》東京へ御出《おいで》に相成り候わば、蛎殻町二丁目四番地佐藤清蔵方に、愚弟《ぐてい》嶋村安度在宿《やすのりざいしゅく》候間《あいだ》、御都合《ごつごう》を以《も》って何卒《なにとぞ》御尋ね下さり度く冀《こいねが》い上げ奉り候。逐日《ちくじつ》寒気の侯、御厭《いと》い、御道中御障《おさわ》り無き様、是れ祈り候。先づは右計《みぎばか》り、匆々《そうそう》。茲《こ》の如くに御座候。誠恐々々《せいきょうせいきょう》、頓首《とんしゅ》。

明治十二年十一月七日

禁獄人

堀内誠之進（拇印）

滋賀県近江国大津今颪町山口伝七方止宿《ししゅく》

福岡県福岡区船町住

清原強助様

君がゆく　こし《越》のしら《白》やま《山》此の頃は　いやおもしろ《面白》く雪つもるらし

御一笑《ごいっしょう》下さるべく候。

堀内誠之進書簡②

【原文】

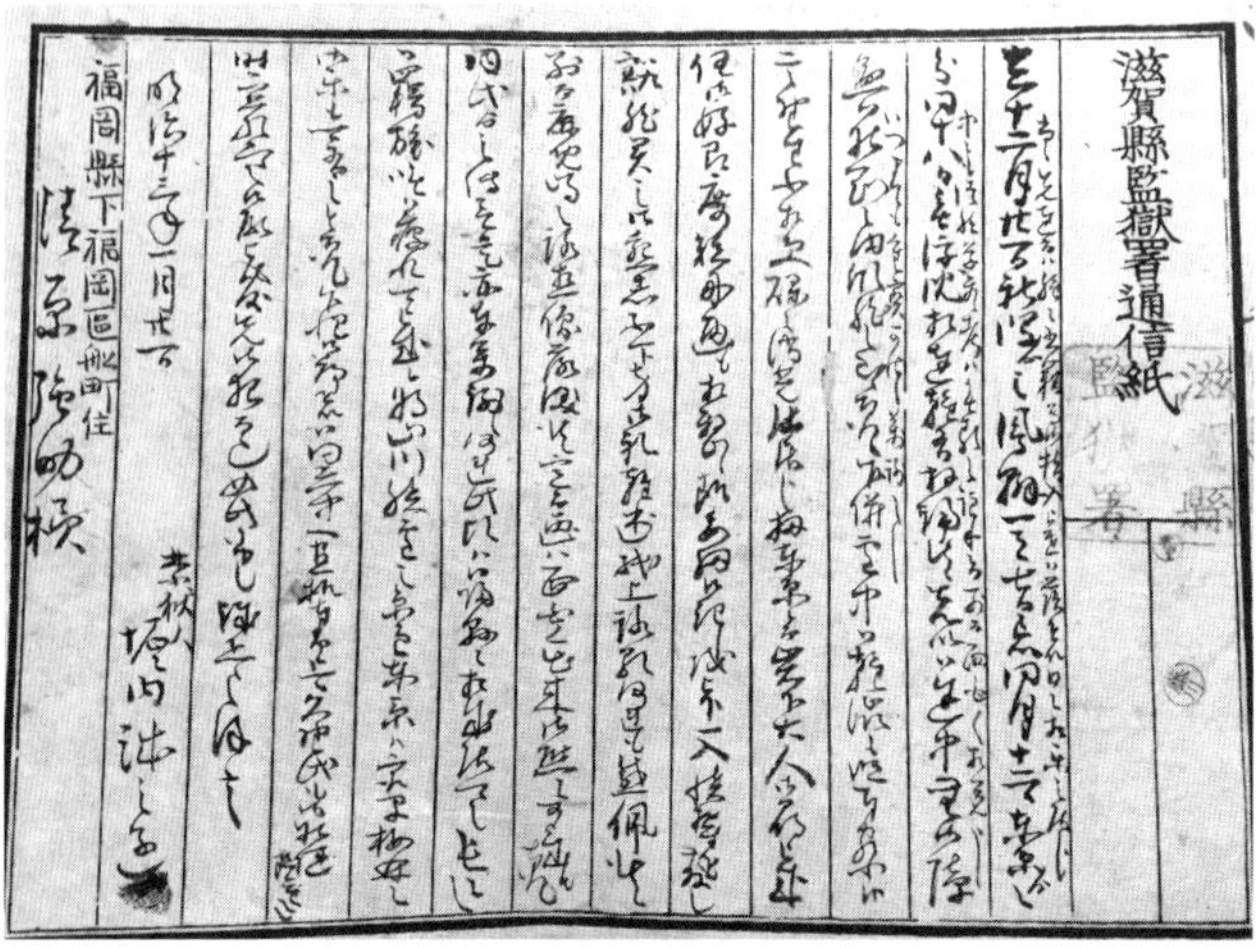

【解読筆写】

滋賀県監獄署通信紙

尚々先達而ハ続々書籍等御指入被遣、御蔭を以日々相楽ミ居申候、
中ニも徒然草参考ハ無類之註本ニ而、別而面白く相覚申候、
いつまでも重宝可仕候、万謝〳〵

去十二月廿一日新潟ゟ之鳳翰、一月七日着、同月十二日東京ゟ之
分、同十八日無浮沈相達、難有拝誦仕候、先以御途中無御障
愈御壮剛之由、欣然之至ニ奉存候、乍併雪中御難渋之段、奉察候、
二ニ野生不相更碌々消光仕居申候、扨東京ニ而岩下大人御尋被成、
任御好、即席短冊画も相整候趣、委細御記し越被下、一入積欝を散し、
豁然君之御懇志不一ト方御礼難述、紙上詠題、何れも感佩仕候、
別而鹿児嶋之詠想像、落涙仕候、定而画ハ面白く出来御慰ミ可被成と奉存候、
同氏ゟ之伝言、是亦奉万謝候、何れ此頃ハ御帰県ニ相成居可申、長々之
御羈旅嘸御疲れ可被成候、将山川積雪之景色、東京ハ最早梅林之
御楽も可有之と奉存候、乍憚御序を以御同志中へ宜様奉希上候、
久野氏も御壮健珍重々々、
時下厳寒御厭被成度、先御報而已、如此御座候、誠恐々々謹言

明治十三年一月廿一日　　禁獄人　堀内誠之進（拇印）

福岡県下福岡区船町住

清原強助様

【読み下し】

滋賀県監獄署通信紙

去る十二月二十一日新潟よりの鳳翰《ほうかん》、一月七日着、同月十二日東京よりの分、同十八日浮沈《ふちん》無く相達し、有り難く拝誦《はいしょう》仕り候。先ず以って御途中御障《おさわ》り無く愈《いよいよ》御壮剛《ごそうごう》の由、欣然《きんぜん》の至りに存じ奉り候。併し乍ら雪中《せっちゅう》御難渋《なんじゅう》の段《だん》、察し奉り候。二《つぎ》に野生《やせい》、相更《か》わらず碌々《ろくろく》消光《しょうこう》仕り居り申し候。扨《さ》て東京にて岩下大人御尋《たず》ね成され、御好みに任せ、即席短冊画も相整い候趣《おもむき》、委細御記し越し下され、一入《ひとしお》積欝《せきうつ》を散《さん》じ豁然《かつぜん》、君の御懇志《こんし》一方《ひとかた》ならずと御礼述べ難く、紙上の詠題《えいだい》、何《いず》れも感佩《かんぱい》仕り候。別して鹿児嶋の詠想像には、落涙《らくるい》仕り候。定めて画は面白く出来、御慰《なぐさ》み成さるべきと存じ奉り候。同氏よりの伝言、是れ亦《また》万謝《ばんしゃ》奉り候。何《いず》れ此の頃は御帰県に相成り居り申すべく、長々の御羈旅《きりょ》嘸《さぞ》御疲れ成さるべく候。将《はた》山川積雪の景色、東京は最早《もはや》梅林の御楽しみもこれ有るべきと存じ奉り候。憚《はばか》り乍《なが》ら御序《ついで》を以《も》って御同志中へ宜しき様《よう》希《こいねが》い上げ奉り候。久野氏も御壮健、珍重々々《ちんちょうちんちょう》。時下厳寒《げんかん》、御厭《おいと》い成され度《た》し。先ずは御報《おしら》せ而已《のみ》、此《こ》の如くに御座候。誠恐《せいきょう》々々謹言。

明治十三年一月廿一日　　禁獄人　堀内誠之進（拇印）

福岡県下福岡区船町住　清原強助様

尚々先達《せんだ》っては続々書籍等御指し入れ遣《つか》され、御蔭《おかげ》を以《も》って日々相楽しみ居り申し候。中にも徒然草参考は無《む》類《るい》の註本《ちゅうほん》にて、別して面白く相覚え申し候。いつまでも重宝《ちょうほう》仕るべく候。万謝《ばんしゃ》〱。

堀内安明書簡

【原文】

【解読筆写】

去年十一月六日之尊翰、追々相達、忝拝読
仕候、如貴命、未得拝顔候得共、益御清盛
可被成御座奉賀候、扨明治十年西南事跡
ニ付、滋賀県ニ而御慎被仰蒙候処、去年三月
満期御赦免被成御蒙候御趣、誠ニ長々御迷惑
之程、奉察入候、御承知被下候通、愚弟誠之進
義も去年東京ニおゐて再禁獄否、滋賀
県へ御預ケニ相成候を以、其以来段々御懇情
相蒙候趣、将誠之進無事ニ罷在候旨、委細
御報被成下、御蔭を以、愚父初め一同大ニ安心仕、
御深志之廉々、不浅悦喜、御礼難尽紙筆、
万々忝仕合ニ奉存候、其後北国方遊歩之
御趣、多分此頃者大津辺迄御帰ニ相成可申候
哉と奉察賀候、貴翰拝見否、愚札を以
御礼可申上筈之所、日々喙ニ押移、何とも失敬
恐縮之至、幾重も御仁免を祈候、追々厳寒ニ
相向候間、厚御自愛御専一ニ奉存候、乍遅延
右御挨拶、如此御座候、恐惶謹言

十三年
一月十三日　堀内安明

福岡県下福岡区船町住
清原強助様

【読み下し】

去年十一月六日の尊翰《そんかん》、追々相達し、忝《かたじけな》く拝読仕り候。貴命《きめい》の如く、未だ拝顔《はいがん》を得ず候得共、益《ますます》御清盛成《な》されるべく御座賀し奉り候。扨《さ》て明治十年西南事跡に付き、滋賀県にて御《お》慎《おつつしみ》仰せ蒙《こうむ》られ候処、去年三月満期《まんき》御赦免《ごしゃめん》御蒙《こうむ》り成され候御趣《おもむき》、誠に長々御迷惑の程、察し入り奉り候。御承知下され候通り、愚弟《ぐてい》誠之進義も去年東京においてゐて再禁獄否《さいきんごくあら》ず、滋賀県へ御預けに相成り候を以《も》って、其れ以来段々《だんだん》御懇情《ごこんじょう》相蒙《こうむ》り候趣《おもむき》、将《はた》誠之進無事に罷《まか》り在り候旨、委細《いさい》御報《しら》せ成し下され、御蔭を以って、愚父《ぐふ》初め一同大いに安心仕り、御深志《ごしんし》の廉々《かどかど》浅からず悦喜し、御《お》礼紙筆《れいしひつ》に尽くし難く、万々忝《ばんばんかたじけな》き仕合に存じ奉り候。其の後北国方《ほっこくかた》遊歩の御趣《おもむき》、多分此の頃は大津辺迄《まで》御帰りに相成り申すべく候哉と察し賀し奉り候。貴翰《きかん》拝見するや否や、愚札《ぐさつ》を以《も》って御礼申し上ぐべき筈《はず》の所、日々揉《やわ》に押し移り、何とも失敬《しっけい》。恐縮《きょうしゅく》の至り。幾重《いくえ》も御仁免《ごじんめん》を祈り候。追々厳寒《げんかん》に相向い候間、厚く御自愛《ごじあい》御専一《せんいつ》に存じ奉り候。遅延《ちえん》乍ら右御挨拶。此の如くに御座候。恐惶謹言《きょうこうきんげん》

十三年一月十三日　　堀内安明

福岡県下福岡区船町住

清原強助様

あとがき――発見された二つの書簡

本書を脱稿した令和二年（二〇二〇）九月の二カ月後、インターネットの「日本の古本屋」サイトに、堀内誠之進の書状二通と兄堀内安明の書状一通が出品された。

出品者は東京都武蔵野市の某古書店。入手経路を問い合わせると、神田の古書市場で落札したもので元の所有者などはわからないと返事があった。「はじめに」で触れたように、堀内誠之進本人が「書き残したもの」はこれまで一つも発見されていない。速攻で購入した。

数日後、広島の自宅にそれは届いた。鼓動の高鳴りを覚えながら包みを開封すると、「滋賀県監獄署通信紙」と印字された定型の用紙に丁寧に綴られた書状が出てきた。日付は一通が明治十二年（一八七九）十一月七日、もう一通が明治十三年一月二十一日。間違いない。堀内誠之進が滋賀の獄中でしたためた書簡であった（329ページ以下参照）。

初めて目にする誠之進の筆跡、しかも署名の下には拇印まで押してある。本書の完成を知った堀内誠之進が、まるで百四十年後の私にお礼の（？）手紙をこっそり届けてくれたような錯覚にとらわれた。

書簡の宛名はいずれも「清原強助」であった。堀内安明の書簡（明治十三年一月十三日付）も同じ清原宛てである。清原強助という人物について私はまったく知らなかったが、調べるとのちの玄洋社メンバーらしい。「玄洋社員名簿」記載の住所と書簡の宛先が町名まで一致した。清原は明治八～九年頃、福岡で平岡浩太郎、舌間慎吾らとともに一到社なる結社で代言人（弁護士）をしていたが、本書でも触れた「福岡の変」で西郷隆盛に呼応した。海路薩軍に投じるため博多湾を発したが果たせず、「同志の士長連豪《ちょうつらひで》を能登に訪いしも、相遭わず後遂に縛に就けり」という（清漣野生『明治丁丑　福岡表警聞懐旧談―明治十年　福岡の変始末記』）。

「長連豪」はこの後、大久保利通《としみち》を暗殺する人物である。清原強助と長連豪が同志なら、清原に書簡を送る仲の堀内誠之進が長連豪と繋がっていてもおかしくはない。誠之進と紀尾井《きおい》町事件にはやはりどこかに接点があったのであろうか。謎が深まった。

堀内安明書簡によると、清原強助は、滋賀監獄に投獄されていたが、明治十二年三月に「満期御赦免」となったらしい。安明が送った書簡は、清原から弟誠之進に対する「御懇情」と「誠之進無事に罷《まか》り在り候旨」を「委細御報」してくれたことに感謝の意を伝えたものである。清原からの報告のおかげで「愚父初め一同大いに安心仕《つかまつ》り」とある。国事犯・禁獄囚の誠之進は郷里の親兄弟から決して見放されていなかった。

肝心の堀内誠之進書簡の一通目（明治十二年十一月七日付）は、出獄後の清原強助が「昨日」尋ねてきてくれたことのお礼と、もし東京に行くことがあれば「蛎殻《かきがら》町二丁目四番地佐藤清蔵方」（現中央区日本橋の水天宮あたりか？）に「在宿」している弟島村安度《やすのり》をぜひ訪ねてほしいと伝える内容である（佐藤清蔵が何者かは不明）。末尾に「君かゆくこしのしらやま此頃ハ　いやおもしろく雪つもるらし」の和歌がある（「こしのしらやま」＝越州の白山《はくさん》）。二通目の書簡と安明の書簡から、清原がこのあと北陸地方に向かったとわかるので、和歌は清原の旅路に想いを馳せたものである。誠之進の詩作が確認されるのはこれが初めてとなる。文中に「無隠翁の書」とあるが、これは鹿児島のウィリス邸にいた「郡山無隠翁」のことであろう。安明書簡には清原の十一月六日付け書簡を受け取ったと書かれているので、清原は誠之進に面会したその日に誠之進の消息を安明に書き送ったことになる。

奇妙なのは、島村安度を尋ねてほしいと求めたくだりである。島村安度が「依卜昆垤里症」のおかげで「特典放免」になったのは明治十三年四月十三日である。誠之進書簡が書かれた当時、安度はまだ石川島監獄に収監されていたはずである。あるいは、「立志社の獄」の村松政克《まさかつ》が病で判決前に保釈されたように、島村安度も実際には放免の日以前に娑婆に出ていたのであろうか。

誠之進書簡の二通目（明治十三年一月二十一日付）には、清原が新潟・東京から出した二通の書簡を受け取ったことと、清原が東京で「岩下」という人物に会ってきてくれたことや「続々書籍等」を差し入れてくれることへの礼が述べられている。『徒然草参考』（延宝六年［一六七八］刊の恵空による徒然草の注釈書か）は特に「面白く相覚え申し候」とあり、また、「不相更碌々消光」（あいかわらずたいしたこともなく過ごしている）など、誠之進の獄中生活の心情も垣間見える。「久野氏」とあるのは滋賀監獄で一緒だった久野一栄のことだろうか。

だが、何よりも目をひくのが、「鹿児島の詠想像には、落涙仕り候」である。文脈から鹿児島人かと思われる「岩下」（本書第8章の中村恕助《じょすけ》書簡に見える「岩下」か？）が、清原に誠之進への「伝言」と詩や画を託したように読める。それに触れた誠之進は「落涙」した。鹿児島は格別な地となって誠之進の心に刻まれていたのであろう。

ここまで書いたら、今度は島村安度の書簡が出てきた。令和三年三月に国会図書館憲政資料室の「川村正平関係文書」がデジタルアーカイブ化され同図書館デジタルコレクションで全点公開された（インターネットで閲覧可能）。その中に川村宛ての「島村安度書簡」一通が含まれていた。日付は一月七日で年は不明。安度の住所は「京橋区南鍛冶町細井朶方」（現東京都中央区八重洲〜京橋あたりか）となっている。

川村正平は幕末の川村恵《え》十郎《じゅうろう》のことで、一橋慶喜に仕え、側用人平岡円四郎が暗殺された際に共に襲撃されたが敵を討ったとされる。川村は渋沢栄一を平岡円四郎に紹介し、それが渋沢の一橋家仕官のきっかけとなったため、たまたま現在NHKで放映中の渋沢を主人公とする大河ドラマ『青天を衝け』に登場している。維新後は、大蔵省、内務省、宮内省などに出仕した。その川村と島村安度の関係は不明だが、書簡は上京の挨拶に続けて「御高示を得度き義も候得ば、一口料里仕り度く候」と会食に誘い返信を乞う簡潔なもので、二人の間に何等かの交流があったことを感じさせる。

私が堀内誠之進の調査に着手したのは昭和六十二年（一九八七）、つまり今から三十四年前のことである。きっかけは、その前年に上梓した前著『利通暗殺―紀尾井町事件の基礎的研究』（行人社）であった。じつは同書に堀内誠之進が現れる場面が一カ所ある（１４５～１４６頁）。本書第13章冒頭の、大久保利通が暗殺された日の夕刻、堀内誠之進が前触れもなく司法省に出頭して自訴するシーンと同じものである。「一体、この男は何者なのか」、「正体を突き止めたい」。それが出発点であった。その意味では、本書は『利通暗殺』の三十五年ぶりの続編といえるのかもしれない。

『利通暗殺』（元になったのは卒業論文）が出版された年に大学を卒業した私は、ビジネスマンとなり、休職して米国の大学院（修士）に留学し、復職し、退職し、日本の大学院（博士）に進学し、再就職し、転職を重ね、現在にいたっている。社会人と学生を数回繰り返しているうちに専門分野も何度か変わってしまった。しかし、その間にも、堀内誠之進の調査と史料収集は断続的ながら静かに続いていた。本職を変えてもこの研究は放棄しなかったというべきなのか、この研究を持続させるために生業を変えていったというべきなのか、自分でもよくわからない。

取材ノートを見返すと、私の堀内誠之進研究の最初のフィールドワークは昭和六十二年の八～九月に高知で行われている。誠之進の出身地とされていた「柿木山《かきのきやま》」を特定すること、子孫の手がかりを探ること、沖の島で誠之進の痕跡を発見することなどが目的だった。高知に着いたその日（八月二十七日）に、アポをとっていた土佐史談会の方々と高知県立図書館（現オーテピア高知図書館）でお会いしている。郷土史家の広谷喜十郎先生に迎えられて、幕末維新の土佐に関する私の質問に丁寧に答えていただいた。すると、そこに同じく郷土史家の横田達雄先生が来られた。ノートには、「毒のある人だが、気が合い、ずいぶん話し込んだ」と記録されている。「土佐勤王党の堀内賢之進ではないのか？」と、私が抱いていたのと同じ疑問を横田先生が発せられたため（本書で明らかにしたように、じつは別人だったが）、テンションが急上昇したことを覚えている。そして、横田先生は私のために古地図を広げて「柿木山」を探しだしてくれた。翌々日、私はその古地図のコピーを持って、レンタカーで横浪スカイラインを走り「柿木山」に向かったのだった。

広谷先生・横田先生とは高知を離れる直前（九月二日）にもお会いし、広谷先生からはご論考の青焼きコピー十数点を、横田先生からはサイン入りの（今なお必携史料として名高い）『武市瑞山獄中書簡』をいただいた。広谷先生のご論考には、坂本龍馬暗殺後の海援隊の塩飽《しわく》での活動に関するものが含まれており、これは、その後の私の研究テーマのひとつになった（本書に登場する岡崎恭輔《きょうすけ》に私が注目したのは、ここにさかのぼる）。また、横田先生からは数日後、お手紙（九月七日付）と『郷土文化』の抜き刷り（岡田以蔵《いぞう》に関するものなど）が送られてきた。手紙には「小生の姿勢に相通ずるものを感じて誠に痛快です」とあり、とても嬉しかった。今にして思えば、私の土佐維新史研究の原点は広谷先生と横田先生にあった。本書を横田達雄先生（平成二十年［二〇〇八］ご逝去）にお届けすることができなかったことは、大変に申し訳なく残念でならない。

じつはそのひと月半前に、もうひとつ忘れてならない出会いがあった。ある日、自宅の電話が鳴り受話器をとると、相手は「かすやかずき」と名乗った。一瞬戸惑ったが、すぐに元『中央公論』編集長・評論家の粕谷一希氏とわかった。粕谷氏は雑誌『選択』(昭和六十一年九月号)に『利通暗殺』の書評を書いてくれていた。『利通暗殺』を読んで私に会ってみたくなり、出版社に問い合わせて電話番号を知ったという話だった。数日後(七月二十三日)、日比谷のパレスホテルでお会いした。粕谷氏から「君は大学の先生よりも歴史の面白さを知ってるね」と言葉をかけられて、恐れ多すぎて小さくなっていると、続けて「何か書いてみないか」と水を向けられた。ちょうど堀内誠之進の調査を開始した時だったので、その話をすると、粕谷氏も興味を持たれた。私は誠之進について書く約束をした。高知でのフィールドワークは、そのための第一歩として行ったものだった。

しかし、この約束は果たせなかった。果たそうと何度か原稿にはしてみたものの、そのたびにむしろ多くの疑問点が露呈し、史料もフィールドワークも決定的に不足していた。粕谷氏を失望させたことは間違いない。にもかかわらず、「完成するまで待ちましょう」と連絡をいただいた。それから長いリサーチが続いた。

その粕谷一希氏も平成二十六年に亡くなられてしまった。私自身はさしたる実績もないのに、図らずも「大学の先生」になってしまった。不甲斐ないが、今は、本書が粕谷氏の及第点にギリギリでもいいから達してほしいと天に祈るばかりである。

研究が劇的に加速したのは平成二十九年であった。その年の三月、母が亡くなり、心境に変化があった。私が死んだら、これまで調べてきたことも集めた史料も、すべて陽の目を見ないで終るのではないか。万が一に備えて、知りえたことを発信しておこう。その想いからツイッターを始めた。堀内誠之進や岡崎恭輔について、断片的な情報ばかりではあったが、折に触れツイートしてみた。

　これが高知県四万十《しまんと》町の行政・教育委員会の目にとまった。同町は、翌年の明治維新150年（「志国高知 幕末維新博」）に向けて地元出身の志士の掘り起こしに取り組んでいた。十一月三十日、大学の研究室に四万十町の方々の来訪を受けたときの喜びは忘れられない。三十年間、誰に知られることもなく続けてきた無名の人物に関する研究だったが、ついに堀内誠之進が郷里で認知された。その日から、私は四万十町の全面的協力を得て調査を行うことが可能になった。

　地元行政の威力は絶大だった。たちまち堀内誠之進の子孫の所在が判明し、堀内家の、そして誠之進の墓が発見された。私の知らなかった情報が次々と出てきた。これらは、四万十町維新博推進委員の池田十三生《とみお》さん、同・甫喜本一《ほきもとはじめ》さん、同町生涯学習課副課長の味元《みもと》伸二郎さん、同主査・西村範明さん、同主事・竹本将太さんたちのご尽力によるものである。殊に味元さんからは、史料・文献の探索、写真撮影、地図や系図の作成、ご子孫・高知城歴史博物館・オーテピア高知図書館・地元関係者の方々との連絡などに惜しみない協力をいただいた。おそらく業務の範囲を超えていたのではないか。本書の第1章・第2章は、実質的に味元さんと私のコラボの成果である。また、味元さんは本書の最初の読者でもあった。私は出来上がったパートをその都度、味元さんに送って意見を求めた。いつしかこのやりとりは私の楽しみとなり、味元さんに早く次を読んでもらいたいと思うようになった。味元さんという良き伴走者がいなければ、本書は永遠に脱稿できなかったと思う。平成三十年十一月、四万十町では「四万十町と幕末維新 草莽《そうもう》の志士たち」展が開催され、堀内誠之進とその兄弟は展示の中心となった（本書第2章の「扇」も展示された）。同展では私も講演を行い（十一月九日）、その録画は地元のテレビ局により放映された。四万十町のみなさんには、この場をかりてあらためて御礼申し上げたい。

本書にたびたび登場する中村六蔵が、晩年の明治四十五年（一九一二）に著した『楽観詩一夕話』の中に次の一節がある。

「当時、此革命論を唱へたる、重もなるものにして、自分が今記憶して居る、人々を挙ぐれば、同藩［熊本］の川《（河）》上彦斎《げんさい》、木村弦雄《つるお》を始め、鶴崎の毛利到《もうりいたる》［空桑《くうそう》］、（略）久留米藩の水野景雲《（渓）》斎［正名《まさな》］、古松簡二《ふるまつかんじ》、小河真文《さねふみ》、柳川藩の広田彦麿、（略）土州藩の岡崎恭助《（輔）》、森某、山口藩の前原一誠、富永《とみなが》有隣《ゆうりん》、大楽源太郎《だいらくげんたろう》、（略）武州の里見剛《（鋼）》之助、秋田藩の旧国老初岡《はつおか》敬次郎［敬治］…」（傍線筆者）

このように同志の証言は、維新後の土佐の攘夷派のリーダーとして、岡崎恭輔と「森某」（森宗次郎）すなわち堀内誠之進を挙げている。武市半平太の土佐勤王党《きんのうとう》に始まった土佐の攘夷運動は、明治四年（一八七一）の岡崎と堀内の捕縛によってエンドマークを打たれたのである。以後、攘夷を捨象した尊王だけが大石円《まどか》らの古勤王党に継承された。

しかし、堀内誠之進の名は、現在、高知でもまったくといっていいほど知られていない。先述の通り、四万十町でようやく注目されるようになったばかりである。本書が、この状況を変える契機となれば幸いである。

もちろん、やり残したことは山ほどある。堀内誠之進の生涯には、本書では解明できなかった「空白期間」がいくつもある。例えば、①大村益次郎《ますじろう》襲撃事件（明治二年九月）から熊本で岡崎恭輔と再会（同十二月）するまでの三か月、②広沢真臣《さねおみ》暗殺事件（明治四年一月）の前後、③林有造らとの密会（明治十年六月）から自訴（明治十一年五月）までの一年間には、何か重大な秘密が隠されている気がしてならない。本書は一番大事なものをじつは見落としているのかもしれない。

堀内誠之進の柿木山での幼少期についても掘り下げられなかった。幕末の柿木山からは真田四郎《さなだしろう》（窪田真吉《くぼたしんきち》、与津地屋清次《よつじやせいじ》。天保三年［一八三二］生まれ）という志士が出ている。魚行商だったが近郷の郷士たちに交じり剣術の稽古をしているうちに尊王攘夷の志を抱くようになった。気が強くて背が高く「岩ヶ嶽《いわがたけ》」の四股名を持つ力士としても知られていた。八・一八政変後に三条実美《さねとみ》らのいる招賢閣《しょうけんかく》に馳せた。長州藩諸隊の忠勇隊に入隊し禁門の変に敗れたが、高杉晋作の功山寺挙兵に応じ、その後、諸国の脱藩浪士とともに遊撃隊に配属された。この時の同志が河上彦斎である。ところが慶應元年（一八六五）六月、真田四郎は遊撃隊の屯所（山口の明正寺）で自刃して三十四年の生涯を閉じた。長州藩の内訌に巻き込まれたともいわれる。

魚屋出身だが頑強な真田四郎と、大庄屋の倅《せがれ》ながら身体に障害があった堀内誠之進というコントラストは、先輩後輩のドラマチックな組み合わせとして申し分ないが、柿木山で二人が出会ったとする史料はついに見つからなかった。真田四郎を「岩ヶ嶽」と命名したのは、堀内六蔵の庄屋屋敷があった柿木山の本田《ほんでん》に住む医師河村（川村）与右衛門洞玄である。河村洞玄は寺子屋を開いていた。この寺子屋で堀内誠之進が初等教育を受けた可能性はかなり高いと思われるが、これも史料が見つからなかった。

私にできるのはここまでである。外堀は埋めたと思う。残された謎の数々は、今後、研究者の方々に解き明かしていただきたい。

本書執筆の最終段階は、コロナ禍と重なった。自宅で「自粛」しながらオンデマンド講義用の動画を朝から晩まで（時には徹夜して）制作する毎日であった。本書で「獄中」の描写が思いがけず濃密になったのは、その隔絶した環境がもたらしたメンタリティの変化が影響したのかもしれない。

本書の執筆に理解を示してくださった、堀内誠之進とその兄弟のご子孫である堀内喜美恵さん、堀内大《だい》さん、木村由比《ゆい》さん、島村南海雄《なみお》さん、沖本綾子さんに深甚の謝意を表したい。堀内誠之進の子孫の方々に巡り合う日が来たことを、二十代前半の自分に教えてあげたい気持ちでいっぱいである。系図をはじめとする貴重な情報をご提供いただけたおかげで、本書は私が当初思い描いていた以上に質的にも量的にも厚みを増すことができた。品川の居酒屋でお会いした堀内大さんとは、誠之進よりも音楽の話で盛り上がってしまったことも、既に大切な思い出となっている。

脱稿後、出版のあてがまったくなかった私の原稿を、「本」という形にする道を開いてくれたのは、作家で歴史研究家の桐野作人氏と編集制作会社「三猿舎」代表の安田清人氏のお二人である。桐野氏とはツイッターで交流が始まって、その後、一度お会いする機会があったものの、私のことはほとんど他人でしかなかったはずである。それにもかかわらず、本書の実現のために各方面に働きかけていただいた。そのおかげで、私は安田氏と出会うことができた。堀内誠之進という知名度ゼロの人物に興味を示し意義を理解してくれた編集者は安田氏のほかには皆無だった。お二人には何度感謝の意を表しても足りることはない。

そして、長い出版不況の中、このようなリスキーな企画を快諾してくださった山川出版社と担当者の本多秀臣氏にも厚く御礼申し上げたい。原稿を一読した本多氏から、「終盤に向けて、誠之進はいったいどうなるのかと、ドキドキハラハラしながら読みました」との感想をいただいて、私は「この人なら全部お任せできる」と確信した。大船に乗った気分とはこういうものかと、おそらく生涯で初めて味わったように思う。

坂本龍馬暗殺後の海援隊に関する私のツイートを目にした明治維新史研究の第一人者・町田明広氏からは、同テーマにつき明治維新史学会例会で報告する機会（平成二十九年十一月十一日）をいただだいた。報告自体は時間配分に失敗して惨憺たるものになってしまったが、報告の準備を通じて岡崎恭輔について整理することができた。それが本書の岡崎に関する記述のベースとなったことはいうまでもない。心より感謝申しあげたい。報告資料の改訂版全文は私のインターネット上の公式サイト（https://hirokitohya.wixsite.com/tohya）に掲載してあるので、興味のある方にはご覧いただければ幸いである。

ツイッターで知り合った、中村武生さん、粒山樹さん、浦出卓郎さん、折れたたみさんら気鋭の歴史研究者の方たちと有益な情報交換をいつでも自由に行えたことは幸運だった。とりわけ、折れたたみさんには、古勤王党とその周辺について非常に多くのことを学ばせていただいた。四氏とは未だに直接お会いしておらず、ＩＣＴ（情報通信技術）時代の歴史研究のあり方が、デジタルアーカイブの登場も含めて、三十年前とは（いい意味で）すっかり変わってしまったことを実感する。

明治十年に三浦則優が堀内誠之進に刺身を馳走したのと同じ三浦邸で、三十四年前（誠之進からは百十年後）、私に刺身三昧の夕飯を賄ってくれた沖の島の三浦家の方々にも、あらためてお礼申し上げたい。もしこの本を目にしたら、是非、ご連絡いただきたい。

オーテピア高知図書館ならびに高知城歴史博物館のレファランス担当や学芸員の方々には、直接または四万十町を通じて度々ご支援いただいた。また、古文書のうち、素人の私では到底解読できないレベルのものについては、聚珍社に解読のご協力をいただいた。いずれもプロフェッショナルなサポートで大変助けられた。

亡き父泰典・母容子には、なんとしても生前に本書を手に取ってもらいたかった。そうすることで、我が道を行くばかりの親不孝を詫びたかったが、かなわなかった。両親の介護を続けてくれた姉真由美には過大な負担と苦労を長い間強いてしまった。どこの組織・集団にもなじめない・落ち着けない性格の私が生きてこられたのは、実家の寛大さ（と、おそらくは諦念）のおかげにほかならない。

そして最後となったが、私のような人間にも「夫として生きる」、「親として生きる」選択肢があることを気づかせてくれた妻の由紀江と三人のこどもたち――響希、結依、愛依――には、シンプルに「ありがとう」と伝えたい。

たくさんの奇跡に恵まれた喜びを噛みしめながら筆を置くこととしたい。

令和三年（二〇二一）五月十四日　広島の自宅にて

遠矢浩規

関連年表

（著者作成）

和暦	西暦	堀内誠之進事歴（太字）・関係者動向	関連事項・政治状況
天保12	1841		この年、天保庄屋同盟（土佐）。
天保13	1842	10 **堀内六蔵（のち仁井田郷大庄屋）の二男として生まれる。**	
嘉永元	1848	5 弟堀内了之輔（島村安度）生まれる。	
嘉永6	1853		6・3 ペリー来航。
安政元	1854		3・3 日米和親条約調印。
安政5	1858		6・19 日米修好通商条約調印。 9・7 安政の大獄始まる。
万延元	1860		3・3 桜田門外の変。
文久元	1861	8 土佐勤王党結成（従兄・島村謙之助、依岡城雄加盟）。	
文久2	1862	11・15 依岡城雄（権吉）らが多田帯刀を暗殺。	4 島津久光、率兵上京。 4・23 寺田屋事件（大山綱良らが鹿児島藩士の上意討ち）。 8・21 生麦事件（海江田信義らが英人殺傷）。
文久3	1863	8～11頃 天朝組（または慷慨組）の赤城山挙兵計画（未遂）に古松簡二、大楽源太郎が参加。 10・12 生野の変（盟主は澤宣嘉）。	7・2～4 薩英戦争。 8・17 天誅組挙兵。 8・18 八月十八日の政変（翌日、七卿落ち）。

元治元	1864	3・27 天狗党の筑波山挙兵（古松簡二が参加）。7・11 5・6 大楽源太郎が冷泉為恭を暗殺。 河上彦斎らが佐久間象山を暗殺。	6・5 池田屋事件。7・19 禁門の変。8・5〜7 四国艦隊下関砲撃事件。
慶応元	1865	**この頃より土佐藩物産局に勤務。** 1頃 長州内訌戦に大楽源太郎、河上彦斎が参加。	閏5・11 武市半平太切腹。
慶応2	1866		1・21 薩長同盟。2・5 土佐で開成館創設。6・7 第二次長州征伐開戦。12・5 徳川慶喜が十五代将軍に就任。12・5 孝明天皇死去。
慶応3	1867	12・12 鷲尾隆聚・陸援隊・十津川郷士の高野山挙兵（伊藤源助が参加）。	10・14 大政奉還。11・15 海援隊長坂本龍馬、陸援隊長中岡慎太郎が暗殺される（中岡は同十七日絶命）。12・9 王政復古のクーデター。12・25 薩摩藩邸焼き討ち事件（薩邸浪士隊討伐）。
明治元	1868	1〜4 岡崎恭輔、海援隊に加わり長岡謙吉らと塩飽本島・小豆島を鎮撫。4〜9 堀内了之輔、会津戦争に従軍か。9・3 島村謙之助、会津戦争で戦死。	1・3 鳥羽伏見の戦い（戊辰戦争始まる）。1・11 神戸事件。1・14 花山院隊の御許山騒動。2・15 堺事件。2・30 英公使パークス襲撃事件。3・3 赤報隊の相楽総三ら処刑される。3・14 五箇条の御誓文。7・17 江戸が東京に改称される。
明治2	1869	1 **藩用で大阪へ**。その後、**学問修行を許され京都へ（弾正台少巡察の弟了之輔と同居）**。2頃 **京都で長岡謙吉と親交**。2・23 河上彦斎、有終館の館長となる。3・1 古松簡二、吉岡弘毅、	1・5 参与横井小楠が暗殺される。3〜6 十津川騒動。3・7 天皇の東京再幸（事実上の遷都）。5・18 五稜郭の榎本武揚が降伏（戊辰戦争が終わる）。6・17 版籍奉還。12・1 山

明治2

1869

高橋竹之助、福田秀一、依岡城雄、里見鋼之助、伊藤源助の尊攘派七名が再幸抑留を建白。二日後、吉岡弘毅と古賀十郎が建白の採用を三条実美に要求して座り込み。3～6頃 **十津川騒動の鎮圧に動員される。その後、京都で福田秀一、長谷川鉄之進らと親交。** 4 古賀十郎、攘夷主義の過激な建白書を待詔院に差し止められる。5～7月頃 岡崎恭輔、武田保輔、土居策太郎、坂本速之助ら土佐グループが、東京で初岡敬治、古賀十郎、吉岡弘毅らと同志となる。8中旬～下旬 **伊藤源助、神代直人、太田光太郎の勧誘で大村益次郎暗殺計画に加わる**（京都）。同じ頃、東京から来た岡崎恭輔、土居策太郎、依岡城雄も計画に合流。9上旬 初岡敬治の剣舞事件。9・4 **神代直人、太田光太郎、伊藤源助、金輪五郎ら8名による兵部大輔大村益次郎襲撃に、岡崎恭輔、堀内了之輔らと後方支援を担当**（大村は11・5死去）。9・24［20とも］ **岡崎恭輔、堀内了之輔、依岡城雄らと脱藩し中国・九州方面へ逃亡。** 9・28 **太政官から指名手配される。** 9下旬 弾正台大巡察となった古賀十郎、横井小楠暗殺犯減刑運動のため「天道覚明論」を熊本で入手。12・20 古賀十郎、大村益次郎襲撃実行犯の死刑執行を刑場で停止させる（粟田口止刑事件。海江田信義が決定。同二十九日執行）。12・29 **熊本で岡崎恭輔と再会。**

口藩で諸隊脱隊騒動（奇兵隊の反乱。翌年二月十二日まで）。

明治3	1870	**1・4 岡崎恭輔とともに久留米の古松簡二を訪ねる。1中旬 古松簡二、河上彦斎（高田源兵）、岡崎恭輔と古松邸で奇兵隊反乱呼応計画を謀議。2~3頃 奇兵隊反乱呼応計画の同志獲得のため中村恕助、吉田精一郎とともに高知入りし、小笠原忠五郎らと面談。** 3・13 堀内誠之進、堀内了之輔、岡崎恭輔を追跡中の澤田衛守が、中村六蔵らに殺害される。**3~4 豊津で静野拙三派の小島琢三、木村路雄、佃庄二、二澤一夫と親交。** 3下旬 山口から逃走した大楽源太郎一行が鶴崎に潜入し、河上彦斎、毛利空桑らに庇護される。4上旬 岡崎恭輔、東京の土佐グループ（土居策太郎、坂本速之助）に再合流し、澤宣嘉周辺の還幸党（高橋竹之助、脇屋衛、中島武洲、夏吉利雄、二澤一夫、星村彦九郎ら）の中心的存在となる。岡崎は澤宣嘉邸に居住。**4末頃 有終館の中村六蔵、木村弦雄、吉海良作、古荘嘉門らと親交。大楽源太郎と接触か？** 6 岡崎恭輔の主導で還幸党が府下放火・洋癖官員暗殺・還幸実現のクーデターを計画するが、澤宣嘉の叱責で中止。岡崎恭輔、この頃から丸山作楽と征韓計画に着手。7中旬 岡崎恭輔と中村六蔵が初岡敬治の支援（汽船と兵力）を求めるため秋田に向かう（途中、米沢で中村は幽閉中の雲井龍雄と密会）。**7中旬頃 女木島に潜入し、西尾傳次郎・鹿毛松次・笠林太**	7・17 有終館、廃止（鶴崎）。11・14 僧侶・山口藩脱隊兵による日田県庁襲撃計画。11・17 日田県一揆始まる。12中旬 久留米藩に巡察使四条隆謌少将率いる二中隊が派遣される。12・18 島津久光・西郷隆盛の上京を促す勅使岩倉具視と大久保利通が鹿児島入り。12・26 雲井龍雄が処刑される。

和暦	西暦		
明治3	1870	**郎と合流。**7下旬頃 **女木島で合流した同志とともに大阪へ。同地で村上徳蔵、佃庄二、中村彦次、佐野十蔵と合流し、奸臣暗殺・還幸の謀議。**8・15 岡崎恭輔と中村六蔵、秋田で初岡敬治と会談。岡崎は初岡から借りた八坂丸に乗船し東京へ向かう（九月に佐渡沖で沈没、十月に東京生還）。9中旬～下旬頃 大楽源太郎が久留米に潜入、古松簡二らに庇護される。秋頃 堀内了之輔、中津で捕縛される。10 岡崎恭輔と天野恕一、横浜のジャーディン・マセソン商会から蒸気船の詐取を企てるが失敗。10上旬 大楽源太郎庇護をめぐる同志との対立から久留米を離れた古松簡二が東京に着く。11 **京都に潜入し、比喜多源二らの愛宕通旭グループに加わる。同グループの古賀十郎、中村恕助と合流か。**11・12 **京都を発し東京へ向かう。**11・14 河上彦斎、木村弦雄、吉海良作ら有終館幹部が捕縛される。11・19 **東京に潜入。**11・23 大学南校英人教師襲撃事件。岡崎恭輔、古松簡二、中村六蔵が犯人を隠匿。11 **岡崎恭輔、古松簡二と東京で再集結。**12・18［14～15とも］ 古松簡二と中村六蔵、久留米の応変隊の協力を得るため東京を発す（同二十三日頃着）。	
明治4	1871	2・4 愛宕通旭とその一党（比喜多源二、安木劉太郎、中島龍之助・小島琢三ほか）が東京に着	1・9 参議広沢真臣が暗殺される。2・2 西郷隆盛、大久保利通、木戸孝允、板垣退助

く。2 **愛宕通旭グループに再合流**。2上旬 岡崎恭輔が捕縛される。2上旬 **亀清楼の会合を周旋し、愛宕通旭グループ**（愛宕通旭、比喜多源二、中島龍之助、桃井勇）、**久保田藩グループ**（吉田精一郎、泉謙三郎、岩堀源吾）、**久留米藩グループ**（篠本廉蔵、川島澄之助）**の密議を実現させる**（挙兵を盟約か）。2・13 小河真文（久留米尊攘派代表）、大楽源太郎、立石正介（外山光輔グループとなる一党を代表）が挙兵を盟約（久留米）。2下旬頃 **西郷隆盛の真意を確認するために鹿児島行きを計画**（実現せず）。2・21 古松簡二が捕縛される。3・6頃 **広沢真臣暗殺に関わる不審人物として捕縛される**。**南部藩邸跡の仮監に収監される**。3・7 京都で外山光輔グループがいっせい捕縛される。3・10 東京滞在中の久留米藩知事有馬頼咸に謹慎が命じられ、同権大参事吉田博文が捕縛される。3・16前後 東京で愛宕通旭グループ等の反政府派がいっせい捕縛される。3・16 大楽源太郎が川島澄之助ら久留米藩の同志によって誘殺される。3・22 反政府派に影響力を持つ丸山作楽ら国学者と儒学者中沼了三が捕縛される。9・19 **取り調べが完結する**。10・3 **小伝馬町牢屋敷に移監される**。12・3 **終身禁獄の判決を受ける**。同日、東京で愛宕通旭、比喜多源二、初岡敬治、小河真文、古賀十郎、河上彦斎が処

の四人がそろって東京入り。2・10 薩長土三藩の兵による御親兵編成が決定される。2・15 西郷隆盛、東京を発し鹿児島に向かう。3・10 再派された巡察使四条隆謌が日田県に到着、山口・熊本の二藩の兵を率いて久留米を包囲する（久留米藩難事件の始まり）。7・14 廃藩置県。11・12 岩倉遣欧使節出発。

明治4	1871	刑され、京都で外山光輔が処刑される（二卿事件）。古松簡二と岡崎恭輔は斬罪の予定が処刑差延（のち行刑見合）となる。12・4 堀内了之輔、禁獄一年の判決を受ける。12・9 **鹿児島発配が決定される**。12・31 **利渉丸に乗せられ品川を出航（終身禁獄の中村恕助、中島龍之助、落合直言、吉田博文が同船）**。	
明治5	1872	1・22 兵庫で利渉丸に終身禁獄の矢田穏清斎、小和野広人、妹尾三郎平、高田修が乗船する。2・11 **利渉丸が鹿児島に到着する**。2・12 **慶賀屋敷に収監される**。2・13 **懲役舎に移監される**。	
明治6	1873	8 **他出を許可される**。11 征韓論政変で下野した西郷隆盛と西郷派の士官（桐野利秋ら）が鹿児島に帰県する。12～翌年春頃 **情勢探索のため鹿児島入りした弟堀内安靖と会う（安靖は翌年、私学校に入学か）**。	1・10 徴兵令。4 島津久光が鹿児島県士族多数を率いて上京。7・28 地租改正条例。10・24 征韓論政変。
明治7	1874	1・14 赤坂喰違門事件（右大臣岩倉具視暗殺未遂。横田弃、宮崎八郎、森川篁、児玉等らが嫌疑を受けて捕縛）。	1・17 民選議院設立建白書。2・1 佐賀の乱勃発。5・22 征台の役、本格的な戦闘始まる。6 西郷隆盛らの「私学校」が鹿児島で創設。
明治8	1875	4 島村安度が上京し、古勤王党同志や島津久光派と親交（河原塚茂太郎と同居）。9・23 島村	2・11 大阪会議。3 木戸孝允と板垣退助が参議に復帰。4・14 漸次立憲政体樹立の詔。

年号	西暦	事項	一般事項
		安度が河原塚茂太郎、中沼清蔵らと「中山忠能等ノ建議ヲ実施スルコトヲ請ウノ議」を太政大臣三条実美に建白。9下旬頃 中山中左衛門、島村安度、河原塚茂太郎らが政府転覆計画を謀議。11上旬 中山中左衛門が政府高官（とりわけ大久保利通）暗殺計画に方針を転換（政府転覆計画の島村安度らと分派）。	9・6 中山忠能ら不平派華族が、左大臣島津久光の権限強化と太政大臣三条実美弾劾を要求する建白。9・20 江華島事件。10・19 参議省卿分離が却下され、島津久光・板垣退助が敗北。10・27 島津久光、左大臣を罷免される。
明治9	1876	2・1 島村安度が捕縛される。**4・1 ウィリアム・ウィリス邸に移監される。6 営繕方裏通の家に移る。**	3・28 廃刀令。10・24 神風連の乱。10・27 秋月の乱。10・28 萩の乱。
明治10	1877	**2・13 鹿児島県令大山綱良から薩軍蜂起の事前通告と放免を言い渡される**（翌日、大山に従軍の決意を伝える）。**3・4 中村怨助、落合直言、中島龍之助とともに薩軍に合流のため鹿児島を脱し熊本を目指す。出立に際し大山綱良から銃と三十円を授けられる。** 3 立志社と東西古勤王党が薩軍に呼応する挙兵のため盟約。3中旬頃 小和野広人と高田修が薩軍に合流のため鹿児島を脱し熊本を目指す（小和野は同月下旬、出水で堀内誠之進らに追いつく）。**4・7か 熊本の薩軍本営に到達。本営付となる。** 4・20 城東会戦で中村怨助と落合直言が戦死。4・24 三浦介雄が高知の立志社・古勤王党の挙兵計画を鹿児島県庁に報告。5・12 島村安度が懲役三年の判決を受け、石川島監獄に収監される。	2・14 西南戦争始まる。4・14 政府軍（衝背軍）が熊本城と連絡を果たす。4・22 薩軍が人吉への退却を開始（二十六～二十八頃着）。5・2 岩村通俊が鹿児島の新県令として赴任、県庁から私学校派を一掃。5・26 木戸孝允死去。6・1 薩軍、人吉が陥落し、各方面へ退却。6・9 立志社建白書。6・13 元老院議官佐佐木高行が高知入りし、立志社・古勤王党に対する説得・逮捕・離間工作を開始。8・16 西郷隆盛が可愛嶽の山麓で薩軍解軍を宣言（翌日、数百名で可愛嶽を突破）。9・1 西郷隆盛ら三百数十名、鹿児島に帰還し城山に立て籠る。9・24 西南戦争終わる（西郷隆盛自尽）。

明治10	1877	5・16 立志社の使者（藤好静と村松政克）が江代で桐野利秋に面会。**5下旬頃 人吉から宮崎へ移動。宮崎にて桐野利秋から土佐潜入を命じられる。5下旬 漁船で宮崎を発し、島浦島へ。** 5・31 鹿児島県庁が内務省に堀内誠之進らの行方を捜索中と報告。**6上旬頃 沖の島を経由して土佐に潜入。6・20頃 立志社の林有造、古勤王党東組の島村外内、古勤王党西組の桑原平八と土佐派の挙兵につき謀議。この後、堀内誠之進の消息は翌年五月まで不明となる。** 7・7 桐野利秋の使者が堀内誠之進の消息を照会する桐野書簡（六月三十一日付）を携えて沖の島に来る。7・15 今橋巌の周旋で高陵郡盟約が成立し、高岡郡古勤王党が政府派・反西郷に転じる（盟約に堀内安明・堀内安靖が参加）。7・24 陥落した都城の薩軍陣営で「山田耕介」（堀内誠之進）の消息に言及した桐野利秋の薩軍諸将への通達文書（七月十一日付）が発見される。7下旬 林有造と堀内誠之進の関係が大阪で政府密偵に探知される。9・13 今橋巌が土方久元に、堀内誠之進は九州で捕縛されたと語る（虚報）。9・24 城山で桐野利秋戦死。10・16 中村六蔵が捕縛される。12・1 古松簡二と岡崎恭輔の終身懲役が確定する。	
明治11	1878	**5・14 司法省に自首する。鍛冶橋監獄に収監**	5・14 内務卿大久保利通が暗殺される。7・

		される。**翌々日以降、大久保利通暗殺事件の連累者として報道される。** 8・20 立志社の獄に対する判決（林有造の禁獄十年ほか）。8・27 **終身禁獄はそのままに棒鎖七日の判決を受ける。** 9か **大津監獄（滋賀県監獄署）に移監される。**	27 大久保利通暗殺犯の島田一郎、長連豪ら六名が処刑される。
明治13	1880	2・27 **大津監獄で発生した火災の消火に尽力する。** 4・13 島村安度が特典放免となる。5・1 **監獄火災の消火の功労により特典減刑**（禁獄十年か）となる。10・17［14とも］ **獄中で病死する。月見山墓地に葬られる。**	
明治14	1881	7・28 岡崎恭輔が在留養親のため特典出獄となる。その後、羽田恭輔と名のる。	10・11 明治十四年の政変。10・12 国会開設の勅諭。
明治15	1882	6・10 古松簡二が石川島監獄でコレラのため病死する。	4・6 板垣退助岐阜遭難事件。7・23 壬午事変。
明治24	1891	2・21 島村安度死去。	

史料・参考文献

■史料(原史料・未刊史料)

堀内喜美恵氏所蔵

「堀之内氏過去帖」
「堀之内氏系図」

遠矢浩規所蔵

堀内誠之進書簡(清原強助宛、明治12年11月7日)
堀内誠之進書簡(清原強助宛、明治13年1月21日)
堀内安明書簡(清原強助宛、明治13年1月13日)
「丹羽精五郎翁口授」(杉田一吉筆記、年月日不詳)

国立国会図書館所蔵

(憲政資料室)

〈伊藤博文関係文書(その一)〉
「書類の部」280-15「雑書類　十五　亡藤原和三郎妻ノ梅」
「書類の部」317「広澤事件」
〈大木喬任関係文書〉
「書類の部」二八九「山本与一・矢田宏・沢俊三　一件書類」(「矢田宏口書(明治六年四月十四日)」等を含む)
〈三条家文書〉
「三条家文書　第47冊」(「広沢真臣暗殺関係書類(一)」、「広沢真臣暗殺関係書類(二)」、「広田彦麿其外捜索手続書之概略(明治七年十二月)」

を含む）
「三条家文書　補十二」（二八九「激徒概情ニ付報告（明治八年十月）」、二九一「京摂之近情（明治八年十二月）」を含む）
〈川村正平関係文書〉
「島村安度書簡　川村宛」（1月7日）
〈小杉文庫〉
「殖産略説」（堀内六蔵述「人参培養記」を含む）

国立公文書館所蔵

〈粟田口止刑始末〉
「公文録・明治三年・第百十六巻・粟田口止刑始末（一）」（「残党神代直人外六名探索ノ儀府藩県へ御達」、「於京都府凶徒団伸次郎外五名糾問口書上達」、「高知藩ヨリ不審ノ者依岡城雄捕縛届」等を含む）
「公文録・明治三年・第百十七巻・粟田口止刑始末（二）」
「公文録・明治三年・第百十八巻・粟田口止刑始末（三）」（「古賀大巡察糾問口書」、「山口藩ヨリ高知藩堀内了之助捕縛届」等を含む）
〈山口藩隊卒騒擾始末〉
「公文録・明治三年・第百二十四巻・庚午・山口藩隊卒騒擾始末（二）」（「大久保参議鹿児島藩へ木戸参議山口藩へ并河野弾正少忠等日田県出張及府藩県へ取締ノ儀御達」を含む）。
「公文録・明治三年・第百二十五巻・庚午・山口藩隊卒騒擾始末（三）」（「京都府ヨリ華族外山従四位隠謀ノ儀ニ付上申」［堀内誠之進・外山光輔・愛宕通旭の口供書あり］、「外務大丞丸山作楽御不審有之福井藩へ御預被仰付御達」、「高知藩岡崎恭助東京府へ引渡ノ儀刑部省へ御達」、「柳川藩古賀十郎外八名東京府へ引渡ノ儀御達」、「熊本藩へ川上彦斎東京へ護送御達」、「外山従四位京都府へ引渡ノ儀弾正台へ御達」、「司法省ヨリ伊藤竹次郎外三十名吟味済ノ処不審無之ニ付無構旨申渡ノ儀伺」、「福岡県ヨリ戸田鋤御処分ノ儀伺」［吉富亀次郎の口供書あり］等を含む）
「公文録・明治三年・第百二十六巻・庚午・山口藩隊卒騒擾始末（四）」（「外山光輔糾問口書」、「愛宕通旭糾問口書」、「比喜田源治糾問口書」、「初岡敬次糾問口書」、「小河真文糾問口書」、「古河十郎糾問口書」、「高田源兵糾問口書」等を含む）
「公文録・明治三年・第百二十七巻・庚午・山口藩隊卒騒擾始末（五）」（「久留米県卒脱籍鹿島猛外三名処刑申渡」、「丸山作楽外十五名処刑届」、「広田彦麿外十四名処刑伺」等を含む）

〔広沢参議暗殺始末〕

「公文録・明治四年・第百七十巻・辛未・広沢参議暗殺始末（一）」（「監部広沢家従者取調聞書概略」、「諸省府藩県ヨリ外出人名取調届」「畑経世の動向あり」、「賊徒捜索必獲ニ期スヘキ旨詔書ヲ以被仰出」、「東京府ヨリ元高知藩士堀内誠之進不審ノ儀有之召捕届」等を含む）

「公文録・明治四年・第百七十一巻・辛未・広沢参議暗殺始末（二）」（「起田正一訊問書」等を含む）

「公文録・明治四年・第百七十二巻・辛未・広沢参議暗殺始末（三）」（「阪口隆訊問書」、「阪口匡訊問書」、「小沢一郎訊問書」を含む）

〔鹿児島征討始末〕

「公文録・明治十年・第百七十四巻・鹿児島征討始末別録一」（「降伏人川越進口供書」を含む）

「公文録・明治十年・第百九十八巻・鹿児島征討始末一」

「公文録・明治十年・第二百巻・鹿児島征討始末三」（「三好判事ヨリ河野幹事宛日向豊後戦略報告」を含む）

「太政類典・雑部・明治十年〜明治十四年・第八巻・鹿児島征討始末八」（「福岡長崎大分三県ニ於テ鹿児島県ノ専使ヲ捕縛ス」を含む）

「太政類典・雑部・明治十年〜明治十四年・第九巻・鹿児島征討始末九」（「降人川越進外一名口供」を含む）

「太政類典・雑部・明治十年〜明治十四年・第十一巻・鹿児島征討始末十一」（「鹿児島県懲役禁獄人踪跡捜索」、「高知県士族三浦介雄大審院へ護送」、「高知県士族堀内誠之進捕縛護送方并自首」、「高知県士族桑原平八外一名大審院へ護送内達」等を含む）

〔公文録〕

「公文録・明治三年・第九十一巻・庚午十一月・華族伺西」（「愛宕通旭於東京勤学願」を含む）

「公文録・明治四年・第三十三巻・辛未一月〜二月・外務省伺」（「川越藩天野恕一英商人ヨリ蒸気船買入方違約コンシユル申立ニ付神奈川県上申」を含む）

「公文録・明治四年・第百四十五巻・辛未十二月・司法省伺」（「不良徒処置一件伺」［岡崎恭助・坂本速之助・北山信・中島武洲・夏吉利雄ほかの口供書あり］を含む）

「公文録・明治五年・第六十五巻・壬申四月・司法省伺（待罪・布達）」（「坂本速之助外九人処刑済届」を含む）

「公文録・明治五年・第六十六巻・壬申五月・司法省伺（待罪）」（「坂本速之助外九人禁獄期限中取締方県々へ御達ノ儀伺」を含む）

「公文録・明治七年・第二百二巻・明治七年一月・司法省伺（一）」（「横田陸軍非職大尉推問ノ為本省へ拘引届」を含む）

「公文録・明治九年・第百二十四巻・明治九年六月・内務省伺二」（「滋賀県監獄所新築伺・東京府復籍者留置所新設伺合綴」を含む）

「公文録・明治十年・第二十八巻・明治十年三月・内務省伺（四）」（「高知県士族島本仲道外一名警視署へ拘留伺」を含む）

「公文録・明治十年・第五十九巻・明治十年十一月・内務省伺（四）」（「長崎県士族石井貞興処刑ノ儀上申」を含む）

「公文録・明治十年・第百二巻・明治十年一月～二月・司法省伺」(「鹿児島県士族中山中左衛門以下処分方ノ儀ニ付伺」を含む)
「公文録・明治十年・第百五巻・明治十年五月・司法省伺」(「鹿児島士族中山中左衛門以下処断済届」を含む)
「公文録・明治十年・第百九巻・明治十年九月・司法省伺」(「高知県士族三浦介雄護送届」、「高知県士族堀内誠之進護送上申」、「高知県士族桑原平八等護送上」を含む)
「公文録・明治十年・第百十巻・明治十年十月・司法省伺」(「岡崎恭助古松簡二処刑伺」等を含む)
「公文録・明治十年・第百四十八巻・明治十年八月～十月・征討総督府伺」(「石井貞興池部吉十郎口供擬律宣告書届」を含む)
「公文録・明治十一年・第五十二巻・明治十一年九月・内務省伺(二)」(「禁獄人陸奥宗光始各県へ発配届」を含む)
「公文録・明治十一年・第百九巻・明治十一年五月・司法省伺」(「堀内誠之進自首届」を含む)
「公文録・明治十一年・第百十三巻・明治十一年八月・司法省附録一」(「国事犯高知県士族藤好静口供」、「国事犯村松政克口供」、「国事犯林有造口供」等を含む)
「公文録・明治十一年・第百十四巻・明治十一年八月・司法省附録二」(「国事犯高知県士族池田応助口供」、「国事犯三浦介雄口供」、「国事犯高知県士族山田平左衛門口供」、「国事犯岩崎長明口供」、「国事犯谷重喜口供」等を含む)
「公文録・明治十一年・第百十五巻・明治十一年八月・司法省附録三」(「国事犯佐田家親口供」、「国事犯林直庸口供」、「国事犯三浦義処口供」、「国事犯三浦則優口供」等を含む)
「公文録・明治十二年・第百三十一巻・明治十二年七月・司法省一」(「元山口藩士族脱籍冨永有隣犯罪処断并特典減等ノ件二条」を含む)
「公文録・明治十二年・第百三十二巻・明治十二年七月・司法省二」(「国事犯禁獄囚矢田穏清斎特典放免ノ件」を含む)
「公文録・明治十二年・第百四十四巻・明治十二年十二月・司法省二」(「国事犯懲役囚禁獄丸山作楽特典放免ノ件」を含む)
「公文録・明治十三年・第五十五巻・明治十三年四月・司法省(二)」(「国事犯懲役囚島村安度特典放免ノ件」、「国事犯懲役囚野村忍助在留養親ノ件」を含む)
「公文録・明治十三年・第五十九巻・明治十三年五月・司法省(二)」(「長崎県平民中村六蔵外三人犯罪擬律ノ件」〔村尾敬助・古荘嘉門・木村弦雄の口供書もあり〕を含む)
「公文録・明治十三年・第六十巻・明治十三年五月・司法省(三)」(「国事犯禁獄囚堀内誠之進及懲役囚吉村音熊外二名特典減等ノ件」〔明治四年九月の堀内誠之進口供書もあり〕を含む)
「公文録・明治十三年・第六十二巻・明治十三年六月・司法省(二)」(「長崎県平民中村六蔵外三名裁判宣告ノ件」を含む)
「公文録・明治十三年・第七十二巻・明治十三年十月・司法省(二)」(「国事犯禁獄囚矢田隆男外二名特典減等ノ件」を含む)

「公文録・明治十三年・第二百二十二巻・明治十三年三月・内務省三」(「沢田衛守遺族給養ノ件」を含む)

「公文録・明治十三年・第二百三十七巻・明治十三年六月・内務省四」(「滋賀県監獄署建増ノ件」を含む)

「公文録・明治十四年・第八十二巻・明治十四年八月・内務省第四」(「故高知藩士族沢田衛守祭粢料下賜ノ件」を含む)

「公文録・明治十四年・第百三巻・明治十四年十二月・内務省第四」(「故高知藩士族沢田衛守祭粢料下賜ノ件」を含む)

「公文録・明治十四年・第百九十九巻・明治十四年七月・司法省(二)」(「国事犯懲役囚岡崎恭助特典養親ノ件」を含む)

「公文録・明治十四年・第二百巻・明治十四年七月・司法省(三)」(「鹿児島県禁獄囚小和野広人特典減等及同懲役囚小野伝太郎外二名減等允許ヲ得サル件」を含む)

「公文録・明治十五年・第七十四巻・明治十五年四月・大蔵省一」(「旧高知藩士故沢田衛守祭粢料下賜ニ付該金支出科目更定ノ件」を含む)

「公文録・明治十七年・第百七十巻・明治十七年十二月・司法省(二)」(「禁獄囚富永有隣特典放免ノ件」を含む)

(**太政類典**)

「太政類典・第一編・慶応三年~明治四年・第三十巻・官規・任免六」(「丸山外務大丞外数名ヲシテ唐太ニ出張セシム」を含む)

「太政類典・第一編・慶応三年~明治四年・第百八十八巻・訴訟・民事裁判所」(「川越藩管下天野恕一英人シャルデンマセ《ママ》リン社中ヨリ蒸気船買入違約ノ訴訟刑部省ニテ審理ス」を含む)

「太政類典・第一編・慶応三年~明治四年・第百九十二巻・治罪・審理第二」(「大村兵部大輔刺客山口藩団伸二郎以下処断附其顛末・其二」を含む)

「太政類典・第二編・明治四年~明治十年・第百十二巻・地方十八・土地処分五」(「沢従三位ニ府下築地拝借邸下賜」を含む)

「太政類典・第二編・明治四年~明治十年・第三百四十九巻・治罪三・審理」(「横田陸軍非職大尉喚問」を含む)

「太政類典・第二編・明治四年~明治十年・第三百五十一巻・治罪五・行刑三」(「鹿児島県士族中山中左衛門等犯罪処断」を含む)

「太政類典・第二編・明治四年~明治十年・第三百六十二巻・治罪十六・赦宥」(「高知県士族岡崎恭助外一名本罪末減」等を含む)

「太政類典・第三編・明治十一年~明治十二年・第九巻・官規・賞典恩典四」(「高知県九等警部佐々之治等国事犯党与探捕尽力ニ付賞与」、「四等警視属岡孝慈国事犯中山中左衛門等捕護ニ付賞与」を含む)

「太政類典・第三編・明治十一年~明治十二年・第九十一巻・治罪・行刑三」(「元山口藩士族脱籍富永有隣犯罪処断」を含む)

「太政類典・第三編・明治十一年~明治十二年・第九十六巻・治罪・赦宥五」(「鹿児島県国事犯矢田穏清斎獄則恪守且老衰ニ付放免」を含む)

「太政類典・第四編・明治十三年・第五十九巻・治罪・審理」(「長崎県平民中村六蔵外三名旧高知藩士族沢田衛守殺害ノ罪ヲ処断ス」「村尾

敬助・古荘嘉門・木村弦雄の口供書もあり」を含む）
「太政類典・第四編・明治十三年・第六十六巻・治罪・赦宥六・国事犯獄則恪守」（「青森県発配国事犯懲役囚矢田隆男外二名軍事功労アルニ依リ減等」を含む）
「太政類典・第四編・明治十三年・第六十七巻・治罪・赦宥七・国事犯」（「滋賀県発配国事犯懲役囚堀内誠之進外三名失火ノ際消防尽力ニ付減等」を含む）
「太政類典・第四編・明治十三年・第六十八巻・治罪・赦宥八・国事犯」（「東京監獄署国事犯懲役囚島村安度特典ヲ以放免」を含む）
「太政類典・第五編・明治十四年・第四巻・官規・任免」（「旧高知藩士故沢田衛守藩命ヲ受ケ故大村兵部大輔暗殺ノ兇徒探偵ノ節横死ニ付祭粢料下賜」を含む）
「太政類典草稿・第一編・慶応三年〜明治四年・第二百二十一巻・治罪・行刑三」（「兵部大輔大村益次郎刺客山口藩神代直人ヲ同藩ニ於テ斬罪ニ処ス」、「兵部大輔大村益次郎刺客山口藩団伸二郎外六名ノ罪ヲ処断ス」を含む）

（その他）
「京都府史料」一六「政治部　特裁刑典事類（刑賞類附録）（明治元–7年）」（「徴士横井平四郎遭害事件」［小和野監物の口供書あり］、「兵部大輔大村益次郎負傷事件」、「外山光輔等不良之徒就刑事件」［外山光輔・高田修・矢田穏清斎・立石正助・鹿島猛ほかの口供書あり］等を含む）
「諸雑公文書（狭義）」（「高知県士族藤好静仮口供等進達ノ件」、「西南戦争ニ際スル各地景況等綴」等を含む）
「第一類　公文附属の図」（「公文附属の図・九五号 滋賀県監獄所新築図」を含む）
「公文雑纂・明治二十七年・第三十二巻・建議」（「高知県士族手島季隆外六十七名ヨリ条約改正ノ方針ニ関スル建白ノ件」を含む）
「公文類聚・第六編・明治十五年・第八巻・賞恤三・賞賜」（「旧高知藩士沢田衛守祭資料支出方」を含む）
「記録材料・議案簿・第一局処務記録」（「大蔵省之部　高知県申牒旧高知藩士澤田衛守祭粢料支出ノ件」を含む）
「記録材料・決裁録・第二局」（「内務省　旧高知藩士故沢田衛守祭祀料下賜ノ儀」を含む）
「贈位内申書」（「沢田衛守（高知県）」を含む）
「叙位裁可書・明治三十八年・叙位巻二十七・位記追賜、贈位」（「故福田秀一外二名贈位ノ件」を含む）

防衛省防衛研究所所蔵
（海軍省関係）

「公文類纂　明治10年　後編　巻43　本省公文　法律部2止」(「静岡丸報告」を収録の「秘入641　高知県士三浦則優等審判に付顛末取調の件大審院照会他4件」を含む)
「公文原書　巻84　本省公文　明治10年10月10日～明治10年10月11日」(「秘出167　高知県士族三浦則優の義に付赤松少将三浦大尉へ達」、「静岡丸報告」を収録の「秘出178　高知県士族三浦則優の件に付大審院へ回答」を含む)

(陸軍省関係)

「密書綴　明治10年役関係　単　明治10年2月17日～明治10年8月17日」(「御地の様子問合せ」[=明治十年六月三十一日付桐野利秋書簡]を含む)
「軍機要領之部　坤　自明治10年6月1日　至明治10年10月31日」(「10年6月4日　賊将桐野の動向情報」を含む)
「密事日記　明治10年3月25日～明治10年10月17日」(「第53号　10年6月7日　豊後路の賊情に付て　山縣参軍　大久保、伊藤両参議、西郷中将」、「第73号　10年6月17日　高知縣下の不穏情報に付て　西郷中将　山縣、川村両参軍」等を含む)
「密事探偵報告口供書類　明治10年4月25日～10年8月3日」(「鹿児島景況略誌　発　渡少書記官」、「10年5月29日　日向路、豊後路の賊探偵情報に付て　発　三好退蔵」、「10年6月6日　鬼岳戦にて入手、賊書類に付て　別紙　入手書類　発　川路少将　宛　山縣参軍」等を含む)
「諸往復　明治10年6月6日～10年9月28日」(「鬼岳攻撃の節書類の綴分捕云々上申　川路少将」、「西郷より別府へ差遣の書翰の趣」、「柏島出張佐伯軍曹自ら来り報　藤本少尉」、「幡多郡近傍の過激党の相誓結する以所」等を含む)
「戦闘報告並部署及賊情探偵書類　明治10年2月24日～10年8月16日」(「7月23日都城より美々津に至る戦闘報告並に部署及賊情探偵書類／高知県士族山田幸介5月8日沖の嶋より帰来」を含む)
「探偵書　明治10年5月1日～10年7月18日」(「西郷より別府へ差遣したる書翰の趣に付」を含む)

宮内庁書陵部所蔵

「高野山出張概畧」

北海道立文書館所蔵

「土井豊築日誌」(複製)

八王子市郷土資料館所蔵

（落合直澄文書　昭和五十七年十一月受領）

落合直言書簡（「明治六年」一月二日、落合直澄宛、７６６-８１［整理番号20］）

（落合直澄文書　昭和五十七年十二月受領）

落合直言書簡（「明治五年」二月十一日、落合直亮宛、７７３-３２０-１［整理番号１２６］）、同（「明治五年」四月一日、落合直亮宛、７７３-３２０-４［整理番号１２７］）、同（「明治八年」八月十日、尊兄宛、７７３-２３１［整理番号１２８］）、同（「明治六年か」二月十五日、落合直亮・直澄宛、７７３-２３４［整理番号１２９］）、同（「明治九年か」三月十一日、落合直亮・直澄宛、７７３-２３２［整理番号１３０］）、同（「年不詳」三月二十九日、落合直亮・直澄宛、７７３-２２３［整理番号１３１］）、同（「明治九年か」五月七日、落合直澄宛、７７３-２２８［整理番号１３２］）、同（「年不詳」五月二十五日、尊兄宛、７７３-２２４［整理番号１３３］）、同（「年不詳」六月二日、落合直澄宛、７７３-２３０［整理番号１３４］）、同（「年不詳」六月二日、尊兄君宛、７７３-２３３［整理番号１３５］）、同（「明治四年か」、尊兄様宛、７７３-３２０-５［整理番号１３６］）

「もミちのおち葉」（７７３-３２０-３［整理番号２９０］）

「小和野の露」（７７３-１５９［整理番号４１２］）

「桜島展望図」（７７３-３２０-５［整理番号４９０］）

（落合直亮・直文文書　平成三年一月受領）

落合直言書簡（「明治五年」四月一日、落合直亮宛、Ⅰ-１１０［整理番号63］）、同（「明治六年」十二月五日、落合直亮宛、Ⅰ-１３１［整理番号64］）

オーテピア高知図書館（旧高知県立図書館・旧高知市民図書館）所蔵

「道番庄屋根居　11　高岡西部」（「堀内勇吉差出」を含む）

「地下浪人年譜　長岡郡　巻４」（「岡崎弾蔵差出」を含む）

「郷士年譜」

「三等入年譜」

「明治維新土佐勤王志士名簿（写）」（１９４０年）

「中城文庫」（「香美郡三島村下島島村衛吉旧宅・島村家墓絵図」、中城直正「手帳」を含む）

高知県庁(編)「勤王者調」(1893年)

(平尾文庫)

「土佐維新史料輯　十二　雑篇」(「堀内良之助関係史料」を含む)

高知市立自由民権記念館所蔵

(野崎正朝関係資料)

野崎正朝「幽囚記」

タイムドーム明石(中央区立郷土天文館)所蔵

「松平越中守下屋敷図」(年代不明)

四万十町役場所蔵

「仁井田村誌」(高岡郡仁井田村役場、1915年か)

徳富蘇峰記念館所蔵

羽田恭輔書簡(原田十衛宛、明治20年6月20日)

原田十衛書簡(徳富蘇峰宛、明治20年6月25日)

大阪企業家ミュージアム所蔵

(五代友厚関係文書)

「羽田恭輔書翰」(十月十一日)

東京大学史料編纂所所蔵

「大日本維新史料稿本　四千拾八ノ二(明治三年正月　自十五日　至十八日ノ一)」(「十八日　山口藩浪士数十名留守長官中御門経之ニ面接故大村兵部大輔暗殺者処刑不當ノ件ニツキ強訴ス」[中御門家記録あり]を含む)

「大日本維新史料稿本　四千百二十一ノ二（明治四年正月九日ノ二）」（「九日　賊アリ参議広沢真臣ヲ其邸ニ襲ウテ之ヲ害ス（略）」を含む）

「大日本維新史料稿本　四千百三十ノ二（明治四年二月十四日ノ二）」（「十一日　日田県下浮浪ノ徒未夕鎮定シ能ハス是日同県弾正台出張所其ノ取締ヲ厳戒セシム」［明治四年正月八日の広沢真臣書簡等あり］を含む）

「大日本維新史料稿本　初稿　三一二（明治四辛未年三月　自十一日　至十三日）」（「十二日　巡察使四條隆謌山口熊本両藩兵ヲ進メ久留米藩大参事水野正名軍務総裁小河直文ヲ逮捕ス」［古松菅《ママ》次の口供書等あり］を含む）

「大日本維新史料稿本　初稿　三一六（明治四辛未年三月　自二十九日　至是月）」（「是月十四日　華族外山光輔愛宕通旭等ノ陰謀露ル逐次捕繋セシム」［外山光輔・愛宕通旭・堀内誠之進の口供書、秋田藩辛未文書等あり］を含む）

「大日本維新史料稿本　初稿　三二五（明治四辛未四月　自晦日　至是月）」（「二十九日　熊本藩ニ達シテ川上彦斎ヲ柳川藩ニ達シテ久保田邦彦江口清兵衛ヲ並ニ東京ニ護送セシメ徳島藩ニ達シテ中村楯雄ヲ高鍋藩ニ達シテ岩村兼善ヲ並ニ刑部省ニ於テ喚問スル旨ヲ達スヘキヲ各々ノ貫属諸藩ニ命ス」を含む）

「大日本維新史料稿本　初稿　三三〇（明治四辛未五月　自二十五日　至二十九日）」（「二十九日　是ヨリ先秋田藩士初岡敬治ノ罪ニ連坐シテ同藩士ノ拘禁セラルヽモノアリ是日藩廳権大参事川井晋一等ノ職ヲ免シテ幽居セシム」［古賀十郎・初岡敬治の書簡、初岡敬治覚書、秋田藩辛未文書等あり］を含む）

「警視隊四国出張日誌（写本）」（有馬純堯権大警部）

「国事犯取扱書類（写本）」（九州臨時裁判所）

「九州臨時裁判所上申并内閣往復全書」

早稲田大学図書館所蔵

「大隈文書」（監部大伴千秋「酒田鹿児島諸府縣情勢探索書」）

羽田恭輔書簡（井上馨宛、7月17日）［明治15年か］

二松學舎大学所蔵

古松終穏（簡二）「終穏随筆」（明治十七年鈴村譲写本）

■史料（刊本）

各年の「官員録」
『維新史料綱要　巻四』（維新史料編纂事務局、１９３７年）
『維新史料綱要　巻五』（維新史料編纂事務局、１９４０年）
『維新史料綱要　巻十』（維新資料編纂事務局、１９３９年）
『神風連資料館収蔵品図録』（財団法人神風連資料館、１９８７年）
秋田市史編さん委員会近世部会（編）『初岡敬治日記』（秋田市、２００１年）
秋田市史編さん委員会近世部会（編）『金子家日記　初岡敬治日記２』（秋田市、２００４年）
石川卓美・田中彰（編）『奇兵隊反乱史料　脱隊暴動一件紀事材料』（マツノ書店、１９８１年）
伊藤博文関係文書研究会（編）『伊藤博文関係文書　四』（塙書房、１９７６年）
今泉鐸次郎・今泉省三・真水淳（編）『越佐叢書　第十巻』（野島出版、１９７６年）（二階堂保則「風後餘草」を収録）
色川大吉・我部政男（監修）、内田修道（編）『明治建白書集成　第一巻』（筑摩書房、２０００年）
色川大吉・我部政男（監修）、牧原憲夫・茂木陽一（編）『明治建白書集成　第四巻』（筑摩書房、１９８８年）
色川大吉・我部政男（監修）、大日向純夫（編）『明治建白書集成　第七巻』（筑摩書房、１９９７年）
岩崎英重（編）『坂本龍馬関係文書　第一』（日本史籍協会、１９２６年）
岩崎彌太郎 岩崎彌之助 傳記編纂會（編）『岩崎彌太郎日記』（岩崎彌太郎 岩崎彌之助 傳記編纂會、１９７５年）
植木枝盛『植木枝盛集　第七巻』（岩波書店、１９９０年）
大植四郎（編）『國民過去帳　明治之巻』（尚古房、１９３５年）
大山瑞代（訳）『幕末維新を駆け抜けた英国人医師―甦る「ウィリアム・ウィリス文書」』（創泉堂出版、２００３年）
外務省調査部（編）『大日本外交文書　第三巻』（日本国際協会、１９３８年）
鹿児島県維新史料編さん所（編）『鹿児島県史料　西南戦争　第１巻』（鹿児島県、１９７８年）
鹿児島県維新史料編さん所（編）『鹿児島県史料　西南戦争　第３巻』（鹿児島県、１９８０年）
鹿児島県史料刊行委員会（編）『鹿児島県史料集（Ⅱ）　丁丑日誌（上）（下）』（鹿児島県立図書館、１９６２年）
鹿児島県歴史資料センター黎明館（編）『鹿児島県史料　西南戦争　第四巻』（鹿児島県、２００２年）

鹿児島市（編）『薩藩沿革地図』（鹿児島市教育会、１９３５年）
木戸孝允（日本史籍協會・編）『木戸孝允日記（一）』（東京大学出版会、復刻１９６７年）
宮内省（編）『三条実美公年譜　巻四～巻八』（宮内省、１９０１年）
高知県立高知城歴史博物館（編）『明治元年の日本と土佐―戊辰戦争　それぞれの信義』（高知県立高知城歴史博物館、２０１８年）
高知県立図書館（編）『土佐國群書類従　巻六』（高知県立図書館、２００３年）
高知県立図書館（編）『土佐國群書類従拾遺　第四巻』（高知県立図書館、２０１６年）
高知市教育委員会・土佐藩戊辰戦争研究会（編）『高知市民図書館蔵　中城文庫　目録・索引編』（高知市教育委員会、２００６年）
小寺鉄之助（編）『西南の役薩軍口供書』（吉川弘文館、１９６７年）
西郷隆盛全集編集委員会（編）『西郷隆盛全集　第三巻』（大和書房、１９７８年）
佐々友房『戦袍日記　全　復刻版』（青潮社、１９８６年）
塩満郁夫・友野春久（編）『新たな発見に出会う　鹿児島城下絵図散歩』（高城書房、２００４年）
渋谷雅之『樋口真吉日記（下）』（私家版、２０１３年）
渋谷雅之『土佐藩重臣日記（下）』（私家版、２０１５年）
司法省調査課（編）『和漢図書目録　昭和十一年末現在』（司法省、１８３７年）
島善高「奥宮慥斎日記―明治時代の部（二）」『早稲田社会科学総合研究』第10巻第1号（２００９年）
島善高「奥宮慥斎日記―明治時代の部（九）」『早稲田社会科学総合研究』第12巻第2号（２０１１年）
宿毛市史編纂室・橋田庫欣（編）『宿毛市史資料（一）　三浦家文書・沢近家文書』（宿毛市教育委員会、１９７７年）
末松謙澄『防長回天史（第六編下）』（末松春彦、修訂版１９２１年）
鶴久二郎・古賀幸雄（編）『久留米藩　幕末維新史料集（上）（下）』（鶴久二郎、１９６７年）
東京大学史料編纂所『保古飛呂比　佐佐木高行日記　六』（東京大学出版会、１９７５年）
東京大学史料編纂所『保古飛呂比　佐佐木高行日記　七』（東京大学出版会、１９７５年）
東京大学史料編纂所『保古飛呂比　佐佐木高行日記　八』（東京大学出版会、１９７６年）
外崎光広（編）『土佐自由民権資料集』（高知市文化振興事業団、１９８７年）
十時英司（編）『毛利空桑全集』（毛利空桑先生追遠會、１９３４年）
豊田満広「明治十一年七月六日　小和野廣人取調控　付、解題　西南戦争と史料について」『霊山歴史館紀要』第12号（１９９９年）

内閣修史局（編）『百官履歴　下巻』（日本史籍協会、１９２８年）
内務省編『内務省人事総覧』（日本図書センター、１９９０年）
西澤朱実（編）『相楽総三・赤報隊史料集』（マツノ書店、２００８年）
日本史籍協會（編）『木戸孝允文書　三』（東京大学出版会、覆刻１９７１年）
日本史籍協會（編）『巣内信善遺稿　附小傳』（日本史籍協会、１９２２年）
日本史籍協會（編）『武市瑞山関係文書　第二』（日本史籍協會、１９１６年）
日本史籍協會（編）『谷干城遺稿　三』（東京大学出版会、覆刻１９７６年）
日本大学大学史編纂室（編）『山田伯爵家文書　二』（日本大学、１９９１年）
馬場文英（校注徳田武）『元治夢物語―幕末同時代史』（岩波書店、２００８年）
馬場文英（編）『七卿西竄始末 初編』（野史台、１８９１年）
林英夫（編）『土佐藩戊辰戦争資料集成』（高知市民図書館、２０００年）
原奎一郎（編）『原敬日記　第一巻　官界言論人』（福村出版、１９６５年）
原敬文書研究会（編）『原敬關係文書　第四巻　書類篇一』（日本放送出版協会、１９８５年）
原弥一郎（編）『獄中　憂憤余情』（原弥一郎、１８８２年）
土方久元（日本史籍協會編）『回天實記（一・二）』（東京大学出版会、１９７２年）
平尾道雄・山本大・横川末吉・弘田競・河内達芳（編）『皆山集　第五巻　歴史（4）篇』（高知県立図書館、１９７６年）
藤田新（編）「中沼瀧之助・中沼了三・中沼清蔵・山本克関係文書」『研究集録』第10集（海城高等学校・海城中学校、１９８５年）
法務図書館（編）『法務図書館所蔵　貴重書目録（和書）』（法務図書館、１９７３年）
細川家編纂所（編）『改訂　肥後藩國事史料　巻九』（「中村六蔵水雲事蹟」を含む）（侯爵細川家編纂所、１９３２年）
細川家編纂所（編）『改訂　肥後藩國事史料　巻十』（「中村六蔵水雲事蹟」を含む）（侯爵細川家編纂所、１９３２年）
松岡司「明治元年の松山道進軍関係史料」『土佐史談』第２０６号（１９９７年）
宮地佐一郎『龍馬の手紙―坂本龍馬全書簡集・関係文書・詠草』（講談社、２００３年）
宮地美彦（編）『金陵日誌抄：川原塚茂太郎手記』（白洋社書店、１９３４年）
宮地美彦『維新土佐勤王人名録』（私家版、１９３７年）
明治史料研究連絡会（編）『明治史料　第９集　明治前期府県会議員名簿（下）』（非売品、１９６０年）

毛利弘(編)『毛利空桑書簡集　上』(非売品、1967年)
山内家史料刊行委員会『山内家史料　幕末維新　第九編』(山内神社宝物資料館、1986年)
立志社創立百年記念出版委員会(編)『片岡健吉日記』(高知市民図書館、1974年)
早稲田大学社会科学研究所(編)『大隈文書　第一巻』(早稲田大学社会科学研究所、1958年)
早稲田大学大学史資料センター(編)『大隈重信関係文書　8』(みすず書房、2012年)

■自治体史・郷土史・地誌・行政史など

秋田県(編)『秋田県史　第四巻　維新編』(秋田県、1961年)
岩垣顕『神田川遡上』(街と暮らし社、2006年)
大津市歴史博物館市史編さん室(編)『図説　大津の歴史　上巻』(大津市、1999年)
大津市役所(編)『大津市史　中巻』(大津市役所、1941年)
沖本白水「とさ・おきのしま　上巻」『土佐史談』第54号(1936年)
沖本白水「とさ・おきのしま　下巻」『土佐史談』第55号(1936年)
外務省百年史編纂委員会(編)『外務省の百年(上巻)(下巻)』(原書房、1969年)
鹿児島県警察史編さん委員会(編)『鹿児島県警察史』(鹿児島県警察本部、1972年)
鹿児島県土木課(編)『鹿児島県維新前土木史』(鹿児島県土木課、1934年)
鹿児島市史編さん委員会(編)『鹿児島市史Ⅰ』(鹿児島市、1969年)
窪川町史編集委員会『窪川町史』(1970年)
窪川町史編集委員会(編)『窪川町史』(窪川町、2005年)
公文豪『史蹟ガイド　土佐の自由民権』(高知新聞社、2013年)
久留米市役所(編)『久留米市誌　下編』(久留米市役所、1932年)
高知県(編)『高知県史　近代史料編』(高知県、1978年)
高知県(編)『高知県史　古代中世史料編』(高知県、1977年)
『高知県人名事典　新版』刊行委員会(編)『高知県人名事典　新版』(高知新聞社、1999年)

高知県警察史編さん委員会(編)『高知県警察史　明治・大正編』(高知県警察本部、1975年)
高知県人名事典編集委員会(編)『高知県人名事典』(高知市民図書館、1971年)
高知県高岡郡役所(編)『高知県高岡郡史』(高知縣高岡郡役所、1923年)
高知県幡多郡役所(編)『高知県幡多郡誌』(高知県幡多郡役所、1925年)
高知県歴史辞典編集委員会(編)『高知県歴史辞典』(高知市民図書館、1980年)
互笑会(編)『柳橋界隈』(東峰書房、1953年)
小森隆吉『江戸浅草　町名の研究』(叢文社、1984年)
滋賀縣(編)『滋賀縣史　第四巻　最近世』(滋賀県、1928年)
篠田鑛造『銀座・築地物語絵巻』(高山書院、1941年)
司法省(編)『司法沿革史』(法曹会、1939年)
城福勇(編)『女木島の歴史　〈地方史研究会報第三号〉』(香川大学学芸学部内地方史研究会・高松市役所女木支所、1957年)
新熊本市史編纂委員会(編)『新熊本市史　史料編　第六巻　近代Ⅰ』(熊本市、1997年)
陣内秀信・法政大学陣内研究室(編)『水の都市　江戸・東京』(講談社、2013年)
水路部『水路部沿革史　自明治十九年至大正十五年(昭和元年)』(水路部、1935年)
須崎市史編纂委員会(編)『須崎市史』(須崎市、1974年)
鈴木理生『江戸の川・東京の川』(井上書院、1989年)
高橋秀城・橋詰延寿『諸木の記録』(「諸木の記録」刊行会、1962年)
種元勝弘(編著)人吉市史編纂審議会(編)『人吉市史　第二巻　上』(人吉市教育委員会、1990年)
鶴丸城御楼門建設協議会・鹿児島県『鹿児島(鶴丸)城跡保存活用計画　概要版』(鶴丸城御楼門建設協議会、2016年)
寺石正路『土佐名家系譜』(高知縣教育會、1942年)
東京都品川区(編)『品川区史　資料編』(東京都品川区、1971年)
東京都品川区(編)『品川区史　通史編　上巻』(東京都品川区、1973年)
土佐清水市史編纂委員会(編)『土佐清水市史(上巻)』(土佐清水市、1980年)
十津川村役場(編)『十津川記事　中』(十津川村、1971年)
豊島寛彰『隅田川とその両岸(上巻)』(1961年、芳洲書院)

永瀬潔（編）『高知縣誌』（高知縣誌刊行會、１９３３年）
中村市史編纂室（編）『中村市史』（中村市、１９６９年）
永山卯三郎（編）『倉敷市史（第十一冊）』（名著出版、１９７４年）
成島柳北（塩田良平校訂）『柳橋新誌』（岩波書店、１９４０年）
西田正俊『十津川郷』（十津川村史編輯所、１９５４年）
野市町史編纂委員会（編）『野市町史　上巻』（野市町、１９９２年）
林屋辰三郎ほか（編）『新修　大津市史　３　近世前期』（大津市役所、１９８０年）
広島市役所（編）『新修広島市史　第二巻　政治史編』（広島市役所、１９５８年）
広田瑞仙（編）『窪川郷土史談』（非売品、１９６２年）
福岡県八女郡（編）『稿本八女郡史』（福岡縣八女郡役所、１９１７年）
宮崎県（編）『宮崎県史　通史編　近・現代１』（宮崎県、２０００年）
山本泰三『土佐の墓　その二』（土佐史談会、１９８７年）
山本泰三『土佐の墓　その三』（土佐史談会、１９９２年）
横川末吉『地方史を歩く　土佐』（土佐史談会、１９８２年）
渡辺村男（著）柳川・山門・三池教育会（編）『旧柳川藩志』（青潮社、１９８０年）

■伝記・評伝・自伝・回顧録など

青柳武明「初岡を語る」細江省吾（編）『秋田郷土叢話』（秋田県図書館協会、１９３４年）
荒木精之『定本　河上彦斎』（新人物往来社、１９７４年）
有馬純雄『維新史の片鱗』（日本警察新聞社、１９２１年）
安藤英男『雲井龍雄研究　伝記編』（明治書院、１９７２年）
安藤英男『新稿　雲井龍雄全伝　上巻　本編』（光風社、１９８１年）
家近良樹『西郷隆盛―人を相手にせず、天を相手にせよ』（ミネルヴァ書房、２０１７年）
石黒忠悳『懐舊九十年』（博文館、１９３６年）

板垣退助「明治四十年八月例会に於て板垣退助伯の西南事変の際に於ける談話及余談数條」『史談会速記録』第328号（1922年）
板垣太郎入道宗徳『小河真文小傳』（非売品、1912年）
伊藤之雄『山県有朋―愚直な権力者の生涯』（文藝春秋、2009年）
伊藤之雄『原敬―外交と政治の理想　上』（講談社、2014年）
伊藤之雄『大隈重信（上）―「巨人」が夢見たもの』（中央公論新社、2019年）
絲屋寿雄『大村益次郎―幕末維新の兵制改革』（中央公論社、1971年）
稲田穰「武田保輔之命經歴の補遺」『土佐史談』第58号（1937年）
上村希美雄『宮崎兄弟伝　日本篇（上）』（葦書房、1984年）
宇田友猪（公文豪・校訂）『板垣退助君伝記（第一巻・第二巻）』（原書房、2009年）
内田伸『大楽源太郎』（マツノ書店、1978年）
内田八朗『細木庵常の生涯―幕末土佐・天保庄屋同盟指導者』（土佐史談会、1989年）
宇野量介『仙台獄中の陸奥宗光―陸奥宗光と水野重教』（宝文堂出版販売、1982年）
エピソード大隈重信編集委員会（編）『エピソード　大隈重信　125話』（早稲田大学出版部、1989年）
大橋昭夫『後藤象二郎と近代日本』（三一書房、1993年）
大町桂月『伯爵後藤象二郎』（冨山房、1914年）
尾形惣三郎（風皷散人）『隠れたる明治維新の元勲　海間十郎右衛門』（恒心社、1930年）
岡山県（花土文太郎）（編）『岡山県人物伝』（岡山県、増補1911年）
小河扶希子『野村望東尼』（西日本新聞社、2008年）
刑部芳則『三条実美―孤独の宰相とその一族』（吉川弘文館、2016年）
尾崎三良『尾崎三良自叙略伝（上）』（中央公論社、1980年）
越智通敏『矢野玄道の本教学』（錦正社、1971年）
落合弘樹『西郷隆盛と士族』（吉川弘文館、2005年）
鹿毛基生『毛利空桑―その思想と生涯』（双林社出版部、1982年）
景浦勉『愛媛の先覚者　3　矢野玄道・三上是庵』（愛媛県文化財保護協会、1965年）
上河一之「中村六蔵の世界」上河一之著作集刊行会（編）『近代熊本における国家と教育』（熊本出版文化会館、2016年）

我楽多庵主人（編）『澤畑頼母小傳』（私家版か、１９４３年）
河上彦斎建碑事務所（編）『河上彦斎』（河上彦斎建碑事務所、１９２６年。松山守善「河上彦斎先生」等を収録）
川島澄之助『明治四年　久留米藩難記』（金文堂書店、１９１１年）
川田瑞穂『片岡健吉先生傳（覆刻）』（湖北社、１９７８年）
芳即正『島津久光と明治維新―久光はなぜ討幕を決意したのか』（新人物往来社、２００２年）
木戸公伝記編纂所（編）『松菊木戸公伝（下）』（明治書院、１９２７年）
清原芳治『草莽の志士　後藤純平―大分県の幕末維新騒乱』（大分合同新聞社、２００６年）
桐野作人『さつま人国誌　幕末・明治編２』（南日本新聞社、２０１３年）
桐野作人『薩摩の密偵　桐野利秋―「人斬り半次郎」の真実』（ＮＨＫ出版、２０１８年）
桐野作人・則村一・卯月かいな『村田新八』（洋泉社、２０１８年）
倉富了一『石橋六郎翁伝』（倉富了一、１９３４年）
コータッツィ、ヒュー（中須賀哲朗訳）『ある英人医師の幕末維新―Ｗ・ウィリスの生涯』（中央公論社、１９８５年）
古賀幸雄・鶴久二郎『古松簡二小伝』（久留米郷土研究会、改訂版１９８２年）
国幣中社弥彦神社越佐徴古館（編）『越佐維新志士事略』（国幣中社弥彦神社越佐徴古館、１９２２年）
黒龍会（編）『東亜先覚志士記伝（上・下）』（原書房、１９６６年）
小谷保太郎（編）『愚庵全集』（政教社、１９２８年。台麓学人「血写経」を収録）
小林和幸『谷干城―憂国の明治人』（中央公論新社、２０１１年）
雑賀博愛『大江天也傳』（大江太［非売品］、１９２６年）
坂井藤雄『古松簡二伝―筑後が生んだ先覚者』（古松先生顕彰会、１９７８年）
桜井久次郎『愛媛の先人　勤王歌人巣内式部』（愛媛県文化財保護協会・愛媛県図書館協会、１９６６年）
佐佐木高行『勤王秘史佐佐木老侯昔日談』（国晃館、１９１５年）
佐々木雄一『陸奥宗光―「日本外交の祖」の生涯』（中央公論新社、２０１８年）
鮫島近二『明治維新と英医ウイリス』（鮫島達也［非売品］、１９７３年）
澤宣一・望月茂『生野義挙と其同志』（春川会、１９３２年）
澤本健三（編）『伯爵田中青山』（田中伯傳記刊行會、１９２９年）

篠原正一『久留米人物誌』(久留米人物誌刊行委員会、1981年)
渋谷雅之『溝渕廣之丞のことなど』(私家版、2007年)
島本昭『地底のあらし(島本仲道伝)』(非売品、1998年)
昭和女子大学近代文学研究室「丸山作楽」『近代文学研究叢書　第四巻』(昭和女子大学光葉会、1956年)
新人物往来社(編)『桐野利秋のすべて』(新人物往来社、1996年)
杉山伸也『明治維新とイギリス商人―トマス・グラバーの生涯』(岩波書店、1993年)
反町茂雄(編)『紙魚の昔がたり　明治・大正篇』(八木書店、1990年)
高橋信武「野村忍介自叙傳写本」西南戦争を記録する会『西南戦争之記録』第2号(2003年)
滝沢誠『武田範之とその時代』(三嶺書房、1986年)
立川輝信「河上彦斎一名高田源兵衛と鶴崎」『大分縣地方史』第43・44号(1967年)
田中貢太郎『林有造伝』(土佐史談会、1979年)
田中光顕『維新風雲回顧録』(河出書房新社、1990年)
谷川佳枝子『野村望東尼―ひとすじの道をまもらば』(花乱社、2011年)
寺石正路『土佐偉人伝』(富士越書店、1914年)
寺石正路『従五位大石円翁略伝』(非売品、1920年)
寺石正路『続土佐偉人伝』(富士越書店、1923年)
寺石正路『土佐菅公外伝―一名潮江天満宮縁起』(高知市潮江県社天満宮社務所、1928年)
寺崎三矢吉「大楽源太郎の最後(久留米藩難余録)(上)(下)」『福岡県人』第8巻第11号(1930年)、第9巻第1号(1931年)
寺崎三矢吉『明治勤王党事蹟』(筑後遺籍刊行会、1934年)
土居晴夫『坂本龍馬の系譜』(新人物往来社、2006年)
東郷尚武『海江田信義の幕末維新』(文藝春秋、1999年)
内藤一成『三条実美―維新政権の「有徳の為政者」』(中央公論新社、2019年)
中沼郁・斎藤公子『もう一つの明治維新―中沼了三と隠岐騒動』(創風社、1991年)
中沼郁(中沼了三先生顕彰会編)『中沼了三伝―幕末から明治維新を駆けた先覚者の生涯』(ハーベスト出版、2016年)
中村六蔵『楽観詩一夕話』(亀岡商会、1912年)

中村六蔵「明治初年自歴談」『史談会速記録』第301号（1919年）
西村文則「大村兵部大輔暗殺の宮和田進」宮地正人（編）『明治維新の人物像』（吉川弘文館、2000年）
日本史籍協會（編）『維新前後實歴史傳　三』（東京大学出版会、覆刻1980年）
丹羽誠一『丹羽精五郎・正道伝―士族授産事業による名古屋電燈（中部電力）創設』（風媒社、1997年）
野口真広「台湾総督府内務部長古荘嘉門について」『社学研論集』第4号（2004年）
萩原延壽『帰国　遠い崖―アーネスト・サトウ日記抄8』（朝日新聞社、文庫版2008年）
萩原延壽『大分裂　遠い崖―アーネスト・サトウ日記抄10』（朝日新聞社、文庫版2008年）
萩原延壽『賜暇　遠い崖―アーネスト・サトウ日記抄12』（朝日新聞社、文庫版2008年）
萩原延壽『西南戦争　遠い崖―アーネスト・サトウ日記抄13』（朝日新聞社、文庫版2008年）
萩原延壽『陸奥宗光　下巻』（朝日新聞社、2008年）
萩原頼平・森繁夫・青柳武明・岡茂政「広田彦麿論」宮地正人（編）『明治維新の人物像』（吉川弘文館、2000年）
橋詰延寿「長州志士　富永有隣と土佐（1）〜（24）」『館報大豊』第123号（1971年）〜第149号（1974年）（除く137号、144号。（17）は2回あり。）
長谷川伸『相楽総三とその同志（上・下）』（中央公論社、1981年）
秦林親（篠原泰之進）「久留米藩水野正名君維新前後国事に尽力せられし来歴」『史談速記録』第124号（1903年）
旗野如水「大正十三年十一月九日の例会に於ける旗野如水氏の大村益次郎氏遭難時代の記憶及大村夫人の貞節の談話」『史談会速記録』第356号（1925年）
八丹幸八『志士田淵敬二伝』（滴翠館、1944年）
林有造『林有造自歴談（土佐群書集成　第十五巻）』（高知市立市民図書館、1968年）
原三正『立石正介とその周辺―明治四年、二卿事件始末』（倉敷史談会、1984年）
平尾道雄「富永有隣の逃亡と潜伏」『歴史と人物』臨時増刊号（1970年）
平尾道雄『無形　板垣退助』（高知新聞社、1974年）
平尾道雄『中岡慎太郎　陸援隊始末記』（中央公論社、1977年）
平尾道雄『子爵谷干城傳（復刻版）』（象山社、1981年）
広瀬為興『明治十年西南ノ戦役　土佐挙兵計画ノ真相（土佐群書集成　第二十八巻）』（高知市立市民図書館、1972年）

福地源一郎『懐往事談　附新聞紙実歴』(民友社、1894年)
藤田英昭「草莽の軌跡―落合直言とその周辺」松尾正人(編)『多摩の近世・近代史』(中央大学出版部、2012年)
別府江邨『画人　河田小龍』(「画人　河田小龍」刊行会事務所、1966年)
堀浩良『歌人　天田愚庵の生涯』(同朋舎出版、1984年)
松竹洸哉「古松簡二とその同志についての覚書―天保六年から明治元年まで」『暗河』第4号(1974年)
松山守善「松山守善自叙伝」『日本人の自伝2』(平凡社、1982年)
真辺将之『大隈重信―民意と統治の相克』(中央公論新社、2017年)
丸山正彦『丸山作楽伝』(『涙痕録』とも、非売品、1899年)
宮下忠子『原田キヌ考』(中央公論事業出版、2014年)
宮武外骨・西田長寿『明治大正言論資料20　明治新聞雑誌関係者略伝』(みすず書房、1985年)
宮地美彦「贈正五位長岡謙吉(下)」『土佐史談』第6号(1921年)
武藤直治『水野正名翁伝』(水野正名先生顕彰会、1933年)
明治文化研究会(編)『明治文化全集　第二十五巻　雑史編』(日本評論社、1967年。佐田白芽「征韓論の旧夢談」、「林有造氏　旧夢談」、「竹内綱自叙伝　附　竹内綱獄中日記抄録」を収録)
森重孝「ウィリアム・ウィリスの門下生たち」『鹿児島大学医学雑誌』第47巻補冊1(1995年)
盛山隆行「丸山作楽の研究(1)(2)」『崎陽』第1号(2001年)・同2号(2004年)
柳田泉『福地桜痴』(吉川弘文館、新装版1989年)
山田一郎『坂本龍馬―隠された肖像』(新潮社、1987年)
山田一郎『海援隊遺文―坂本龍馬と長岡謙吉』(新潮社、1991年)
山中立木「旧福岡藩事績談話会筆録(承前)」『筑紫史談』第36集(1925年)
山本実(編)『西海忠士小伝』(猿木茂、1895年)
湯本喜作『愚庵の周辺』(短歌新聞社、1967年)
吉岡愛『父を語る　吉岡弘毅傳』(私家版、1940年)
吉田昭治『金輪五郎―草莽・その生と死(上・下)』(秋田文化出版社、1972・1973年)
吉富莞爾(編)『松村雄之進』(非売品、1921年。松村雄之進「政府転覆の陰謀と大楽源太郎の暗殺」を収録)

吉村淑甫『鯨海酔侯　山内容堂』（中央公論新社、２０００年）
依岡珍麿「懐舊談（上）」『土佐史談』第4号（１９１９年）
若木武之助『初岡敬治先生傳　全　附中村恕助君傳』（成見曙堂、１８９３年）

■研究書・論文など

アクロス福岡文化誌編纂委員会（編）『福岡県の幕末維新』（公益財団法人アクロス福岡、２０１５年）
揚村固・迫田順一「鹿児島刑務所の建設過程とその設計者に関する研究」『鹿児島大学工学部研究報告』第30号（１９８８年）
荒木祐臣『備前藩　幕末維新史談』（日本文教出版、１９７８年）
石井孝『明治維新と自由民権』（有隣堂、１９９３年）
石井良助『江戸の刑罰』（吉川弘文館、２０１３年）
石瀧豊美『増補版　玄洋社発掘―もうひとつの自由民権』（西日本新聞社、１９９７年）
板垣退助監修（遠山茂樹・佐藤誠朗校訂）『自由党史（中）』（岩波書店、１９５８年）
一坂太郎『長州奇兵隊―勝者のなかの敗者たち』（中央公論新社、２００２年）
伊藤一晴「神代直人の捕縛―大村益次郎襲撃犯に対する山口藩の対応」『山口県文書館研究紀要』第43号（２０１６年）
伊能秀明「江戸小伝馬町牢屋敷の世界―明治大学刑事博物館蔵『牢内深秘録』『徳川幕府刑事図譜』に見る牢法」『法律論叢』第67巻第２・３号（１９９５年）
上村希美雄『民権と国権のはざま―明治草莽思想史覚書』（葦書房、１９７６年）
内倉昭文「ウィリアム・ウィリスに関する一考察及び「ウィリス文書」に登場する人物名等の紹介―『幕末維新を駆け抜けた英国人医師』の刊行に寄せて」『黎明館調査研究報告』第17巻（２００４年）
海原徹『松下村塾の明治維新―近代日本を支えた人びと』（ミネルヴァ書房、１９９９年）
江島香「柳河の尊王攘夷運動」『広報やながわ　２９７号』（柳川市、２０１７年）
江島香『柳川の歴史7　幕末維新と自由民権運動』（柳川市、２０２０年）
大久保利謙「明治政権下の九州」藤野保（編）『九州と明治維新（Ⅱ）』（国書刊行会、１９８５年）（初出は『明治維新と九州』平凡社、１９７３年）

大島太郎「立志社・陸奥宗光ら陰謀事件—壮大な夢と現実」我妻栄ら(編)『日本政治裁判史録　明治・前』(第一法規出版、1968年)
大津惇一郎『大日本憲政史　第二巻』(寳文館、1927年)
大沼宜規「国立国会図書館所蔵小杉文庫について」『参考書誌研究』第59号(2003年)
岡部精一『東京奠都の眞相』(仁友社、1917年)
小川原正道『大教院の研究—明治初期宗教行政の展開と挫折』(慶應義塾大学出版会、2004年)
小川原正道『西南戦争—西郷隆盛と日本最後の内戦』(中央公論新社、2007年)
小川原正道『西南戦争と自由民権』(慶應義塾出版会、2017年)
刑部芳則『京都に残った公家たち—華族の近代』(吉川弘文館、2014年)
刑部芳則『公家たちの幕末維新—ペリー来航から華族誕生へ』(中央公論新社、2018年)
落合弘樹「大久保政権と士族」藤野保(編)『近世国家の成立・展開と近代』(雄山閣出版、1998年)
落合弘樹「密偵・荘村省三と不平士族」佐々木克(編)『それぞれの明治維新—変革期の生き方』(吉川弘文館、2000年)
落合弘樹『明治国家と士族』(吉川弘文館、2001年)
落合弘樹「明治九年一月の国事犯捕縛一件」三上昭美先生古稀記念論文集刊行会(編)『近代日本の政治と社会』(岩田書院、2001年)
小野精一『御許山勤王記　附 郷土先達 郷土年鑑』(非売品、1921年)
大日方純夫「維新政権の密偵機関」『社会科学討究』第37巻(1991年)
大日方純夫『維新政府の密偵たち—御庭番と警察のあいだ』(吉川弘文館、2013年)
海音寺潮五郎『日本の名匠』(中央公論新社、2005年)
笠原英彦「広沢参議横死事件と安藤則命」『法學研究』(慶應義塾大学)第63巻第4号(1990年)
笠原英彦『天皇親政—佐々木高行日記にみる明治政府と宮廷』(中央公論社、1995年)
加治木常樹『薩南血涙史』(薩南血涙史発行所、1912年)
加藤健太郎「明治初期・高知県反自由民権派研究の足掛かり—古勤王党～国民派への系譜を中心に、特に西南役以前について」『海南史学』(高知大学)第37号(1999年)
加藤典子「幕末期駒木野における学習環境の構築—国学者落合直澄の思想形成を中心に」『八王子の歴史と文化(八王子市郷土資料館研究紀要・年報)』第28号(2016年)
金行信輔『写真のなかの江戸—絵図と古地図で読み解く20の都市風景』(ユウブックス、2018年)

亀尾美香「慶応三年の高野山出張に関する一考察―岩倉具視周辺の浪士を中心に」『中央史学』(中央大学)第27号(２００４年)
川上水舟『秋月党』(亀陽文庫、改訂版１９７５年)
川崎晴朗『築地外国人居留地―明治時代の東京にあった「外国」』(雄松堂出版、２００２年)
菊池保男「「公務控」にみる「八坂丸外債事件」」『秋田県公文書館　研究紀要』第８号(２００２年)
栗谷川虹『白墓の声―横井小楠暗殺事件の深層』(新人物往来社、２００４年)
小泉雅弘「吉田御師「蒼龍隊」の戊辰戦争」明治維新史学会(編)『明治維新と文化』(吉川弘文館、２００５年)
黒龍会本部(編)『西南記伝(上巻一・中巻一・中巻二・下巻一・下巻二)』(黒龍会本部、１９０８〜11年)
小谷保太郎(編)『偉人談片』(吉川弘文館、１９０３年)
後藤靖『士族反乱の研究』(青木書店、１９６７年)
小林丈広『明治維新と京都―公家社会の解体』(臨川書店、１９９８年)
小山周子「隅田川流域の料理茶屋における文化活動について」東京都江戸東京博物館都市歴史研究室(編)『隅田川流域を考える―歴史と文化(東京都江戸東京博物館調査報告書第32集)』(東京都・公益財団法人東京都歴史文化財団・東京都江戸東京博物館、２０１７年)
阪本是丸『明治維新と国学者』(大明堂、１９９３年)
佐々木克『戊辰戦争―敗者の明治維新』(中央公論新社、１９７７年)
佐々木克「赤報隊の結成と年貢半減令」『人文学報』(京都大学)第73号(１９９４年)
佐々木克『志士と官僚―明治を「創業」した人々』(講談社、２０００年)
佐々木克『江戸が東京になった日―明治二年の東京遷都』(講談社、２００１年)
佐藤誠朗『近代天皇制形成期の研究―ひとつの廃藩置県論』(三一書房、１９８７年)
佐藤節「明治三年・密偵暗殺事件について」『大分縣地方史』第１０７号(１９８２年)
佐藤節「明治維新と大分県」『別府史談』第５号(１９９１年)
佐藤節「別府と政府密偵暗殺事件」『別府史談』第17号(２００３年)
鮫島潤「元文の板碑」『鹿児島市医報』第49巻第11号(通巻５８５号)(鹿児島市医師会、２０１０年)
塩満郁夫「大山綱良日誌と獄中からの遺言状」『黎明館調査研究報告』補説(１９８４年)
重松一義『図鑑　日本の監獄史』(雄山閣出版、１９８５年)
重松一義『図説　刑罰具の歴史―世界の刑具・拷問具・拘束具』(明石書店、２００１年)

下山三郎『近代天皇制研究序説』(岩波書店、1976年)
白幡洋三郎(監修)『大名庭園—武家の美意識ここにあり(別冊太陽　日本のこころ204)』(平凡社、2013年)
陣内秀信『東京の空間人類学』(筑摩書房、文庫版1992年)
杉山剛『奥宮慥斎の研究—明治時代を中心にして』(早稲田大学出版部、2013年)
鈴木喬・荒木精之・増田民男『神風連小史　絵で見る神風連』(神風連資料館、1989年)
鈴木徳臣「西南戦役における西郷軍の成立と編成」『軍事史学』第52巻第3号(2016年)
清漣野生(江島茂逸)『明治丁丑　福岡表警聞懐旧談—明治十年　福岡の変始末記』(大和塾道場［非売品］、1973年)
関家新助『近代日本の反権力思想—龍馬の『藩論』を中心に』(法律文化社、1986年)
千田稔『維新政権の直属軍隊』(開明書院、1978年)
外崎光広「土佐郡民権派の小学奨励試験拒否闘争」家永三郎教授東京教育大学退官記念論集刊行委員会(編)『近代日本の国家と思想』(三省堂、1979年)
外崎光広『土佐の自由民権』(高知市民図書館、1984年)
外崎光広『土佐自由民権運動史』(高知市文化振興事業団、1992年)
外崎光広「板垣退助と西南戦争」『高知市立自由民権記念館紀要』第4号(1995年)
高木俊輔『維新史の再発掘—相楽総三と埋もれた草莽たち』(日本放送出版協会、1970年)
高木俊輔「北九州草莽花山院隊の研究」藤野保(編)『九州と明治維新(Ⅱ)』(国書刊行会、1985年)(初出は『静岡大学教養部研究報告』、1972年)
高木俊輔「草莽の志士における思想と行動」『現代思想』第4巻第4号(1976年)
高木俊輔『それからの志士—もう一つの明治維新』(有斐閣、1985年)
高田祐介「明治維新「志士」像の形成と歴史意識—明治二五・二六年靖国合祀・贈位・叙位遺漏者問題をめぐって」『歴史学部論集』(佛教大学)第2号(2012年)
高橋信武『西南戦争の考古学的研究』(吉川弘文館、2017年)。
田中惣五郎『北越草莽維新史』(柏書房、1980年)
田中時彦「英国公使パークス襲撃事件—司法に対する外交の優先」、「横井小楠暗殺事件—司法権の未確立と攘夷主義の圧力」、「大村益次郎襲撃事件—処刑に対する派閥対立の投影」、「山口藩兵隊騒擾事件—藩制解体過程の反乱に対する処断」、「雲井龍雄ら陰謀事件—旧佐幕系国事犯の処断」、「大学南校雇英人教師襲撃事件―攘夷事件に対する通常謀殺罪の適用」「愛宕・外山ら陰謀事件―反政府分子に対する徹底弾圧および「国事犯」による一括処断」、「広沢真臣暗殺事件―陪審制度の試行」、「西南戦争叛徒処分―最後の反乱戦争と司法権の阻却」我妻栄ら(編)『日本政治裁判史録　明治・前』(第一法規出版、1968年)
田中時彦「広沢真臣暗殺事件の政治的背景(一)〜(四・五)」『東海大學紀要　政治経済学部』第15・19・22・25号(1983年、1987年、1990年、1993年)
谷晃「『先祖記』と大文字屋―京都の豪商大文字屋の盛衰」『野村美術館研究紀要』第9号(2000年)
谷釜尋徳「近世後期における江戸庶民の旅の費用―江戸近郊地の庶民による旅との比較を通して」『東洋法学』第53巻第3号(2010年)
谷川穣『明治前期の教育・教化・仏教』(思文閣出版、2008年)
田村安興「土佐藩農書『農業之覚』」『高知論叢』第26号(1986年)
知野文哉『「坂本龍馬」の誕生―船中八策と坂崎紫瀾』(人文書院、2013年)
土屋喬雄・小野道雄(編)『明治初年農民騒擾録』(勁草書房、1953年)
頭山統一『筑前玄洋社』(葦書房、1977年)
遠矢浩規『利通暗殺―紀尾井町事件の基礎的研究』(行人社、1986年)
遠矢浩規「坂本龍馬暗殺後の海援隊―備讃瀬戸グループの活動を中心に」(明治維新史学会例会報告資料、2017年)
遠矢浩規「海援隊のグループ構成と龍馬暗殺後の活動(備讃瀬戸グループを中心に)」(高知県安田町講演会資料、2018年)
友田昌宏「雲井龍雄と米沢の民権家たち―精神の継承をめぐって」友田昌宏(編)『東北の近代と自由民権―「白河以北」を越えて』(日本経済評論社、2017年)
友田昌宏『東北の幕末維新―米沢藩士の情報・交流・思想』(吉川弘文館、2018年)
中沢新一『アースダイバー　東京の聖地』(講談社、2017年)
中村武生『池田屋事件の研究』(講談社、2011年)
中村武生「幕末期政治的主要人物の京都居所考―土佐・長州・薩摩を中心に」御厨貴・井上章一(編)『建築と権力のダイナミズム』(岩波書店、2015年)
中村六蔵『東洋純正哲学』(金鱗堂、1890年)
西川太治郎(編)『長等の桜』(西川太治郎［非売品］、1927年)
橋本昌樹『田原坂―西南役連作』(中央公論社、1976年)

原口泉『薩摩藩と明治維新』(志學館大学出版会、２０１９年)
樋爪修「大津城と大津籠城戦」『大津市歴史博物館　研究紀要』第15号(２００８年)
平尾道雄『立志社と民権運動』(高知市立市民図書館、１９５５年)
平尾道雄『郷土史夜話』(高知新聞社、１９５９年)
平尾道雄『続郷土史夜話』(高知新聞社、１９６０年)
平尾道雄『土佐藩商業経済史』(高知市立市民図書館、１９６０年)
平尾道雄『土佐百年史話―民権運動への道』(浪速社、１９６８年)
平尾道雄『維新暗殺秘録』(河出書房新社、１９９０年)
福島成行『赤坂喰違の事變―征韓論餘聞』(前田馬城太、１９２７年)
福島成行「新政府の廓清に犠牲となりたる郷土の先輩」『土佐史談』第32号(１９３０年)
藤井美智雄「西南戦争時における日向国民衆」『宮崎県地方史研究紀要』第32輯(２００５年)
藤音得忍(編)『築地別院史』(本願寺築地別院、１９３７年)
古川薫『長州奇兵隊―栄光と挫折』(創元社、１９７２年)
古松簡二『愛国正議』(丸善商社書店、１８８３年)
ベルテリ・ジュリオ・アントニオ(Giulio Antonio Bertelli)「二刀を帯びた男たち―在日英国人教師ダラスとリング襲撃事件(１８７１)とその歴史的意義」『文学・芸術・文化』第19巻第1号(２００７年)
細野耕司「東京裁判所の草創期について―我国の近代司法建築に関する史的研究 その1」『日本建築学会計画系論文集』第５３２号(２０００年)
牧原憲夫『明治七年の大論争―建白書から見た近代国家と民衆』(日本経済評論社、１９９０年)
町田明広『島津久光＝幕末政治の焦点』(講談社、２００９年)
松浦玲『暗殺―明治維新の思想と行動』(辺境社、１９７９年)
松岡僖一「『佐々木高行日記』(一八七七年)を読む」『高知大学教育学部研究報告』第62号(２００２年)
松岡僖一「『林有造自歴談』を読む―土佐挙兵計画について」『高知大学教育学部研究報告』第63号(２００３年)
松岡僖一「幡多郡郷士(有信講)の挙兵計画(明治10年)」『高知市立自由民権記念館紀要』第13号(２００５年)
松岡司「土佐勤王党連判者の身分階層」『青山文庫紀要』第4号(１９９６年)

松岡司「高知県帝政派の研究〈天皇制絶対主義への方向〉」『青山文庫紀要』第6号（1998年）
松岡司「高知県帝政派の研究〈立憲運動下の漸進主義〉（続）」『青山文庫紀要』第8号（2000年）
松山恵『江戸・東京の都市史―近代移行期の都市・建築・社会』（東京大学出版会、2014年）
松山恵『都市空間の明治維新―江戸から東京への大転換』（筑摩書房、2019年）
丸山季夫遺稿集刊行会（編）『国学史上の人々』（吉川弘文館、1979年）
源了圓『横井小楠研究』（藤原書店、2013年）
宮地正人「廃藩置県の政治過程―維新政府の崩壊と藩閥権力の成立」坂野潤治・宮地正人（編）『日本近代史における転換期の研究』（山川出版社、1985年）
宮間純一『戊辰内乱期の社会―佐幕と勤王のあいだ』（思文閣出版、2015年）
柳瀬道雄「『藩難之大意』と『獄中丁憂録』」『久留米郷土研究会誌』第3号（1974年）（吉田足穂「獄中丁憂録」を収録）
矢野城樓『幕末維新土佐藩・高知藩法制の研究』（高知市民図書館、1980年）
山下郁夫『研究　西南の役』（三一書房、1977年）
吉見良三『十津川草莽記』（奈良新聞社、2003年）
渡辺京二『神風連とその時代』（葦書房、1977年）
綿貫哲雄「維新前後の國事犯（一）（二・完）」『國家學會雜誌』第46巻第9・10号（1932年）

■新聞

「東京日日新聞」明治十一年（1878）五月十六日付け
「読売新聞」明治十一年（1878）五月十七日付け

■ 主要人名索引

●ア―オ

●カ―コ

●サ―ソ

●タート

●ナーノ

●ハ―ホ

●マ―モ

●ヤ—ヨ

●ラ—ロ、ワ

著者
遠矢浩規（とおや・ひろき）
1963年東京生まれ。早稲田大学政治経済学部政治学科卒業（政治哲学）、マサチューセッツ工科大学大学院修士課程修了（イノベーションの理論・政策）、慶應義塾大学大学院法学研究科後期博士課程修了（国際関係論）。博士（法学）。経団連（国際経済部など）、アジア経済研究所客員研究員、広島大学法学部教授を経て、現在、早稲田大学政治経済学術院教授。早稲田大学でのオンデマンド講義「国際政治経済学」は同大学の「2020年度第９回 WASEDA e-Teaching Award」を受賞。著書に『利通暗殺―紀尾井町事件の基礎的研究』（行人社、1986年）、論文に「『TRIPs』の共有知識化の主体・構造・過程」田村善之・山根崇邦編『知財のフロンティア―知財法の学際的研究の現在と未来　第２巻』（勁草書房、2021年近刊）ほかがある。広島在住。

組版：キャップス
図版製作：グラフ
編集協力：三猿舎

明治《めいじ》維新《いしん》　勝者《しょうしゃ》のなかの敗者《はいしゃ》
堀内誠之進《ほりうちせいのしん》と明治初年《めいじしょねん》の尊攘派《そんじょうは》

2021年7月15日　第1版第1刷印刷
2021年7月25日　第1版第1刷発行

著　者　遠矢浩規
発行者　野澤武史
発行所　株式会社山川出版社
東京都千代田区内神田1－13－13　〒101－0047
電話　03(3293)8131(営業)
03(3293)1802(編集)
印　刷　株式会社太平印刷社
製　本　株式会社ブロケード
装　丁　黒岩二三［Fomalhaut］
https://www.yamakawa.co.jp/

ISBN 978-4-634-15195-6